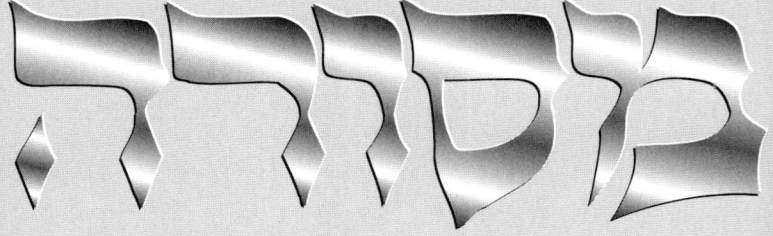

מסורה

ArtScroll Halachah Series®

Rabbi Nosson Scherman / Rabbi Meir Zlotowitz

General Editors

the laws of

Published by
Mesorah Publications, ltd

הלכות יום טוב

yom tov

A comprehensive halachic guide
to the laws and practices
of the Festivals

by Rabbi Simcha Bunim Cohen

FIRST EDITION
First Impression . . . September 1997

Published and Distributed by
MESORAH PUBLICATIONS, Ltd.
4401 Second Avenue
Brooklyn, New York 11232

Distributed in Europe by
J. LEHMANN HEBREW BOOKSELLERS
20 Cambridge Terrace
Gateshead, Tyne and Wear
England NE8 1RP

Distributed in Israel by
SIFRIATI / A. GITLER — BOOKS
10 Hashomer Street
Bnei Brak 51361

Distributed in Australia & New Zealand by
GOLDS BOOK & GIFT CO.
36 William Street
Balaclava 3183, Vic., Australia

Distributed in South Africa by
KOLLEL BOOKSHOP
22 Muller Street
Yeoville 2198, Johannesburg, South Africa

ARTSCROLL HALACHAH SERIES®
THE LAWS OF YOM TOV
© Copyright 1997, by Rabbi S. B. Cohen, Lakewood, N.J.

ALL RIGHTS RESERVED.

No part of this book may be reproduced
in any form *without* **written** *permission from the copyright holder,
except by a reviewer who wishes to quote brief passages in connection with a review
written for inclusion in magazines or newspapers.*

THE RIGHTS OF THE COPYRIGHT HOLDER WILL BE STRICTLY ENFORCED.

ISBN
1-57819-162-9 (hard cover)
1-57819-163-7 (paperback)

Please address any questions or comments
regarding this book to the author:
Rabbi Simcha B. Cohen
37 5th Street
Lakewood, N.J. 08701

Typography by Compuscribe at ArtScroll Studios, Ltd.

Printed in the United States of America by Noble Book Press
Bound by Sefercraft, Quality Bookbinders, Ltd. Brooklyn, N.Y.

מכתב הסכמה מאת מורי ורבי צדיק יסוד עולם
מרן הגאון ר׳ אביגדור מיללער שליט״א

כ״ה אב שנת תשנ״ז

בשמחה רבה אנו מקבלים בשורת הספר החדש הלכות יום טוב מאת הרב שמחה בונם כהן שליט״א אשר כבר יצא טבעו בעולם כפוסק מומחה, וכבר נתפזרו ספריו בעולם התורה ונתקבלו בתשואות חן. ולכן גם החיבור החדש הזה בודאי יפעול ויברא הֵד בין שלומי אמוני ישראל הצמאים לדבר ה׳ זו הלכה. ולהמחבר הגדול והמומחה הזה נאמר כולנו לך בכחך זה והושעתָ את ישראל להוסיף חיבורים נחמדים לאורך ימים מאושרים.

נאום

אביגדור הכהן מיללער

מכתב הסכמה מאת אאמו״ר הגאון שליט״א

אודה לה׳ בכל לבב שזכיתי לראות בני הרב שמחה בונם הכהן שליט״א מוציא לאור ספרו החשוב על עניני הלכות יו״ט - והנה ב״ה ספרך הקודמים החשובים נתקבלו בכל מקום באהבה ובחיבה. ובמיוחד בעולם תופשי התורה וכעת בע״ה אתה מוציא לאור עוד חלק ספר יקר וחשוב אשר עמלת לקטת ואספת הלכתא רבתי בענינים הנוגעים ושוים לכל נפש וערכת אותם בטוב טעם ודעת למען אשר ירוץ עיני המעיין בהם, וגם הוספת מראה מקומות ומקורות להלכות אלו מאת גדולי ומאורי הפוסקים כיד ה׳ הטובה עליך.

בודאי שכל המעיין בספרך זה יברך בקול תודה אשר טוב עשית להראות בכל הלכה מקורן של דברים, ולפעלא טבא אמינא יישר חילך לאורייתא לזכות את הרבים וזכות הרבים תלוי בך.

והנני מסיים בברכה לך בני אהובי, שנותן התורה ית״ש יתן לך רב כח וחיל ויהיו ה׳ עמך להפיץ מעינותיך חוצה להגדיל תורה ולהאדירה בנחת ובהרחבה ביחד עם נו״ב היקרה שתי׳ לאוי״ט ותזכו לגדל את יו״ח שיחי׳ לתורה ולחופה ולמע״ט ויה״ר שלא תמוש התורה מפינו ומפי זרענו עד עולם.

כברכת אביך אוהבך בלו״נ

משה הכהן קאהן

This sefer's publication is partially due to the magnanimity of the following individuals:

לז״נ

ר׳ משה בן ר׳ יחזקאל הלוי עה

מרת חנה בת ר׳ אליהו עה

Dedicated by their children, Mr. and Mrs. Charles Meisels

לז״נ

ר׳ יצחק בן ר׳ ישראל דוב

ר׳ ישעיה צבי בן ר׳ יצחק הלוי

מרים בת ר׳ יעקב יוסף

אהרן צבי אביגדור בן ר׳ משה יצחק

רבקה רחל בת ר׳ יקותיאל זלמן זאב

Dedicated by Rabbi and Mrs. Yakov Rayman

לז״נ

אבי מורי ר׳ מאיר יעקב בן ר׳ יצחק אהרן

נפטר ז׳ אדר תשנא

ואמי מורתי מרת פייגע בת ר׳ יחיאל מרדכי

נפטרה יא כסלו תשנג

ובעת העלת הספר הזה על מזבח הדפוס נלקח מאתנו מורי חמי

החבר זאב שמשון בן החבר רפאל Moller

נפטר י״ג אב תשנ״ז

Dedicated by their children, Mr. and Mrs. Mordechai Perlstein

לז״נ

פערל ברכה בת ר׳ משה

ר׳ בנימין בן ר׳ דוב זאב

חשקא בת ר׳ משה יעקב

פריידל בת ר׳ מנחם שלמה זלמן

בערל בן ר׳ יעקב קאפל

חיים דוב בן ר׳ אברהם

חוה בת ר׳ אהרן

ר׳ משה בן ר׳ יונה

אסתר סלוה בת ר׳ אפרים שמחה

Dedicated by Rabbi and Mrs. Avi King

לז״נ

ר׳ נפתלי בן ר׳ מרדכי עה

וזוגתו שיינדל בת ר׳ נתן עה

Dedicated by Mr. Joel Slawotsky

Table of Contents

Preface . . . .

Acknowledgments . . . .

Overview by Rabbi Shmuel Elchonon Brog . . . .

1 The General Principles of Yom Tov Law 1
The General Principles of Yom Tov Law / The Biblical Prohibition of Doing *Melachah* on Yom Tov / The Rabbinical Prohibitions / The Concept of אוֹכֶל נֶפֶשׁ — [Preparing] Food for a Person / Restrictions on the Dispensation for *Ocheil Nefesh*

2 Which *Melachos* Are Permitted for the Sake of *Ocheil Nefesh* 7
The Criteria of Rashi and Rambam / The Criteria of Rosh and Ran / The Practical *Halachah* / Summary of Laws

3 The Principle of *Mitoch* 17
The Meaning of *Mitoch* / *Melachos* to Which This Principle Applies / Restrictions / Summary of Laws

4 Preparing on Yom Tov for the Next Day. 23
Doing *Melachah* on the First Day of Yom Tov for Benefit on the Second Day / Doing *Melachah* During *Bein HaShemashos* / Doing *Melachah* During *Bein HaShemashos* for Benefit During *Bein HaShemashos* / רִיבּוּי בְּשִׁיעוּרִים — Adding an Extra Measure [of the Product With Which One Does *Melachah]* / הֲכָנָה — Preparation That Does Not Involve *Melachah* / Preventive Measures / Moving Items / Summary of Laws / Practical Applications / Setting the Table / Removing Items From the Freezer / Preparing a *Sefer Torah* / Transporting / Washing Dishes

5 Doing *Melachah* That Will Not Benefit a Jew 36
Scope of the Restriction / Exclusions to the Rabbinical Decrees / An Uninvited Gentile / Sending Cooked Food to a Gentile / Gentile Employees / Further Exceptions to the Rabbinical Decrees / Doing *Melachah* for the Sake of an Animal / Summary of Laws / Rabbinic Restrictions / Doing *Melachah* for Animals / Inviting Non-Jewish Guests / Inviting Irreligious Relatives / Maids and Cleaning Help / Pets

6 Extracting Liquids — סְחִיטָה 44
The Prohibitions of *Sechitah* / Squeezing Fruits and Vegetables / Olives and Grapes / Other Fruits and Vegetables Commonly Juiced / Fruits and Vegetables That Are Not Usually Juiced / Extracting Liquids Absorbed in Foods / Conditions Under Which *Sechitah* Is Permitted / To Enhance the Food / Squeezing Liquids Onto Solid Foods / Sucking / מַשְׁקִין שֶׁזָּבוּ — Juices That Oozed Out / Foods Which Are Not Usually Juiced / Summary of Laws / Practical Applications / Adding Lemon to Tea / Making Lemonade / Squeezing Lemon Onto Fish / Eating a Grapefruit / Removing Excess Oil or Sauce From Food / Squeezing Lemon Onto Fish / Eating a Grapefruit / Removing Excess Oil or Sauce From Food

7 Sorting — בּוֹרֵר 55
The *Melachah* of *Borer* / The Proper Method of Selecting From a Mixture on Shabbos / Sorting on Yom Tov / Situations in Which Borer Is Permitted / Restriction / Situations in Which Borer May Be Done Only by Means of a *Shinui* / Situations in Which Borer Is Completely Prohibited / Summary of Laws / Practical Applications / Peeling Food / Perforated Spoon / Sieve / Straining Soup / Tea Bags / Squeezing Lemons / Melon Seeds / Cantaloupe and Honeydew Melons / Watermelon / Bones / Washing Soiled Food / Removing Dirt From a Drink / Removing Fat From Meat / Sorting *Seforim* / Sorting Cutlery

8 Grinding — טוֹחֵן 71
The *Melachah* of Grinding / Grinding That Is Totally Forbidden / Grinding That Is Permitted in Its Unusual Manner / Foods That Do Not Grow From the Earth / Foods That Spoil / טוֹחֵן אַחַר טוֹחֵן — Grinding Previously Ground Foods / Grinding That Should Be Done Prior to Yom Tov / Grinding That Must Be Performed in an Unusual Manner / The Use of Specialized Grinding Implements / Summary of Laws / Specialized Grinding Implements / Practical Applications

9 Sifting — מְרַקֵּד 81
Sifting on Yom Tov / Resifting Flour

10 Kneading — לִישָׁה 83
Kneading on Yom Tov / Practical Applications / Kneading Dough / Instant Potatoes / Baby Cereal / Egg or Tuna Salad / Denture Paste

11 Cooking — בִּישׁוּל 85
Cooking That Could Have Been Done Before Yom Tov / Cooking More Than Is Needed / Extra Portions / Cooking More Than Will Be Used — רִיבּוּי בְּשִׁיעוּרִים / The Entire Amount Must Be Cooked at One Time / No Extra Effort May Be Involved / Not Mentioning That the *Melachah* Is Being Done for Tomorrow / Cooking Extra Quantity to Enhance the Food / Summary of Laws / Practical Applications / Cooking Extra Chicken / Larger Kugel / Blintzes, Latkes / Stuffed Cabbage, *Kreplach* / Cooked Fruit, Jello

12 Kindling a Fire — מַבְעִיר 94
The Principle of *Mitoch* / Creating a New Flame / Lighting From an Existing Flame / Enlarging or Prolonging an Existing Flame / Transferring a Fire Through an Intermediary / Asking a Non-Jew to Light a Fire / Summary of Laws / Practical Application of Lighting for Purposes Other Than Food Preparation / Warmth / Illumination / Shul-*Bris Milah* / *Yahrzeit* Candle

13 Extinguishing a Fire — מְכַבֶּה 101
Lowering a Gas Flame for Food Purposes / Extinguishing a Flame Indirectly / Asking a Non-Jew to Lower a Flame / Turning Off Electric Stove and Appliances / Taking a Flame Outdoors / Summary of Laws

14 Smoking 105
The Issues / Opinions of the Poskim / The Reasoning of the Earlier Poskim Who Forbade Smoking on Yom Tov / The Reasoning of the Earlier Poskim Who Permitted Smoking on Yom Tov / Opinion of the Contemporary Poskim / Conclusion / *Halachos* Relevant to Smoking / Lighting a Cigarette, Cigar or Pipe / Extinguishing a Cigarette, Cigar or Pipe / Tapping a Cigarette / Burning of Imprinted Words / Opening a Closed Pack of Cigarettes / Carrying a Pack Outdoors

14 Transporting — הוֹצָאָה 113
Purposes for Which Carrying Is Permitted on Yom Tov / אוֹכֶל נֶפֶשׁ — Matters Pertaining to Food Consumption / Other Yom Tov Needs / Items That Could Have Been Carried to Their Destination Before Yom Tov / Cases in Which Carrying Is Prohibited on Yom Tov / Items That Will Be Needed the Next Day / Items That Have Already Fulfilled Their Purpose / Exceptions / Carrying to Prevent Distress or Financial Loss / Items That Are Not Needed on Yom Tov / Items That Are Needed on Yom Tov / Removing Trash / One Who Carried Outdoors Inadvertently / Carrying More Items Than Necessary / Exclusion / Summary of Laws / Practical Applications / Watches / Mitzvah-Related Items / *Tallis* / *Machzor* / Carrying a *Machzor* for *Tashlich* / *Seforim* / *Lulav* and *Esrog* / Baby Carriages / House Keys / Carrying Medicine

16 Marinating and Salting. 132
Marinating on Yom Tov / Salting Vegetables on Yom Tov / Preparing Salt Water

17 Creating a New Entity — מוֹלִיד 135
Creating a New Entity / Pouring Hot Water Over Congealed Gravy / Whipped Cream / Making Juice From Concentrate / Causing the Creation of a New Entity / Defrosting Liquids / Making Ice Cubes or Frozen Ices / Freezing Liquids for Storage

18 *Melachos* Pertaining to Living Creatures 139
Trapping / Slaughtering / Drawing Blood / Skinning / Feeding Living Creatures on Yom Tov / Summary of Laws / Practical Applications / Dealing With Dangerous Creatures / Dealing With Bothersome Creatures

19 Shearing — גּוֹזֵז 145
Brushing or Combing Hair / Removing Nits From Hair / Removing Gum From Hair / Combing a Wig / Removing Band-Aids / Cutting Nails / Cutting Nails for *Mikveh* / Removing Loose or Dead Skin

20 Writing and Erasing — כּוֹתֵב וּמוֹחֵק 150
Writing With Food / Chocolate Letters / Carving Foods / Whipped Cream, Icing / Cutting Decorative Figures on a Cake / Removing Prices From Foods / Cutting Food Wrappers or Stickers / Thermome-

ter Strip / Hospital Admission / Washing Ink From the Body / Playing Games in Which Letters or Numbers Are Used / Scrabble / Dominoes / Magnetic Writing Boards / Puzzles / Children / Reading Books / Books Stamped on the Edge / Books With Torn Pages / Combination Locks / Opening a *Paroches* / Scoopers

21 Activities That Often Lead to Writing or Erasing 157
Buying and Selling / Giving Gifts / Measuring and Weighing / Measuring for the Purpose of Cooking / Games / Reading Menus and Guest Lists / Summary of Laws

22 Yom Tov Earnings — שְׂכַר יוֹם טוֹב 166
Scope of the Prohibition / Exclusion to the Prohibition / שְׂכַר יוֹם טוֹב בְּהַבְלָעָה — Yom Tov Earnings Included With Weekday Earnings / Hiring Someone on Yom Tov / Rentals / Voluntary Compensation / Compensation Without Material Benefit / Earnings for the Performance of a Mitzvah / Summary of Laws / Practical Applications / Babysitting / Tutoring / Waiters and Cleaning Help / Restaurants and Caterers / Hotels / *Mikveh* / Cantors / Doctors / Earnings From Vending Machines / Interest Accrual

23 Sewing and Tearing — תּוֹפֵר וְקוֹרֵעַ 176
Practical Applications / Fastening With Safety Pins / Removing Safety Pins / Brooch Pins / Band-Aids / Diapers / Sanitary Pads / Photo Albums / Loose Threads or Buttons / Loose Book Covers / Adhesive Notes / Staples / Opening Packages

24 Opening Packages. 183
The Prohibitions / קוֹרֵעַ — Tearing / עֲשִׂיַּת פֶּסַח — Fashioning an Opening / מַכֶּה בְּפַטִּישׁ — Completing the Formation of a Utensil / מוֹחֵק — Erasing / Practical Applications / Cardboard Cartons / Bottle Caps / Cardboard Boxes / Box Drinks / Bags / Metal Cans / Plastic Cartons / Peel-off Seals / Wrappers / Ices / Paper Napkins, Towels and Tissues / Bandages

25 Tying and Untying — קוֹשֵׁר וּמַתִּיר 193
Forbidden Knots / Permitted Methods of Tying and Untying / Practical Applications / Tying Loose Threads / *Tzitzis* / Shoelaces / Opening Parcels / Hair Ribbons / Neckties / Tying and Untying Bags / Plastic Twist-Ties / Bandages / Kerchiefs / Crib Bumpers / Bead Games / *Lulav*

6 Scraping and Smoothing — מְמַחֵק וּמְמָרֵחַ 200
Using Soap / Melting the Bottom of a Candle / Applying Ointments

27 Bathing and Showering — רְחִיצָה 203
Laws Pertaining to Adults / Washing the Entire Body / Washing One Limb at a Time / Washing Part of the Body / Bathing Infants and Children / Cases of Necessity / Other Prohibitions That Apply When Bathing / Cleaning a Baby Who Has a Soiled Diapers / Baby Wipes / Summary of Laws

28 Washing Dishes. 212
הֲכָנָה, Preparing / בִּישׁוּל, Cooking / Applying These Principles to Various Situations / One Who Has Other Dishes / Dishes That Became Soiled Before Yom Tov / Rinsing and Soaking Dishes / Washing Dishes to Alleviate Discomfort / Washing Dishes Containing Congealed Grease / Other Issues Related to the Washing of Dishes / Using Soap and Dishwashing Detergent / Using Sponges and Scouring Pads / Storing Dishes in a Dishwasher / Cleaning Articles Other Than Dishes

29 *Muktzeh*. 219
Utensils of Prohibited Use — כֵּלִים שֶׁמְּלַאכְתָּן לְאִיסוּר / Inherently *Muktzeh* — מוּקְצָה מַחֲמַת גּוּפוֹ / *Nolad* — נוֹלָד (Something Newly Created) / Examples of Ordinary *Nolad* / Moving *Muktzeh* for the Purpose of Food Preparation / Summary of the Differences Between Shabbos and Yom Tov Regarding *Muktzeh*

30 Using Appliances on Yom Tov 225
Pilot-lit Gas Stoves and Ovens / Electronically Ignited Gas Stoves and Ovens / Gas Ovens With Electronic Gas Valve and Igniters / Electric Cooktops / Electric Oven / Opening Refrigerators and Freezers

31 Treatment of Illnesses and Injuries 228
Doing *Melachah* or Providing Medication for an Ill Person / The Different Categories of Illness / Illness That Is Life Threatening — חוֹלֶה שֶׁיֵּשׁ בּוֹ סַכָּנָה / Illness That Is Not Life Threatening — חוֹלֶה שֶׁאֵין בּוֹ סַכָּנָה / What a Jew Is Permitted to Do for a חוֹלֶה שֶׁאֵין בּוֹ סַכָּנָה / Medication for a חוֹלֶה שֶׁאֵין בּוֹ סַכָּנָה / What One May Ask a Non-Jew To Do for a חוֹלֶה שֶׁאֵין בּוֹ סַכָּנָה / A Localized Ailment — מִקְצָת חוֹלִי / A Minor Ailment — מֵיחוּשׁ בְּעָלְמָא / Treating Sick or Injured Children on Yom Tov / Additional *Halachos* Pertaining to Taking

Medication / The Second Day of Yom Tov / Summary of Laws / Miscellaneous Rules Pertaining to Heath Care on Yom Tov / If One's House Is Cold / Removing a Splinter / Placing Ice on a Bump / Using Hot Water to Create Steam / Using Band-Aids on Yom Tov / Using a Vaporizer or Nebulizer on Yom Tov / Preparation and Use of a Compress on Yom Tov / Caring for a Wound on Yom Tov / Treating Diaper Rash / Minor Irritation/Serious Rash

32 *Halachos* That Pertain to Erev Yom Tov 242
Preparing for Yom Tov / Eating Erev Yom Tov / The Mitzvah of תּוֹסֶפֶת יוֹם טוֹב — Adding to Yom Tov

33 The Laws of Candle Lighting 244
The Number of Candles One Lights / The *Berachah* / The שהחיינו *Berachah* / The שהחיינו *Berachah* on Rosh Hashanah / A Man Who Lights Candles / A Woman Who Recites *Kiddush* / Accepting the Sanctity of Yom Tov / The Lighting Procedure / When to Light the Candles / When Yom Tov Falls on a Weekday / When Shabbos Precedes Yom Tov / When the First Day of Yom Tov Is Shabbos / When the Second Day of Yom Tov Is Shabbos / Preparing the Candles on Yom Tov / Benefiting From the Lights / The Type of Light / Electric Lights / Some Practical Applications / Eating Out / Yom Tov in a Hotel / Yom Tov in a Hospital

34 Laws Pertaining to the Yom Tov Meals,
Kiddush and *Havdalah* 265
The Mitzvah of Rejoicing on Yom Tov / The Yom Tov Meals / Reciting *Kiddush* / Yom Tov Eve / Errors in the *Kiddush* Recitation / *Kiddush* When Yom Tov Occurs on Shabbos / When Yom Tov Falls on Motzaei Shabbos / The *Kiddush*/*Havdalaha* Procedure / Using a Substitute for Wine / Yom Tov Morning / *Bircas HaMazon* / Yom Tov and Shabbos / Cases of Doubt / *Havdalah* / When Yom Tov Falls on Motzaei Shabbos /

35 *Eruv Tavshilin*............................. 271
The Rationale for *Eruv Tavshilin* / The Biblical Basis for Preparing for Shabbos on Yom Tov / Rabbah's Opinion / Rav Chisda's Opinion / The Halachic Ramifications of This Dispute / The Reason the Rabbis Required an *Eruv Tavshilin* / What Is Permitted on the Basis of an *Eruv Tavshilin* / Food Preparation / Needs Other Than Food Preparations / Preparation That Does Not Involve *Melachah* /

Preparing for Shabbos on Thursday / Establishing the *Eruv Tavshilin* / The *Eruv* Procedure / Types of Food Needed / Description of the Food / The Cooked Item / The Baked Item / What to Do With the *Eruv Tavshilin* / Using the *Eruv* on Shabbos / When to Establish the *Eruv Tavshilin* / Who Is Required to Make an *Eruv Tavshilin* / Cases Where Limited Shabbos Preparation Is Necessary / Laws Pertaining to One Who Has No *Eruv Tavshilin* / Making an *Eruv* on Yom Tov / Relying on the Rav's *Eruv* / Other Possibilities / Procedure for Making an *Eruv* on Behalf of Other People / Change of Location During Yom Tov / Summary of Laws

Index... 295

SPECIAL ACKNOWLEDGMENT

I am deeply indebted to my esteemed editor and friend, Rav Eliezer Herzka שליטא. No aspect of the manuscript escapes his all-encompassing scrutiny. In him, the insight of an outstanding *talmid chacham* and the refined instincts of a consummate wordsmith have combined to bring countless subtleties of *halachah* to light with precision and clarity. May he continue to use his prodigious abilities in the many projects of Torah dissemination with which he is involved.

Preface

The laws of Yom Tov are in many ways similar to those of Shabbos. We have dealt with the laws of Shabbos at length in our previous works, *The Radiance of Shabbos, The Sanctity of Shabbos, The Shabbos Kitchen* and *The Shabbos Home* Vol. I, and in *The Shabbos Home* Vol. II, which is currently being prepared for publication. The focus of this volume is primarily on the *halachos* that are unique to Yom Tov, that is, the areas in which Yom Tov law differs from Shabbos law. However, it was our goal to provide a thorough guide to the laws of Yom Tov on a practical level, and therefore, we included many laws that are commonly applicable even where they are identical to the Shabbos laws.

The thirty-nine categories of *melachah* (labor) which define the Shabbos prohibitions apply to Yom Tov as well, although in some instances they are treated more leniently. The following is a list of those categories. The ones that appear in bold print are discussed in this volume. The others have no unique laws pertaining to Yom Tov and are discussed in our works concerning Shabbos.

1. זוֹרֵעַ — sowing.
2. חוֹרֵשׁ — plowing.
3. קוֹצֵר — reaping.
4. מְעַמֵּר — gather.
5. דָּשׁ — threshing (or extracting liquid).
6. זוֹרֶה — winnowing (related to selecting).
7. בּוֹרֵר — selecting.
8. טוֹחֵן — grinding.
9. מְרַקֵּד — sifting (related to selecting).
10. לָשׁ — kneading.
11. **אוֹפֶה (וּמְבַשֵּׁל)** — baking (and cooking).
12. גּוֹזֵז — shearing.

13. מְלַבֵּן — whitening.
14. מְנַפֵּץ — disentangling.
15. צוֹבֵעַ — dyeing.
16. טוֹוֶה — spinning.
17. מֵיסֵךְ — mounting the warp.
18. עוֹשֶׂה שְׁתֵּי בָתֵּי נִירִין — setting two heddles.
19. אוֹרֵג — weaving.
20. פּוֹצֵעַ — removing threads.
21. קוֹשֵׁר — tying.
22. מַתִּיר — untying.
23. תּוֹפֵר — sewing.
24. קוֹרֵעַ — tearing.
25. צָד — trapping.
26. שׁוֹחֵט — slaughtering.
27. מַפְשִׁיט — skinning.
28. מוֹלֵחַ — salting.
29. מְעַבֵּד — tanning.
30. מְמַחֵק — smoothing.
31. מְחַתֵּךְ — cutting to size.
32. כּוֹתֵב — writing.
33. מוֹחֵק — erasing.
34. בּוֹנֶה — building.
35. סוֹתֵר — demolishing.
36. מְכַבֶּה — extinguishing.
37. מַבְעִיר — kindling.
38. מַכֶּה בְּפַטִּישׁ — striking the final blow (i.e. finishing a product).
39. מוֹצִיא מֵרְשׁוּת לִרְשׁוּת — taking out from one domain to another domain.

It is our hope that this *sefer* will meet the needs of a broad spectrum of people — from newcomer to traditional Judaism to the advanced Torah scholar. The design of the *sefer* reflects this intent. The main text, which states, explains and illustrates the important halachic principles, has been written in English. The footnotes at the bottom of each page, containing both source references and discussion of the principles delineated in the text, have been written in Hebrew.

Acknowledgments

Words cannot do justice to the monumental debt that I owe my dear parents — my father and teacher, HaRav HaGaon Rav Moshe Cohen שליט״א, and my mother Rebbetzin Gitel Cohen שתחי׳. Their מְסִירַת נֶפֶשׁ in bringing up their children in the ways of Torah and their constant encouragement and assistance have enabled me to dwell in the tent of Torah. May Hashem bless them with many years of good health and *nachas* from all their children and grandchildren.

To my esteemed father-in-law, HaRav HaGaon Rav Shmuel Elchonon Brog שליט״א, who wrote the Overview to this *sefer*, and my mother-in-law Rebbetzin Sheina Brog שתחי׳, I would like to express my heartfelt appreciation for their constant devotion — a devotion they shower without limit on their family and *talmidim*. May they always derive much *nachas* from their children and grandchildren.

Words cannot express the debt of gratitude I owe to my wife's grandfather, Harav HaGaon Rav Avidgor Miller שליט״א, whose impact on my life and outlook has been profound. His numerous talks and lectures unfailingly bring to light countless insights and inspire many thousands to vibrant lives of Torah and awareness of Hashem. May Hashem grant him and his Rebbetzin שתחי׳ many more healthy years as shining examples of a lustrous *Yiddishkeit* from a bygone era with vital relevance to our own.

This work would not have been possible without the generous assistance of many colleagues and friends too numerous to mention, and I am deeply indebted to all of them. However, several deserve particular mention:

Once again I had the privilege of having this *sefer* reviewed by HaRav Chaim Mordechai Goldenberg שליט״א. His vast wealth of Torah knowledge and keen insight are very much evident throughout this work.

I owe much gratitude to HaRav Moshe Dovid Choueka שליט״א who edited the Hebrew footnotes, gracing them with his scholarly and attractive styles.

I would like to express my sincere gratitude to two prominent Poskim whose shiurim and notes were of great benefit to me. Rav Shmuel Felder שליט״א of Lakewood, New Jersey and Rav Eliyahu Falik שליט״א of Gateshead, England.

I would like to thank my dear friend HaRav Meir Zlotowitz שליט״א and the entire Mesorah Publications staff for undertaking to publish this work. The mark of professionalism that their involvement has left on this *sefer* is unmistakable.

It has been my good fortune to have, over the past year, acquired the friendship of R' Moshe Simon שליט״א. We take pride in his having chosen to relocate to Lakewood, to which he has brought his vibrancy, goodness and considerable talents. By voluntarily editing the first draft of this *sefer*, R' Simon made a significant impact on the quality of the final product. May Hashem grant him and his wife many years of continued *nachas* from their distinguished family.

Rabbi Yehezkel Danziger שליט״א, Editorial Director of the *The Schottenstein Edition* of *Talmud Bavli*, once again demonstrated his sincere friendship by allowing me to encroach upon his hectic schedule and assisting in the formulation of numerous chapters.

I am deeply grateful to a true and devoted friend, Mr. Charles Meisels שליט״א, who, in addition to providing moral and financial support for this project, reviewed the manuscript and offered valuable comments.

It is my pleasure to thank R' Avraham Biderman שליט״א, who went beyond the call of duty, and while shepherding this project to completion took the time to review much of the material and provide helpful insights.

I would like to express my great appreciation to Mrs. Estie Dicker שתחי׳ for the superb typesetting job. Her patience and skill in handling a nearly endless barrage of changes made the task of publishing this *sefer* much easier. I would also like to extend my heartfelt *yaasher koach* to Mrs. Udi Klein שתחי׳ for her skillful typesetting job.

Words are inadequate to express my הַכָּרַת הַטּוֹב to Mr. Zalman Shapiro שליט״א for all that he does for me. May Hashem grant him and his wife true Torah *nachas* from their children.

I am gratefully indebted to the citadel of Torah, the famed Beth Medrash Govoha of Lakewood, N.J. where I have studied for many years, and to its illustrious *Roshei Yeshivah* שליט״א. May Hashem grant them the strength to continue their dedicated and invaluable work on behalf of Torah.

I am deeply grateful for the wonderful frendship shown to me and my family by Mr. Norman and Mrs. Leah Rivkah Mayberg. Their warmth and deep feelings for us are mutual in every way. Their generosity is manifest in their support of many charitable causes and projects that promote the dissemination of Torah, including the publication of this *sefer*. May Hashem reward their kindness and caring with long and happy years of health and Jewish *nachas*.

I would like to give special thanks to my brother-in-law, HaGaon R' Mechel Gruss שליט״א, Rosh Yeshivah of Zichron Dovid, who gave me unlimitted use of his library. May Hashem give him and his wife strength to contintue with their exceptional work on behalf of the *Klal*.

Finally, I would like to take this opportunity to express my deep appreciation for the constant support and assistance I have always received from my wife, Basya Rivka תחי׳, who has had a major share in all aspects of the publication of this *sefer*. May Hashem grant us much *nachas* from our dear children and allow us to achieve ever greater heights in His service.

Simcha Bunim Cohen

Overview

וְשָׂמַחְתָּ בְּחַגֶּךָ, *Rejoice on Yom Tov*

Yom Tov is a miracle! Although replete with prohibitions which appear confining, the very opposite is true. Yom Tov liberates. It is a treasure of untold contentment and joy. Yom Tov is a synonym for everlasting life. It is another name for Paradise. For us the charge of Yom Tov is self-evident: וְשָׂמַחְתָּ בְּחַגֶּךָ [Rejoice on Yom Tov.][1]

◆§ Human Happiness

Those who seek enduring happiness inevitably turn to marriage and parenthood. What event is universally celebrated with more attention to detail at such great expense and with greater joy than a wedding? And what fulfillment can surpass that of becoming a parent? Is there any other earthly blessing for which people yearn with the same intensity that the childless pray for the pain of bearing, the difficulty of rearing and the effort in supporting their offspring? Is any possession as priceless as a child?

Why weddings and children are so essential is explained in the *Chumash*. After completing each notable step of creation the Torah writes, "Hashem saw, and it is good," with one exception, "It is not good that man be alone, I will make him a helper corresponding to him."[2] Only after Adam had his Chavah could the Torah conclude "And G-d saw *all* that He had made and it was very good."[3]

---

1. *Devarim* 16:14.
2. *Bereishis* 2:18.
3. *Bereishis* 1:31.

Marriage perfects the universe because the oneness it engenders perpetuates existence. Marriage means togetherness. Marriage means future. And it was for these very reasons that G-d created the world. Hashem wanted to give man the opportunity to freely 1) unite with Hashem 2) for eternity, i.e. the state of everlasting future. Is it any wonder, then, that matrimony and parentage are the primary sources of bliss? Wedlock and offspring make ordinary men G-d's partners in creation.

◆§ Yom Tov

Once we understand marriage and birth we can comprehend Yom Tov because it too is a form of marriage and birth. However, there are two differences: While ordinary marriage transforms two into one, a divine family, Yom Tov transforms numerous divine families into one, a Divine Nation. And whereas the individual Jew who is born naturally is materially finite, the Jewish Nation which was instantaneously created is infinite. Yom Tov is thus a day of *simchah* because it manifests our birth as a people and our marriage to G-d.

On Pesach, Hashem became our Father; on Shavuos, He gave us His Torah and became our Groom; on Succos, in the Clouds of Glory (עֲנָנֵי כָבוֹד) we began our eternal journey together.

We confirm this truth every weekday when we wind the *tefillin*-strap ring like around our finger and say: "I will betroth you unto Me forever [Pesach is the prelude to Shavuos]; I will betroth you unto Me with righteousness and justice; with kindness and mercy [i.e. with Torah]; I will betroth you unto Me with faith and you will know [דַעַת, i.e. embrace] Hashem [in the *succah*]."[4]

On Yom Tov itself we repeat this theme each time we recite one of the four *Shemoneh Esrei* prayers: "You have chosen us from amongst all the nations; You have loved us and found favor with us [our birth]; You have exalted us above all tongues and have sanctified us by Your commandments [with Torah,

---

4. Hoshea 2:21,22; Taanis 26b.

marriage]; You our King have drawn us near to serve You and have called Your great and Holy Name upon us [our Eternal Bond]."

To the extent that we internalize this truth and see ourselves, not as separate individuals, but as cells united in the Divine Soul we share together, the G-d of Love embraces us with an ecstasy unattainable by human effort alone. Hashem rewards us with a portion of *Gan Eden* on earth — more popularly known as *Simchas Yom Tov*.

True, the physical environment that surrounds earth-man is heartless. It blinds him to all, but the futile attempt to flee the want and the danger that constantly confront him.

On Yom Tov, however, this heavy veil is lifted. Life is no longer seen as an exercise in escape from reality, but as a golden opportunity to grow and unite with the Infinite Source of Truth and Kindness. On Yom Tov, man's Image of G-d emerges. He is transformed from a speck of dust to the Creator's personal emissary. No longer earth's slave, he is now its master — ready and able to sublimate the physical, to make the finite Infinite.

The two lavish holiday banquets that are requisite for every Yom Tov are proof of this mission. Anyone who has ever participated in one of these feasts can testify that they are not ח"ו a recess, but rather a joyous intensification of the day's sanctity. Eating makes us holier.

Indeed, Yom Tov brings out the Divine nature of every Jew. Careful adherence to Hashem's course in "Yom Tov self-restraint" automatically gives rise to one's additional soul. Thus magnified, the soul's exalted joy transforms the body into a spiritual spaceship able to transcend the limitations of time and space.

✦§ Yom Tov in the *Beis HaMikdash*

At the time of the *Beis HaMikdash* every Jew tangibly savored this Yom Tov Paradise. To be sure, this Paradise accompanies us to all ends of the earth but with nowhere near the intensity that was manifest in the *Mikdash* where it shone forth like the sun at midday.

Three times every year, on Pesach, Shavuos and Succos, the Three Pilgrimage Festivals (שָׁלֹשׁ רְגָלִים), every Jew who lived in Eretz Yisrael was expected to bring his family to Jerusalem when he went to celebrate with Hashem.

Upon arriving at the *Mikdash*, every man enthusiastically brought three sacrifices: An עוֹלָה for the right to see and be seen by Hashem; a שַׁלְמֵי חֲגִיגָה for the additional privilege of celebrating this experience together with his children, even those just old enough to walk from Jerusalem to the *Mikdash*; and a שַׁלְמֵי שִׂמְחָה for the joy of being a Jew who must share the sacred tastiness of his *korban* not only with his wife and children, but even more important, with any unfortunate Jew incapable of purchasing a שַׁלְמֵי שִׂמְחָה by himself.[5]

However, there is no way these mitzvos could have been fulfilled unless every man, woman and child knew with certainty that Paradise awaited them in the Holy City. Other than *Gan Eden*, there is no earthly pleasure or combination of pleasures that could entice any individual, let alone an entire nation, to endure the material sacrifice and physical hardship these thrice-yearly trips demanded.

Who but Hashem's children going home to their Father could feel secure forsaking all their material possessions (in effect, the majority of the country was abandoned) to the whims of bandits and enemies!

Consider the bother preparing their large families for these extended trips; all the packing of clothes, bedding, food and culinary supplies.

Picture the trek by foot to the Holy City. Although a sizable amount may have traveled by wagon, it took numerous pilgrims two weeks to go one way. This means they spent three months a year, one month per holiday, just traveling.

After such an exhausting trip, how could anyone look forward to alighting in an overcrowded city teeming with

---

5. *Rambam, Sefer HaMitzvos.*

millions of visitors only to cram into an apartment with who knows how many families, or to camp in the streets with hardly a place to walk.

The climax of the trip was their communion with Hashem as they stood in the *Beis HaMikdash* for the better part of each day pressed together in such a concentrated mass that if someone fell asleep it was impossible for him to fall on the floor.

The *Mishnah* sums up this phenomenal miracle which took place three times a year for over eight hundred years in one terse sentence: "No man ever said to his friend, 'I feel crowded,' in Jerusalem."[6]

◊§ Jewish Eternity

Pesach

Even today these Three Pilgrimage Festivals bear testimony to the Divine nature of *Klal Yisrael*.

On the verge of annihilation by the mightiest nation on earth, in the blink of an eye we were recast as the Eternal People. By adhering to God's will, the very will that created the world *ex nihilo*, a group of oppressed slaves were suddenly made the masters of their Egyptian tormentors. On Pesach, the Festival of Freedom, the holiday of Jewish immortality, the first phase of our supernatural history began. For the next forty years we were sustained by open miracles, by bread falling daily from Heaven and by a well which escorted us on earth.

This second phase commenced when we entered Eretz Yisrael and began life within the confines of the material world. However, the liberating character inherent in Pesach burst forth when thrice-yearly we forsook all our worldly possessions with carefree abandon to exalt in what should have otherwise been a fatiguing worry-filled trek to the Holy City.

And even today, the emancipatory power of Pesach is as clear as before, if not more so. Despite living surrounded, scattered and defenseless for two thousand years under the pressurized

---

6. *Avos* 5:5.

influence of neighbors who have incessantly attempted to destroy us, both physically and by assimilation, we continue, not only to maintain our moral independence, but to grow in our study of G-d's Torah, in mirroring His kindness and in fulfilling His mitzvos, even as we maintain a material parity to those around us.

We cannot leave our discussion of Pesach without noting the Divine prohibition which not only forbids us to eat or enjoy any fermented grain products (*chametz*) on Pesach but even to possess them. Before Yom Tov we must thoroughly clean and search our dwellings in order to destroy or sell any *chametz* we find. In addition, we must either purge all the vessels used in its preparation and consumption or purchase new ones. Unless we actually witnessed the Exodus, it is inconceivable that over three thousand years later we would still be totally involved with the radical bother required to change over our homes and eating habits for one week a year in order to avoid all contact with what is otherwise the most staple food in our diet!

Shavuos

It took those of us who left Egypt seven grueling weeks of intense preparation in the desert to understand that our common goal is not what unites us; rather, the fact that we are literally one being is what gives birth to that goal. We Jews are "as one man with one heart."[7] Only when we realized that togetherness is the *sine qua non* of our existence and is attainable only by clinging to our One G-d and His Teachings, did Hashem give us His Torah. We immediately put everything aside and for the next forty years did nothing but study it. No wonder that we are known as "The People of the Book"; we stepped into history as one gigantic yeshivah.

In Eretz Yisrael, the mitzvah to settle the entire country no longer allowed us to dwell in the same close proximity as before. However, the Torah's directive to visit with Hashem in the *Beis*

---

7. *Shemos* 19:2 (*Rashi*).

HaMikdash and re-experience the *Gan Eden*-Oneness we enjoyed in the desert effectively neutralized our enemies' fatigue and every other form of impediment. We traveled to Jerusalem in great joy, rich with the teaching that Yom Tov imparts, namely, that nothing can thwart our determination to serve Hashem, i.e., to attain the sublime state of eternal oneness with G-d and His people.

And even today, the power of Torah to unify its world-wide community of students is visible to all. As mentioned, we live as minorities scattered hither and thither over the face of the earth subject to all the assimilatory forces which tear us apart, and which unfortunately have taken a toll. And yet, to take but one example of many: On the first night of Pesach every knowledgeable Jew can be found seated in a leaning position at a meal everyone calls the *seder*, discussing the same Exodus, eating the same unsalted matzah, the same bitter herbs, the same festive meats and fowl, with none of it roasted, drinking a minimum of four cups of wine, each one at designated intervals, in addition to fulfilling a host of other obligations which are unique to this night alone.

Although the various communities have different customs and differ in many secondary facets of Torah and life, all agree on the basic principles of Torah as manifest in the world-wide conformity to the complex *seder* procedure! There is no way to explain this other than the Torah scholars in every country study the same Holy Torah, and Torah by nature unites. As *Chazal* say: "*Talmidei chachamim* increase *shalom* in the world,"[8] because the entire Torah was given to make *shalom* in the world."[9] In other words, the entire Torah was given to make G-d visible because *Shalom* is one of Hashem's Names.[10]

Succos

Bitachon in Hashem is the source of all joy. Therefore, Succos,

---

8. *Berachos* 64a.
9. *Rambam, Chanukah* 4:14.
10. *Berachos* 2:1.

the material form of the Clouds of Glory that protected us from every human, animal and atmospheric adversary, is also our season of greatest joy.

We merited the mitzvah of *succah* because we had total trust in Hashem. As the prophet says, "I recall for you the kindness of your youth, the love of your nuptials, your following Me into the Wilderness, into an unknown land."[11] Thus, *Chazal* say, "He who never saw the *Simchas Beis HaSho'avah* (the all-night celebration on Succos) never saw joy in his life."[12] The ecstasy experienced by the millions who witnessed this soul-stirring event was so captivating that no man slept in a bed on Succos.[13]

And even in *Galus* this happiness is visible. Although a warm home in the late fall seems preferable to an outdoor hut, anyone who ever sat in a *succah*, even in the cold, feels a joy way beyond what one would expect.

Moreover, if we didn't have complete faith in Hashem and His love no one would gladly pay the outrageous prices charged for a *lulav* and *esrog*, items which are virtually worthless the day after Yom Tov, just for the privilege of holding and shaking them for a few minutes each day. Who in his right material mind would spend from $36 to $500 for the pleasure of just holding an apple a few minutes a day for a week! This would be impossible if every Jew was not positive, at least subliminally, that the Almighty is with us in *Galus*.

In the merit of our devotion to Yom Tov, may Hashem have mercy upon us and swiftly bring us together in Jerusalem to participate in the greatest celebration of G-d's Glory and the greatest joy the word will have ever seen the reason for which it was created.

(Based on *Pachad Yitzchok* by Maran HaGaon R' Yitzchok Hutner *zt"l*.)

Shmuel Elchonon Brog

---

11. *Yirmiyahu* 2:1.
12. *Succah* 51b.
13. *Succah* 53a.

the laws of yom tov

1 / The General Principles of Yom Tov Law

I. The Biblical Prohibition of Doing *Melachah* on Yom Tov

The Torah states, regarding the holy days of Yom Tov: כָּל מְלָאכָה לֹא יֵעָשֶׂה בָהֶם אַךְ אֲשֶׁר יֵאָכֵל לְכָל נֶפֶשׁ הוּא לְבַדּוֹ יֵעָשֶׂה לָכֶם, *No work may be done on them, except for what must be eaten for any person— that alone may be done for you.*[1]

This verse contains the basic prohibition against doing work — *melachah* — on Yom Tov.

The literal translation of *melachah* is "work" or "labor." However, as the Torah defines it, *melachah* does not refer to physical exertion, but to creative activity. Anything that is halachically regarded as creative activity falls under the category of *melachah,* even if little physical exertion is involved.

The Mishnah in Tractate *Shabbos* lists thirty-nine primary categories of creative activity, each of which is known as an *av melachah* (literally: father *melachah*).[2] Any activity that achieves an objective similar to that of an *av melachah* is called a *toladah* (literally: offspring) and is likewise prohibited. For example, bleaching fabric is an *av melachah;* laundering a garment is a *toladah* of this *melachah*. Both the *av* and the

---

1. שמות יב:טז לגבי פסח ובויקרא כג:ז לגבי פסח כתיב ביום הראשון מקרא קדש יהיה לכם כל מלאכת עבדה לא תעשו, ושם בפסוק ח, לגבי פסח כתיב והקרבתם וכו׳ ביום השביעי מקרא קדש כל מלאכת עבודה לא תעשו. ושם פסוק כ לגבי שבועות כתיב כל מלאכת עבודה לא תעשו. ושם בפסוק כה לגבי ראש השנה כתיב כל מלאכת עבודה לא תעשו. ושם בפסוק לה בנוגע יום ראשון דסוכות כתיב ביום הראשון מקרא קדש כל מלאכת עבדה לא תעשו, ושם בפסוק לו בנוגע שמיני עצרת כתיב כל מלאכת עבודה לא תעשו.

ונשנה עוד בבמדבר פרק כח פסוקים יח־כה, ובפרק כט פסוק א, יב, לה, ובדברים פרק טז:ח.

2. שבת דף עג.

toladah are included in the Torah's prohibition of *melachah*.

There is no difference between Shabbos and Yom Tov regarding the *definition* of *melachah* — all thirty-nine categories are defined as *melachah* on Yom Tov as well as on Shabbos. However, in many respects, the laws of Yom Tov are more lenient than those of Shabbos. Most notably, the Torah permits the performance of certain *melachos* on Yom Tov for the sake of preparing food. This will be discussed below, beginning in Section III of this chapter. One must bear in mind, however, that since all thirty-nine categories are defined as *melachah* even on Yom Tov, they remain forbidden except in the specific circumstances in which they are allowed.

II. The Rabbinical Prohibitions

The verse וּשְׁמַרְתֶּם אֶת מִשְׁמַרְתִּי, *And you shall safeguard My observance*,[3] instructs the Sages to create safeguards that will keep people from transgressing Torah prohibitions.[4] To this end, the Sages enacted various decrees forbidding actions that might lead to the performance of *melachah*. For example, the Sages forbade reading business-related material on Shabbos or Yom Tov, because one might, as a result, come to erase incorrect or irrelevant information and thus violate the *melachah* of מוֹחֵק, *erasing*.[5]

The Sages also enacted decrees forbidding activities that resemble *melachah*. Were these acts permitted, people might erroneously permit the performance of similar acts that are in the category of *melachah*. For example, the Sages forbade inserting flowers whose buds have not yet sprouted into water, on Shabbos or Yom Tov, because this act is similar to the *melachah* of זוֹרֵעַ, *planting*.[6]

Other Rabbinical decrees forbid doing things that would

---

3. ויקרא יח:ל.
4. יבמות דף כא. וע' רש"י ויקרא שם ובראשית כו:ה.
5. ש"ע סי' ש"ז סי"ג.
6. רמ"א סי' של"ו סי"א.

detract from the festive atmosphere of Yom Tov. Thus, any טִרְחָא — unnecessary or excessive strain — is forbidden on Yom Tov.[7] Similarly, any action that would make Yom Tov seem like an ordinary day is forbidden. For example, it is forbidden to give a vigorous massage, or to clear out a storehouse. Further discussion of these rules will appear in Chapter 28.

III. Asking a Non-Jew to Perform *Melachah*

The Rabbinical prohibition against instructing a non-Jew to do *melachah* on one's behalf on Shabbos pertains equally to Yom Tov. There are some minor exceptions to this rule, which will be presented in the course of this book.

IV. The Concept of אוֹכֶל נֶפֶשׁ — [Preparing] Food for a Person

The verse cited at the beginning of this chapter, which contains the prohibition of *melachah* on Yom Tov, concludes with the statement: אַךְ אֲשֶׁר יֵאָכֵל לְכָל נֶפֶשׁ הוּא לְבַדּוֹ יֵעָשֶׂה לָכֶם, *except for what must be eaten for any person — that alone may be done for you.* With this qualification, the Torah permitted the performance of certain *melachos* on Yom Tov for the sake of preparing food for human consumption.[8] However, not all *melachos* involved in preparing food are permitted. Chapter Two will deal with which *melachos* are permitted for this purpose and which are forbidden.

Although the verse mentions that certain *melachos* may be done in order to prepare "*what must be eaten,*" it does not mean to limit the dispensation to the preparation of food. Rather, it means to allow the specific permitted *melachos* to be done for

7. מ״ב סי׳ תק״ג ס״ק א.

8. ודע דכמה פוסקים סוברים כי מלאכת אוכל נפש מותר לעשותה לכתחילה ואין ענין לטרוח למצוא אופנים לעשות בדרך היתר. והטעם בזה הוא משום דמלאכת אוכל נפש הותרה ביו״ט, וכ״כ הפמ״ג בפתיחה להלכות יום טוב פ״א אות א, וכ״כ בשלחן ערוך הרב בקונטרס אחרון ס׳ תק״י ס״ק ב, ובשו״ת חתם סופר או״ח סי׳ פ״ה. וע׳ עוד בזה במלאכת יום טוב ס״ק ג־ה.

the sake of any common human need or pleasure [הֲנָאַת הַגּוּף], such as warming oneself or washing one's face with warm water.[9] The Torah mentions food preparation as a prototype for all common physical needs. (Since the Torah does mention the preparation of food, the dispensation is commonly referred to as the rule of *ocheil nefesh,* i.e. [preparing] food for a person.)

The dispensation is further broadened by the principle of "*mitoch,*" which states that since a *melachah* is permitted for the sake of physical needs it is permitted even when no physical need is involved [מִתּוֹךְ שֶׁהוּתְּרָה לְצוֹרֶךְ הוּתְּרָה נַמִּי שֶׁלֹּא לְצוֹרֶךְ]. This principle applies in limited circumstances and will be discussed in detail in Chapter Three.

V. Restrictions on the Dispensation for *Ocheil Nefesh*

As mentioned above, whatever is defined as *melachah* regarding Shabbos is also defined as *melachah* regarding Yom Tov, and all *melachos* are therefore forbidden except in the

---

9. במסכת ביצה דף כא: נחלקו ב״ש וב״ה, ב״ש אומרים לא יחם אדם חמין לרגליו אלא א״כ ראוין לשתיה וב״ה מתירים ואנן קי״ל כב״ה. ונחלקו הראשונים בביאור המחלוקת בין ב״ש לב״ה דעיין בפירוש המשניות להרמב״ם וז״ל: ואוסרים ב״ש שיבעיר אדם אש להתחמם בו לפי שעיקרה ממה שאמר אך אשר יאכל לכל נפש אינו נכנס תחתיו הנאות הגוף מבחוץ, ובית הלל אומרים כי מאמר השם אך אשר יאכל לכל נפש כלל הנאות הגוף כולם, ע״כ. ומבואר מדברי הרמב״ם דב״ש וב״ה חולקים אם היתר אוכל נפש כולל כל הנאות הגוף או דווקא אכילה ושתיה. וכן מבואר מדברי הרשב״א בעבודת הקודש בית מועד שער ג פ״ה וז״ל: מחמם אדם חמין לרגליו ואפילו מים שאינן ראוין לשתיה, שדבר זה צריך לכל נפש והרי הוא בכלל מה שאמר הכתוב אך אשר יאכל לכל נפש יעשה לכם, עכ״ל. אמנם הרשב״א בחידושיו למסכת ביצה כתב בזה״ל: ומהא שמעינן דב״ש וב״ה במתוך שהותרה הבערה לצורך פליגי, עכ״ל. ומדבריו אלו משמע דלא פליגי בהבנת הקרא, אלא דב״ש לית להו מתוך ועל כן בעינן דווקא אוכל נפש ממש וב״ה דאית להו מתוך מתירין הבערה בשביל שאר הנאות ג״כ. וע׳ במ״ב סי׳ תקיא ס״ק א שהביא מחלוקת הנ״ל.

[ובהא דדברי הרשב״א סתרי אהדדי ראיתי בספר מאורי אש דף טז שהעיר בזה, וז״ל: ונראה דהרשב״א בעבוה״ק חזר משטתו בחדושיו מחמת הקושיא שהקשה שם ותרצה בדוחק, עכ״ל. שוב ראיתי שהגאון בעל אמרי בינה בדיני יו״ט ס״ב ג״כ הרגיש בסתירה זו ודעתו שם נמי דהרשב״א חזר בו בספרו עבוה״ק.]

וע׳ בשיטה מקובצת בביצה דף כא. דכתב דגם הדלקת הנר הוא בכלל הנאת הגוף, דלפעמים צריך האדם לראות קדירתו אם היא מבושלת כל צרכה.

specific circumstances in which they are allowed. Thus, even activities that are commonly associated with the preparation of food, and that are permitted when done for that or a similar purpose, are forbidden in some circumstances.

The very same verse that allows doing *melachah* for the sake of food preparation also teaches some of the restrictions that apply to this dispensation. It states: *except for what must be eaten* ***for any person*** *— that alone may be done* ***for you.*** The expression *for any person* teaches that one may perform a *melachah* only to satisfy a need that is common to most people.[10]

---

10. מ״ב ס׳ תקיא ס״ק א. והמקור לדין זה הוא בכתובות דף ז. דאיתא שם: אלא מעתה מותר לעשות מוגמר ביו״ט דמתוך שהותרה הבערה לצורך הותרה נמי שלא לצורך, אמר ליה עליך אמר קרא אך אשר יאכל לכל נפש - דבר השוה לכל נפש. אמר ליה רב אחא בריה דרבא לרב אשי אלא מעתה נזדמן לו צבי ביו״ט הואיל ואינו שוה לכל נפש ה״נ דאסור למישחטה; אמר ליה אנא דבר הצורך לכל נפש קאמינא, צבי צריך לכל נפש הוא, עכ״ת הגמרא. ולכאורה מבואר מדברי הגמרא דגם באוכל עצמו בעינן שיהיה שוה לכל נפש, וצבי הוי שוה לכל נפש רק דלא כל אחד יכול להשיג צבי.

וראיתי בספר דברי יוסף עמ״ס ביצה שנסתפק בזה, וז״ל: ובפשטות מבואר פה בסוגיא דגם באוכל עצמו בעינן שיהיה שוה לכל נפש, מקושית הגמרא, וגם התרצן לא חזר בו ורק תירץ שצבי צריך לכל נפש ורק אין לו את היכולת לזה, עכ״ל. ובאמרי בינה היו״ט ס״ב מביא מהחינוך (מצוה רחצ) דלגבי אכילה לא בעינן שוה לכל נפש. וכתב דהנה יש להסתפק לגבי אוכל נפש עצמו כגון לבשל ממתקים וכדומה שאינם מאכל לסתם בני אדם ונעשה רק לתינוקות ולמפונקים האם מותרים ביו״ט. וכתב שם דזה תלוי איך נפרש את המסקנא בכתובות שם, דאפשר לומר דבאכילה כיון דעצם ענין האכילה הוא דבר הנצרך לכל נפש א״כ לא איכפת לן בסוג האוכל אלא מסתכלים על הדבר בכללותו, ולכן כל אוכל חשיב אוכל נפש השוה לכל נפש, דכל אחד נצרך לאוכל. אך אפשר לומר אחרת, דהגמרא מתרצת דמאכל צבי שפיר הוי שוה לכל נפש משום דגם העני צריך את המאכל הזה ומתאוה לו ורק דאין ידו משגת לשלם עבורו וא״כ מניעתו הוא אך מחמת חסרון כיס, וודאי הוי מאכל גם לאיש כמוהו. ונ״מ בין ב׳ הפירושים במאכל שעשוי רק למעונגין ממש כמו סוכריות וממתקים דלא הוי מאכל לכולם דיש אנשים שלא יאכלוהו בעד כל הון דעלמא משום שהם אינם זקוקים לזה, וא״כ לא הוי שוה לכל נפש. וכן יש להסתפק במבשל מאכל חריף מאד שרק יחידים יכולין לאוכלו אי הוי שוה לכל נפש, וגם זה תלוי בשאלה זו דאם דנין אנו על ענין האכילה באופן כללי אם כן בודאי דאכילה נחשבת שוה לכל ותהא איזו אכילה אשר תהיה, משא״כ אם נאמר דכל מאכל ומאכל צריך להיות מאכל השוה לכל, וצ״ב, עכת״ד.

וע׳ בספר מאורי אש דף טז בזה. וע׳ בפמ״ג א״א סי׳ תקי״א סק״ד דשוה לכל נפש הכוונה לרוב האנשים ולא בעינן כל האנשים, וכן משמע מדברי הבאור הלכה ס׳ תקי״א ס״ד ד״ה אין, וז״ל: וכל זה דוקא באותן מקומות שהעולם רגילין בזה והוא דבר השוה לכל נפש, עכ״ל.

Thus, it is permitted to heat water in order to wash one's hands, face and feet, since this is a daily necessity for most people. However, it is forbidden to heat water for a full bath, since this is not considered a daily necessity common to most people.

The expression *that alone may be done* **for you** teaches that the dispensation allowing the performance of *melachah* was granted only when the action will be done to satisfy a need of a Jewish person. It is forbidden — under the general prohibition of *melachah* — to perform any normally forbidden labor solely for the benefit of a non-Jew. The dispensation for *ocheil nefesh* was granted solely for the benefit of those who observe the Torah's commandments, including the laws of Yom Tov, and the sanctity of Yom Tov precludes us from doing *melachah* to benefit others. (This subject is discussed at length in Chapter Five.)

It is also forbidden to perform any normally forbidden labor for the benefit of an animal.[11]

In short, under the dispensation for *ocheil nefesh*, it is permitted to perform *melachah* only: (a) in order to fulfill a need that is common to most people; and (b) only for the benefit of a Jewish person.

Furthermore, it is important to note that the rule of *ocheil nefesh* allows doing *melachah* only for the sake of a Yom Tov need. It is forbidden to prepare food for post-Yom Tov use. (However, see Chapter 35, where the concept of *eruv tavshilin* is discussed.)

In the following chapter, we will learn further restrictions on the performance of *melachah* for the sake of *ocheil nefesh*.

---

11. ש״ע סי׳ תקי״ב ס״ג.

2 / Which Melachos Are Permitted for the Sake of *Ocheil Nefesh*

We learned in Chapter One that the Torah expressly permits the performance of *melachah* on Yom Tov for the sake of *ocheil nefesh* (preparing food for people). Nevertheless, the Gemara states in Tractate *Beitzah* that the *melachos* of צָד, *trapping,*[1] and קוֹצֵר, *reaping,*[2] are forbidden on Yom Tov — even though these *melachos* are normally done for the purpose of obtaining food. Thus, we learn that the allowance of *melachah* for the sake of *ocheil nefesh* is not an absolute rule, but applies in limited circumstances. However, we must explore why these specific *melachos* are forbidden, and establish criteria for determining what types of activities are forbidden and what types are permitted.

The Rishonim offer two basic explanations of this matter. Their two approaches result in different sets of criteria as to when the rule of *ocheil nefesh* applies. The approaches reflect the views of:

(1) *Rashi* and *Rambam;*

(2) *Rosh* and *Ran.*

Let us examine each view in detail.

I. The Criteria of *Rashi* and *Rambam*

Rashi[3] and *Rambam*[4] explain that it is forbidden to perform

---

1. מסכת ביצה דף כג: איתא במשנה, אין צדין דגים מן הביברים ביום טוב.

2. מסכת ביצה דף ב:

3. רש״י דף כג: ד״ה אין צדין, וז״ל: אף על גב דשחיטה ואפייה ובשול מאבות מלאכות הן והותרו לצורך יום טוב טעמא משום דאי אפשר מערב יו״ט, דשחיטה חייש למכמר בשרא פן יתחמם ויסריח, אבל צידה אפשר לצודו מבעוד יום ויניחנו במצודתו במים ולא ימות ולמחר יטלהו, עכ״ל.

4. רמב״ם פ״א מהלכות יו״ט ה״ה.

a food-preparatory *melachah* on Yom Tov if one could have achieved the same result by doing the *melachah* before Yom Tov. Since there is no qualitative difference between an animal that is trapped before Yom Tov and one that is trapped on Yom Tov, nor between grain that is harvested before Yom Tov and that which is harvested on Yom Tov, trapping and reaping are forbidden on Yom Tov. On the other hand, *melachos* such as שׁוֹחֵט, *slaughtering*, and מְבַשֵּׁל, *cooking*, are generally permitted on Yom Tov, because freshly slaughtered meat and freshly cooked food is tastier than that which was prepared the day before.

If a food can be cooked before Yom Tov without the risk of any loss in flavor, it may not be cooked on Yom Tov. An example of this is fruit, which is considered just as tasty when it has been cooked a day in advance as when it has been freshly cooked.[5]

⊱ The Origin of This Rule

Rambam states that the distinction between *melachah* that can equally be done before Yom Tov and that which produces superior results when done on Yom Tov itself is of Rabbinic origin. That is, all *melachah* related to food preparation is permissible according to Biblical law, and it was the Sages who prohibited performing certain food-preparatory *melachos* on Yom Tov. *Rambam* explains that the Sages feared that many people would not enjoy Yom Tov if they would be excessively occupied with unnecessary food preparation. Therefore, they required us to do before Yom Tov any *melachah* whose advance performance would not affect the quality or freshness of the food.[6]

---

5. מ״ב ס׳ תצה ס״ק ח.

6. הרמב״ם פ״א מהלכות יו״ט ה״ה, וז״ל: כל מלאכה שאפשר לה להעשות מערב יו״ט, ולא יהיה בה הפסד ולא חסרון אם נעשית מבערב, אסרו חכמים לעשות אותה ביום טוב אף על פי שהיא לצורך אכילה. ולמה אסרו דבר זה גזירה שמא יניח אדם מלאכות שאפשר לעשותן מערב יו״ט ליום טוב ונמצא יו״ט כולו הולך בעשיית אותן מלאכות, וימנע משמחת יום טוב ולא יהיה לו פנאי לאכול, עכ״ל. וע׳ במגיד משנה שם וז״ל: דעת

Rashi does not comment explicitly on whether the distinction mentioned above is of Biblical or Rabbinic origin. It is a matter of dispute among the later authorities as to *Rashi's* opinion in this regard. Most authorities hold that, unlike *Rambam, Rashi* considers *melachah* that could have been performed before Yom Tov to be forbidden Biblically on Yom Tov.[7]

II. The Criteria of *Rosh* and *Ran*

Rosh[8] and *Ran*[9] offer a different set of criteria for establishing which *melachos* are prohibited. In their view, the performance of any *melachah* that is usually done on a large scale — that is, to prepare food for several days at a time — is

---

רבינו שכל מלאכות שהן באוכלין ומשקין מותרות גמורות דבר תורה, כגון הקצירה והטחינה וכיוצא בהן אלא שחכמים אסרו אותן מפני הטעם שהזכירו כדי שלא ימנע משמחת יו״ט, עכ״ל. ולכאורה לשיטתו הינו יכלים להתיר לעשות מלאכת קצירה וטחינה ביו״ט ע״י שינוי, כמו שאנו מתירים כל מלאכת אוכל נפש שאפשר לעשותו בערב יו״ט ולא עשאו שיכול לעשותו ע״י שינוי.

7. לכאורה רש״י בעצמו כתב מלאכות אלו אסורות מן התורה, דע׳ ברש״י בדף ג. ד״ה ויתלוש וז״ל: דהוה איסורא דאורייתא דהיינו קוצר שהוא אב מלאכה, עכ״ל. ומבואר מדבריו להדיא דשאר מלאכות אסורים מן התורה, וכ״כ רש״י בעירובין דף לט: ד״ה פסק. וכן כ׳ הרא״ש ריש פ״ג דביצה דמתוך פירוש רש״י משמע דצידה אסורה מדאורייתא, וכ״כ הרמב״ן בריש פ״ג דביצה. אמנם ע׳ בב״ח סי׳ תצה וז״ל: ולענ״ד כדי ליישב דברי רש״י דגם הוא מודה דמדאורייתא שרי, ומה שכתב וז״ל ואף על גב דשחיטה ואפייה ובישול מאבות מלאכות הן והותרו לצורך יו״ט, הכי קאמר, דאע״פ דאבות מלאכות הן ואפייה לא אחמרו בה רבנן, והותרה לצורך מצוה ובצידה אחמרו בה רבנן. טעמא דמילתא משום דשחיטה אי אפשר מערב יו״ט פן יתחמם ויסריח אבל צידה אפשר לצודו מבעוד ויניחנו במצודתו במים ולא ימות ולמחר ישלהו הלכך אחמרו בה רבנן, עכ״ל. ומבואר מדברי הב״ח דשיטת רש״י היא דמלאכות האסורות לצורך אוכל נפש הם רק איסורא מדרבנן. ולכאורה צ״ע בדבריו מרש״י בביצה דף ג. ד״ה ויתלוש ומרש״י עירובין לט: ד״ה פסק.

8. כתב הרא״ש בריש פרק אין צדין בזה״ל: כיון שרגיל לקצור כרמו כאחד ולקצור שדהו כאחד ולטחון הרבה ביחד ולדרוך ענביו כאחד, לכן אסור כל אלו דדמי לעובדא דחול. ומטעם זה נמי אסרו צידה, כי פעמים תעלה מצודתו דגים הרבה ודמי לעובדא דחול, עכ״ל.

9. הר״ן בריש פ״ג דביצה כתב בזה״ל: אבל הקרוב אצלי לפי גמרתנו שכל מלאכת אוכל נפש האסורה ביו״ט אינה אלא מדבריהם, שחכמים אסרו המלאכות הנעשית לימים הרבה כקצירה וטחינה וכיוצא בהן וכו׳, עכ״ל.

prohibited. Reaping, for example, is usually done to an entire field and is therefore prohibited on Yom Tov. Trapping is also commonly done on a large scale, as a net that is spread out in the water tends to capture many fish. On the other hand, *melachos* like cooking, which are normally done on a daily basis, are permitted.

According to *Rosh* and *Ran*, any *melachah* that is usually done on a large scale is prohibited even for the purpose of preparing a small amount of food. Thus, it is forbidden to pick even a single fruit from a tree, since picking fruit is a form of reaping, which is a *melachah* that is usually done on a large scale.[10]

This represents a fundamental difference between the approach of *Rashi* and *Rambam*, and that of *Rosh* and *Ran*. According to *Rashi* and *Rambam*, each individual action must be analyzed to determine whether it can be done with equal results before Yom Tov. According to *Rosh* and *Ran*, however, the circumstances of each individual case are not a significant factor. Rather, the critical factor is whether the *melachah* is in the category of those commonly done on a large scale or those commonly done on a small scale.

◆§ A Further Distinction

In some instances, the circumstances of an individual case are significant even according to *Rosh* and *Ran*. Certain *melachos* are performed on a large scale in the production of certain foods, but are performed on a daily basis with other foods. One such

---

10. כן נראה פשוט. וראיתי בספר ברכת יו״ט במלאכת קצירה וטחינה וז״ל: והנה מובן מאליו דיש להוסיף בדבריהם דאף על פי שנקטו טעם האיסור משום רבוי הכמות מ״מ גם מי שיקצור מעט ולצורך יו״ט בלבד ג״כ יהי׳ אסור, כי במקור האיסור בירושלמי וכן בהמשנה ריש אין צדין משמע שמלאכות אלו אסירי בכל גווני. וצ״ל שהקוצר מעט גם הוא נכלל באיסור זה, משום שמלאכות אלו בדרך כלל נעשות בכמות מרובה לכן גם הקוצר מעט הריהו נראה כעובדא דחול וכעושה לימים רבים. וגדולה מזו איתא בר״ן שם, שאפילו תלישת פירות הנפסדים כתותים שאותן אין דרך בשום פעם לתלוש בכמות מרובה, גם בהו אסור משום דאזלינן בתר מלאכת קוצר בדרך כלל, שברוב המינים דרך לקצור בכמות מרובה, עכ״ל.

example is the *melachah* of בּוֹרֵר, *sorting*, which pertains to separating impurities from food. Before grain can be ground into flour, the dirt that adhered to it during the harvest must be removed. This act of sorting is done on a large scale. On the other hand, the act of skimming fat from soup (i.e. impurity from food) is normally done on a small scale before each meal. Another example is the *melachah* of טוֹחֵן, *grinding*, which pertains to both grinding solid food into powdery form and chopping it into small bits. Grain is commonly ground into flour on a large scale, whereas vegetables are commonly diced for a salad on a small scale.

With respect to this category of *melachos*, the rule is (according to *Rosh* and *Ran*) that they are prohibited when associated with large-scale food production, but are permitted for the small-scale food production that is normally done on a daily basis.

⌇§ The Origin of This Rule

Rosh and *Ran* agree that the prohibition of food-preparatory *melachos* that are normally done on a large scale is of Rabbinic origin. However, they disagree concerning the reason that the Rabbis imposed this rule. *Rosh*[11] explains that *melachos* associated with large-scale food production were prohibited because they resemble weekday activities. *Ran* implies that the Rabbis were concerned that if these *melachos* were permitted, people would do them in the usual manner and prepare enough

---

11. הרא״ש בריש פ״ג דביצה כתב בזה״ל: מתוך פירוש רש״י משמע דצידה אסורה מדאורייתא, כי נתן טעם לדבר הא דצידה אסורה מדאורייתא טפי משחיטה ואפייה ובישול משום דכל הני עדיפי טפי היום משאם נעשה מאתמול, אבל צידה אפשר מאתמול ויניחם במצודה במים עד למחר. ולקמן (דף כח:) לא משמע הכי דמפליג רבי יהודה במכשירין בין אפשר לעשותם מאתמול ובין אי אפשר לעשותם מאתמול, מכלל דבאוכל נפש לא מפליג. ומדרבי יהודה נשמע להו לרבנן דבאוכל נפש לא פליגי אלא רבנן הוא דגזור על קצירה ובצירה וטחינה, לפי שאדם רגיל לבצור כרמו כאחד ולקצור שדהו כאחד ולטחון הרבה ביחד ולדרוך ענביו כאחד לכן אסרו כל אלו דדמי לעובדא דחול. ומטעם זה נמי אסור צידה, כי פעמים תעלה במצודתו דגים הרבה ודמי לעובדא דחול, עכ״ל.

food for several days.[12] This would be a violation of Biblical law, since it is forbidden Biblically to do any *melachah* that will not provide a benefit on Yom Tov itself.[13]

---

12. הר״ן בריש אין צדין כתב דחכמים אסרו המלאכות הנעשות לימים הרבה כקצירה טחינה וכיו״ב, עי״ש, אך לא כתב שם טעם הדבר אמאי באמת אסרו חכמים מלאכות הנעשות לימים הרבה, ובפשטות היה אפשר לומר דטעם הר״ן הוא כטעם הרא״ש דאסור משום עובדא דחול.

אמנם ראיתי בספר ברכת יו״ט סי׳ תצ״ה שהעיר שאין זה משמעות הר״ן, וז״ל: אמנם מדחזינן ב׳ שינויים בדבריו מדברי הרא״ש: א) הרא״ש נקט שקוצר כל שדהו כאחד, והר״ן נקט שעושה לימים רבים, ב) לגבי צידה, הרא״ש נקט שפעמים שתעלה מצודתו דגים הרבה והר״ן נקט משום שעיקרה מיום ליום. ולפי״ז נימא שהר״ן והרא״ש פליגי, והרא״ש אסר משום עובד״ח ואיסור זה נובע מעצם הענין שמלאכות אלו נעשות בכמות מרובה, דלכן ההתעסקות בהן הוי עובד״ח וגם בקצירה מועטת נאסר מה״ט, וע״ז היה קשה להרא״ש דהא תינח בקצירה שבדרך כלל נעשה בהמון, אך מה נעביד במלאכת צידה שאין לנו לקבוע מהי מהותה בדרך כלל, כי הרבה פעמים מעלה מצודתו שלל מועט, ושוב צ״ב אמאי העסק במלאכה זו הוי עובד״ח, ע״ז מחדש הרא״ש דאע״פ שאין כאן ענין של מהות המלאכה בדרך כלל, מ״מ כיון ששכיח שיעלו במצודתו דגים הרבה ואז הדבר נעשה בהמון ולכן גם כאשר מעלה שלל מועט ג״כ הוי עובדא דחול.

ולהר״ן י״ל הסבר אחר, מדנקיט הטעם משום שנעשה לימים רבים י״ל הטעם דאסרו קצירה הוא, דכיון שנקצר כמות ואינו צורך ליו״ט עצמו לכן הוי זילותא דיו״ט בזה שמכין מיו״ט לימים רבים, ומה״ט אסור גם קצירה מועטת, כי עצם הקצירה היא זילותא דיו״ט משום שבדרך כלל נקצר לימים רבים, ולכן בהגיע הר״ן למלאכת צידה היה לו להר״ן הסבר פשוט לאסור במלאכה זו בפרטות, שבצידה א״צ להגיע למציאות שהיא נעשית בכמות מרובה, כי אף אם ננקוט שתמיד דרכה בכמות מועטת יש בה זילותא דיו״ט משום שמהות מלאכה זו היא להכין מיום לחבירו, כי א״א לסמוך שיצוד היום וכו׳ כי שמא לא יצוד, וכמבואר בדברי הר״ן, עכ״ל.

13. וע׳ בספר ברכת יו״ט ס׳ תצ״ה שהעיר בזה, וז״ל: והנה יש לשאול באיסור מלאכות אלו, דאם קוצר כל שדהו כאחד הרי בכך הוא מכין כמות לימים רבים וכלשון שנקט הר״ן, ולפי״ז אמאי אסור רק מד״ס ומשום עובד״ח (לפי הרא״ש) או זילותא דיו״ט (כפי שהסברנו להר״ן), דלכאורה בכה״ג יש לאסרו מדין תורה וכאופה מיו״ט לחול דלוקה.

והנה בקושיא זו עמד הפמ״ג מ״ז ס״ק ב וכתב דאף אם קוצר כל שדהו אינו בהכרח שיהי׳ בזה איסור תורה, משום דבאופן ששייך לומר הואיל ליכא איסור תורה. אמנם עדיין צ״ב, דבמקום דאמרינן הואיל אין הכי נמי אין איסור תורה, אבל עכ״פ יש בזה איסור מד״ס ושוב קשה אמאי צריך איסור מיוחד למלאכות אלו משום עובד״ח, תיפוק לי׳ משום שהם נעשים לימות החול, ואיכא איסור דרבנן אף באופן ששייך לומר הואיל. והישוב בזה י״ל דאין הכי נמי שבקצירה מרובה יש בין כך איסור מד״ס הנ״ל, אמנם משום איסור מד״ס זה לא נאסור גם קצירה מועטת דנחשוש שאם יקצור מעט שמא יקצור כל שדהו, כי גם אם קוצר כל שדהו אינו אסור אלא מד״ס (באם שייך הואיל), אמנם אחר שאמרנו טעם נוסף לאיסור קצירת שדהו והיינו משום עובדא דחול, אז

III. The Practical Halachah

The Poskim rule that ideally [לְכַתְּחִלָּה] one should abide by the stringencies arising from each view. Thus, the following rules apply:[14]

אמרינן כשקוצר מעט אסור, כי גם בכך נראה כעובדא דחול וזילותא דיו״ט, עכ״ל. וע׳ במור וקציעה שג״כ נתקשה בזה, וז״ל: תימא מאי איריא משום מניעת שמחת יו״ט, תיפוק ליה משום מכין מיו״ט לחול דאיכא מ״ד דלוקין עליו אפי׳ באוכל נפש, ואפי׳ מיו״ט לשבת, ואמאי תלי בביטול שמחת יו״ט דלכו״ע אינה אלא גזרה דרבנן, עכ״ל.

14. בדבר זה נחלקו המחבר והרמ״א בריש סי׳ תצ״ה, וז״ל המחבר: כל מלאכה האסורה בשבת אסורה ביום טוב, חוץ ממלאכת אוכל נפש וחוץ מהוצאה והבערה וכן מכשירי אוכל נפש שלא היה אפשר לעשותם מאתמול, עכ״ל. ומבואר דהמחבר סובר דמותר לעשות מלאכות בשביל אוכל נפש אף אם היה אפשר לעשותם מאתמול. אמנם הרמ״א שם הגיה בזה״ל: ויש מחמירים אפי׳ באוכל נפש עצמו כל שאינו מפיג טעם כלל אם עשאו מערב יו״ט, עכ״ל. ומוכח דהרמ״א סובר כהנך ראשונים דגם באוכל נפש אם שייך לעשות המלאכה בערב יו״ט בלי שום הפגת טעם אסור לעשותו ביו״ט.

ובאמת יש ראיה בש״ס כשיטת הרמ״א. דבשבת דף קלד. איתא: א״ל אביי לרב יוסף מהו לגבן (ר״ל לעשות גבינה ביו״ט), א״ל אסור. מ״ש מלישה, א״ל התם לא אפשר הכא אפשר, ע״כ. ועי״ש ברש״י שהסביר דלא אפשר משום דפת חמה מעליא אך לגבן אפשר מאתמול. ועכ״פ מבואר מהגמרא דדבר ששייך לעשותו מאתמול אסור לעשותו ביו״ט, וא״כ לכאורה זהו ראיה מפורשת לשיטת הרמ״א. וע׳ בביאור הגר״א ריש סי׳ תצ״ה שמיישב שיטת המחבר, וז״ל: אבל סברא הראשונה (ר״ל שיטת המחבר) ס״ל כמו שכתב הר״ן פ״ק דיו״ט דאפי׳ אפשר מאתמול שרי, אלא בדבר שעושה לימים הרבה אסרו חכמים בדבר שטוב מאתמול, עכ״ל.

והנה לכאורה יש עוד מחלוקת בין המחבר והרמ״א גבי עשיית גבינה ביו״ט. דעי׳ בשו״ע סי׳ תקי ס״ה שכתב המחבר דאין עושין גבינה ביו״ט, ועי״ש במ״ב ס״ק כא שכתב וז״ל: דגבינה מעלי טפי כשהיא ישנה וא״כ הו״ל למעבד קודם יו״ט. ואפי׳ לאותן הפוסקים דסוברין בסי׳ תצה דאוכל נפש עצמו מותר אפי׳ היה אפשר לעשותה קודם יו״ט, הכא אסור מפני שדרך לעשותו לימים הרבה והוי עובדא דחול, ולפ״ז אפי׳ אי אפשר לו לעשותה קודם יו״ט י״ל דאסור, עכ״ל. ועי״ש בשער הציון ס״ק יח וז״ל: דלפ״ז כוונת דברי הגמרא ״הכא אפשר והכא לא אפשר״ ע״כ נפרש דהמלאכה בעצמותה אפשר לעשותה מבערב ולהכי אסרו רבנן אפי׳ איתרמי לאיש הזה שלא היה אפשר לו, עי״ש. והרי מבואר מדברי המ״ב אליבא דהמחבר דמלאכה שדרך לעשותה לימים הרבה אסורה אפי׳ למי שלא היה האפשרות לעשותה בעיו״ט. אמנם לשיטת הרמ״א שאוסר בכל אוכל נפש שאפשר לעשותו מאתמול כתב המ״ב סי׳ תצה ס״ק ח דאם לא היה אפשר לאדם זה לעשות המלאכה בעיו״ט מותר לעשות המלאכה ביו״ט, וע״כ לשיטת הרמ״א הפירוש בגמרא בשבת שם ד״אפשר״ ר״ל אפשר לאדם זה לעשות המלאכה, ופירוש ״לא אפשר״ הוא דא״א לו לעשות המלאכה מעיו״ט וא״כ רק באופן זה מותר לעשות המלאכה ביו״ט. נמצינו למדים דפליגי המחבר והרמ״א בהבנת הגמ׳ בשבת שם.

(a) Any activity that involves a *melachah* and can be done with equal results before Yom Tov may not be done on Yom Tov. [This is based on the view of *Rashi* and *Rambam*.]

(b) Any *melachah* that is normally done on a large scale (e.g. reaping) may not be done even on a small scale. [This is based on the view of *Rosh* and *Ran*.]

(c) Any *melachah* that is commonly done on either a large scale or a small scale (e.g. sorting or grinding) may be done on a small scale (i.e. to prepare the quantity that is normally needed for one day's use) but not on a large scale. [This, too, is based on the view of *Rosh* and *Ran*.]

In short, it is permitted to do only a *melachah* that is commonly done on a small scale, and only if the *melachah* could not have been done with equal results before Yom Tov. *Melachos* like sorting and grinding may be done only to prepare the quantity of food that is normally consumed in one day.

◆§ Exclusions

The rule that one may not do on Yom Tov any *melachah* that could just as well have been done before Yom Tov pertains only if one actually had the opportunity to do it before Yom Tov. If circumstances beyond one's control prevented him from preparing his food in advance of Yom Tov (e.g. the food was not available), he may prepare it on Yom Tov even though the same result could theoretically have been achieved before Yom Tov.[15]

Moreover, some Poskim rule that if a person was unable to perform this type of task before Yom Tov because he was extremely busy, he may perform it on Yom Tov.[16]

---

15. מ"ב סי' תצה ס"ק י.

16. שלחן ערוך הרב סי' תצה סעיף ה, חיי אדם כלל פ הלכה א. וכתב המ"ב בסי' תצה ס"ק ח בזה"ל: מיהו אם לא היה לו שעות מקודם לבשל, וכל שכן כשלא היה לו הפירות מקודם, בודאי מותר לבשל ביו"ט, עכ"ל. ובשעה"צ ס"ק ט כתב הסבר בזה וז"ל: דלא גריע ממכשירי אוכל נפש דשרי בכה"ג, עכ"ל. וביאור דברי המ"ב הוא דכמו דבמכשירי אוכל נפש הגדר של אפשר תלוי באדם זה גופא אם הי' יכול לעשות המלאכה או לא,

2: MELACHOS PERMITTED FOR OCHEIL NEFESH 15

Finally, even if one could have done the *melachah* before Yom Tov and purposely left it for Yom Tov, he is forbidden only to perform it on Yom Tov in the usual manner. He is permitted to perform it in an unusual fashion, utilizing a *shinui* (i.e. a variant method of performance).[17] The concept of *shinui* will be clarified in later chapters.

IV. Summary of Laws

- Although we are permitted to perform *melachah* for the sake of *ocheil nefesh*, it is clear from the Gemara that this does not apply to all *melachos*. However, there is a dispute concerning the criteria for which *melachos* are permitted and which are forbidden.

ה״ה באוכל נפש דאם לא היה אפשר לאדם לעשות המלאכה קודם יו״ט מותר לו לעשותו ביו״ט. וזהו בגדר כל שכן ממכשירין, דהא מכשירין שאפשר לעשותם קודם יו״ט אסורים מן התורה ביו״ט ואף על פי כן האפשרות תלויה בכל אדם ואדם, ועל כן מלאכת אוכל נפש שמן התורה מותר לעשותו ביו״ט ודאי דין הוא שנתירו כל היכא שאדם זה לא היה יכול לעשותו ביו״ט.

אמנם המהרש״א במגילה דף ז: ד״ה כאן לא הסכים עם זה. וזהו תוכן דבריו, דבאוכל נפש גדר אפשר ולא אפשר אינו תלוי אם האדם היה יכול לעשות המלאכה אלא תלוי אם האוכל מתקלקל או אינו מתקלקל, ורק התרת מכשירין תלויה ביכולת האדם לעשות המלאכה, דהמצב שהיה אפשר בעיו״ט אסור לעשותו ביו״ט ואם לא היה אפשרות לעשות המלאכה בעיו״ט מותר לעשותו ביו״ט ע״ש.

ואפשר לומר ביאור בזה, דבמכשירין הוי דבר תורה וא״כ יש גזירת הכתוב דאם אפשר לעשות המלאכה מערב יו״ט אסור לעשותו בשום אופן ביו״ט ואפי׳ ע״י שינוי, ונכלל בזה דאם לא היה האפשרות לעשותו בעיו״ט מותר לעשותו ביו״ט. אמנם בנוגע למלאכת אוכל נפש שמן התורה מותר לעשות המלאכה אפי׳ כשהיה אפשר לעשותה בעיו״ט (אליבא דהרבה ראשונים) רק דחכמים גזרו דדבר שאפשר לעשותו בעיו״ט אסור לעשותו ביו״ט כי אם ע״י שינוי, וטעם גזירתם כדי שלא יטרד האדם כל היום במלאכה, ובזה אפשר לומר דאסרו חכמים כל דבר שישנו במציאות לעשותו מעיו״ט ולא חילקו אם היה אפשר להאדם הזה לעשות המלאכה. והטעם בזה י״ל כיון שמלאכות אוכל נפש הם דברים שבדרך כלל צריך האדם להם תדיר לכן אסרו חכמים גם אם היה טרוד בעיו״ט והצריכוהו לעשות ע״י שינוי כדי שיזכור שיו״ט היום ולא יבא להתעסק במלאכות כל היום.

17. רמ״א סי׳ תצה ס״א. וע׳ בביאור הלכה שהביא שיטת המהרי״ל דגם ע״י שינוי אסור לעשות דמלאכה. ונחלקו הפוסקים אם מותר לכתחילה להמתין לעשות המלאכה ביו״ט ע״י שינוי, דעת המג״א בסי׳ תצה ס״ק ג שמותר להמתין, וכן פסק בא״ר ס״ק ח׳ ובחיי אדם כלל פה ס״ז. אמנם המ״ב בסי׳ תצה ס״ק י הביא שבספר בגדי ישע מפקפק על המג״א, ובשעה״צ ס״ק יב מצדד כשיטת הבגדי ישע.

- According to *Rashi* and *Rambam*, we are permitted to do only *melachos* that could not have been performed with equal results before Yom Tov.

- According to *Rosh* and *Ran*, we are permitted to do only *melachos* that are normally performed on a small scale — i.e. on a daily basis.

- One should abide by the stringencies of both opinions. Thus, for the sake of *ocheil nefesh*, one may perform only a *melachah* that is commonly done on a small scale, and only if the particular act could not have been done with equal results before Yom Tov.

- With respect to *melachos* that are sometimes performed on a large scale and sometimes performed on a small scale (e.g. sorting and grinding), we may do them only on a small scale, i.e. to prepare the quantity of food that is normally consumed in one day.

- If a food was unavailable before Yom Tov, or someone did not have time to prepare it before Yom Tov, he may prepare it on Yom Tov even if the same result could theoretically have been achieved the day before.

- Even if one purposely put off the preparation of a certain food item for Yom Tov, he may do the *melachah* on Yom Tov in an unusual fashion, as we shall see in future chapters.

3 / The Principle of "*Mitoch*"

I. The Meaning of "*Mitoch*"

We learned in the previous chapters that it is permitted to perform certain *melachos* on Yom Tov for the purpose of food preparation (*ocheil nefesh*). This concept is considerably broadened by a principle known as *mitoch* ("since"), which states: מִתּוֹךְ שֶׁהוּתְּרָה לְצוֹרֶךְ הוּתְּרָה נַמִּי שֶׁלֹּא לְצוֹרֶךְ, *Since [this melachah] was permitted for a [food-related] purpose, it was likewise permitted for a non-[food-related] purpose.* I.e. when the Torah permitted the performance of *melachos* needed for the preparation of food, it actually meant to permit their performance for any purpose.[1] Now, it has been explained (see p. 4) that whichever *melachos* are permitted under the rule of *ocheil*

---

1. מקור היתר "מתוך" נזכר במסכת ביצה דף יב. במשנה, בית שמאי אומרים אין מוציאין לא את הקטן ולא את הלולב ולא את ספר תורה לרשות הרבים, ובית הלל מתירין. ומפרשת הגמ' דטעמא דב"ה הוא דאמרינן מתוך שהותרה מלאכת הוצאה לצורך אוכל נפש הותרה נמי שלא לצורך אוכל נפש, וב"ש אין סוברים סברת מתוך ולפיכך אוסרים לצאת עם הלולב ביו"ט.

[וע' חידוש גדול בצל"ח בדף יב ע"א בד"ה דילמא שכתב בשיטת התוס' דאפי' אליבא דב"ש דלית להו מתוך שהותרה מ"מ במבוי שאין לו לחי וקורה או לחצר שאינה מעורבת גם לבית שמאי אמרינן מתוך. ור"ל דכמו דלב"ה מותר בדאורייתא מטעם מתוך היכא דאיכא צורך קצת, הכי נמי לב"ש היכא דאיכא צורך קצת מותר באיסור דרבנן. והצל"ח הוסיף לדייק כן מדתנן ב"ש אומרים אין מוציאין לרה"ר, מכלל דלמקום שאינו רשות הרבים מותר, עכ"ד. אמנם לכאורה דבריו תמוהים מאד דע' בביצה דף לז. דאיתא שם דאליבא דב"ש אסור להשיל פירות דרך הארובה, משום דטלטול צורך הוצאה וב"ש אוסרים הוצאה, ולכאורה לפי דברי הצל"ח הרי לחצר שאינה מעורבת מותר לטלטל משום מתוך, וא"כ למה יהא אסור להשיל פירות דרך הארובה, הרי לא גרע מטלטול לחצר שאינה מעורבת, וצ"ע.]

וע' בראשונים ובאחרונים שנתקשו בהך דינא דמתוך, דהא לכאורה הוא מילתא בלא טעמא, דלא מצינו שהתירה התורה אלא מלאכות הנעשות לצורך אוכל נפש ומהיכי תיתי להתיר עשיית מלאכות אלו אפי' שלא לצורך אוכל נפש. וע' בשיטה מקובצת כתובות דף ז. בשם שיטה ישנה, וז"ל: כלומר כל אותן מלאכות שהותרו לצורך אכילה לא היו בכלל לא תעשו כל מלאכה, והאי דכתב רחמנא אשר יאכל לכל נפש

nefesh may be done for the sake of any common physical necessity. The principle of *mitoch* states that these *melachos* may be done even for a purpose other than a *physical* necessity.

For example, transporting food from a public domain to a private domain (the *melachah* of הוֹצָאָה), where it is needed for consumption, is permitted on Yom Tov. Even transporting hot

---

לסימנא בעלמא הוא דכתבוה, שכל המלאכות הצריכות לאכילה יהיו מותרות ביו״ט. ובלבד לצורכי ישראל אבל לא לצורכי עכו״ם, עכ״ל.

ולכאורה מוכח מהשיטה יסוד חדש בענין מתוך, דב״ה הבינו דאין כוונת התורה לומר סיבה אלא סימן, דכשהיתירה התורה צורכי אוכל נפש אין הכוונה שבשביל אוכל נפש מותר לחלל את היו״ט, אלא דכל המלאכות השייכים לאוכל נפש לא נאסרו ביו״ט כלל, ולכן מותר לעשות מלאכות אלו אפי׳ שלא לצורך אוכל נפש. אך ב״ש סוברים דביו״ט נאסרו הל״ט מלאכות כמו בשבת ולא הותר אלא צורך אוכל נפש ודוקא אם עושה עתה לצורך אוכל נפש אבל לשאר צרכים אסור.

ובאמת יסוד זה מבואר בדברי הרמב״ן בפרשת אמור על הפסוק כל מלאכת עבודה לא תעשו (כג.ז), והובאו דבריו בחינוך מצוה רחצ וז״ל: ואמר הכתוב כאן מלאכת עבודה ולא אמר כל מלאכה, לפי שצרכי אוכל נפש הותרו לעשות ביו״ט, כמו שאמר הכתוב במקום אחר אך אשר יאכל לכל נפש הוא לבדו יעשה לכם. וזהו פירוש מלאכת עבודה, ובכל עבודה בשדה, וכן וקין היה עובד אדמה, מלך לשדה נעבד, עובד אדמתו. אבל המלאכה שהיא לאוכל נפש כמו הבישול וכיוצא בו מלאכת הנאה היא לא מלאכת עבודה, כן פירש הרמב״ן זכרונו לברכה, עכ״ל. ולפ״ז מובנים היטב דברי השיטה מקובצת בכתובות דף ז דהואיל וכל מלאכות אוכל נפש לא נאסרו ביו״ט, דאינם ״עבודה״, לכן מותרים לגמרי ואפי׳ שלא לצורך אוכל נפש.

ועי׳ בספר ברכת אברהם ביצה דף יד. וז״ל: והנה עיקר המחלוקת דב״ש וב״ה אם אמרינן מתוך צ״ב מה שורש פלוגתתם, ומה יסוד הענין דמתוך שהותרה לצורך אוכל נפש הותרה נמי שלא לצורך וכו׳. ונראה דיסוד הענין הוא במה דמצינו בכמה מקומות בש״ס ענין הואיל ואישתרי אישתרי. ע׳ במנחות מה. סד״א הואיל ואישתרי מליקה לגבי כהנים תישתרי נמי נבלה וטרפה, קמ״ל. וביבמות ז: ס״ד דהואיל והותר מצורע ליכנס להר הבית להכניס ידיו לבהונות הותר נמי לקריו וכו׳. ועל דרך זה משמע סברת מתוך דהוא ענין סברה כזו, שבאופן שהתירה התורה איזה איסור לצורך מסויים, לא צמצמה ההיתר רק לעיקר הצורך גרידא, אלא הרחיבה ההיתר לכל כיו״ב, והוא יסוד בגדרי התורה, עכ״ל. אמנם לכאורה פירוש זה הוא דוחק, דא״כ למה שינתה הגמרא מהלשון הרגיל, דהו״ל למימר דב״ה סברי הואיל ואישתרי אישתרי וב״ש סברי דלא אמרינן הואיל ואישתרי, ואשר על כן מסתבר דאין שורש מחלוקתם אי אמרינן הואיל ואישתרי, ואפשר לומר בזה כדברי השיטמ״ק דלב״ה כוונת התורה לסימנא בעלמא שמלאכות הנצרכות לאוכל נפש לא נאסרו כלל ביו״ט.

ועוד ראיתי חידוש גדול בענין מתוך בספר המצות להיראים, מצוה קיג — דש, וז״ל: ולאו דוקא אוכל נפש התיר הכתוב אלא כל הנאת הנפש, כדתנן בפ״ב דביצה ב״ש

water to another domain, where it will be used for washing someone's hands or face, is permitted under the rule of *ocheil nefesh*, since washing with hot water is a common physical need. The principle of *mitoch* permits transporting items that are needed for *any* purpose on Yom Tov. Thus, one may carry a *Sefer Torah* into a different domain in order to read from it on Yom Tov.

אומרים לא יחם אדם חמין לרגליו אלא אם כן היו ראויים לשתיה, וב"ה מתירין, והלכה כב"ה. והטעם דכתיב אשר יאכל, ואמרינן בפ' כל שעה בין לחזקי' בין לרב אבהו כל מקום שנאמר יאכל בין איסור אכילה בין איסור הנאה משמע, ודוקא הנאה השוה לכל נפש אבל שאינו שוה לכל נפש אסורה וכו'. ומלאכת מצוה מתוך שהיא הנאת נשמה מותרת, כדתנן בפ"ק דביצה ב"ש אומרים אין מוציאין לא את הקטן ולא הלולב ולא את ס"ת לר"ה וב"ה מתירין וכו', ואסיקנא טעמא דב"ה מתוך שהותרה הוצאה לצורך הותרה נמי שלא לצורך הנאת הגוף אך שיהי' הנאה וצורך הנשמה, פי' מתוך כו' מתוך אותו מקרא עצמו שאתה למד היתר הנאת הגוף אתה למד היתר הנאת נשמה, וטעמא דאך אשר יאכל לכל נפש כתיב פי' יהנה לכל נפש וכו', והנשמה בלא הגוף נקראת נפש כדכתיב (תהלים קטז) שובי נפשי למנוחיכי וכו', עכ"ל.

והנה מבואר מדברי היראים דאליבא דב"ה טעמא דהותרה עשיית מלאכה לצורך שאר הנאות ביו"ט היינו מפני שהן נכללים בקרא דאך אשר יאכל לכל נפש, דתיבת יאכל כוללת גם שאר הנאות.

ולפי זה שפיר נמי מיושבת הקושיא שהקשינו לעיל דמנין לנו להתיר צורך שאר הנאות, דהרי הפסוק גופא התירתן בפירוש.

וכן ראיתי בפירוש סביב ליראיו על ספר יראים שביאר התירא דמתוך אליבא דהיראים, וז"ל: הנה כל המפרשים נדחקו לפרש כוונת דמתוך שהותרה, דלפירושם הי' צ"ל כיון שהותרה לצורך הותרה נמי שלא לצורך, אבל לשון מתוך לא שייך לפירושם. עד שבא להורות פירוש חדש כלומר מתוך אותו מקרא עצמו אתה למד היתר הנאת נשמה, עכ"ל, וזהו כדברינו לעיל.

ולפ"ז סרה קושית המנחת חינוך, שהקשה על דברי החינוך שם בזה"ל: וכן מה שאמרו שאין בכלל היתר צרכי נפש מה שהוא אכילה ושתיה לבד אלא אף כל דבר הצריך לו לאדם לבו ביום, בין שהוא דבר מצוה כגון קטן למולו וכו' ובין שאינו דבר מצוה אלא צרכי גוף לבו ביום וכו' כל דברים אלו מותרין, ובכלל היתר דאוכל נפש נינהו, עכ"ל. וע"ז תמה המנחת חינוך, וז"ל: דברי הרב המחבר צ"ע גדול, דנראה מדבריו דהא דמותר להוציא ספר תורה וכדומה הוא מטעם כיון דצריך לו הוי כאוכל נפש, ובאמת לא ראיתי זה בשום מקום, ובביצה דף יב ע"א מבואר דבהוצאה לכולי עלמא מתוך שהותרה וכו' אבל לא מטעם אוכל נפש, עכ"ל. אבל לפי דברי היראים לא קשה כלל, דכוונת מתוך היינו זה גופא דשאר הנאות נכללים בהיתר אוכל נפש, והחינוך סבר כפירוש היראים. אח"ז מצאתי בספר מלאכת יום טוב בריש הספר שהאריך בזה וכוונתי למקצת דבריו.

II. *Melachos* to Which This Principle Applies

There is a dispute among the authorities regarding the scope of the principle of *mitoch*. Some Poskim rule that *mitoch* applies to all *melachos* that are permitted for food preparation.[2] Other Poskim, however, limit its application to specific *melachos*.

In practice, we rely upon the principle of *mitoch* in regard to only four *melachos*.[3] These are:

---

2. בסוגית הגמרא בביצה דף יב. מבואר דאמרינן מתוך בג׳ מלאכות. א) שחיטה, ב) הוצאה, ג) הבערה.

וע׳ בב״ח ס׳ תצה ד״ה ומ״ש, וז״ל: ואיכא למידק מאי איריא הוצאה והבערה, כל שאר מלאכות נמי הותרו במתוך לבית הלל וכו׳, ובפרק קמא דכתובות (דף ז) נמי שרינן חבורה ביו״ט במתוך ופשיטא דהכי נמי בכל שאר מלאכות שהרי כולן היו בכלל לא תעשו כל מלאכה והותרו לצורך אוכל נפש, ומתוך שהותרו לצורך הותרו נמי שלא לצורך. ואפילו בנפל ביתו ביו״ט כתבו תוס׳ בפרק המצניע (שבת צה.) בד״ה והרוצה דמדינא הוה שרי לבנות דמתוך שהותר בנין לצורך אוכל נפש, דמגבן הוי משום בונה, הותרה נמי שלא לצורך, אלא דאסור מדרבנן משום דהוי עובדא דחול, ונראה לי דאין הכי נמי שכל המלאכות הותרו במתוך אם יש בהן צורך שמחת יו״ט. ומה שהזכיר רבינו הוצאה והבערה לחוד היינו בזמן הזה דכל שחיטה היא לצורך אוכל נפש או שלא לצורך כלל, דשחיטת עולה ליכא האידנא, ובנין בית כבר כתבו התוספות דאסור משום עובדא דחול, ואפייה ובישול וכיוצא בהם לא תמצא בהן שלא לצורך אוכל נפש, אם לא שאופה ומבשל לגוים ולכלבים שאין בזה צורך שמחת יו״ט כלל, מה שאין כן הוצאה והבערה שתמצא בהן לעולם אף שלא לצורך אוכל נפש ויש בהן צורך שמחת יו״ט, עכ״ל. וע׳ בב״ח סי׳ תקז ד״ה ומ״ש דוקא, שכתב דבמלאכת כיבוי לא אמרינן מתוך.

ובמלאכות מכשירי אוכל נפש הנה דעת רוב פוסקים דלא אמרינן מתוך שהותרו מכשירין לצורך אוכל נפש הותרו מכשירין לשאר צרכי היום, דאם לא כן אין לך כמעט מלאכה האסורה ביו״ט, שבכל המלאכות ישנם מלאכות שהם מכשירי אוכל נפש, וא״כ יותרו כל המלאכות ביו״ט, והתורה אמרה לא יעשה כל מלאכה. [וע׳ בזה בב״ח ריש סי׳ תקיד, ובמג״א ריש סי׳ תקיח].

3. מ״ב סי׳ תקיח ס״ק א. וע׳ בשעה״צ סי׳ תקז ס״ק סג בנוגע מלאכת לישה אם אמרינן מתוך. וע׳ בבית הבחירה בביצה דף יב. וז״ל: לא הוצאה בלבד אמרו עליה שמתוך שהותרה לצורך אכילה הותרה שלא לצורך אכילה, אלא אף בכל הדברים שהם נעשות תמיד לצורך אכילה כגון כך, ונמצאו בדין זה הבערה ושחיטה ובישול, עכ״ל. וע׳ בפנ״י ביצה דף כג. שכתב בתוך דבריו בזה״ל: דלא אמרינן מתוך אלא באותן מלאכות שעיקרן לצורך אוכל נפש, ורוב הדברים שהן אוכלי נפש אי אפשר להעשות בלעדן, כגון שחיטה ואפיה ובישול והוצאה והבערה וכיוצא בהן, דלפ״ז לא שייך הך מילתא לענין כיבוי, דעיקר מלאכת כיבוי לאו אוכל נפש הן, ועיקר אוכל נפש נמי לא שכיח בהו כיבוי אלא במיעוטא דמיעוטא כגון בישרא אגומרי וכיוצא בו, וא״כ משום הכי אינן בכלל מה שאמרה התורה אך אשר יעשה לכל נפש וכו׳, עכ״ל. וזהו ממש כדברי המאירי דלא נאמר מתוך אלא במלאכות שעיקרן נעשות לאוכל נפש.

1. הוֹצָאָה — transporting from domain to domain
2. אֲפִיָה וּבִישׁוּל — baking or cooking
3. שְׁחִיטָה — slaughtering
4. הַבְעָרָה — kindling

These four *melachos* may be done even for purposes unrelated to physical needs. All other *melachos* that are permitted under the rule of *ocheil nefesh* may be performed only for the sake of fulfilling physical needs.

III. Restrictions

Although the principle of *mitoch* permits the performance of the *melachos* listed above for purposes unrelated to *ocheil nefesh*, two restrictions apply:

(a) The *melachos* may be performed only to fulfill Yom Tov needs,[4] that is, to enhance the enjoyment of Yom Tov or to make possible the performance of a mitzvah.[5] For example, it is permitted to wheel a baby carriage, or to carry a *lulav* to the synagogue, through a public domain.

It is prohibited, however, to do any of the *melachos* listed

---

4. רמ"א סי' תקיח ס"א. אמנם המחבר חולק ע"ז וסובר דמלאכות שמותרים מותרים אפי' שלא לצורך כלל. וע' בביאור הלכה שם שהאריך בזה ונעתיק מקצת דבריו, וז"ל: אכן לדעת רש"י הותרה הוצאה במתוך אפי' שלא לצורך כלל, והוצאת אבנים רק מדרבנן אסור וכו', ומצדד עוד הר"ן דלרש"י וכן להרי"ף אפי' איסור דרבנן ליכא בהוצאה שלא לצורך שאינו מוציאו לצורך מחר, ולא אסרו חכמים אלא אבנים וכדומה שבלא"ה מוקצה הם וכו'. והנה המחבר סתם כשיטת רש"י משום דהרי"ף והרמב"ם עומדים בשיטתיה, עכ"ל, ועיי"ש שהאריך בזה.

5. והא דצורך מצוה חשוב צורך וממילא מותר לעשות מלאכות המותרים ביו"ט בשביל זה כ"כ תוס' בביצה דף יב. ד"ה ה"ג, וע' בזה בביאור הלכה שם ד"ה וס"ת. וע"ע בביאור הלכה שם ד"ה הצריכים לו, וז"ל: ומוכח מתוס' כתובות דף ז דאפי' היה רק לצורך מצוה דרבנן נמי מותר (ר"ל דחשיב נמי צורך מצוה), עכ"ל.

אמנם כבר ידועים דברי השאגת אריה בסי' קז דבמצוה דרבנן לא אמרינן מתוך, ומשום זה אסור לשרוף החמץ ביו"ט כשכבר בטלו מערב יו"ט, עיי"ש. ולכאורה יש לעיין בדבריו, דהא במתני' בביצה דף יב. איתא דאליבא דב"ה מותר להוציא ס"ת לקרות בו, והרי חיוב קריאת התורה הוא רק דרבנן, וא"כ הרי מבואר דגם במצוה דרבנן אמרינן מתוך. וע"ע בשאגת אריה סי' קו שאוסר להוציא שופר ולולב לנשים ולקטנים דאינם מחוייבים מן הדין, ומשום נחת רוח לנשים אי אפשר להתיר איסור תורה, והוה ליה הוצאה שלא לצורך שאסור.

above if they do not produce a benefit that is needed on Yom Tov. Thus, one may not carry his office keys through the public domain, since one does not need those keys on Yom Tov. We will elaborate on the specifics of what is defined as a legitimate "Yom Tov need" in Chapter 15.

(b) The *melachos* may be performed on Yom Tov only to produce a benefit that is common to most people [שָׁוֶה לְכָל נֶפֶשׁ]. Doing a *melachah* to produce a benefit that is required daily by only a minority of people is not permitted. An example of such a *melachah* is carrying medicine outdoors. Since medicine is not a daily requirement for most people, carrying it in a public domain cannot be permitted simply on the basis of *mitoch*. [For a discussion of the procedure to be followed by one who needs medicine in a different location on Yom Tov, see page 234.]

IV. Summary of Laws

- The principle of *mitoch* states that when a *melachah* is permitted for the sake of *ocheil nefesh* it is permitted for other purposes as well.

- This principle applies to the *melachos* of הוֹצָאָה (transporting), אֲפִיָה וּבִישׁוּל (baking or cooking), שְׁחִיטָה (slaughtering), and הַבְעָרָה (kindling). Other *melachos* may be performed only for the purpose of fulfilling *physical* needs.

- Even the four *melachos* listed above may be done only to fulfill a Yom Tov need — i.e. for the purpose of enhancing the enjoyment of Yom Tov or to enable someone to perform a mitzvah.

- Furthermore, these four *melachos* may be done only to provide a benefit that is common to the majority of people.

The specific application of these rules will be discussed in future chapters dealing with the individual *melachos*.

4 / Preparing on Yom Tov for the Next Day

In this chapter, we will discuss the rules of doing *melachah* for benefit on another day, as well as the rules pertaining to preparation that does not involve *melachah*.

I. Doing *Melachah* on the First Day of Yom Tov for Benefit on the Second Day

We have learned that it is prohibited Biblically to perform *melachah* on Yom Tov for the sake of fulfilling a post-Yom Tov need. It is likewise prohibited to do *melachah* on the first day of Yom Tov for benefit on the second day of Yom Tov. The first day of Yom Tov is sanctified Biblically, whereas the second day is sanctified only Rabbinically. Under Biblical law, then, the second day of Yom Tov is considered a weekday. Thus, performing *melachah* on the first day of Yom Tov for benefit on the second day is tantamount to performing it for benefit on a weekday.[1]

The days in the Jewish calendar begin with nightfall and continue until the following nightfall. Thus, the second day of Yom Tov legally begins at night. It is therefore prohibited to do *melachah* during the first day in anticipation of a need that will arise that night.

II. Doing *Melachah* During *Bein HaShemashos* (Twilight)

Bein hashemashos — twilight — is the period between sunset (שְׁקִיעַת הַחַמָּה) and the appearance of stars (צֵאת הַכּוֹכָבִים). In

---

1. ש"ע סי' תקג ס"א ומ"ב שם. וע' בשו"ת מגידות להפמ"ג שמסתפק במבשל מיו"ט לחול אי התבשיל נאסר, וסיים שם בזה"ל: וכבר צידדנו מזה באחד שבישל ואפה בין השמשות באופן דלא שייך הואיל (דהא ליכא שהות שיבוא אורחים) שיש לאסור התבשיל מיו"ט א' לב'.

halachah, this time period has an indeterminate status. It is treated as possibly part of the day and possibly part of the night. Since Jewish calendar days begin and end with nightfall, the *bein hashemashos* period is possibly the end of the outgoing day and possibly the beginning of the incoming one.

It is forbidden to do *melachah* before sunset if one will benefit from it only during *bein hashemashos*. This would involve doing *melachah* for what is possibly the next day.

It is also forbidden to do *melachah* during *bein hashemashos* for benefit after the appearance of stars, since the *melachah* would be done during what is possibly part of the previous day.[2]

◆§ Doing *Melachah* During *Bein HaShemashos* for Benefit During *Bein HaShemashos*

Every moment of *bein hashemashos* is possibly part of the previous day and possibly part of the next day. Thus, even if one does *melachah* during *bein hashemashos* for immediate benefit, it is possible that the benefit will come during what is legally part of the next day.[3]

---

2. ביאור הלכה ריש סי' תקג.

3. ע' בהגהות רע"א סי' תצה ס"א וז"ל: אם יכול לבשל בבין השמשות דאפוקי יומא דיו"ט לאכלו בבין השמשות, וכן ליקח גחלת להבעיר הטוטי"ן בין השמשות כתבתי מזה בתשובה, עכ"ל. ובפשטות ספיקת רע"א היא משום דאמרינן דבין השמשות ספק הוא וא"כ מסופקין אנו על כל רגע דשמא עכשיו יום הוא ואחר רגע הוי לילה, וא"כ הוא מכין מיו"ט לחול או מיו"ט ראשון ליו"ט שני ולכן אסור. ורע"א לא הכריע להלכה ורק ציין שכתב מזה בתשובה.

ועכשיו זכינו שנדפסה התשובה ההיא בגנזי רע"א סי' כא, וזהו תוכן דבריו: בנידון אשה שנדרה בין השמשות ואחר שתיקתו כדי דיבור בא הבעל להפר, די"ל שמא בשעת הנדר וגם שיעור כדי דיבור היה יום, וכשבא להפר הוי לילה ולא הוי ביום שמעו, אלא שיש לומר דאיכא ספק ספיקא שמא עדיין יום, ואת"ל לילה שמא גם בשעת נדרה היה לילה ולא הוי דבר שיש לו מתירין דהא אין בידו שהיא תשאל על נדרה. ושוב כתב רע"א בזה"ל: ומזה יש לי לדון דאסור לבשל ביו"ט בין השמשות דאפוקי יומא לאכול בין השמשות, דשמא בשעת בישול יום ובשעת אכילה לילה, ומדין ס"ס לא מהני דהא הוי דבר שיש לו מתירין, וא"כ בנ"ד דהוי דאורייתא לבשל מיו"ט לחול לא מקילין בס"ס (דבאיסור דאורייתא מחמרינן בדבר שיש לו מתירין), ואם הדבר כן יהא הדין דא"א לדלוק נר בין השמשות דאפוקי יומא להשתמש בו, דשמא בשעת הדלקה הוא יום ותיכף אחר הדלקה נעשה לילה, וחידוש כזה לא הוי שבקי הפוסקים להשמיענו, וצ"ע, עכ"ל.

There is a general rule that cases of doubt involving Biblical law are treated stringently, whereas those involving Rabbinical law are treated leniently. Hagaon Rav Shlomo Zalman Auerbach zt"l therefore rules that during *bein hashemashos* one should not perform a *melachah* that is prohibited Biblically (מִדְאוֹרַיְיתָא), even for benefit during *bein hashemashos*. However, one may perform, for immediate benefit, a *melachah* that is only prohibited Rabbinically (מִדְרַבָּנָן).[4] Thus, one should not boil water during *bein hashemashos* to drink immediately, since the act of boiling water is a Biblical *melachah*. However, one may carry something through a *karmelis** during *bein hashemashos* if he needs to use it in a different location during *bein hashemashos*, because transporting something through a *karmelis* for non-festival use is only a Rabbinical prohibition.

---

*Note: I.e. a limited public domain, such as a thoroughfare that is not widely frequented.

ומבואר מדברי רע״א דעכ״פ יש להחמיר באיסור דאורייתא, אמנם באיסור דרבנן אפשר להקל. אך ממשמעות המשך דברי רע״א שם משמע דאין צריך להחמיר בכלל, דע׳ בשו״ת חשב האפוד ח״ג סי׳ צ שדייק מסיום דברי רע״א דמשמע שלמעשה אין לנו לנקוט איסורא בדבר שהפוסקים לא אסרוהו.

4. ע׳ בספר יום טוב שני כהלכתו דף שכא שהביא מהגרש״ז זצ״ל, וז״ל: כיון שפלא עצום הוא שהראשונים כמלאכים לא הזכירו כלל דמשום ספיקא דאורייתא אסור לבשל ולהבעיר אש, או להוציא ולהכניס בכל בין השמשות של מוצאי יום טוב וסמוך לו, ובפרט שלהחוששים גם לשיטת ר״ת הרי הוא זמן ארוך של שעה וחומש, ומסתמא רגילים להמשיך בהבערה והוצאה והכנסה ולהעביר ד׳ אמות בכלל היום, ולכן לולא דמסתפינא הייתי אומר שהם סוברים דכיון דמלאכת אוכל נפש לא חשיב כלל לענין יו״ט לגדר של מלאכת עבודה, וכידוע מ״ש הר״ן דאין זה מפני שהאיסור רק נדחה מפני צורך יו״ט אלא הרי זה ממש היתר גמור, ולכן אף שהאופה מיו״ט לחול לוקה וכו׳, מ״מ אפשר דכל זה דווקא במתכוין על אחר זמן ולא כדי ליהנות מיד. ועיי״ש שהאריך בזה ולבסוף מסיק: אך כעת שנודע לי שרבינו הרע״א ז״ל ועוד כתבו להחמיר ולחוש בזה במלאבות דאורייתא לספק איסור תורה, בטלה דעתי, אף שלענ״ד יש להם מקום בסברא, עכ״ל. וע׳ בשש״כ פכ״ח ס״ק קנט וז״ל: ויש לעיין אי שרי להכין בבין השמשות עצמו לשימוש בו בבין השמשות דהא כל בין השמשות הוא ספק יום וספק לילה. ושמעתי מהגרש״ז זצ״ל דבכה״ג אמרינן ספיקא דרבנן לקולא, עכ״ל. ולכאורה צ״ע למה נחשב זה לספק דרבנן, הא בבישול סמוך לחשיכה א״א לומר בו הואיל והוי ספיקא דאורייתא. ואולי כוונת הגרש״ז הוא רק לאיסור הכנה דרבנן כשמכין בלא מלאכה, וכמו שהסיק משמו בספר יו״ט שני כהלכתו כנ״ל.

III. רִיבּוּי בַּשִׁיעוּרִים — Increasing the Amount [of the Product With Which One Does *Melachah*]

There is an exception to the prohibition on performing *melachah* for post-Yom Tov benefit. The Gemara states in Tractate *Beitzah* (17a): *A woman may fill an entire pot with meat even though she needs only one piece [for Yom Tov]; a baker may fill a cask of water [and cook it] even though he needs only one jug [for Yom Tov].* The reason these acts are permitted is that preparing the larger quantity involves the same action as preparing the smaller quantity. Cooking a pot that is full of meat (i.e. placing it on a stove or kindling a fire beneath it) requires the same act as cooking a pot containing one piece of meat. Similarly, filling a cask of water requires the same action as filling a jug.[5] Since one is allowed to do the act for the sake

---

ועי״ש עוד שהביא מהגרי״ש אלישיב שליט״א להחמיר במלאכות דאורייתא ולהקל בדרבנן כדברי הגרע״א הנ״ל, וכן פסק הגאון רח״פ שיינבערג שליט״א בספר הזכרון מבקשי תורה סימן כו. וע׳ בהגדת בית הלוי שהביא שהגר״ח והגרי״ז נהגו להחמיר בזה. ובאמת יש עוד סברא להקל בחלק זמן של בין השמשות, דהא כבר ידוע שחלקו הפוסקים מתי מתחיל בין השמשות, דבש״ע סי׳ רס״א ס״ב פסק המחבר דמתחילת השקיעה שאין השמש נראית על הארץ עד זמן בין השמשות שהוא ג׳ מילים ורביע הוי ודאי יום, ובין השמשות הוא ג׳ רבעי מיל קודם הלילה, ושיטה זו היא שיטת ר״ת. אמנם הש״ך יור״ד סי׳ רס״ו ס״ק יא הביא שיטת הגאונים דמיד אחר שקיעת החמה על הארץ הוי בין השמשות. נמצא דאחר השקיעה הנראית ועד צאת הכוכבים הוי לקצת שיטות יום גמור ולקצת שיטות לילה גמור. וא״כ כשעושה מלאכה אחר השקיעה הנראית ונהנה מהתוצאה עד ג׳ מילין ורביע הו״ל יום גמור לר״ת, וכשעושה מלאכה אחר ג׳ מילין ורביע הוי לילה גמור לשיטת הגאונים, ונמצא שעושה מלאכה בחול ונהנה מהמלאכה בחול, וכמעט שלא יצוייר זמן שהוא בין השמשות לכל השיטות.

5. כתבנו דמותר לְמלאות כלי עם הרבה מים משום דריבוי בשעורין מותר. ולכאורה זה מותר לא רק כאשר ממלא ע״י זרם הברז בפעם אחת, דליכא טרחא יתירא כלל, אלא אפי׳ אם צריך למלאות ולהוריק מים כמה פעמים כדי למלאות הקדירה, ולא אסרינן משום איסור טירחא יתירא. ולכאורה מבואר כן להדיא במ״ב סי׳ תק״ג ס״ק ה, וז״ל: וכן כשצולין בשר על השפוד אינו רשאי להוסיף בשביל לילה כשעומד כבר על השפוד על האש, אבל בתחלה יכול להוסיף על השפוד כמה שירצה כיון שהוא בטירחא אחת, עכ״ל. וחזינן מדבריו דלהשים כל חתיכה בפני עצמה על השפוד לא נחשב לטירחא יתירא. אמנם לכאורה יש סתירה לזה, דעיין במ״ב שם ס״ק יד שהסביר דברי המחבר שכתב דמותר למלאות חבית של מים אע״פ שא״צ אלא לקיתון אחד, וכתב המ״ב בזה״ל: וכתבו האחרונים דהיינו דוקא היכי דממלא פעם אחת מהדלי, ולא פעמים

of preparing the smaller amount — which will be needed on Yom Tov — there is nothing wrong with adding to the measure with which one does it, even though the excess will not be used until the next day. This is known as רִיבּוּי בַּשִׁיעוּרִים, *increasing*

רבות ע״י כלים, עכ״ל. וכוונתו ברורה דזה שמותר למלאות הדלי היינו רק בפעם אחת, אבל למלאות הכלי כמה פעמים ולשפוך לתוך הקדירה אסור משום טירחא, ולכאורה זה סותר מה שכתב המ״ב בס״ק ה׳ שמותר לשים על השפוד כל חתיכה בפני עצמה, וע׳ בשש״כ פי״ג הערה סה שהעיר בזה.

וראיתי בספר הלכות המועדים פ״ב ציון 99 שכתב לתרץ, וז״ל: ונראה יש לחלק, דהוספת בשר על השפוד (כ״ז שאינו על האש) חשיב טירחא אבל אינו ניכר כ״כ, משא״כ כשצריך לשפוך מים מכמה כלים שהוא טירחא גדולה יותר הוי טירחא הניכרת וחשיב כשני טירחות, ולכן אסור לשפוך יותר ממה שצריך גם כשאינו על האש, ועכ״ל. ואפשר דלפי״ז אם נמלך להוסיף מים מהברז שאינו טירחא גדולה יש להקל בעת הצורך. ואפשר ליישב סתירת פסקי המ״ב באופן אחר, דגבי מילוי מים מיירי שאין לו כלים מלאים מוכנים אלא ממלא מהבאר שוב ושוב. וזה אכן טירחא גדולה ואסרו, משא״כ מילוי מכלים אחרים או שימת בשר על השפוד הוא טירחא מועטת ועל כן לא אסרו. ובאמת כן כתב הערוך השלחן סי׳ תק״ג ס״ב, וז״ל: ומה שנותן המים בקדירה לא בפעם אחת נראה שאין חשש בזה, שאין זה מלאכה, אבל למשוך מהבאר כמה פעמים נראה שאסור, עכ״ל. הרי מבואר מדבריו דלשאוב מים מהבאר הוא טירחא שאסרו, והטעם נראה כמו שכתבנו לעיל דהוא טרחא יתירה, ועדיין צ״ב.

וע׳ בשו״ת מחזה אליהו סי׳ נח ס״ק כג שהעיר בסתירת המ״ב וכתב כדברינו, דשאיבת מים מהבאר הוא טירחא יתירה ולפיכך אסרה משום טירחא, אמנם מילוי מכלים או שימת בשר על השפוד הוא טורח מועט ולכן מותר ביו״ט. וכ״כ בשו״ת פני משה הובא בגליון רע״א סי׳ תק״ג.

אמנם לכאורה משו״ת אגרות משה או״ח ח״ב סי׳ ק״ג מבואר שלא כדכתבנו, דכתב שם דהגם דמותר להוציא קופסת סיגריות מלאה אף דאינו צריך לכולה, והטעם לזה הוא משום דרבוי בשיעורים מותר, מ״מ היתר זה מוגבל ואינו בכל אופן, וז״ל: אבל הוא רק כשבתיבה נמצאים עשרים סיגארעטס דאינו מחוייב להסיר משם היתרים מכפי שצריך. אבל כשיש שם רק העשרה שצריך ורוצה למלאות התיבה שמחזקת עשרים בזה לכאורה יש לאסור, אף שהוא ממלא זה בביתו שעדיין לא התחיל במלאכת ההוצאה, דהא בדין ממלא נחתום חבית של מים הביא במחצית השקל סק״ד בשם הפר״ח דהוא דוקא כשממלא בפעם אחת מהדלי אבל לא פעמים רבים אף קודם שהעמיד על האש שעדיין לא התחיל במלאכה אסור, וכן איתא במ״ב ס״ק יד בשם האחרונים משום דזה הרי הוא בהוספת טירחא שאסור, ולכן כשאין שם אלא עשרה ורוצה ליתן לשם עוד עשרה הרי הוא בעוד טירחא שיש לאסור להפר״ח, עכ״ל. הרי מבואר מדבריו דכמו דאסור למלאות מים מהבאר משום טירחא ה״ה דאסור להשים עוד סיגארעטס בקופסא משום טירחא, ואינו מחלק בין טירחא לטירחא. אמנם כבר הוכחנו דאין זה שיטת המ״ב שהרי מתיר להוסיף בשר על השפוד, והו״ל לאסור משום טירחא. ואליבא דמרן זצ״ל אכן יש להבין למה מותר להוסיף בשר על השפוד הא לכאורה יש כאן טירחא יתירא, וצ״ע.

the amount.[6] It is permitted whether one will use the excess on the second day of Yom Tov or on a weekday.

◆§ Limitations on the Dispensation of Increasing the Amount

(a) When employing the dispensation of "increasing the amount" one must be careful not to specify that he is preparing the extra amount for the next day, but should add it without saying anything.[7]

(b) According to some Poskim, the rule of increasing the amount applies only when the excess is identical to the original item that one needs on Yom Tov. In the example provided by the Gemara, when the woman cooks a full pot of meat, all the pieces are equally suited to fulfill her Yom Tov need. Thus, although she does not need *all* of them, she is not cooking anything that is clearly unfit for Yom Tov use. It follows that one may carry an entire bag of potatoes through a public domain even though he needs only a few of them, since they are all fit for the fulfillment of his Yom Tov need.[8]

---

6. מקור לדין זה הוא בביצה דף יז. דממלאה אשה קדירה בשר אע״פ שאינה צריכה אלא לחתיכה אחת. והראשונים נתקשו מדוע המבשל בשבת לחולה אסור להרבות בשביל הבריא, ואילו ביו״ט התירו להדיא להרבות. וע׳ ברשב״א ביצה יז. בשם הר״י וז״ל: דהתם בשבת דאיכא איסור סקילה אבל ביו״ט דאיסור לאו לא, עכ״ל. ור״ל דבשבת דאיסור מלאכה הוא בסקילה גזרו רבנן על ריבוי בשיעורים, אך ביו״ט שהוא רק איסור לאו לא גזרו רבנן על ריבוי בשעורים, וכן כתבו והתוס׳ במנחות דף צד.

אמנם הר״ן בביצה כתב שני הסברים בהיתר ריבוי בשיעורים ביו״ט, וזהו תוכן דבריו: דכיון דאוכל נפש הותרה ביו״ט, דהיינו שמעולם לא נכלל בהאיסור, על כן גם תוספתו כמוהו ומותרת כל דלא מפיש בטירחא, ועוד דכיון דאוכל נפש הותרה בו לא הוצרכה התורה לשקול ולדקדק שלא יבשל אלא המצטרך אליו בלבד. אבל בשבת כשמבשל לצורך חולה אסור מן התורה לרבות בשיעורא כיון ששבת רק דחוי׳ אצל פקו״נ, ולפיכך כל שהעיקר כלול בהאיסור אף תוספתו כמוהו ואסור מן התורה להרבות, עי״ש. וע׳ בבית יוסף סי׳ שלא שהביא טעם הראשון של הר״ן, והריטב״א בעירובין דף סח. הביא טעם השני. וע׳ בקובץ שעורים ביצה אות מח בזה.

7. מ״ב סי׳ תק״ג ס״ק ה.

8. שו״ת אג״מ או״ח ח״ה ס׳ ל״ה שכתב דדווקא בסיגריות וכדומה מותר להוציא יותר ממה שצריך וחשיב רק ריבוי בשעורים, משום דכל חדא וחדא ראוי לו, משא״כ במפתחות שרק אחד ראוי לו ושאר המפתחות אינם ראויים לתשמישו, בזה לא שייך

However, one may not do a *melachah* with an extra item that is unsuitable for fulfilling his Yom Tov need. Thus, if one needs to carry his house keys in the public domain, he may not carry

---

ההיתר של ריבוי בשעורים. והעיר שם במה שהבין השש״כ בפי״ט הערה יד דאליבא דתשובת מרן זצ״ל דמותר להוציא סיגריות יותר מצורכו ה״ה מפתחות, וע״ז כתב שם דלא דק, דיש חילוק גדול בין סיגריות למפתחות, דבסגריות כל אחת ראויה לו ביו״ט משא״כ מפתחות. וכעין זה סובר הגרש״ז זצ״ל הובא בשש״כ פל״ג הערה צב.

ולכאורה מבואר שלא כדברי האג״מ מבעל המשנה ברורה בספרו מחנה ישראל פל״א ס״ק ב, הובא בשו״ת מחזה אליהו ס׳ ל״ה ס״ק י״ג, דכתב שם אודות חיילים ישראלים שצריכים לעבור ממקום למקום בשבת ויש להם חפצים שמוכרחים מצד המדינה לישא אותם ורוצים לשאת גם התפילין שלהם, וע״ז כתב שם בזה״ל: ואם החפצים האלו הם שלו (כמו תפילין) ואין עליו צווי הממשלה שיהיו לו החפצים ההמה, אסור לישא אותם בעצמם עמו. אך אם נושאם בצירוף שאר חפצים שמוכרח לישא אותם מצד ציווי אפשר דאין על זה איסור, עכ״ל (וספקו הוא, דאף דבשעת הדחק יש לסמוך על הרשב״א דמתיר ריבוי בשיעורים אף בשבת מ״מ איסור דרבנן ודאי ישנו. ומספקא ליה להח״ח בדחק כזה שרוצה למנוע הפסד חפציו, האם מותר לו בעצמו לעבור על איסור זה או לא). עכ״פ מבואר מדבריו דהיתר ריבוי בשעורים שייך אפי׳ בחפץ שאינו ראוי לו בשבת או ביו״ט (תפילין) ודלא כהאג״מ שהזכרנו לעיל.

ובאמת יש לומר דמחלוקת המ״ב והאג״מ תלויה בשני טעמי הר״ן בביאור היתר ריבוי בשיעורים ביו״ט, דלפי הטעם הראשון שהואיל ואוכל נפש הותרה ביו״ט לכן מותר להוסיף על העיקר ואמרינן דכל מה שמוסיף בחדא טירחא דינו כהעיקר ומותר, א״כ נימא הכי אף כשהתוספת אינה ראויה לו ביו״ט. אמנם לפי הטעם השני של הר״ן שריבוי בשעורין מותר משום שהתורה לא הוצרכה למדוד ולשקול מה שמבשל ביו״ט, לכאורה זה מסתבר רק כשמרבה במה שראוי לו ביו״ט אלא שאינו צריך לכל הכמות כי אם לחלק ממנה, אבל בזה סברא להתיר להרבות במה שאינו ראוי לו כלל ביו״ט.

אמנם היה נראה דמרן זצ״ל הולך בשיטת הרשב״א כפי שהסביר המחזה אליהו דבריו, בסימן ל״ה ס״ק ג, וז״ל:

והאמת יורה דרכו בישוב שיטת הרשב״א, דהרשב״א אית ליה ביסוד היתירא דריבוי בשיעורים שיטה אחרת מהר״ן, וממה שפירשו בגדר ההיתר האחרונים שזכרנו. דהם פירשוהו בגדר ״הואיל והותרה הותרה״ דמאחר דהעיקר נעשה בהיתר מותר לעשות בבת אחת ובאותה פעולה שיעור יותר גדול. דאין בזה תוס׳ מלאכה מאחר דבלאו הכי מותר, והופקע שם המלאכה מפעולה זו. אבל הרשב״א דעה אחרת עמו. דס״ל דיסוד ההיתר בגדר ״האי מינייהו מפקת״ הוא. דהיינו מאחר דצריכים לבשל בשר ביו״ט לצורך היום מותר להניח בבת אחת שתי חתיכות על הכירה ״דהאי מינייהו מפקת״ לומר דהיא הנעשה באיסור דאינה לצורך יו״ט. ומאחר דא״א לקבוע על שום חתיכה שהיא המתבשלת באיסור אין איסור בריבוי הבישול. ואף דאם לא יסבור סברת ״הואיל והותרה הותרה״ יוצא מזה שבהוספת החתיכה השניה יש שם שני פעולות של בישול, מ״מ מאחר דא״א לומר על אחת מהפעולות שהיא הפעולה שאינה לצורך יו״ט אין בזה איסור. ועפ״ז מובן היטב שיטתו דס״ל דאפילו בשבת שפ״נ דחויה לצורך חולה שייך בו היתירא דריבוי בשיעורים (ודלא כהר״ן שחלק עליו). דמאחר דהיתר ריבוי בשיעורים

an entire key ring that contains other keys as well, since the excess keys are totally unsuitable for the Yom Tov need. In this situation, one is not doing the *melachah* with an additional

---

מבוסס על סברת "האי מינייהו מפקת" אין מקום לחלק בין הותרה לדחויה, דאפילו בדחויה סוף סוף בישול של חתיכה אחת נצרך לו להחולה ומאחר דא"א לקבוע איזה חתיכה אין להחולה צורך בה, נמצא דבכלל האי מינייהו מפקת היא. ולא עוד אלא דלפי מה שביארנו גם בהותרה התוספת שמוסיף על הנצרך כפעולה שניה היא, לדעת הרשב"א, דלא ס"ל הואיל והותרה הותרה, ומ"מ מותר, א"כ פשוט דכ"כ באופן של דחויה שיש לומר כן.

וע"פ הבנה זו יוצא דלדעת הרשב"א אפילו יעשה האדם שתי פעולות נפרדות בקצירת שתי עוקצין, אבל יעשה אותם בבת אחת ממש, והחולה צריך למה שעל יחור אחד, גם זה בכלל ריבוי בשיעורים יחשב. דעל כל קצירה וקצירה יש כח הדוחה של פ"נ דחולה. ואין שום חילוק לשיטת הרשב"א בין קוצץ יחור אחד שיש עליו שתי פירות ונצרך לו רק אחת ובין קוצץ בבת אחת ממש שתי יחורים והחולה צריך להפרי של אחד מהם. ודו"ק. זהו קולא גדולה היוצא משיטתו, ופשוט שהר"ן לא יסבור כן. (והעיקר לדינא הוא כהר"ן ע' עולת שבת סי' תק"ג ס"ק א' ומ"ב סי' שי"ח ס"ק יג, וע' במ"א סי' שט"ז ס"ק י"א שהביא שתי הדעות ולא הכריע ביניהם. ובשעת הדחק גדול יש לסמוך על דברי הרשב"א כ"כ הח"ח בספרו מחנה ישראל פרק ל"א בהגה שם.)

ומצד שני יוצא חומרא גדולה משיטת הרשב"א, והיא, שרק כשכל שיעור ושיעור ראוי באמת להשתמש צרכי חולה, דאז יש לומר האי מינייהו מפקת, הוא דשייך היתירא דריבוי בשיעורים. הא אילו יבשל עם הבשר הנצרך לחולה מאכל אחר דלא חזי ליה יהא במעשיו איסור דאורייתא, דאין לומר באופן כזה "האי מינייהו מפקת" וכמובן. וה"ה דביו"ט לא יהא היתר להרבות בשיעורים באופן כזה. ובאמת ככל דברינו כבר כתב כן הגאון ר' אלחנן זצ"ל בקובץ שיעורים ביצה אות מ"ח אך מחמת קיצורו לא ירד הרואה לעומק והיקף דבריו. וכחידוש האחרון שכתבנו שרק בשאפשר להשתמש בהריבוי כמו בהעיקר הוא דיש דינא דמרבה בשיעורים, כבר כתב כן העולת שלמה מנחות (כא.) ד"ה תקריב אפילו בשבת וכו' ע"ש. וכ"כ המרחשת בח"א סימן ב ס"ק י"ז בהגה ד"ה אלא וכו'. אולם לענ"ד אין לנו לנקוט כן לדינא. דכל זה הוי רק ע"פ שיטת הרשב"א דיסוד היתר ריבוי בשיעורים מיוסד על הסברא דכל חדא וחדא חזי ליה אבל להר"ן, וכדסבירא לן לדינא, דיסוד ההיתר הוי משום דאין כאן פעולת מלאכה שניה. ובפעולת מלאכה אחת יש לנו כלל של הואיל והותרה הותרה, אין טעם לחלק בהן. כנלע"ד. עב"ל.

ולפי זה מובנים דברי מרן זצ"ל בפשיטות דאזיל בשיטת הרשב"א שסובר דההיתר של ריבוי בשיעורים הוא משום דכל חדא וחדא חזי ליה, ולפיכך סובר דרק בסיגריות וכדומה שייך ההיתר אבל לא במפתחות דלאו כל חדא וחדא חזיא ליה.

אולם הנה א"א לומר כן בדעתו דע' בשו"ת אג"מ או"ח ח"ב סי' ק"ג דמרן זצ"ל פסק כשיטת הר"ן עיי"ש, ומבואר מדבריו דאפי' אליבא דשיטת הר"ן ריבוי בשיעורים מותר רק באופן דכל חדא חזי ליה. ועכ"פ באנו למחלוקת אחרונים, דלהקובץ שיעורים פליגי הר"ן והרשב"א בגדר ההיתר דריבוי בשיעורים אי שרי אף כשבעצמותו לא חזי ליו"ט, ולמרן זצ"ל לא פליג הר"ן ע"ז ולכו"ע אסור בכה"ג.

amount, but with an entirely useless additional object.[9]

Further details of the law of increasing the amount are discussed in Chapter 11 (Cooking) and Chapter 15 (Transporting).

IV. הֲכָנָה — Preparation That Does Not Involve *Melachah*

It is forbidden on Yom Tov to do any preparation (*hachanah*) for a weekday, even if the preparation involves no *melachah*. The Sages forbade preparing for a weekday because it is disparaging to the sanctity of Yom Tov to engage in weekday preparation on the holy day. It is similarly forbidden to do any preparation for the second day of Yom Tov on the first day. For example, on the afternoon of the first day of Yom Tov, one may not set the table for the nighttime meal, since the night is part of the second day of Yom Tov. One must also not do any preparation for the nighttime meal during *bein hashemashos*.

◆§ Exclusions

A. Preventive Measures

Under the prohibition of *hachanah*, only a positive act of preparation is forbidden. An act whose purpose is merely to keep something in its present state and prevent it from changing for the worse is permitted. Since one is not actively preparing anything for weekday use, this is not considered a disparagement of Yom Tov.[10]

---

9. שו״ת אג״מ שם, שו״ת משנה הלכות ח״ז ס׳ ע״ו. אמנם יש חולקים ומתירים להוציא צרור מפתחות אע״פ שיש ביניהם מפתחות שאין להם צורך ביו״ט, והם: שו״ת תשובות והנהגות ח״א סי׳ שמ״ח, שו״ת באר משה ח״ג ס׳ צ״ג, שש״כ פי״ט הערה יד, שו״ת ויברך דוד או״ח סי׳ מ, וכן פסק הגאון ר׳ יוסף שלום אלישיב שליט״א הובא בספר הזכרון מבקשי תורה ס׳ מ״ט (דף רסח).

וטעמם משום דס״ל שהיתר ריבוי בשיעורים שייך גם כאשר עושה מלאכה בחפץ שודאי לא ישתמש בו ביו״ט, כל שבלא״ה נמי הי׳ עושה המלאכה לצורך יו״ט.

10. שש״כ פי״ב ס״ג, שו״ת מחזה אליהו סי׳ נ״ה, אמנם ע׳ בשו״ת נשמת שבת ס׳ שס״א שחולק ע״ז וסובר דאסור, עי״ש.

For example, one may fill a dirty pot with water in order to prevent the residue from hardening and becoming difficult to clean. Similarly, one may put a bookmark into his *sefer before* closing it, even if he no longer intends to use the *sefer* on Yom Tov, because the placement of a bookmark in an open *sefer* merely prevents one from losing his place when he closes it.

B. Moving Items

It is sometimes permitted to do an act of preparation that involves merely moving something from one location to another. When an item will be needed on the second day of Yom Tov and waiting until the second day to procure it will create a burden or undue delay, one is permitted to move it to the necessary location on the first day. For example, if one realizes on the first day of Yom Tov that he has no wine over which to recite *Kiddush* that night, and it will be difficult to procure wine at night, he is permitted to get the wine during the day. Similarly, if food that is needed for the second night of Yom Tov is in a freezer, one may remove it on the first day so that it will defrost in time for the nighttime meal.

However, there are several restrictions on this rule. Firstly, one must move the item early enough in the day that it not be obvious that he is doing so for use the next day (i.e. at night). Secondly, one should transport the item in a different manner than usual. Finally, one may rely upon this rule only on the first day of Yom Tov to get something that is needed for the second day. One may not rely upon it on the second day to get something that is needed after Yom Tov.[11]

---

11. חיי אדם כלל קנג הלכה ו וז״ל: בשמיני סמוך לחשיכה אם אי אפשר לו או שיהיה לו טרחה הרבה לפנות הכלים מן הסוכה בלילה מותר לפנות ביום להביאם לביתו, ובלבד שלא יסדרם עד הלילה. דאם יסדרם ביום, הוי כמכין מיו״ט לחבירו. ולכן אם השלחן הוא של פרקים לא יניח הטבלא על הרגלים, דכשוגמר איזה דבר הוי הכנה, אבל הבאה לביתו לא הוי הכנה וכו׳. ולפי זה מה שכתב המג״א דאסור להביא יין ביו״ט לחבירו צריך עיון דמאי שנא מהולכת עירוב. וצריך לומר דכונתו בסמוך לחשיכה דמוכח מלתא דאינו לצורך היום. ולכן נראה לי דבשעת הדחק שלא ימצא בלילה בקל מותר להביא יין וכן מים מיו״ט לחבירו, דכל זה לא מקרי הכנה רק שצריך להביאו בעוד יום גדול, דלא

V. Summary of Laws

☙ Doing *Melachah* for the Next Day's Use

- It is prohibited to do *melachah* for post-Yom Tov benefit, or to do *melachah* on the first day of Yom Tov for benefit on the second day.
- The second day begins at night.

☙ *Bein HaShemashos*

- It is prohibited to do *melachah* during the day for benefit during *bein hashemashos* (twilight), or during *bein hashemashos* for benefit at night.
- During *bein hashemashos*, it is prohibited to do Biblical *melachah* for benefit within the *bein hashemashos* period, but it is permitted to do Rabbinical *melachah* for benefit within the *bein hashemashos* period.

☙ Increasing the Amount

- When doing *melachah* to fulfill a Yom Tov need, one is permitted to increase the amount to the amount that he needs on Yom Tov (e.g. cook a full pot even though he needs only a small amount). However, this pertains only if the additional amount is included in the same act as the necessary amount.
- One should not speak out his intention of preparing extra for the next day's use.

מוכח מילתא דאפשר דצריך עדיין לצורך היום. וגם וכו׳ לא יביא כדרך שנישא בחול, רק ישנה כדרך שנושא בחול, ומכל מקום לצורך חול, אין לנו ראיה להתיר, דיש לומר דדוקא לצורך מצוה מותר, עכ״ל. וכ״כ עוד בקיצור בהלכות יום טוב כלל צט סעיף א ודבריו הובאו להלכה במ״ב סי׳ תרס״ז ס״ק ה. וע׳ בשו״ת נשמת שבת סי׳ שפו שכתב דבשעת הדחק ומצוה מותר להוציא בשבת חלות מתוך המקפיא כדי שיוכל להשתמש בהם לצורך סעודת מלוה מלכה. ועיין בשעה״צ סי׳ תק״ג ס״ק ב, ובספר מגילת ספר סי׳ פ״ז ס״ק א מ״ש בדברי החיי אדם. וע׳ במחצית השקל סי׳ ש״ח סק״י ובסוף סי׳ תרפ״ח דכתב דכשחל פורים במוצאי שבת אסור להביא המגילה לבית הכנסת מבעוד יום אם לא שילמוד מהמגילה מעט בשבת(ובכשיש עירוב), וכ״כ בשע״ת סי׳ תרצ״ג, ובחיי אדם כלל קנה סעי׳ י׳. ומבואר מכל הני פוסקים דאף בהבאה בעלמא אסור אם אינה שעת הדחק במקום מצוה. וע׳ בשו״ת ויברך דוד סימן ס.

- One may add only an additional quantity of the same item, but not another item that is entirely superfluous.

◆§ Hachanah

- It is prohibited on Yom Tov to do any post-Yom Tov preparation, or to prepare on the first day for the second day — even if no *melachah* is involved.
- Doing a preventive measure that merely maintains something in its present state is permitted.
- Merely moving something to a different location is permitted in *some* circumstances. An item that is needed the second day of Yom Tov may be moved on the first day if: (a) waiting until the second day will create a burden; (b) the item is moved early enough in the day that the person's intent is not obvious; and (c) one transports the item in an unusual manner.

VI. Practical Applications

A. Setting the Table

It is forbidden to set the table on the first day of Yom Tov for the nighttime meal, since nighttime is halachically part of the second day of Yom Tov.

B. Removing Items From the Freezer

If food that is needed for the second night of Yom Tov is stored in the freezer, removing it during the first day in order to defrost it is an act of preparing for the next day. Nevertheless, if waiting until the night to defrost it will cause an undue delay to the meal, one may remove it from the freezer during the day. However, one should remove it early enough in the day that it not be obvious that he is defrosting it for use at night.

C. Preparing a *Sefer Torah*

It is forbidden on the first day of Yom Tov to turn a Torah scroll to the passage that will be read on the second day, as this is an act of *hachanah*. It is likewise forbidden to turn a scroll on Shabbos to the passage that will be read on Yom Tov which falls on Sunday.

The instance of Yom Tov falling on Friday — in which case one would need to prepare the scroll for the Shabbos reading — will be discussed in Chapter 35.

D. Transporting

It is forbidden to transport any object to a location in which it will not be needed until nightfall. For example, one who is spending the second Pesach *seder* in a different location than the first seder may not carry his *kittel* to the new location on the first day of Yom Tov. Similarly, one may not carry a *lulav* to a location where it will be used only the next day. These rules apply even in a community that is surrounded by an *eruv*.

Further rules of transporting will be discussed in detail in Chapter 15.

E. Washing Dishes

The subject of washing dishes on the first day of Yom Tov for use on the second day will be discussed in Chapter 28.

5 / Doing *Melachah* That Will Not Benefit a Jew

In Chapter One, we learned that the rule of *ocheil nefesh* permits us to do certain *melachos* on Yom Tov, but only for the benefit of a Jewish person. If no Jew will benefit from the *melachah,* it falls under the general Biblical prohibition of doing *melachah* on Yom Tov. The dispensation for *ocheil nefesh* was granted solely for the benefit of those who observe the Torah's commandments, and the sanctity of Yom Tov precludes us from doing *melachah* to benefit others. Thus, it is forbidden Biblically to do any *melachah* for the sole benefit of a non-Jew.[1] Furthermore, it is forbidden for us to do *melachah* on behalf of a Jew who desecrates the Sabbath publicly, or who consistently violates a specific Torah prohibition intentionally.[2] However, this pertains only to one who was taught the precepts of Judaism and rejects them. A Jew who was raised in a non-observant environment and never had the fortune of practicing a religious lifestyle is not subject to this law. It is permitted to do *melachah* in order to prepare food on

---

1. ש״ע סי׳ תקי״ב ס״א ומ״ב ס״ק א. והטעם דכתיב אך אשר יאכל לכל נפש הוא לבדו יעשה לכם ודרשינן לכם ולא לעכו״ם (ביצה דף כא). וע׳ בביאור הלכה ד״ה אין מבשלים שכתב, והנה בסי׳ תקי״ח כתבנו דאף לענין אפיה ובישול ג״כ אמרינן, מתוך שהותרה לצורך אוכל נפש הותרה נמי שלא לצורך, אכן בעינן לצורך היום קצת, ולצורך נכרי לא מקרי כלל צורך היום וכדמוכח מתוס׳ כתובות דף ז. ויש בזה איסור תורה, ואף לשיטת הסוברים שם בב״י דמה״ת מותר אף שלא לצורך כלל, עכ״פ מדרבנן אסור כמו שמוכח במסקנת ב״י שם, ועוד נוכל לומר דלצורך עכו״ם כיון שגילתה התורה לכם ולא לעכו״ם גרע טפי ולכו״ע יש בזה איסור דאורייתא, וכן מוכח מהרמב״ם בהלכה יג שס״ל דיש בזה איסור תורה וכו׳ עיי״ש.

2. מ״ב שם ס״ק ב.

his behalf.[3] [In the course of this chapter, we will use the term "Gentile" as a generic reference to anyone who is excluded from the dispensation for *ocheil nefesh.*]

I. Scope of the Restriction

The restriction against performing *melachah* on behalf of a Gentile applies to acts that are prohibited Rabbinically,[4] as well as those that are prohibited Biblically. For example, it is forbidden to carry something for a Gentile through a public domain (where transporting is prohibited Biblically) or through a *karmelis* (where transporting is prohibited Rabbinically), even though transporting is permitted on Yom Tov for the sake of a Jew.

Two further common examples of this prohibition are:

1) It is forbidden to cook specifically for a Gentile maid or cleaning help.

2) A Jewish chef in a hotel may not cook specifically for Gentile guests or staff members.[5]

---

3. ע׳ בשו״ת שבט הלוי ח״ח סי׳ קס״ה ס״ק א שכתב דגדר תינוק שנשבה בזמנינו וז״ל: תינוק שנולד מהורים מומרים, והי׳ אנוס גמור שלא קבל עליו עול מצות וכו׳, וכן מי שנתגדל בסביבה של גוים, או סביבה של פורקי עול תורה, ועל ידי זה לא שמע וקבל מתורה ומצות ואמונתה עכ״ל. ובשאלה ה׳ נשאל להבעל שבט לוי וז״ל: האם מותר להזמין מומר ביו״ט או לבשל בשבילו וע״ז השיב וז״ל אם דינו כמומר ממש או מחלל שבת אסור לבשל בשבילו כמבואר או״ח ס׳ תקי״ב במ״ב ס״ק ב., ואם נדון כתינוק שנשבה דאינו כגוי לכל דבריו מותר עכ״ל. וע׳ בחזו״א (יור״ד ס׳ א׳ ס״ק ו׳) שכתב אותן שאבותיהם פרשו מדרכי ציבור ונתגדלו ללא תורה. דינם כישראלים לכל דבר, וצריך לימוד שיעור ידיעתו אי לא חשוב מזיד עי״ש.

וע׳ בארחות רבנו ח״ב דף קו שכתב וז״ל ואמר לי מו״ר המזמין מחלל בפרהסיא בזמן הזה ליו״ט אפשר להקל במיוחד היכא שהולך פעם לביהכ״נ בשבת או ביו״ט וכן היכא שנמנע מלחלל שבת בפני ת״ח או אדם גדול והוסיף מו״ר זצ״ל באנחה דהחינוך של היום שלא יהי׳ להם דרך ארץ בפני אדם גדול ות״ח, ועוד בשו״ת בנין ציון הובא באחיעזר ח״ג סי׳ כ״ה מבואר שאין להם דין של גוי. ועוד בר״ן מבואר שדין השו״ע הנ״ל נאמר רק בגוי ממש, עכ״ל. וע״ע בזה בשו״ת ציץ אליעזר ח״ח סי׳ יז־כ.

4. מ״ב סי׳ תקי״ב ס״ק ז.

5. ע׳ בזה במכתבי הגריי״י קניבסקי זצ״ל הובא במועדים וזמנים ח״ח סי׳ מ״ו, ובשו״ת מנחת יצחק ח״ב סי׳ קי״ח.

◆§ Qualification to the Biblical Restriction

There is one important qualification to the Biblical rule against doing *melachah* on behalf of a Gentile. We learned in Chapter Four that when doing a *melachah* to fulfill a Yom Tov need one is allowed to increase the amount to the product with which he does the *melachah*, provided that everything can be done with the same act. For example, one who needs to cook one piece of meat is permitted to cook a full pot, even though he will not need the extra portions on Yom Tov. It follows that under Biblical law one who needs to cook (or do another *melachah*) for the benefit of Jews may increase the amount on behalf of a Gentile.

◆§ Rabbinical Decrees

The Sages were concerned that if one would take advantage of the dispensation of increasing the amount on behalf of a Gentile, he might ultimately come to cook a pot specifically for the benefit of a Gentile. This would be a violation of the Biblical prohibition against *melachah*. They therefore prohibited increasing the amount for the sake of a Gentile.[6]

Furthermore, the Sages prohibited inviting a Gentile to a Yom Tov meal. This decree was enacted out of concern that one might cook an extra pot of food specifically on behalf of the Gentile guest. Even if one has already cooked all the food for the meal, he may not invite a Gentile, lest he come to cook an extra pot on behalf of the guest.[7]

Nevertheless, since these aspects of the prohibition are Rabbinical, there are certain situations in which they are suspended. Let us proceed to examine these rules in detail.

II. Exclusions to the Rabbinical Decrees

The following are circumstances in which the Rabbinical decrees mentioned above are not applicable.

---

6. רמ״א תקי״ב ס״א.
7. ש״ע סי׳ תקי״ב ס״א ומ״ב.

A) An Uninvited Gentile

If a Gentile enters one's home uninvited, one may serve him a meal. Since the Gentile was not invited, we assume that the host will not feel obligated to cook anything extra on his behalf. However, this pertains only if the host has already cooked all the food for his meal.

In the case where the host has already cooked the food for his meal, he is permitted to serve all of that food to the Gentile. Although he will then have to cook a new meal for himself, the new cooking will be for the benefit of a Jew (i.e. himself), which is permitted.

If an uninvited Gentile declines one's offer of a meal, one may not insist on serving him, since this is tantamount to extending an invitation.[8]

B) Sending Cooked Food to a Gentile

It is permitted to send cooked food to the home of a Gentile on Yom Tov. Since the Gentile is not a guest in the sender's home, we need not be concerned that he will come to cook specifically for the Gentile on Yom Tov. However, one may not add extra food to his own pot for the sake of sending it to a Gentile, but may send only the food that he cooked for his own use.

When sending food to the home of a Gentile, one must not carry it through a public domain or *karmelis* (where there is no *eruv*), because he would then be performing the *melachah* of הוֹצָאָה, *transporting*, for the Gentile's benefit. Thus, if it is necessary that the food be transported through a public domain, one should give it to the Gentile to carry for himself.[9]

---

8. ש״ע הנ״ל ומ״ב.

9. רמ״א סי׳ תקי״ב ס״א. וע׳ במ״ב ס״ק ו׳ וז״ל וע׳ במאמר מרדכי ועוד כמה אחרונים שהסכ׳מו דדווקא אם שולח לו ממה שהכין לעצמו אבל אם הרבה בשבילו אפי׳ באותה קדירה שבישל ג״כ לעצמו אסור דכיון שמרבה בשבילו חיישנין שיבוא לבשל עבורו בקדרה אחרת וכו׳ ויש מאחרונים שמקילין כשמבשל ביחד גם לצורך עצמו ובמקום איבה או הפסד ממון אפשר שיש לסמוך ע״ז עב״ל.

C) Gentile Employees

It is prohibited Biblically to cook specifically for a Gentile employee, such as a maid. However, one may serve food that was already cooked to a Gentile employee.

Furthermore, when cooking the Yom Tov meal, one may increase the amount of the food that he cooks, so that he will be able to serve the excess to the employee. Similarly, when heating water for oneself, one may add water to the kettle for his Gentile employee. The prohibition against increasing the amount on behalf of a Gentile does not apply to employees. Since an employer does not view his employee as an honored guest, we are not concerned that he will come to cook especially for him or her.[10]

One must bear in mind, however, that increasing the amount is permitted only if the extra amount can be prepared with the same act as the initial amount, as explained in Chapter Four. Thus, while it is permitted to add meat to a pot on behalf of a Gentile employee, it is prohibited to cook extra blintzes, since each blintz is fried separately (see Chapter 11).

III. Further Exceptions to the Rabbinical Decrees

In a case where one's refusal to prepare food for a Gentile may lead to animosity, the Rabbis suspended their decrees even though the reasons for the prohibitions apply. Thus, it is permitted to increase the amount on behalf of a Gentile, or to invite a Gentile to one's home for a meal, when this is necessary to preclude animosity. The following two examples serve to illustrate this rule.

a) If a Gentile comes to one's home and asks for a drink of tea or coffee, and one is unable to explain that the laws of Yom Tov prohibit heating water in this situation, one is permitted to heat water and have a hot drink with the Gentile, even though he is drinking only in the Gentile's honor. We resort to the

---

10. רמ״א סי׳ תקי״ב ס״א ומ״ב ס״ק יב.

dispensation of increasing the amount (i.e. heating water for himself and the Gentile) in order to prevent animosity towards Jews that might result if the Jew would not accommodate the Gentile.[11]

b) If one has a close family member who has rejected the Torah's commandments, and the failure to invite the relative for a Yom Tov meal might cause animosity, one is permitted to invite the person. Now, it is prohibited to cook specifically for such a guest on Yom Tov. However, it is permissible to increase the amount in the pot which one cooks, in order to accommodate the guest.[12] [As mentioned above, cooking an extra item that requires individual effort is prohibited.]

As mentioned at the beginning of this chapter, it is permitted to do *melachah* in order to prepare food for a Jew who was never afforded the opportunity to be religious. When in doubt as to whether a potential Yom Tov guest fits into this category, one should consult a competent halachic authority.

IV. Doing *Melachah* for the Sake of an Animal

Since the rule of *ocheil nefesh* permits doing *melachah* only on behalf of Jews, it is prohibited to do any *melachah* in order to fulfill the need of an animal, bird or fish. For example, where there is no *eruv*, it is forbidden to carry food out to the public domain, or to a *karmelis*, for an animal. It is likewise forbidden to cut vegetables into small pieces for an animal, as this is a violation of the *melachah* of טוֹחֵן, grinding. Preparing food for a pet is permitted only in a manner that does not involve the performance of *melachah*.[13]

When cooking a Yom Tov meal, one is permitted to add an extra measure of food to the pot for the sake of feeding it to his pet.

---

11. ע' שו"ת רב פעלים ח"ב סי' נז. בשו"ת ציץ אליעזר ח"ח סי' יז-ך.

12. כן נראה והסכים לי בזה כמה פוסקי זמנינו שליט"א.

13. ש"ע סי' תקי"ב ס"ג.

V. Summary of Laws

☙ Doing *Melachah* for the Sake of a Gentile

- It is prohibited to do *melachah* specifically for the sake of a non-Jew or a Jew who knowingly rejects the Torah's commandments.
- This prohibition applies to both Biblical and Rabbinical *melachah*.
- Cooking specifically for the sake of a Gentile employee is prohibited.

☙ Rabbinic Restrictions

- The Rabbis forbade even "increasing the amount" for the sake of a Gentile.
- The Rabbis further forbade inviting a Gentile for a Yom Tov meal.

☙ Exceptions

- If a Gentile enters one's home uninvited, one may serve him a meal, provided that one's entire meal has already been prepared. One may serve the uninvited Gentile all the food that he had prepared for himself. If the Gentile declines one's offer of a meal, one may not insist on serving him.
- It is permitted to send cooked food to the home of a Gentile. However, one may not cook anything extra for this purpose, even in the same pot. Also, one should not carry the food through a public domain or *karmelis*.
- It is permitted to increase the amount of food to a pot for the sake of a Gentile employee. However, the dispensation for adding an extra measure does not include items that require individual preparation, such as blintzes.

☙ Further Exceptions

- In a situation where one's refusal to serve food or extend an invitation to a Gentile may lead to animosity, it is permitted to add an extra measure to the pot which one cooks for himself, and serve it to the Gentile or invite him for a Yom Tov meal.

✏ Doing *Melachah* for Animals

- It is prohibited to do any *melachah* specifically for the sake of an animal. However, adding an extra measure for the sake of an animal is permitted.

VI. Practical Applications

A. Inviting Non-Jewish Guests

It is prohibited to invite a non-Jewish guest, such as a business associate, to a Pesach seder or any other Yom Tov meal. However, this is permitted if the lack of an invitation may cause animosity.

B. Inviting Irreligious Relatives

It is permitted to invite a relative who was never religious to a Yom Tov meal. However, it is forbidden to invite a relative who discarded his religious observance. Nevertheless, this is permitted if the failure to extend an invitation may cause animosity.

C. Maids and Cleaning Help

It is forbidden to cook or do any other *melachah* in preparing food specifically for a non-Jewish member of the household staff. However, when cooking the family's Yom Tov meal, it is permitted to add an extra measure of food to the pot in order to serve the excess to the non-Jewish staff members. Cooking items that are made individually, such as blintzes, on their behalf, is prohibited.

D. Pets

It is forbidden to do any *melachah* specifically for the sake of feeding one's pet.

6 / Extracting Liquids — סְחִיטָה

One of the thirty-nine *Avos Melachos* is דָּשׁ, *threshing*, a process by which wheat kernels are extracted from their surrounding chaff.[1] A *toladah* (subcategory) of this *melachah* is סְחִיטָה (*sechitah*): *squeezing out liquid* from an item in which it is absorbed.[2] The *melachos* of *threshing* and *sechitah* are forbidden on Yom Tov[3] just as they are forbidden on Shabbos, with some minor differences.

---

1. משנה שבת דף עג. וע״ש בפי׳ רבינו חננאל דף עד. שהסביר ההבדל בין דש לבורר, וז״ל: הדש הוא המפרק הפסולת המחוברת באוכל ומכינתן לברירה וכו׳, והבורר וכו׳ מעביר פסולת המעורבת באוכל ואינה מחוברת וכו׳, עכ״ל. וע״ע בזה באגרות משה או״ח חלק א סי׳ קכה, ובשו״ת שבט הלוי ח״א סי׳ עט.

2. רמב״ם פ״ח מהל׳ שבת ה״י, וז״ל: הסוחט את הפירות להוציא מימיהן חייב משום מפרק עכ״ל. ולעיל שם בהל׳ ז כתב: והמפרק הרי היא תולדת הדש. וגם ע׳ רש״י שבת דף עג: ד״ה מפרק שכתב כן שמפרק תולדה דדש.

3. ש״ע סי׳ תצ״ה ס״ב. ולכאורה קשה מדוע במלאכת טוחן התירו חז״ל לטחון ע״י שינוי באותם מאכלים שאם טוחנם מלפני יו״ט מפיגים טעמם, ואילו בסחיטה אסרו בכל אופן אפי׳ ע״י שינוי. וכבר תמה בזה בששכה״כ פ״ה הערה א, וז״ל: שמעתי מהגרש״ז אויערבך זצ״ל שאין לסחוט ענבים או אפי׳ תפוזים ביו״ט, אע״ג שאם היה סוחט אותם מעיו״ט היה מתקלקל טעמם. ואף שהסחיטה שבבית היא כעין טחינת תבלין ברחיים שלהם וכו׳ או כתבואה שמותר מעיקר הדין במכתשת קטנה, מ״מ סחיטה שאני וכו׳. אך צ״ע, דמ״ש סחיטה מטחינה, הרי שתיהן לפני לישה ואפ״ה מותר בטחינה אם יפוג הטעם עי״ש. וע׳ בהלכות המועדים דיני יו״ט פי״ב הערה ג שכתב דהחילוק הוא משום דעיקר הסחיטה בזמנם היה לימים הרבה כמו סחיטת זיתים וענבים, וזה משתבח והולך ככל שעומד הרבה זמן. וגם היה דבר הרגיל בכל בית לסחוט להרבה זמן, והרי זה עובדין דחול, ולכן לא התירו שום סחיטה, אם מתקלקל טעמו אם יסחטנו קודם יו״ט, דהלכו אחר עיקר הסחיטה שהוא זיתים וענבים, עכ״ל. וראיתי בספר ברכת יו״ט דף כז שהאריך בזה, ונעתיק דבריו, וז״ל:

שאלה: פרי הדר מראנצין או לימון אי שרי לסחטו ביד או במסחטת יד.

תשובה: הנה סחיטה שהיא תולדה דדש נכללת ג״כ במלאכות האסורות ביו״ט והכי איתא הכא בשו״ע. ולמצוא היתר בזה שייך לפי דברי הר״ן הנ״ל שאחר שקבע טעם האיסור בהו משום שנעשה לימ״ר, נחת לברר מה יהיה דין מלאכות אלו אם עושה אותן באופן שאינו לימים רבים. ובתחילה קבע שבמלאכת קצירה נאסר גם תלישת תאנים

I. The Prohibition of *Sechitah*

Under the *melachah* of *sechitah* it is forbidden to press fruits or vegetables in order to extract their juices. It is also prohibited to squeeze out a liquid that has been absorbed in any food item (e.g. wine absorbed in *challah*).

A. Squeezing Fruits and Vegetables

Fruits and vegetables are divided into three categories with regard to *sechitah*:

1. Olives and grapes

וענבים שהם פירות הנפסדים ואין לוקטים מהם הרבה בב״א, רק מעט מה שנתבשל כל יום, והטעם דנאסרו ״לפי שהלכו אחר רובה של לקיטה שאינה ליומא.״ ואח״כ הוסיף ששחיקת פלפלין התירו (כדאיתא בשו״ע סי׳ תק״ד) כיון שאינה נעשית לימ״ר, ולא אזלי׳ בתר רובה של טחינה ״היינו טעמא לפי שאין אותה שהיא ליומא נעשית באותו ענין שהיא נעשית לימים הרבה, שזו במדוך וזו ברחיים״. ולפי״ז גם בסחיטת פירות אלו יתכן לומר דשרי משום שאין נעשה לימ״ר, וגם אין נעשה בדרך שנעשית הסחיטה לימ״ר, שזו בגת וזו במסחטת יד (ובשו״ת חלקת יעקב מצדד לקולא בזה מכח הסבר זה).

אמנם קשה להתיר בזה מכמה טעמים: א. אנו רואים שהר״ן סובר שתלישת פירות הנפסדים נחשב כנעשה באופן שוה לקצירת חיטים, אע״ג שזה נעשה ביד וזה נעשה בכלי קצירה, ואילו בשחיקת פלפלין נחת לבאר ששחיקתן במדוך שונה מטחינת חיטים ברחיים, והכל משום דהכי איתא בגמרא ולכן נחתינן לחלק באופן זה. ולפי״ז קשה לקבוע מעצמנו מה נחשב שעושה באותו דרך שנעשה לימ״ר ומה נחשב שעושה באופן שונה, ומנא לן לומר שסחיטת פירות ביד הוא שונה מסחיטתו בכלי בדרך שעושה לימ״ר. ב. הר״ן כתב הסבירו הנ״ל משום שהי׳ קשה לו מ״ש תלישת הפירות הנפסדים שאסור ואילו שחיקת פלפלין שרי, ולפיכך העלה יסוד שאם נעשה בדרך שונה לא אזלינן בתר עיקר המלאכה. והנה יש תירוצים אחרים על קושיא זו, ראה מ״ש בזה להלן סימן תק״י ובהערות על דברי הרב. וגם עיין במ״מ (פ״א ה״ח) ששחיקת פלפלין ״זה דין מיוחד ששרי בזה ואין לנו כאן כלל לכל המלאכות״, עיי״ש בדבריו. ומאן יימר לן דנקטי׳ להלכה כהר״ן, ודבריו לא הוזכרו בשו״ע (רק בב״י הובאו דברי הר״ן). ג. יתכן שגם הר״ן לא אמר דבריו אלא בשחיקת תבלין, שבזה הדרך תמיד לעשותן באופן אחר מאשר חיטים, ולכן אין שחיקתם נגררת אחר טחינה בכללות, אבל בסחיטת פירות אלו, כיון שדרכן להסחט בהמון, לכן אף אם סוחט מעט ובדרך שונה ג״כ נאסר. ולדינא בח״א (פ״א ס״ז) אסר, ובס׳ שמירת שבת כהלכתה (פ״ה הע׳ א׳) ג״כ אוסר, וראייתו מדכיית שקדים שאסר המ״א ס״ק ג משום שנראה כסוחט, ופשוט מיירי גם באופן שאינו לימ״ר, ועיי״ש שהביא כמה פוסקים שהתירו. ובס׳ שערים המצויינים בהלכה (צח ז) כתב להקל משום שסחיטת פירות אלו גם בשבת אינו אסור אלא מד״ס. אמנם עיין בשו״ע הרב כאן שכתב ״שמלאכות אלו וכו׳ וכל דבר הנאסר בשבילם בשבת מד״ס ג״כ נאסרו״, עכ״ל.

2. Other fruits and vegetables commonly juiced
3. Fruits and vegetables that are not usually juiced

1. Olives and Grapes

Under Biblical law, the prohibition of *sechitah* (with regard to foods) applies only to olives and grapes. These two fruits are distinctive in that their primary use is in their juice form — i.e. as oil and wine.[4] Therefore, their juices have a special significance not shared by other juices, which renders the production of the juices subject to the Biblical prohibition of *sechitah*.

2. Other Fruits and Vegetables Commonly Juiced

There are other fruits and vegetables whose juices are not their primary form of use, but which are nevertheless

---

4. שבת דף קמה. דבר תורה אינו חייב אלא על דריסת זיתים וענבים בלבד, ע״כ. וכן פסק בשו״ע סי׳ ש״כ סעיף א. ובטעם החילוק בין זיתים וענבים לשאר פירות פירש״י שם דשאר פירות לאו אורחייהו בהכי ואין בסחיטתן מלאכה. ומבואר מדבריו דזיתים וענבים שהדרך לסוחטן חייב עליהן מן התורה, ושאר פירות שאין דרך לסוחטן אין איסורן אלא מדרבנן. ולפי דבריו יש מקום לומר דבזמנינו שהדרך לסחוט אף שאר פירות (כגון תפוזים) יהיה חייב מדאורייתא אף על סחיטת שאר פירות כשדרכן בכך.

אבל הר״ן פי׳ שם דהא דאינו חייב אלא על סחיטת זיתים וענבים בלבד הוא משום דשאר פירות היוצא מהן לא חשיב משקה להתחייב עליו, ולא הוי אלא זיעה בעלמא, עי״ש. ולפי דבריו כתב בפמ״ג סי׳ ש״כ בא״א סק״א דבכל ז׳ משקין שנתרבו מן התורה בהכשר זרעים לטומאה שייך סחיטה מן התורה, דכל אלו יש עליהן שם משקה וכ״כ במשכנותיעקב סי׳ קיב. ולפי דבריהם נראה דאף בזמנינו שהדרך לסחוט שאר מי פירות אין חיוב מן התורה בסחיטתן, דרק ז׳ משקין יש עליהם שם משקה וכל שאר מי פירות זיעה בעלמא הן. אולם באגלי טל מלאכת דש ס״ק טז כתב דרש״י והר״ן לדבר אחד נתכוונו, ומה שכתב הר״ן דשאר מי פירות לא חשובין משקה היינו משום שאין דרך לסוחטן, וכ״כ בצמח צדק בפי׳ המשניות פרק כב משנה א. ולדבריהם אפשר דיש איסור מדאורייתא בסחיטת שאר פירות שדרכן בכך בזמנינו אף לשיטת הר״ן.

והנה לענין ברכת הנהנין מצינו גם כן חילוק בין פירות שהדרך לסוחטן לפירות שאין דרכן בכך. דשיטת הרשב״א (ברכות דף לח) דכל מי פירות שנסחטו מברכין עליהן שהכל נהיה בדברו משום שאין דרך לסוחטן ולפיכך חשוב משקה שלהן כזיעה בעלמא (ורק זיתים וענבים עומדים לסחיטה). ובחזו״א או״ח סי׳ לג אות ה כתב בזה״ל: ויש לעיין לדעת הרשב״א אם זהו דין מוכרע שאין כל הפירות עומדין לסחיטה, ואף אם ישתנה הדבר בדור מן הדורות בטלה דעתם, או דיינינן הדבר בכל דור. ומהא דפריך וכו׳ משמע דאין מתחשבין בדורות עברו, ואם כן אם נשתנה הדבר נשתנה הדין. ולפ״ז י״ל לדעת הרשב״א דמיץ של תפוז הוי בכלל עומד לסחיטה בזמנינו, עכ״ל, וצ״ע ואכמ״ל.

commonly squeezed to produce juice. Examples cf such foods are oranges, apples, grapefruits, pineapples and tomatoes. These foods are subject to the prohibition of *sechitah* by Rabbinic decree.[5]

3. Fruits and Vegetables That Are Not Usually Juiced

Fruits and vegetables that are not normally made into juice are exempt from the prohibition of *sechitah* even on the Rabbinical level; these may be pressed on Shabbos and Yom Tov, even with the specific intent of extracting their juices.[6] This category includes melons and similar foods whose juices are not commonly used.*

B. Extracting Liquids Absorbed in Foods

Foods that have absorbed foreign liquid (e.g. *challah* dipped in wine) are also subject to *sechitah*.[7]

II. Conditions Under Which *Sechitah* Is Permitted

There are certain circumstances in which *sechitah* is permitted. With respect to Shabbos, these conditions permit *sechitah*

*Note: Whether or not a particular fruit or vegetable is classified as "one that is commonly juiced" depends on the contemporary practices of people. Any fruit or vegetable that becomes the vogue to juice falls under the restrictions of *sechitah*.

5. בשו״ע סי׳ ש״ב ס״א כתב דתותים ורמונים אסור לסוחטן, והוסיף הרמ״א: ובמקום שנהגו לסחוט איזה פירות לשתות מימיו מחמת צמא או תענוג דינו כתותים ורמונים, עכ״ל. וכתב במ״ב סק״ח בזה״ל: משמע דבאותו מקום אסור ובשאר מקומות שרי, אך אם דרך להוליך המשקה של הפירות ממקום למקום אסור בכל העולם. וכל זה לדעת הרמ״א, אבל המג״א האריך בענין זה ומסקנתו שאם נודע לנו שבאיזה מקום נהגו לסוחטו למשקה, ואפילו הנוהגים בזה הוא רק מקצת בני אדם מחמת שיש להן פירות הרבה ולא עיר שלמה, אסור מחמת זה לסחוט בכל מקום, וכן כתבו כמה אחרונים, עכ״ל. ועפ״ז סתמנו בפנים לאסור בכל אלו המשקין, דאפילו לדעת הרמ״א המקיל במקום שלא נהגו לסחוט מכל מקום אסור בזמנינו בכל מקום מפני שהדרך להוליך המשקין לכל המקומות.

6. שו״ע שם, ומ״ב שם סק״ז, וביאור הלכה שם ד״ה מותר.

7. שו״ע סי׳ ש״ב ס״ז.

only in regard to foods *other than* grapes and olives. With respect to Yom Tov, however, even grapes and olives may be squeezed under these conditions.[8] These conditions are:

A. To enhance the food being squeezed
B. Squeezing liquids onto solid foods
C. Sucking

A. To Enhance the Food

It is permissible to squeeze the liquid out of a food in order to enhance its flavor.[9]

For example, one is permitted to squeeze the excess oil out of canned tuna. Likewise it is permitted to squeeze the excess oil out of a *latkeh,* fried fish and *kugel.*

On Shabbos, this is permitted only if the squeezing is done only immediately prior to eating, because such squeezing involves the additional prohibition of *borer.* On Yom Tov, however, when *borer* is permitted for the sake of food preparation (see Chapter Seven), squeezing

---

8. הלכות המועדים פי״ב הלכה ג.

9. שו״ע סי׳ ש״כ ס״ז, וז״ל: לסחוט כבשים ושלקות (פי׳, כבשים הן פירות ומיני ירקות המונחים בחומץ ומלח כדי שלא ירקבו, ושלקות היינו ירק וכיוצא ששלקן קודם השבת ונשארו מימיהן בהן), אם לגופם, שאין צריך למים ואינו סוחטן אלא לתקנם לאכילה, אפילו סוחט לתוך קערה שאין בה אוכל מותר וכו׳, עכ״ל. וע״ש במ״ב ס״ק כד שפירש דר״ל שסוחטן ממשקה הצף עליהם והנבלע בהם כדי לתקן גופם לאכילה לבד. וא״צ למימיהן, כמו שדרך לסחוט הירק שקורין שאלאטיי״ן לאחר ששרו אותן במים וכו׳. ומסיק שם במ״ב דכל זה מותר רק בשאר פירות וירקות, אבל בזיתים וענבים אסור לסוחטן אפילו לתקנם לאכילה.

וטעם הדבר דמותר לסחוט כבשים ושלקות לגופם, כתבו התוס׳ בשבת דף עג: ד״ה וצריך, דסוחט ואינו צריך למשקה אין דרך דישה בכך, והוי כמו קורע שלא על מנת לתפור וכמוחק שלא ע״מ לכתוב, וביאור דבריהם דעיקר צורת המלאכה של דישה הוא דוקא כשסוחט לצורך המשקה הנסחט, אבל אם איננו צריך למשקה וכל כונתו היא לתיקון האוכל לא מיקרי סחיטתו דישה כלל, שבמעשה זה איננו מפרק ונוטל משקה מהפרי אלא מסלק המשקה שבתוך הפרי, ואין זה בכלל מלאכת דישה. וכמו שלא חייבה התורה קורע אלא כשהוא ע״מ לתפור ומוחק אלא כשהוא ע״מ לכתוב, דזהו תנאי בעיקר צורת המלאכה של קורע ומוחק, ה״נ לא מיקרי דישה כלל אלא כשסוחט לצורך המשקה. [אך עדיין צ״ב לדעת התוס׳ אמאי סחיטה לצורך גופן מותר לכתחילה ואילו קורע שלא ע״מ לתפור ומוחק שלא ע״מ לכתוב אסור מדרבנן.]

of this type is permitted at any time during the day, as long as the food item is being prepared for that day's use.

B. Squeezing Liquids Onto Solid Foods

There are circumstances in which one is permitted to squeeze out liquid from a food, even if one's intention is to obtain liquid. This is where the liquid is squeezed directly onto a solid food. This is permitted, however, only if *one* of the following two conditions is present:

1) Tthe liquid is being used to flavor the solid food into which it falls.[10]
2) Most of the liquid is absorbed by the solid food.

It is forbidden, however, to squeeze a liquid into another liquid, even for flavoring.[11]

To illustrate:

1) One may squeeze lemon juice directly onto fish, as flavoring.
2) One may not squeeze lemon juice into tea. However, one may squeeze the juice onto a spoonful of sugar, provided that most of the juice is absorbed by the sugar.[12]

והתוס׳ בכתובות דף ו. ד״ה האי כתבו טעם אחר בהא דמותר לסחוט כבשים ושלקות לגופן, הוא משום דהוי הנסחט מהם כמו אוכלא דאפרת ואין שם משקה עליו וכו׳, וביאור דבריהם דאיסור סחיטה הוא דוקא כשמפריד משקה מאוכל [וכן איסור מפרק הוא דוקא כשמפריד אוכל מפסולת או אוכל ממשקה], אבל המפריד אוכל מאוכל אין זה מפרק או סוחט, אלא אוכלא דאפרת, והיינו כאילו מחתך אוכל לשנים. וחידשו התוס׳ דבכבשים ושלקות כיון שלא בא המשקה אלא לצורך הכבישה, בטל המשקה להפרי וחשוב כהפרי גופא, ולכן כשסוחטן לצורך גופן אינו אלא כמחתך אוכל לשנים ומותר.

10. ע׳ מ״ב סי׳ תק״ה ס״ק ה.

11. שש״כ פ״ה הלכה ז.

12. מ״ב סי׳ ש״כ ס״ק כב. אבל החזו״א סי׳ נו ס״ק ל כתב דאסור לסחוט לימון על סוכר כשדעתו ליתנו אח״כ למים, כיון שדעתו למשקה, ורק כשדעתו לאכול הסוכר מותר לסחוט עליו לימון, עי״ש. וכן העיר הצמח צדק בפי׳ המשניות פכ״ב. וע׳ בספר לוית חן דף פ. שהאריך בזה. וע׳ בשו״ת אג״מ או״ח ח״ד אודות סחיטת אשכולית (גרייפרוכט) על צוקער, עי״ש.

C. Sucking

Sucking juice from fruit is not considered a form of *sechitah* (except on Shabbos, in the case of grapes and olives). Therefore, one may hold a wedge of orange or grape and suck out its juice. It is also permissible to dip *challah* in wine and suck it.[13] However, when doing so, one should be careful to avoid squeezing out any liquid by hand.

III. Juices That Seeped Out — מַשְׁקִין שֶׁזָּבוּ

There is another prohibition related to the principle of *sechitah*. To safeguard the prohibition of *sechitah*, the Sages forbade the consumption on Shabbos or Yom Tov of juices that were discharged on that day by foods. However, not all fruits and vegetables were included in this prohibition. As with *sechitah*, they are divided into three categories.

A. Olives and Grapes

Oil that seeped from olives and juice that exuded from grapes on Yom Tov may not be consumed until after Yom Tov.[14] For example, juice that has collected on the bottom of a bowl of cut grapes is forbidden to be used until after Yom Tov.

B. Other Foods Commonly Juiced

With other foods that are commonly juiced, the prohibition of consuming juices that seeped out applies only to those fruits and vegetables that were intended for juicing. A fruit which was intended for eating is not subject to this prohibition and juice which seeps from it on Yom Tov may be consumed.[15]

C. Foods Which Are Not Usually Juiced

Foods which are not usually used for juicing are exempt from

---

13. רמ״א סי׳ ש״כ ס״א ומ״ב שם.

14. שו״ע שם.

15. שם.

this prohibition, just as they are exempt from the prohibition of *sechitah*. Any juice which oozes from these foods on Yom Tov may be consumed.

IV. Summary of Laws

◆§ The Prohibition of *Sechitah*

- Under the prohibition of *sechitah*, it is forbidden to extract the juice of many fruits and vegetables, and to squeeze liquid out of a food item in which it has been absorbed (such as bread).
- Fruits and vegetables are divided into three categories in regard to *sechitah*.
  1. Olives and grapes are subject to *sechitah* under Biblical law.
  2. Other fruits and vegetables that are commonly juiced are subject to *sechitah* by Rabbinic decree.
  3. Fruits and vegetables that are not usually juiced are exempt from this prohibition.

◆§ Conditions Under Which *Sechitah* Is Permitted

The following conditions pertain on Shabbos to foods other than olives and grapes. On Yom Tov, they pertain even to olives and grapes.

- Liquid may be squeezed out of a food in order to enhance its flavor.
- On Shabbos, this may be done only immediately prior to eating, due to the additional prohibition of *borer*, but on Yom Tov it may be done at any time, provided one is preparing the food item for that day.
- Liquid may be squeezed out of a food even for the sake of obtaining the liquid if it is squeezed directly onto a solid food *and* either:
   (a) the liquid is being used to flavor the food; or
   (b) the liquid is mostly absorbed in the food.

52 THE LAWS OF YOM TOV

(It is forbidden to squeeze a liquid into a liquid, even for flavoring.)

- Sucking the juice out of a food is permitted. However, when doing this, one should avoid squeezing any liquid out with the hand.

Juices That Seeped Out

- Regarding this matter, fruits and vegetables are divided into the three categories mentioned above:

  1. Liquid that seeped from olives or grapes on Shabbos or Yom Tov may not be consumed until after Shabbos or Yom Tov.
  2. With respect to other commonly juiced fruits and vegetables, if the fruits from which the juice came were intended for juicing, that which was exuded is forbidden until after Shabbos or Yom Tov. If they were intended for eating, the juice is permitted immediately.
  3. With respect to foods that are not commonly juiced, any liquid that seeps out may be consumed immediately.

V. Practical Applications

A. Adding Lemon to Tea

It is forbidden to squeeze lemon directly into tea.[16] One who

---

16. בשו״ע סי׳ ש״כ סעיף ו כתב דמותר לסחוט לימוני״ש בשבת. והנה בבית יוסף נתן שני טעמים לדין זה: ראשית, שאין איסור סחיטה נוהג אלא בפירות שהדרך לשתות מימיהן בפני עצמן בלי תערובות משקה אחר, אבל לימוני״ש שאין הדרך לשתות מימיהן בפני עצמן אין בהם איסור סחיטה טעם שני, דאפי׳ את״ל דדברים שאינן ראויין לשתיה בפני עצמן נחשבין כמשקה, מ״מ היינו דווקא לסחוט מימיהם לבדן ואח״כ מערבין אותן [דעכ״פ יש עליהם מתחלה שם ״משקה״ בפני עצמן], אבל בלימוני״ש שהדרך לסוחטן רק לתוך משקה אחר ליתן בו טעם, אין בהם איסור סחיטה.

והנה ידוע שבזמנינו הדרך בהרבה מקומות לסחוט מי לימון בפני עצמו ומוכרין אותו, ולכן לפי הטעם השני של הב״י אסור לסחוט לימון בזמנינו, שכיון שהדרך לסוחטן בפני עצמן הרי הן חשובין כמשקה, וממילא אסור לסוחטן אפילו לתוך משקה אחר, אבל לפי הטעם הראשון של הב״י שכל שאין דרך לשתותו בפני עצמו לא חשוב משקה, מותר לסחוט לימון אף בזמנינו. ומלשון המחבר הנ״ל שכתב בסתמא ״מותר לסחוט לימוני״ש

wishes to add lemon to tea may do so by cutting a slice of lemon and placing it in the tea.[17] However, one may not press the lemon against the side of the cup, even when it is fully immersed in the tea. One may also squeeze the lemon onto a spoonful of sugar, provided that most of the juice is absorbed by the sugar. The mixture may then be stirred into the tea.*

B. Making Lemonade

As stated above, it is forbidden to squeeze lemons directly into water. However, one may squeeze the lemon juice onto sugar in which it will be mostly absorbed and then stir the mixture into the water.

C. Squeezing Lemon Onto Fish

One is permitted to squeeze lemon directly onto fish or other foods to flavor them.

---

*Note: When squeezing fruits on Yom Tov, one may place cheesecloth around the fruit to retain the pits. [See p. 67]

בשבת", משמע שסמך על הטעם הראשון דלעולם מותר לסוחטן, וכן משמע מהמג"א סק"ח, וש"ע הרב ס"י שהעתיקו רק הטעם הראשון. אבל במ"ב ס"ק כב כתב בשם החיי אדם דבזמנינו צריך להחמיר שלא לסחוט לימוני"ש כלל [אלא לתוך אוכל], וכן פסקו בקיצור שלחן ערוך סי' פ סי"ב. גם באגלי טל מלאכת דש סק"ל הכריע דהעיקר כסברא השניה ואין להקל בזה. ועפ"ז כתבנו בפנים להחמיר, כדעת המ"ב ושאר פוסקים אחרונים. (ועיין בפי' הצמח צדק למשניות פכ"ב דשבת, מה שהקשה שם על הטעם הראשון של הב"י, ובשו"ת הר צבי בטללי שדה דף רנד.)

17. בספר ברית עולם דיני סחיטה ס"ק יא כתב דכיון דבחתיכת לימון מוכרח שיסחוט ממנו קצת משקה, לכן אין לחותכו אלא באופן שהמשקה הולך לאיבוד, דאז הוי סחיטתו פסיק רישיה דלא ניחא ליה. ואע"ג דבעלמא מחמירין בפסיק רישיה דלא ניחא ליה אף באיסור דרבנן, מ"מ יש להקל כאן, כיון דיש מהראשונים דס"ל דכשהולך המשקה לאיבוד ליכא שם מלאכת דש עליה כלל, ויש לצרף סברתם להקל בפס"ר דלא ניחא ליה.

ולכאורה צ"ע בדבריו דהא במ"ב סי' שכ ס"ק כד כתב לענין כבשים ושלקות שמותר לסוחטן לגופו, דאע"ג שסוחט לתוך הקערה ואין המשקה הולך לאיבוד מותר, כיון שאינו מכוין בשביל המשקה ואיננו בכלל מלאכה, ולפי דבריו נראה דאף בנידון דידן מותר לחתוך הלימון לתוך הקערה אף שאין המשקה הולך לאיבוד, דכיון שאינו מכוין בשביל המשקה איננו בכלל מלאכה.

D. Eating a Grapefruit

When eating a grapefruit, one must refrain from deliberately squeezing the grapefruit with a spoon to draw out its juice. However, any juice that oozes out while one is eating may be consumed.[18]

E. Removing Excess Oil or Sauce From Food

It is permissible to squeeze out excess oil or sauce from a food (e.g. tuna or *kugel*) to improve its flavor. One may use the lid of a tuna can for this purpose.

---

18. הנה כשאוכלים אשכולית (grapefruit) ע"י כף, תמיד נסחט ממנו קצת מיץ בדרך אכילתו, ולכן צריך לברר אם יש בזה חשש סחיטה, וגם אם המשקה הנסחט מותר בשתיה או דאסור משום משקין שזבו. ולענין חשש סחיטה ראיתי בספר שמירת שבת כהלכתה פ"ה הערה מב שנתן טעם להתיר, וז"ל: משום דאפילו לסוחטן בידים אינו אלא איסור דרבנן, והכא שהפרי נסחט קצת בשעת אכילה הוי סחיטה כלאחר יד והוי תרי דרבנן, והואיל ואינו מתכוין לסחוט שרי דבכה"ג שרי בתרי דרבנן בפסיק רישיה כמבואר במ"ב וכו', עכ"ל. מיהו בחזו"א סי' סא סק"א כתב דההיתר של תרי דרבנן אינו מוכרע ואין לו מקור בגמרא. ולכן נראה להוסיף עוד טעם להתיר, דכיון שאינו מכוון אלא לאכול הפרי ולא לסחוט מימיו אין זה מלאכה כלל, ודומה לכבשים ושלקות שמותר לסוחטן לגופן, דכתב המ"ב [הובאו דבריו לעיל הערה 20] דכיון שאינו מכוין בשביל המשקה איננו בכלל מלאכה. וע' ששכה"כ שכתב שם עוד טעם להתיר בשם הגאון ר' שלמה זלמן אויערבך שליט"א, וע"ע בחוברת אור השבת חלק ו מ"ש בזה הגאון ר' אלי' פישער שליט"א.

ולענין שתיית המיץ אחר שנסחט, אין כאן איסור משקין שזבו אם קנה את האשכולית לצורך אכילה כמבואר לעיל, אבל אם קנה את האשכולית לצורך סחיטה אז נוהג בהן איסור משקין שזבו ואסור לשתות המיץ הנסחט מהם בדרך אכילתו.

7 / Sorting — בּוֹרֵר

One of the thirty-nine *Avos Melachos* forbidden on Shabbos is *borer*, sorting.[1] Sorting is not forbidden categorically; rather, there are conditions under which it is permitted even on Shabbos. Furthermore, since sorting is primarily performed in the course of food preparation (e.g. separating impurities from food), it is generally permitted on Yom Tov. However, there are exceptions to this rule.

To help clarify these distinctions, we must first define the *melachah* and its rules as they pertain to Shabbos. Afterwards, we will outline the situations in which sorting is permitted on Yom Tov, and those in which it is prohibited.

I. The *Melachah* of *Borer*

Borer means sorting, that is, separating one variety from another with which it has been mixed.[2] It is forbidden not only to sort an entire mixture into its components, but even to select a single item from a mixture.[3] The act of separating an element from within a mixture constitutes the *melachah* of *borer*.

---

1. משנה בשבת דף עג. והנה בערוך השלחן סי׳ שי״ט מביא להקשות קושיא כללית על חיובא דבורר פסולת מתוך אוכל שחייב, דהא הוי מלאכה שאינה צריכה לגופה, שהרי אינו צריך להפסולת כלל ואין כונתו אלא לדחות הפסולת מעליו והוי כמוציא את המת לקוברו וכו׳, ותי׳ הערה״ש דלא דמי, דמוציא את המת א״צ להמלאכה כלל, משא״כ הבורר הא צריך להאוכל ואינו יכול לאכול אלא בהפרידו את הפסולת ממנו, וא״כ צריך לגופה, עכ״ל.

2. רש״י שבת דף עג: ד״ה היינו.

3. פשוט הוא. וע׳ בירושלמי פרק כלל גדול, הובא בפמ״ג בא״א סוף ס׳ ש״מ, וז״ל: הבורר. אמר ר׳ יודן הי׳ יושב על הכרי ובורר כל היום אין מתחייב ע״כ. ופי׳ המפרש שלא הועיל כלום שעדיין יש צרורות, ומ״מ פטור אבל אסור. וע׳ בפמ״ג במשב״ז שי״ט ס״ק יג. וז״ל: הנה משמע דכל שאינו בורר לגמרי אוכל מפסולת אלא מניח קצת אוכל עם הפסולת, וכן יניח קצת פסולת עם האוכל יכול לברר כל היום בענין זה. והא דבורר

In the case of foods, where questions of *borer* frequently arise, a mixture can be comprised of two or more different types of food[4] (e.g. nuts with raisins), or of food and waste material[5] (e.g. edible matter with dirt, pits, bones, shells, or spoiled food). Common activities that are possibly subject to *borer* include peeling fruits, vegetables or eggs, shelling nuts and removing pits or bones from food. However, the *melachah* is not restricted to the sorting of solid food items, but also applies to liquids (e.g. skimming fat from soup) and to nonfoods (e.g. sorting cutlery). In all cases, the mixture to which the law of *borer* applies can contain either several types of useful items or one useful item intermingled with some sort of waste material.

In the context of *borer*, the term "food" is commonly used to describe the desired item within a mixture — whether it is edible or not — and the term "waste" is used to describe any item that is currently not desired — whether it is truly useless or not.[6] For

---

בגרוגרות חייב, כשלא היו בפסולת עם האוכל כי אם גרוגרות ובורר הכל, וי״ל כל שיש חיוב חטאת אסור עכ״פ מדרבנן כה״ג, וכל היכא דאי בורר הכל לית חיוב חטאת אז כשמניח מקצת ל״ג, עכ״ל. וצע״ק דלא הביא הכא דברי הירושלמי, ובערוך השלחן בס׳ שי״ט ס״ד נמי אוסר כה״ג.

4. שו״ע סי׳ שי״ט ס״ג.

5. ש״ע הנ״ל.

6. ופמ״ג סי׳ שי״ט (במשב״ז ס״ק ב) נסתפק בשני מיני אוכלים מעורבים יחד ובירר אחד מחבירו ודעתו להניח שניהם אלאחר זמן, האם שייך בזה בורר דהי אוכל והי פסולת, פי׳ דכיון דאינו רוצה במין אחד יותר מחבירו א״א שיקרא אחד מהם פסולת לגבי חבירו. והובאו דבריו בביאור הלכה סי׳ שי״ט ס״ג ד״ה היו לפניו, והעיר ע״ז בבה״ל וז״ל: ולענ״ד נראה פשוט מלשון הרמב״ם דס״ל דהברירה מה שבורר מין אחד מחבירו ועי״ז הוא כל מין בפני עצמו זהו עצם המלאכה, אלא דאם דעתו לאכול תיכף והוא בידו הוי דרך מאכל. וא״כ ק״ו הדבר ומה היכא שהניח מין אחד על מקומו שייך שם ברירה, כ״ש בזה שלקח כל מין ומין ובררו לעצמו דחייב, עכ״ל.

וכוונת הבה״ל לדברי הרמב״ם פ״ח מהל׳ שבת הי״ב, וז״ל: הבורר אוכל מתוך פסולת או שהיו לפניו שני מיני אוכלים ובירר מין ממין אחר בנפה וכברה חייב, עכ״ל, ולמד הבה״ל מדבריו דעצם ברירת מין אחד ממין השני הוא המלאכה ואע״פ שאין לו צורך בשום אחד מהם. וע׳ באגלי טל מלאכת זורה ס״ק ב שהביא מתוספתא דשבת פי״ז נתערבו לו פירות עם פירות אחרים וכו׳ ובררן אלו לעצמן ואלו לעצמן וכו׳ הרי זה חייב, ע״כ. ודקדק באגלי טל דמלשון התוספתא ובררן אלו לעצמן ואלו לעצמן משמע שרוצה בברירת שניהם ואינו חפץ במין אחד יותר מחבירו, ואעפ״כ חייב, וזהו כדברי

example, if one needs only spoons from a pile of mixed cutlery, the spoons would be described as the "food" and the forks or knives as the "waste." This definition is critical, for we shall see below that there are circumstances in which it is permitted to remove "food" from "waste" — but not "waste" from "food" — even on Shabbos.

The prohibition of *borer* applies even when the selecting is not deliberate. For example, randomly separating mixed cutlery to set the Shabbos table is forbidden.[7] Even though each fork or spoon is picked up at random and placed in the proper spot on the table, the activity is governed by the laws of *borer*, and must be performed only in the permitted manner described below. For a complete discussion of how thoroughly the various elements in a mixture must be intermingled in order to constitute a "mixture," and how different they must be from each other in order to be described as "food" and "waste," see *The Shabbos Kitchen*, pages 88-95.

II. The Proper Method of Selecting From a Mixture on Shabbos

It is permitted to select from a mixture on Shabbos if three conditions are met. One must:

a) select the "food" from the "waste" [אוֹכֶל מִן הַפְּסוֹלֶת];

הבה״ל דאע״פ שאינו רוצה בשום אחד מהם עתה ולכאורה אין אחד מהם נקרא פסולת לגבי חבירו, מ״מ חייב על עצם ברירת שני מינים זה מזה.

ובאמת שהפמ״ג עצמו בספרו ראש יוסף (שבת עד. ד״ה והנה) עמד בזה וכתב דלדעת הרמב״ם ליכא לספוקי כלל, כיון דמחייב על עצם ברירת שני מינים זה מזה, וכל ספיקו הוא רק אליבא דתוס׳ (שבת דף עד. ד״ה היו) שכתבו דבאוכל מתוך אוכל שייכא ברירה ״שבורר אותו שאינו חפץ לאכול מתוך אותו שרוצה לאכול, דאותו שאינו חפץ בו חשיב פסולת לגבי אותו שחפץ לאכול,״ ולשיטתם נסתפק האם שייך בורר היכא שמניח שניהם לאחר זמן, דכיון דכל האיסור הוא רק משום שאותו שאינו חפץ בו נקרא פסולת לגבי אותו שחפץ בו א״כ הכא שאינו חפץ בשום אחד מהם יותר מחבירו הי אוכל והי פסולת. אבל לשיטת הרמב״ם דעצם ברירת שני מינים זה מזה אסור, פשיטא דאף אם אינו חפץ בשום אחד מהם לאלתר ג״כ אסור לבוררם זה מזה.

7. כן פסק הגאון רש״ז אויערבאך זצ״ל ויבל״ח הגאון ר׳ יוסף שלום אלישיב שליט״א, הובא בשו״ת מחזה אליהו סי׳ מט.

b) select it by hand [בְּיָד]; and

c) select it for immediate use [לְאַלְתַּר].

Selecting "food from waste" means that one must choose the desired item(s) from the mixture and leave the unwanted one(s) behind.[8]

Selecting "by hand" means that one may not use a utensil to aid in the selection.[9]

Selecting "for immediate use" means that the selection must be done immediately prior to using the item, or in the preparatory period that immediately precedes a meal.[10]

These conditions — and cases in which exceptions apply — are clarified thoroughly in *The Shabbos Kitchen*, pp. 95-108.

III. Sorting on Yom Tov

Since sorting is commonly performed in the course of food preparation, it would seem to be permitted on Yom Tov under

---

8. שו״ע סי׳ שיט ס״ג ומ״ב שם.

9. עיין בזה בביאור הלכה סוף ס׳ שכ״א ד״ה לקלוף, ואיל משולש דף ק, ושו״ת מנחת יצחק ח״א סי׳ ע״ו וח״ט סי׳ ל״ב, וşש״כ פ״ג הערה קכ״ו. וע׳ בהלכות שבת במטבח פרק 7 ציון 39 שהארכנו בזה.

10. בשבת דף עד. איתא: אמר אביי בורר ואוכל לאלתר וכו׳ ולכן ביום לא יברור ואם בירר נעשה כבורר לאוצר וחייב חטאת, ע״כ. וע׳ בבית יוסף ריש סי׳ שי״ט שהביא ארבעה שיטות ראשונים בפירוש שיעור "לאלתר." אבל הרמ״א שם ס״א הכריע, וז״ל: וכל מה שבורר לצורך אותה סעודה שמיסב בה מיד מיקרי לאלתר, ואפילו אחרים אוכלים עמו שרי, עכ״ל. ובמ״ב ס״ק ד כתב ע״ז בזה״ל: ר״ל אפילו יאריך זמן הסעודה כמה שעות מיקרי לאלתר כיון שהברירה סמוך לסעודה עכ״ל.

והנה הרמ״א והמ״ב לא ביארו מתי מתחיל להחשב סמוך לסעודה. ומיהו לקמן סי׳ שכ״א במ״ב ס״ק מה כתב: ועכ״פ אסור לעשות עד יציאת בית הכנסת, דבעינן סמוך לסעודה ממש, עכ״ל. וע׳ באגרות משה ח״ד סי׳ עד דיני בורר אות יג שביאר יותר, דסמוך לסעודה היינו הזמן שהדרך לאשה זו שמסדרת האוכלין להסעודה, וקודם לזה אפילו שעה קטנה אסור, עכ״ד. וע׳ במ״ב סי׳ תרי״א ס״ק ז ושער הציון שם ס״ק ט, שכתב דהגדר לאלתר הוא השעה שדרך בני אדם לתקן מאכלם מיקרי לאלתר, עיי״ש.

וכתב בשש״כ ס״ג הערה קטו בשם הגרש״ז אויערבאך זצ״ל שאם בורר בשביל אורחים וידוע בבירור שלא יאכלו הכל, ורק מוכרח לעשות כן לכבוד האורחים כי בושה להביא לפניהם קערה חסרה, הרי זה מותר, עיי״ש. וע׳ באז נדברו ח״ח סי׳ ו בזה.

the rule of *ocheil nefesh.*[11] Thus, one should seemingly be allowed to sort on Yom Tov even without fulfilling the three conditions described above. However, the reality is that although sorting without fulfilling the three conditions is often permitted on Yom Tov, there are some situations in which sorting is prohibited even under the three conditions. There are also certain situations in which sorting may be performed only in an unusual fashion (i.e. by means of a *shinui*).

To clarify the *halachos,* we will divide them into three categories:

A. Situations in which *borer* is permitted.
B. Situations in which *borer* may be done only by means of a *shinui.*
C. Situations in which *borer* is completely prohibited.

A. Situations in Which *Borer* Is Permitted

Selection that is normally done in the daily course of food preparation, and which cannot be done with equal

11. במסכת ביצה דף יד: איתא: הבורר קטניות ביום טוב בית שמאי אומרים בורר אוכל ואוכל, ובית הלל אומרים בורר כדרכו בחיקו בקנון ובתמחוי אבל לא בטבלא ולא בנפה ולא בכברה. ונפסק בש״ע סי׳ תק״י ס״ב דהלכה כב״ה דבורר כדרכו, וכן פסקו רוב הפוסקים.

אמנם ע׳ במ״מ בפ״ג מהלכות יום טוב הלכה טו שהביא שיטת הרשב״א, וז״ל: שמה שאמרו אבל לא בנפה הוא מפני שיש בה בשבת חיוב חטאת ולא רצו להתירה ביו״ט. ומתוך הטעם הזה יצא לו שכל מה שיש בו בשבת חיוב חטאת, כגון בורר שלא לאכול לאלתר אלא להניח לבו ביום, אפי׳ ביו״ט אסור וכו׳. ואני אומר כבוד הרב במקומו מונח, שאין כל מה שיש בו בשבת חיוב חטאת אסור ביו״ט, שהרי ברירת פסולת מתוך האוכל אפי׳ ביד יש בזה חיוב חטאת בשבת וביו״ט מותרת, ולא אסרו נפה וכברה אלא משום דמחזי כבורר לימים מרובים. וזהו שלא הזכירו כלל ביו״ט בורר לאלתר או לבו ביום, אלא הרי דינו כאופה ומבשל שמותר לאכול בו ביום, ולשון דברי ב״ה מורה כן שאמרו בורר כדרכו ולא חילקו, עכ״ל. אמנם ע׳ ברשב״א בשבת פרק תולין, דף קלח: ד״ה איבעיא, שהקשה על שיטת רבנן שסוברים דאין נותנים לתלויה בשבת משום דהוי בורר גמור ואילו ביו״ט סוברים הרבנן דנותנין לתלויה ביו״ט, והא לכו״ע אין בוררין את הקטניות ביו״ט בנפה וכברה והרשב״א נשאר בצ״ע. וע׳ בביאור הלכה סי׳ תק״י ס״ד בד״ה מותר שתירץ הקושיא ,מבלי להזכיר את הרשב״א, וז״ל: אף דהוי מלאכה גמורה דבשבת חייב חטאת ע״ז, כדאיתא בש״ס, ביו״ט מותר משום דהוי אוכל נפש. ואף דלעיל אסור בורר ע״י נפה וכברה, התם משום דעל ידי כלים אלו דרך לעשות לימים הרבה והוי כעין קצירה וטחינה, אבל כאן אף שהוא על ידי כלי דרך לעשותה לפי שעה, עכ״ל.

results prior to Yom Tov, is permitted on Yom Tov.[12] For example, vegetables are commonly peeled on the day that they will be eaten, and lose some freshness if peeled

---

12. במלאכת בורר ביום טוב יש כמה סתירות, ויש אופנים שונים באחרונים לתרצם, ובעה״י נדון בהם ונבאר חילוקים לדינא בין התירוצים.

מקור ההלכה שמלאכת בורר מותרת ביו״ט נפסק בש״ע או״ח סי׳ תק״י ס״ב — ״הבורר קטניות ביו״ט בורר כדרכו.״ אמנם מצינו ברמ״א סי׳ תק״ו ס״ב שיטה אוסרת, וז״ל: וי״א דמותר ליטול הצרור או הקיסם בידו, אבל יש מחמירין ואוסרין, עכ״ל. הרי מבואר דיש שיטה שסוברת דאסור ליטול צרור מהקמח. ולכאורה קשה דהרי מלאכת בורר מותרת ביו״ט בכלל צורך אוכל נפש, ומדוע א״כ אסור ליטול הצרור. ועוד מצינו בסי׳ תק״ד במג״א ס״ק ט׳ בשם מהרי״ל, הובא במ״ב ס״ק כ וז״ל: ולאחר הטחינה נכון ליזהר שלא יברור פרורי מצות שלא נכתשו עדיין היטב מתוך הקמח אף ביד, דהוי כמו פסולת מתוך אוכל דאסור גם ביו״ט לחד מאן דאמר, וכמו שיתבאר לקמן סי׳ תק״ו ס״ב בהגה עכ״ל. ולכאורה גם בציור זה צ״ע דהא בורר מותר ביו״ט ואמאי אסור ליקח פרורי מצות מהקמח.

ובאמת הביאור הלכה בריש סי׳ תק״י העיר בזה, דהעיר אמ״ש המחבר שם דהבורר קטניות בורר כדרכו, וז״ל: מכאן קשה על האי מ״ד לעיל סי׳ תק״ו ס״ב בהגה דאסור ליטול צרור בידים, והרי הכא מבואר דביו״ט בורר כדרכו וכו׳. ובמשנה ברורה פירשתי טעם האי מ״ד משום דגבי צרור אפי׳ בחול דרך ליטלו שלא בכלי, והוא מחיי אדם עי״ש, עכ״ל. הנה מבואר מדברי החיי אדם דהטעם דאסור ליטול צרור הוא מטעם דאף דנוטל הצרור ביד הוי דרך ברירה, כיון דעושין כן בחול.

אמנם דברי החיי אדם צריכין עיון, דמה בכך דהדרך בחול ליטול הצרור ביד והו״ל בורר ממש, הא מלאכת בורר מותרת ביו״ט.

ובאמת הביאור הלכה בסוף סי׳ תק״ד הקשה כן על החיי אדם, וז״ל: איברא דבח״א כתב טעם להחמירין בנפל צרור או קיסם ליטלו ביד משום דדרך הוא כן ליטלו ביד, וא״כ דרך ברירתו כן הוא. וכתב עוד שם דפירור מצה בקמח ג״כ דינו כצרור וקיסם, עי״ש, וטעמו דגם בזה הדרך ליטלו אף ביד, ולפ״ז ניחא הכל, ומ״מ צ״ע, עכ״ל. ולכאורה כוונת הביאור הלכה במ״ש ״ולפי״ז ניחא הכל״ ר״ל דכמו שכתב החיי אדם בכלל פב הלכה ב דמותר לברור אפי׳ לסעודה אחרת שצריך לבו ביום, ובלבד שלא יברור בנפה וכברה שכן דרך ברירתו בחול, ה״ה בצרור או קיסם דאסור ליטלו ביד שכן דרך ברירתו בחול, וממילא ה״ה דאסור ליקח פירור מצה מקמח. ומה שכתב הביאור הלכה ״ומ״מ צ״ע״ נראה כוונתו דדברי החיי אדם עדיין צריכין עיון דמה בכך דכן דרך ברירתו בחול, הא מ״מ אין דרך לעשות כן לימים הרבה. דבשלמא בנפה וכברה אסור לברור משום דבהני כלים דרך לברור לימים הרבה, אבל כשנוטל צרור בידו אף דאכן עושה מלאכת בורר מ״מ אין מלאכה כזו נעשית לימים הרבה, ועל כן צ״ע. וחזינן דהביאור הלכה כבר נתקשה בדברי החיי אדם.

והאופן השני בישוב סתירת השו״ע מסי׳ תק״י לסי׳ תק״ו הוא שיטת השלחן ערוך הרב, הובא בהמשך דברי הביאור הלכה שם, וז״ל: והגר״ז כתב לחלק דלא התירו חכמים בורר כדרכו אלא בקטניות שאין דרך להכין לימים רבים, אבל לא חטין שדרכו להכין לימים רבים, עכ״ל. ולכאורה דברי הרב צ״ע ג״כ, דהגם דברירת קטניות מותר

7: SORTING 61

earlier (unless they are pickled). Therefore, it is permitted to peel vegetables on Yom Tov (except for the purpose of pickling) without regard for the conditions that apply on

---

משום דאין דרך להכין לימים רבים ודלא כברירת חיטין שנעשית לימים הרבה, מ״מ ברירת פירור מצה מקמח מיהא לישתרי דג״כ אין נעשית לימים הרבה, ומדוע אוסר האי מ״ד. ועוד צ״ע, דגם בסי׳ תק״ו גבי ברירת צרור מקמח אין נעשה לימים הרבה ואף על פי כן אוסר היש אומרים, ולפי דברי הגר״ז צריך להיות מותר. ובאמת הביאור הלכה בסוף סי׳ תק״ב העיר בזה, וז״ל: אכן תירוץ זה לא שייכא לנידון דידן, דברירת פירורי מצות לכאורה ביותר אין מכינים לימים הרבה מבקטניות וא״כ למה אסרם המהרי״ל, וצ״ע, עכ״ל. אך הנה יש להבין מדוע העיר הביאור הלכה רק מהדין של המהרי״ל ולא מצרור שנפל לקמח שאסור ליטלו, הא גם התם לא נעשה לימים הרבה.

וראיתי בספר ברכת יום טוב שכתב בזה, וז״ל: והנה המ״ב הביא דברי הרב בכמה מקומות בבה״ל ריש סי׳ תק״י, בשה״צ סי׳ תק״ו ס״ק יא ובבה״ל סוף סי׳ תק״ד. ובבה״ל הנ״ל הקשה על תירוצו של הרב וכו׳, והנה לגבי צרור מקמח לא הקשה המ״ב על הרב ואע״ג דמיירי בבורר קיסם יחיד שנפל וכו׳. וכנראה שבזה לא הקשה משום שכיון שבקמח בדרך כלל הדרך לברור לימים רבים לכן נאסר גם באופן שבמקרה הנוכחי אינו לימים רבים, אבל בפירורי מצה הוקשה לו משום שבהם בדרך כלל אין זה לימים רבים.

וליישב דברי הרב י״ל שהוא מרחיב היריעה וסובר דאזלינן בתר סוג ומין שבו נעשית הברירה ולכן קמח או פירורי מצה כיון שהם מסוג של חיטים שבהם הדרך לימים רבים שוב אין מחלקים ובכל גווני נאסרה בהם מלאכת ברירה, ורק בקטניות שרי מדהוי סוג ומין אחר שבו אין הדרך לימים רבים, עכ״ל.

ולכאורה יש נפקא מינה בין תירוצו של החיי אדם לתירוצו של השלחן ערוך הרב, דע׳ במג״א בסי׳ תק״י ס״ק יג שכתב דמותר לקלוט שומן הצף ע״פ החלב שקורין סמעטנ״י אפי׳ בשבת, רק כשיגיע סמוך לחלב יניח קצת עם החלב וכו׳. וכתב המחצית השקל דהא דמצריך המג״א דכשיגיע סמוך לחלב יניח קצת עם החלב היינו דווקא בשבת, אבל ביו״ט אין צריך לזה דהרי כבר פסק הרמ״א דביו״ט ליכא איסור ברירה. וכן השלחן ערוך הרב לא הביא דברי המג״א הללו בהלכות יו״ט אלא בהלכות שבת, ואזול לשיטתו דברירה הנעשית ליומו מותרת, ורק בקמח שבדרך כלל הברירה נעשית לימים הרבה אסור, וממילא ה״ה דשרי לקלוט השומן הצף על פני החלב דאין דרך ברירה זו להעשות לימים הרבה כי אם לשעתה בלבד. אמנם החיי אדם הלכות יו״ט כלל פג ס״ז הביא דברי המג״א להלכה, דהוא הולך לשיטתו דברירה שנעשית באופן שנעשית בחול אסורה, ובחול הרי לוקחים השומן הצף, ועל כן הוא אסור ביו״ט.

וישוב שלישי בזה הוא במחצית השקל סי׳ תק״ד במג״א ס״ק ט שכתב לתרץ על פי דברי הירושלמי שיליף דאסור מקצת מלאכות מהפסוק דכתיב אך אשר יאכל לכל נפש וסמיך ליה ושמרתם את המצות, וילפינן דהיתר אוכל נפש אינו בכל המלאכות אלא מלישה ואילך, דומיא דשמירת מצות דהוי משעת לישה. ולכן אסור לברור צרור מהקמח לפני לישה. וכן אסור לברור ממצות טחונית פירורים הגדולים מהטחונים דכיון דנעשה כקמח מסתבר דיש לו דין קמח ואסור לברור, עכ״ד. נמצא דאליבא דהמחה״ש היתר מלאכת ברירה ביו״ט תלוי בכל מין אם שייך בו לישה או לא.

Shabbos. One may use a specialized utensil and may peel something that will be needed only later in the day.

If a selection could theoretically be done the day before with equal results, but an item was unavailable for selection prior to Yom Tov, the selection may be done on Yom Tov without regard for the conditions that apply on Shabbos. The same rule applies if one was too busy before Yom Tov to do the selection (see p. 14).

◆§ Restriction

Even in the circumstances described above, there is one qualification to the rule permitting *borer*. Although the conditions that apply on Shabbos may be disregarded, the Sages imposed a new condition and required that the selection be done in the manner that causes the least possible effort. The Sages' motive was to minimize unnecessary burdens that might arise in the course of food preparation and detract from people's enjoyment of Yom Tov.

Thus, in a case where it is easier to select the unwanted "waste" matter and leave the "food" behind (e.g. several grapes on a cluster were crushed), one should select by removing the waste. And in a case where the reverse is the easier method (e.g. the crushed grapes are more numerous than the whole ones), the selection should be done by removing the food from the waste.[13] When both methods are equally convenient, one may choose either of them.[14]

In all cases, it is forbidden to sort something that will

---

13. ש״ע תק״י ס״ב.

14. מ״ב סי׳ תק״י ס״ק ח. וע׳ בשש״כ (תיקונים ומילואים פ״ד הערה יז) שהעיר בזה הגרש״ז אויערבאך זצ״ל דלכאורה יש לדון דאם רוצה לברור סמוך לסעודה למה לא יברור האוכל מהפסולת, דלא נחשב כלל לבורר משום דדרך אכילה בכך, ופרט להיש מחמירין שבסי׳ תצ״ה ס״א, דמה שאפשר בלי שום מלאכה לא גרע מאפשר מאתמול, אך מצינו נמי הכי לענין מלאכת הוצאה ביו״ט דשרי גם בדליכא שום טורח, והניח בצ״ע.

be used only after Yom Tov. Furthermore, it is forbidden to utilize a utensil that is commonly used for large-scale sorting [e.g. a sieve] (see below, paragraph C).

B. Situations in Which *Borer* May Be Done Only by Means of a *Shinui*

We have learned previously (see Chapter Two) that the rule of *ocheil nefesh* permits the performance of *melachah* on Yom Tov only if the *melachah* could not have been performed with equal results before Yom Tov. Accordingly, if a mixture existed before Yom Tov, and separating the components at that time would not adversely affect their quality, one may not separate them on Yom Tov in the usual manner. In this situation, one must utilize a *shinui* — an unusual method of doing the task. The standard *shinui* is to select the food from the waste (as on Shabbos), rather than removing the waste from the food.[15] [One may utilize a utensil, and may perform the selection for later use.]

A classic example of selection that can be done before Yom Tov without adverse results is that of sorting cutlery that was mixed together. If one neglected to sort it prior to Yom Tov, one must employ a *shinui* on Yom Tov — that is, one must select the "food" from the "waste." This is accomplished by taking each article as it is needed to set the table.

C. Situations in Which *Borer* Is Completely Prohibited

We learned in Chapter Two that the performance of any *melachah* that is ordinarily done on a large scale is prohibited on Yom Tov. *Melachos* such as *borer*, which are sometimes done on a large scale and sometimes done on a small scale, may be done only on a small scale.

---

15. ביאור הלכה סי׳ תק״י ס״ב ד״ה אם.

Therefore, with respect to mixtures that are generally sorted in large quantities, the prohibition of *borer* applies, and one is forbidden to sort even a small amount of such a mixture. For example, it is forbidden to sift flour or to remove impurities from grain on Yom Tov, because this procedure is normally done on a large scale. This is forbidden even if one fulfills the three conditions that apply on Shabbos.[16]

Furthermore, even in situations in which *borer* is permitted, and in which one is allowed to utilize a utensil for the selection, one may not utilize a utensil that is used primarily for selecting large quantities, such as a sieve.

IV. Summary of Laws

☙ The *Melachah* of *Borer*

- The *melachah* of *borer* is defined as sorting a mixture into its component parts, or selecting an item from within a mixture.
- The *melachah* applies to mixtures containing foods, liquids or nonfoods.
- A "mixture" may consist of several useful items or some desirable items and some undesirable ones.
- In the context of *borer*, any item that is currently desired is called "food" and anything that is currently not desired is called "waste."
- Even selecting items from a mixture at random and sorting them is considered an act of *borer*.

☙ Selecting From a Mixture on Shabbos

- To select an item from a mixture on Shabbos, one must: (a) select the "food" from the "waste"; (b) select it by hand; and (c) select it for immediate use.

---

16. עיין ציון 11.

◆§ *Borer* on Yom Tov

- Selection that is normally done in the daily course of food preparation, and which cannot be done with equal results before Yom Tov (e.g. peeling vegetables), is permitted on Yom Tov. This is also allowed if the selection could theoretically have been done before Yom Tov but the item was unavailable at that time, or if a person was too occupied to do the separation at that time.
- In the circumstances just described one need not regard the conditions that apply on Shabbos. Thus, one may utilize a utensil and may select something for use later in the day.
- However, one must do the selection in the easiest possible manner. I.e. if there is less "food" in the mixture, one must select the "food" and leave the "waste" behind; and if there is less "waste," one must select the "waste" and leave the "food" behind.
- If a selection could have been done before Yom Tov without adverse results (e.g. sorting cutlery), and one neglected to do it then, one may do it on Yom Tov only by means of a *shinui*. The standard *shinui* is to select the "food" from the "waste" (e.g. take each article from the mixture as it is needed).
- Sorting that is normally done on a large scale (e.g. sifting flour) is categorically prohibited on Yom Tov.
- Even in situations where sorting is permitted, the use of implements commonly used in large-scale sorting (e.g. a sieve) is prohibited.

V. Practical Applications

Before proceeding to elaborate on the practical applications of *borer* on Yom Tov, it is important to reiterate two rules:

1. When *borer* is permitted, the selection need not be done for immediate use. However, it may be done only for use on that day.
2. The separation of the food and waste components should be

done in the easiest possible manner. The determination of whether to remove the food from the waste, or vice versa, must be made for each individual mixture.

A. Peeling Food

It is permissible to use a specialized fruit or vegetable peeler on Yom Tov. It is similarly permissible to use an apple corer.[17] [However, these implements — and any other sorting or sifting implement — may not be used on Shabbos (see *The Shabbos Kitchen*, p. 111).]

B. Perforated Spoon

On weekdays it is common to serve salads that contain liquid (such as coleslaw or cucumber salad) with a perforated spoon, to facilitate straining the liquid. This type of spoon may be used on Yom Tov.

C. Sieve

One may not use a sieve for sorting on Yom Tov, because a sieve is normally used for large-scale sorting.

D. Straining Soup

On Yom Tov, one may fashion a narrow opening between a pot and its cover in order to strain soup through the opening so that the vegetables are left behind. One may also utilize a colander to strain water from noodles.[18]

---

17. בשש״כ פ״ד הלכה י כתב דמותר להשתמש במקלף ביו״ט, ובהערה טז כתב ע״ז בזה״ל: שמעתי מהגרש״ז אויערבאך ז״ל, ולא נקרא כלי המיוחד לברור בו דאסרינן לעיל ס״ב, דכל שאינו משתמש בכלי המיוחד רק לקלוף ולהכין בו לימים הרבה לית לן בה, עכ״ל. וכן פסק הגאון ר׳ יוסף שלום אלישיב שליט״א הובא בספר הזכרון מבקשי תורה ח״א דף רכז. ולכאורה מה שפסק הגרש״ז זצ״ל תלוי במחלוקת בין השלחן ערוך הרב והחיי אדם הובא בציון 11 דלכאורה לדעת החיי אדם דהא דאסור להוציא קיסם מקמח ביד הוא משום שכן דרך ברירתו בחול, כמו כן כשמקלף פירות הוא כדרך ברירתו בחול וממילא צריך להיות אסור, אמנם לפי שיטת השלחן ערוך הרב שהטעם שאסור ליטול צרור מקמח הוא משום דגבי קמח בדרך כלל רגילים לעשות לזמן מרובה, קילוף פירות יש להתיר שהרי בדרך כלל רק קולפים מה שצריכים לבו ביום.

18. כן נראה ע״פ דברי המ״ב סי׳ תק״י ס״ק יב, וז״ל: כתב המג״א דאם לא היה אפשר לסנן מעיו״ט מותר לסנן אפי׳ במסננת ע״כ. וא״כ לכאורה ה״ה במי שמבשל לאקשי״ן

E. Tea Bags

On Yom Tov, it is permitted to extract essence from a tea bag by allowing it to drip from the bag, even though the bag is an instrument that holds the tea leaves while allowing the liquid to drip out.

F. Squeezing Lemons

On both Shabbos and Yom Tov, one may squeeze the juice of a lemon onto a solid food, but not into a liquid (see p. 49). On Yom Tov, it is permitted to wrap a slice of lemon in cheesecloth before squeezing out the juice. [However, one may not do this on Shabbos, because the cloth serves as an instrument that separates the lemon juice (food) from the pulp and pits (waste).]

G. Melon Seeds

Cantaloupe and Honeydew Melons

On Yom Tov, it is permitted to remove the cluster of seeds from the center of a cantaloupe or honeydew melon, provided that at least part of the melon will be eaten sometime during the day.

Watermelon

On Yom Tov, it is permitted to remove seeds from watermelon before eating it.

H. Bones

On Yom Tov, one may extract bones from fish, chicken or

ביו״ט שמותר לו לסנגם במסננת (כלי עם נקבים) כיון שא״א לו לסננם בעיו״ט שהרי בישלם ביו״ט. וע׳ בספר הזכרון מבקשי תורה דף רנז שהביא שכן פסק הגרי״ש אלישיב שליט״א, וכן פסק בשו״ת חשב האפוד ח״ג סי׳ לה ובשש״כ פרק ד הלכה ו. וראיתי בספר הזכרון מבקשי תורה דף קעח שהעיר בזה, וז״ל: אמנם לכאורה יש לעיין בזה דהא נתבאר דשיטת השו״ע הרב הוא דהולכים אחר כל מין בפני עצמו, ובמין חיטים אסור לברור אפי׳ באופן שאין הדרך לברור לזמן מרובה, כגון גבי פירורי מצות וא״כ גם כאן כיון שהוא מין חיטים אפשר יש לאסור, עכ״ל.

meat that will be eaten that day.[19]

I. Washing Soiled Food

One may wash dirt from fruits and vegetables, even for later use.[20] However, one may not place soiled produce in a bucket of water to separate the dirt from it, because this is considered a weekday activity.[21]

J. Removing Dirt From a Drink

Although a selection that could not have been done before Yom Tov is generally permitted on Yom Tov, some Poskim rule that if a particle of dirt fell into a drink one should not remove the particle by itself. Rather, one should remove some liquid together with the particle, and thus avoid "selecting" the particle from the surrounding liquid.[22] [This is the procedure that is followed on Shabbos.] Other Poskim, however, permit removing the particle of dirt by itself on Yom Tov.[23]

K. Removing Fat From Meat

Another instance in which the dispute just mentioned applies is that of fat which is attached to meat. According to the first opinion, one should not cut away the fat alone, but should remove a sliver of meat with it, and thus avoid "selecting" the

---

19. לכאורה אליבא דהשלחן ערוך הרב והמחצית השקל שהבאנו לעיל בציון 11 ודאי דמותר לברור העצמות, אמנם אפי׳ לפי שיטת החיי אדם שהבאנו שם שלכאורה הוה לן לאסור נראה שיש להקל, דהא גם בשבת למדו הפוסקים זכות על המקילין [ע׳ ביאור הלכה סי׳ שי״ט ס״ד ד״ה]. וע׳ בספר חמדת ישראל בקונטרס נר מצוה דף מט שכתב דאין להחמיר על עצמו (ר״ל אפי׳ בשבת) ממנהג העולם דמיחזי כיוהרא, לבד איניש גדול וקדוש אשר מדקדק על עצמו ביותר בכל הענינים. ואי״כ כ״ש ביו״ט שאין צריך להחמיר. ואי אפשר לאסור משום דאפשר מעיו״ט, דהא היה מקלקל כל צורת המאכל אם היה עושה בעיו״ט.

20. כן נראה פשוט, דהא אפי׳ בשבת יש כמה פוסקים שסוברים שמותר. וכן פסק הגאון ר׳ יוסף שלום שלישיב שליט״א, הובא בספר הזכרון מבקשי תורה דף רנד.

21. חיי אדם כלל פ״ב ה״ד.

22. מ״ב עי׳ תק״ו ס״ק י״ב בשם הט״ז. עי׳ ציון 11 בנה.

23. שלחן ערוך הרב בקונטרס אחרון סי׳ תקי ס״ק ד, מחצית השקל סי׳ תקי ס״ק יג. וע׳ ציון 11 בזה.

fat from the adjoining meat. According to the latter opinion, one may remove the fat by itself. The same dispute would pertain to skimming fat from soup.

L. Sorting *Seforim*

It is common for many assorted *seforim* to become gathered in piles in shuls on Shabbos and Yom Tov. According to many authorities, these piles are considered mixtures with respect to *borer*. Therefore, sorting the *seforim* and returning each one to its proper place would be a violation of *borer*. Although this is forbidden on Shabbos, it is permitted on Yom Tov, when there is a possibility that the *seforim* will be needed that day.[24]

M. Sorting Cutlery

It is quite common for knives, forks and spoons to get mixed together when they are washed. This may occur when they are placed in a dish basin or in the rack of a dishwasher. The collection of cutlery has the halachic status of a mixture and sorting it into separate components is an act of *borer*. Even taking individual pieces at random and set them in their proper places is defined as *borer*.

On a practical level, there is a difference between cutlery that was washed and mixed together before Yom Tov and that which was mixed together on Yom Tov itself. We have learned

---

24. כן נראה והטעם בזה, חדא־דהא יש כמה פוסקים שסוברים דאמרינן מתוך במלאכת בורר, כגון הב״ח בסי׳ תצ״ה ד״ה ומ״ש והישועות יעקב סי׳ תקי ס״ק א, וכן נראה שיטת החיי אדם כלל פ׳ בנשמת אדם. ועוד־דהא כמה פוסקים סוברים דספרים שמונחים מעורבים לא חשיבי בכלל תערובת, ע׳ שו״ת נשמת שבת ס׳ קנ״ז ובספר איל משולש פי״ח, ולפיכך בהני תרי סברות שכתבנו צירפנו להתיר בזה. וע׳ שו״ת באר משה חלק ח סי׳ ר״ו שכתב בלי שום ראיה דלא אמרינן מתוך במלאכת בורר.

ובספר נטעי גבריאל דיני בורר כתב דלא אמרינן מתוך במלאכת בורר, וביאור שם טעמו, וז״ל: אם כי לא מצאתי בפוסקים מ״מ נלענ״ד דרק באוכלים התירו בורר, כמו שהדגיש השו״ע הרב ס״ג, ביו״ט לצורך אכילה התירו לברור כדרכו.

והקשה ע״ז ידידי הגר״ש פעלדער שליט״א דמה ראיה משיטת הגר״ז, הא כתב שם דמותר לברור לאכול בו ביום דמשמע דוקא אכילה, ולא נחית הגר״ז לברר דיני מתוך כי אם לאשמעינן דלא רק לאכול מיד מותר לברור כשיטת הרשב״א, אלא גם לבו ביום מותר.

that *borer* is forbidden on Yom Tov if the sorting could have been done prior to Yom Tov with equal results. Thus, cutlery that was mixed together prior to Yom Tov should be sorted before Yom Tov. In the event that one neglected to do so, one may sort it on Yom Tov only by utilizing a *shinui*. That is, one must select the pieces of cutlery that he needs and leave the unwanted ones behind.

If cutlery was washed after the evening meal and mixed together, it may be sorted at night in order to set the table for the morning meal. Since the cutlery was unavailable for selection before Yom Tov, the selecting is permitted on Yom Tov even for later use.

However, if cutlery was mixed together after the morning meal, it is forbidden to sort it out for the evening meal, because this would involve the performance of *borer* for the next day's use, which is prohibited. [Washing the cutlery for use at night is also prohibited for this reason. An exception is the case where Yom Tov falls on Friday and one prepared an *eruv tavshilin* (see Chapter 35).] Once night has fallen, one may sort the cutlery and set the table even if the meal will take place some time later.

8 / Grinding — טוֹחֵן

I. The *Melachah* of Grinding

One of the thirty-nine *Avos Melachos* of Shabbos is טוֹחֵן, *grinding*, which is defined as breaking down a large object, whether edible or inedible, into very small pieces.[1] Thus, shredding, grating and chopping are all forbidden.[2] Furthermore, cutting or dicing a food item into very small pieces is also prohibited under the *melachah* of *grinding*.

The *melachah* of *grinding* applies only to substances that are products of the earth. Thus, the *melachah* applies only to food such as fruits and vegetables. However, foods that are not products of the earth (e.g. meat, poultry, fish, eggs and cheeses) are not subject to the prohibition of *grinding*, and may be chopped into fine pieces on Shabbos.[3]

See *The Shabbos Kitchen*, pp. 129-141, for a detailed discussion of the laws of *grinding* on Shabbos. Here, we will examine the laws as they apply to Yom Tov.

---

1. משנה שבת דף עג.

2. רמב״ם פ״ז מהל׳ שבת ה״ה, וז״ל: התולדה היא המלאכה הדומה לאב מאלו האבות. כיצד, המחתך את הירק מעט מעט לבשלו הרי זה חייב שזו המלאכה תולדת טחינה שהטוחן לוקח גוף אחת ומחלקו לגופים הרבה, וכל העושה דבר הדומה לזה הרי זה תולדת טוחן, עכ״ל.

ועי׳ בשלחן ערוך הרב סי׳ ש״א ס״א וז״ל הטוחן הוא אב מלאכה שהיתה במשכן בשחיקת סממני הצבע, והמחתך הירק דק דק הוא תולדת הטוחן שהטוחן לוקח גוף אחד ומחלקו לגופים דקים הרבה, וכל העושה דבר הדומה לזה היא תולדת הטוחן. אע״פ שאינה דומה לו לגמרי שהטוחן משנה את גוף הראשון לגמרי מה שאין כן המחתך, אעפ״כ הואיל ודומה לו בעשותה גופים רבים מגוף אחד הרי זה תולדתו, עכ״ל.

ולא הבאנו בפנים את חידושו של הצמח צדק, הובא בספר קצות השלחן סי׳ קכ״ט בבדי השלחן ס״ק ב, שאם חתך דק דק באורך הירק לבד אע״פ שברוחב נשאר כמו שהיה הרי זה בכלל טוחן, משום דמרן זצ״ל באגרות משה (או״ח ח״ד סי׳ עד בדיני טוחן אות ג) חולק ע״ז וסובר דאין זה בכלל טוחן באוכלין עד שיחתוך דק דק באורך וברוחב. וכן פסק הגאון רש״ז אויערבאך זצ״ל בספרו מנחת שלמה סי׳ צא אות יג.

3. ש״ע סי׳ שכ״א ס״ט ומ״ב שם ס״ק לא.

II. Grinding on Yom Tov

We mentioned previously that the *melachah* of *grinding* applies to both edible and nonedible substances. Grinding of nonedible substances is forbidden on Yom Tov just as on Shabbos, because this is not an activity related to food preparation. Therefore our discussion of *grinding* will focus exclusively on the grinding of edible food products.

Grinding food is by definition an act of food preparation; therefore, it should seemingly be subject to the general permission to perform *melachos* of *ocheil nefesh* on Yom Tov. The actual *halachah*, however, varies from case to case. In certain circumstances grinding is totally forbidden, while in others it is permitted only if a *shinui* (i.e. unusual manner) is employed. In order to better understand the various classifications and the respective underlying principles, we will divide grinding into the following four categories:

A. Grinding that is totally forbidden.
B. Grinding that is permitted in its usual manner.
C. Grinding that should be done prior to Yom Tov.
D. Grinding that must be performed in an unusual manner.

A. Grinding That Is Totally Forbidden

Food that is ordinarily ground on a large scale may not be ground on Yom Tov even in small quantities. Thus, for example, it is forbidden to grind grain into flour.[4]

B. Grinding That Is Permitted in Its Usual Manner

There are three groups of foods that one is permitted to grind in the usual manner on Yom Tov: (1) foods that do not grow from the earth (which may be ground even on Shabbos); (2) foods that were previously ground (which may even be ground on Shabbos); (3) foods that

---

4. ש"ע סי' תצ"ה ס"ב.

deteriorate if ground in advance. Let us examine each of these groups.

!. Foods That Do Not Grow From the Earth

As stated previously, any food that is not a product of the earth is not subject to the *melachah* of grinding. Therefore, on Shabbos as well as Yom Tov, one may cut, slice or chop meat, poultry, eggs, fish or cheese in the usual manner. A grater may be used for this purpose. However, when a grater is used to grind this type of food, a *shinui* must be employed.[5] [See below for a description of unusual methods.]

2. טוֹחֵן אַחַר טוֹחֵן – Grinding Previously Ground Foods

If a food was once ground finely and was then reconstituted into a solid, one is permitted to grind it again. This rule is known as אֵין טוֹחֵן אַחַר טוֹחֵן, *there is no* [prohibition against] *grinding something that was* [previously] *ground.* For example, one may

---

5. הרמ״א בסי׳ תק״ד ס״ג כתב בזה״ל: ומותר לגרור גבינה ביו״ט על הכלי שהוא מורג חרוץ, מיהו צריך שינוי מעט כמו דיכת מלח, עכ״ל.

ולכאורה מבואר מדברי הרמ״א דהטעם דצריך שינוי בגבינה הוא מטעם איסור טוחן, דהרי מדמה לדיכת מלח הצריך שינוי ובמלח הטעם הוא משום איסור טוחן, כמבואר בש״ע שם ס״א. ועוד דאם האיסור הוא משום עובדא דחול לא מהני ביה שינוי. אמנם יש סתירה לזה, דע׳ בסי׳ שכ״א ס״י שכתב המחבר בזה״ל: אסור לגרור הגבינה בשבת במורג חרוץ בעל פיפיות שקורין ראליי״ו, עכ״ל. ולכאורה א״א לומר בדברי המחבר דהטעם דאסור להשתמש במורג חרוץ הוא משום איסור טוחן, שהרי המחבר בס״ט פסק כהתה״ד שסובר שאין איסור טוחן אלא בגידולי קרקע, וגבינה אינה גידולי קרקע. אלא מוכרח מזה דהטעם דאסור להשתמש במורג חרוץ הוא משום עובדא דחול. אמנם מהרמ״א בסי׳ תק״ד שהבאנו למעלה מבואר דאין בו אלא משום איסור טוחן ולכן מהני בו שינוי, אבל משום עובדא דחול לית לן בה. ולכאורה הרמ״א חולק על המחבר בזה, וע׳ בתוספת שבת סי׳ שכ״א ס״ק יט שהעיר בזה.

וע״ע בזה במגילת ספר ס״ט ס״ק ט, ובנועם אליעזר סידורא דפת ס״י.

וע׳ בספר הלכות המועדים פי״א הלכה ה וז״ל: אבל בשר וכן דברים שאינם גידולי קרקע כמו גבינה קשה וביצים יש להתיר לטחון בהם (ע״י מגרדת) ע״י שינוי, עכ״ל, ועי״ש בציון 23 מה שכתב בזה.

וע״ע בזה בשו״ת להורות נתן ח״ג סי׳ כז.

crumble a cookie since it is made of flour, which had already been ground into a powdered form. Likewise, it is permitted to crumble a matzah.[6] A grater may be used for this purpose, even without a *shinui.*

3. Foods That Deteriorate if Ground in Advance

Any food that will spoil[7] or lose a lot of its taste if it

---

6. רמ״א סי׳ תק״ד ס״ג. וע׳ בספר פסקי תשובות סי׳ תק״ד ציון 19.

7. בש״ע סי׳ תק״ד ס״א כתב המחבר כמה דינים ונעתיק דבריו ואח״כ נסבירם. **הלכה א:** דכין את התבלין כדרכן שאם ידוך אותם מבעוד יום יפיג טעמן. **הלכה ב:** מלח אינו נידוך ביו״ט אלא אם כן הטה המכתש או שידוך בקערה וכיוצא בה כדי שישנה, שאם שחק המלח בערב יו״ט לא יפיג טעמו. **הלכה ג:** אין שוחקין את הפלפלין ולא את החרדל בריחים שלהם משום דהוי כעובדא דחול, אלא דך אותם במדוכה ככל תבלין. וע״ז כתב הרמ״א ״ומיהו נוהגין לשנות קצת בדיכת תבלין, וכן ראוי להורות.״

וביאור דברי המחבר דמלח צריך שינוי ותבלין אינו צריך שינוי פליגי בה בגמרא (ביצה יד.) רב הונא ורב חסדא, חד אמר כל הקדירות צריכות מלח (ומידע ידע בערב יו״ט שצריך מלח ולפיכך היה לו לטחון המלח מעיו״ט), ואין כל הקדירות צריכות תבלין. וחד אמר כל התבלין מפיגין טעמן (ולכן אין לחייבו לטוחנם מעיו״ט חוץ ממלח שאינו מפיג טעמו). ושאלה הגמ׳ מאי בינייהו, ומשני איכא בינייהו דידע מאי קדירה בעי לבשולי (דלטעם ראשון צריך שינוי ולטעם שני אין צריך שינוי). אי נמי בקוריקא (תבלין שאינו מפיג טעמו אם נידוך אותם מאתמול, אבל הוא אינו יודע אם יצטרך לו ביו״ט, ללישנא קמא אין צריך שינוי וללישנא בתרא צריך שינוי).

והבית יוסף בסי׳ תק״ד פסק כשיטת הרי״ף והרמב״ם דפסקו כמ״ד בגמרא דכל התבלין מפיגין טעמן ומלח אינו מפיג טעמו (ועי״ש בבית יוסף שהעיר דא״כ בכרכום שאינו מפיג טעמו לכאורה צריך שינוי, עי״ש), ולפיכך פסק בש״ע דדכין התבלין כדרכן ומלח צריך שינוי. אמנם תוס׳ [שם בדף יד. ד״ה איכא] הביא שיטת הר״י וז״ל: ופסק ר״י שיש לאסור בכל ענין דאזלינן לחומרא אע״ג דבשל סופרים הלך אחר המיקל, הואיל ולכל אחד ואחד יש חומרא מכל צד עבדינן לחומרא עכ״ל. וזהו שיטת הרמ״א שהצריך שינוי בדכית תבלין שמידע ידע מאתמול שיצטרך לתבלין. ועי״ש עוד בתוס׳ דאפי׳ לשיטת הר״י מותר לתקן שומים וכדומה ביו״ט בלא שינוי, מפני שמתקלקלים ביותר כשעושה אותן בערב יו״ט. וע׳ בהגהות רע״א שהעתיק דברי התוס׳ וכתב דכיון דחומרת הרמ״א הוא מפני שיטת התוס׳, וגבי שום וכיו״ב אף התוס׳ מודו דלא בעינן שינוי, א״כ גם הרמ״א יסבור כן, ומותר לדוך שום וכיו״ב ביו״ט בלא שינוי. והמ״ב בס״ק יא העתיק להלכה דברי הרע״א.

אמנם יש עוד שיטה בענין זה. הב״י שם הביא שיטת הסמ״ג, וז״ל: כתב הגה״מ בשם סמ״ק, העולם נוהגין כשדכין תבלין במדוך לעשות קצת הטייה או שינוי אחר, וטעמא דמתוך כך יהיו זכורין שאסור לדוך יותר מהצריך ליו״ט, עכ״ל. והמ״ב העתיק הך שיטה בס״ק יא. ולכאורה אליבא דשיטה זו גם בשום צריך שינוי, ועי״ש

is ground prior to Yom Tov may be prepared on Yom Tov in its usual manner. One may use a specialized implement, such as a grater or masher,[8] to grind this type of food, even without a *shinui*. A few practical applications of this *halachah* would be as follows:

בשעה״צ ס״ק יח. אמנם כנראה דלאו כ״ע סברי כן, דע׳ בספר נזירות שמשון ריש סימן תק״ד שכתב דחומרת הסמ״ג ליכא בשום, וטעמו דכיון דלא שייך שידוך יותר ממה שצריך ליו״ט, דהא גם בחול אין עושין כן דהא מפיג טעמו ביותר, לפיכך מותר בלי שינוי.

העולה מכל זה דיש ג׳ חילוקי דינים:

א) דבר שאינו מפיג טעם כגון מלח, דבעי שינוי לכ״ע.

ב) דבר המפיג טעם בעי שינוי אליבא דשיטת הרמ״א.

ג) דבר המפיג טעם לגמרי כגון שום אף הרמ״א סובר דלא בעי שינוי. וע׳ מ״ב בסי׳ תצ״ה ס״ק ט וז״ל: משמע דאם מפיג טעם אפי׳ במקצת שרי לכ״ע , עכ״ל. ור״ל לעשות המלאכה ביו״ט כרגיל בלי שינוי.

ולכאורה יש להבין דהרי גבי תבלין אם הטעם מפיג רק במקצת יש לטחון התבלין בשינוי כמבואר לעיל, ובמ״ב כאן מבואר דגבי אוכל אם רק יפגם מקצת הטעם מותר לטחון כדרכו. אך החילוק מבואר בתוס׳ בשבת קמא. ד״ה הני וז״ל: ושומין הנדוכים ביו״ט נראה לר״י דשרי אפי׳ ידע מאי קדירה בעי בשולי, לפי שמפיגין טעמן יותר מדאי ושרי מידי דהוי אשוחט ומבשל דשרי לכ״ע אפי׳ יודע מאי קדירה בעי בשולי, דנראה הוא דהפגת טעם היינו שתש כח התבלין ואינם חדים כל כך ויכול לתקן הדבר כשמרבה התבלין, אבל הפגת טעם שומין אין יכול לתקן מידי דהוה אשוחט ואופה ומבשל, עכ״ל. ומבואר מדברי התוס׳ דגדר מפיג טעם ביותר לשיטת התוס׳ היינו כל דבר שאין ריבוי במותו מחפה על הפגת איכות טעמו, וא״כ לא שייכא הך סברא אלא בתבלין, אבל באוכל גופא לא מהני ריבוי אוכל כדי להפיג הטעם וא״כ שפיר מובן מה שכתב המ״ב בסי׳ תצ״ה ס״ק ט דהפגת טעם במקצת מתיר לעשות המלאכה ביו״ט באופן הרגיל. ולכן בטחינת תפוח אדמה לא צריך שינוי, דבאוכל גופא אפי׳ הפגת טעם במקצת מתיר לעשות המלאכה כרגיל. ולפי דברינו יל״ע בדברי המ״ב בסי׳ תק״ד ס״ק יט שכתב דמותר לחתוך ביו״ט ירקות דק דק בלי שינוי, ובשעה״צ ס״ק לו הסביר דבריו משום דמפיגין טעם הרבה וכשום ושחליים דמי. ולכאורה ירקות הוו אוכל, ובאוכל מספיק אפי׳ אם יפוג רק מקצת הטעם כדאיתא בתוס׳ בשבת, וצ״ע.

8. ספר הזכרון מבקשי תורה ס׳ מט שהביא בשם הגרי״ש אלישיב שליט״א, וז״ל: שאלתי אם מותר ביו״ט למעוך תפוחי אדמה או ביצים מבושלות בכלי המיועד לכך [והבאתי לפניו מועך תפוחי אדמה], והשיב לי שמותר, וכן מותר למעוך בזה כל דבר מבושל ואין בזה ביו״ט משום איסור טוחן. ועוד כתב שם בשם הגרי״ש אלישיב שליט״א שמותר לגרד ביו״ט פירות וירקות בכלי המיועד לכך [הבאתי לפניו מגרדת], ואין בזה משום איסור טוחן.

- Bananas and potatoes may be mashed in their usual manner.
- Apples and other fruits may be grated with a grater in the usual manner.
- Vegetables may be sliced into small pieces for a salad.
- Onions may be chopped into very fine pieces.

C. Grinding That Should Be Done Prior to Yom Tov

It was previously stated that any *melachah* that can be performed before Yom Tov without adversely affecting the final product may not be performed on Yom Tov. This *halachah* has the following applications with respect to grinding.

Any food substance that grows from the earth and will not decay or lose any of its flavor by being ground before Yom Tov — for example, nuts — may not be ground on Yom Tov.[9]

In the event that one did not grind the food prior to Yom Tov, one may grind it on Yom Tov by utilizing a *shinui*. One may even use a regular grinding utensil for this, but the grinding itself must be performed in an unusual manner.[10] This can be accomplished in one of the following two ways:

1) By inverting the utensil from its usual position, e.g. holding the grater upside down.
2) By grinding the food onto a tablecloth or countertop, not into a plate or bowl, as is usual.

A common application of this *halachah* is the preparation of *charoses* for the Pesach *seder*. One of the ingredients of *charoses* is ground nuts. Since nuts do not lose their flavor quickly after being ground, they should

---

9. ע' ציון 6.

10. שש"כ פ"ז הלכה ו.

be ground before Yom Tov. If they were not ground prior to Yom Tov, they may be ground on Yom Tov in an unusual manner.

D. Grinding That Must Be Performed in an Unusual Manner

A food that will lose some, but not all, of its flavor if ground prior to Yom Tov may be ground on Yom Tov. One may use a grater or other grinding utensil. However the grinding must be done in an unusual manner, as described above.[11]

A common application of this *halachah* is the grating of the horseradish root for *maror* at the Pesach *seder*. Although horseradish that is ground prior to Yom Tov may lose some of its sharp taste, it will not lose all of its taste. Therefore, when grating the horseradish prior to the *seder*, one must turn the grater upside down or grate the *maror* onto a tabletop.[12]*

III. The Use of Specialized Grinding Implements

As mentioned previously, in cases where grinding is permitted on Yom Tov, one may use a specialized implement for that purpose, sometimes even without a *shinui*. However, utensils normally used for large-scale grinding, such as a mill, may never be used on Yom Tov, even to grind small amounts of permissible substances.[13]

A household grinder, although normally used for grinding on a small scale, resembles a mill. Therefore, there are certain instances in which its use is permitted. However, since this rule

---

*Note: It is forbidden to grate horseradish on the first day of Pesach for use the second night, even if a *shinui* is employed.]

---

11. ש״ע סי׳ תק״ד ס״א.

12. מ״ב סי׳ תק״ד ס״ק יט.

13. ש״ע סי׳ תק״ד ס״א.

is rarely applicable nowadays, we have explained its details only in the Hebrew footnote here.[14]

IV. Summary of Laws

◆§ The *Melachah* of Grinding

- *Grinding* is halachically defined as breaking down a large object into very small pieces, whether by grinding, shredding, grating, chopping, crumbling, cutting or dicing.
- The prohibition applies only to products of the earth, such as fruits and vegetables. Inedible products of the earth (such as clay) are also subject to this prohibition. Meat, poultry, fish, eggs and cheeses are not subject to the prohibition of grinding.

◆§ Grinding on Yom Tov

- Nonfoods may not be ground at all on Yom Tov.
- With respect to foods, the following rules apply:

  A. Foods that are normally ground on a large scale, such as flour, may not be ground at all on Yom Tov.

  B. Three groups of foods may be ground in the usual manner on Yom Tov:

    1) Foods that do not grow from the earth. [However, when using a grater on this type of food, a *shinui* must be employed unless their flavor would deteriorate if they were ground in advance.]
    2) Foods that were previously ground and then reconstituted.
    3) Foods that deteriorate if ground in advance.

---

14. ע׳ בשו״ת ס״ק א וז״ל: ועיין בפנים מאירות ח״ב סי׳ מ״ד שמותר לטחון קאוו״י ברחיים שלהם הקטנים ביד ובבר״י מפקפק בזה אך במח״ב חזר וכתב שראה במור וקציעה שברחיים של כל איש בביתו מותר וברחיים של חנוני אסור אפילו ביו״ט ב׳ ובספר חסדי דוד כתב גם כן שמותר אך המחמיר יתברך, עכ״ל. וע׳ בערוך השלחן סי׳ תק״ד ס״ג וז״ל: וגם עתה יש אצלינו לפלפלין ולקאו״י כריחים קטנה ואסור ביו״ט לטחון שם אפי׳ ע״י שינוי משום דזהו עובדין דחול ממש והוה בגם ליו״ט, עכ״ל. וע״ע בזה בשש״כ פ״ז הלכה ז׳. ובארחות רבינו ח״ב עמוד קו.

C. Any food that grows from the earth and will not decay or lose any of its flavor by being ground before Yom Tov — for example, nuts — should be ground before Yom Tov. One who did not do so may grind the food on Yom Tov by means of a *shinui.* That is, one should invert the grinding implement, or grind onto a table rather than a plate.

D. A food that loses some, but not all, of its flavor if ground ahead of time may be ground on Yom Tov; however, a *shinui* must be employed.

◆§ Specialized Grinding Implements

- When grinding is permitted on Yom Tov, specialized implements, such as a grater or masher, may be used. [In some cases a *shinui* is required, as explained above.]
- Tools used for large-scale grinding, such as a mill, may never be used on Yom Tov, even to grind small quantities.

V. Practical Applications

A. The following is a partial listing of foods which may be ground in their normal manner on Yom Tov, even with a grater or similar utensil.

a. apples;[15]
b. bananas;[16]
c. matzos;[17]
d. potatoes;[18]
e. vegetables.[19]

B. The following is a partial listing of foods which may be ground in an unusual manner.

---

15. שש״כ פ״ז הלכה ב.

16. שש״כ הנ״ל.

17. רמ״א סי׳ תק״ד ס״ג.

18. שש״כ פ״ז הלכה ובספר ברכת יו״ט עמוד מא. ובשו״ת אז נדברו ח״ח סי׳ נד. וע״ע בזה בשו״ת להורות נתן ח״ג סי׳ כז, ובשו״ת באר משה ח״ח סי׳ רה.

19. מ״ב סי׳ תק״ד ס״ק יט.

a. cheese;[20]
b. horseradish;[21]
c. pepper (and other spices).[22]

C. The following is a partial listing of foods which should be ground before Yom Tov. If not ground in advance, they may be ground on Yom Tov in an unusual manner.
a. walnuts;[23]
b. almonds.

---

20. רמ״א סי׳ תק״ד ס״ג. ועי׳ לעיל בציון 5.
21. מ״ב סי׳ תק״ד ס״ק יט.
22. רמ״א סי׳ תק״ד ס״א ועי׳ לעיל בציון 6.
23. שש״כ פ״ז הלכה ד.

9 / Sifting — מְרַקֵּד

One of the *melachos* forbidden on Shabbos is that of מְרַקֵּד, *sifting*. This refers primarily to sifting flour in order to remove the impurities that are in it. Sifting involves pouring the flour through a sieve so that the larger impurities are left behind (on top of the sieve). The *melachah* of sifting is not restricted to flour but applies to all types of fine matter whether edible or inedible.[1]

◆§ Sifting on Yom Tov

On Yom Tov, the *melachah* of sifting is sometimes forbidden and sometimes permitted. This depends on whether the item being sifted is one that is usually sifted in large quantities for extended use. Items that are customarily sifted in large quantities may not be sifted on Yom Tov, whereas items customarily sifted in small amounts for that day's use may be sifted on Yom Tov. Thus, for example, it is forbidden to sift flour on Yom Tov because flour is usually sifted in large quantities and stored. It is permitted, however, to filter ground coffee, since this is commonly done on a daily basis.[2]

◆§ Resifting Flour

Since the flour used today comes highly refined and does not need sifting for common impurities, it is permitted to resift the flour to remove any insects from it.[3] However, one must comply

---

1. עי׳ משנה שבת דף עג.

2. ש״ע סי׳ תק״ו ס״א ומ״ב ס״ק ה.

3. שו״ת גדולי ציון סי׳ ל״ה וז״ל: ולענ״ד לדינא לדידן דקמח חו״ל שהוא דק מאוד ורוקדים רק בשביל התולעים, א״כ הוי כנפל צרור דמותר פעם שנית אפי׳ בלי שינוי. אבל קמח א״י כשמרקדים נשאר בה נפה קמח גם כמו סולת אסור לרקד ביו״ט אפי׳ ע״י שינוי, עכ״ל. וע׳ בהלכות המועדים הערה 42 וז״ל: כיון שאפשר לנפותו בערב יו״ט ולהחזיקו סגור צריך שינוי, ואפשר דגם כשאי אפשר לנפותו בעיו״ט ג״כ צריך שינוי, דאפשר דהנפה שלנו דקה מעט יותר מהנפה שבמפעל, עכ״ל.

with the general rule that where it is possible to do a *melachah* before Yom Tov with equal results one must indeed do it then. Failing this, one may do the *melachah* on Yom Tov only in an unusual manner. Thus, if one could have resifted the flour before Yom Tov but did not do so, he may resift it on Yom Tov only in an unusual manner. For example, he should turn over the sifter and pour the flour through the underside of the sifter rather than its top, or he should let the flour fall onto the table or countertop rather than into a bowl.

Flour that has already been sifted may also be sifted again in order to make it fluffier. This, too, is permitted on Yom Tov only if the sifting is done in an unusual manner.[4]

---

4. ש"ע סי' ס"ב ומ"ב.

10 / Kneading — לִישָׁה

One of the thirty-nine *Avos Melachos* is לִישָׁה *kneading.*[1] Kneading is defined as binding together small particles (e.g. flour), by means of a bonding agent (e.g. water), to form one mass.[2] While the most common case of kneading is making dough, there are many other examples of this *melachah* such as mixing baby cereal with milk to form a porridge.

☙ Kneading on Yom Tov

Kneading food is by definition an act of food preparation and it is therefore subject to the general permission to perform *melachos* of *ocheil nefesh* on Yom Tov.[3]

As with all *melachos*, if it can be done prior to Yom Tov without any loss of flavor, one is required to do it then (see p. 14). If one neglected to do it before Yom Tov, he must do it in an unusual manner on Yom Tov. [See *The Shabbos Kitchen*, p. 149, for a description of the unusual manner of kneading.] However, in most cases, a food mixture loses some flavor if prepared a day in advance, and therefore, one may do the kneading on Yom Tov in the usual fashion.

☙ Practical Applications

A. Kneading Dough

It is permitted to mix flour and water (or other liquids) and knead a dough on Yom Tov.

B. Instant Potatoes

It is permitted to make instant potatoes on Yom Tov.

---

1. משנה שבת דף עג.
2. תהלה לדוד בהשמטות לסי׳ רנ״ב.
3. ש״ע סי׳ תק״ו ס״א וג׳.

C. Baby Cereal

Any type of cereal may be prepared on Yom Tov, whether it is a thick, pasty mixture or a loose, liquidy one.

D. Egg or Tuna Salad

Chopped egg or tuna may be combined with oil or mayonnaise and mixed in their normal manner.

E. Denture Paste

It is permitted on Yom Tov to sprinkle false teeth with the special powder that makes them adhere firmly to the palate, even though doing so creates a paste and is therefore considered *kneading*.[4]

---

4. כן נראה שהרי אפי׳ בשבת יש פוסקי זמננו שסוברים שמותר לעשות האבק על שיניים תותבות כדי לדבקם (ע׳ ששכה״כ פי״ד הלכה יד) וביו״ט הרי פסקינן דלישה מותרת, ולכאורה למי שקשה לו לאכול בלי שיניים הו״ל זה נלל בכלל אוכל נפש.

11 / Cooking — בִּישׁוּל

One of the thirty-nine categories of *melachah* is בִּישׁוּל, *bishul. Bishul* is literally defined as *cooking,* but actually, this category includes the preparation of food in any manner through the application of heat, for example, baking and frying. Since cooking, baking and the like are prerequisites for the preparation of food, they are permitted on Yom Tov under the rule of *ocheil nefesh.*[1]

It is permitted to cook on Yom Tov only for the needs of that day, not for use after Yom Tov. Similarly, it is forbidden to cook on the first day of Yom Tov for use on the second day, because the second day is not sanctified on the Biblical level, as explained in Chapter Four. See, however, Chapter 35 regarding *Eruv Tavshilin.*

I. Cooking That Could Have Been Done Before Yom Tov

Since food generally tastes better when it is freshly cooked, it is permitted to cook on Yom Tov even things that could have been cooked beforehand.[2]

This is true even if one is able to prevent the food cooked before Yom Tov from spoiling, (e.g. by refrigerating it). Even if one normally cooks in advance and refrigerates or freezes his

---

1. ש״ע סי׳ תק״ג ס״א.

2. רמב״ם פ״א מהלכות יום טוב ה״ח, וז״ל: אבל לשין ואופין ושוחטין ומבשלין ביום טוב, שאם עשה אלו מבערב יש בכך הפסד או חסרון טעם, שאין לחם חם או תבשיל שבשל היום כלחם שנאפה מאמש, וכתבשיל שנתבשל מאמש, ולא בשר שנשחט היום כבשר שנשחט מאמש, עכ״ל. וע׳ בשש״כ פ״ב הערה ו שכתב בזה״ל: והא דלא הצריכו גם להחם מים מבעוד יום ולהשאירם על גבי האש, והרי טעמם אינם פג, שמעתי מהגרש״ז אויערבאך זצ״ל דמכיון שיש בכך משום הוצאת כסף כשהגז דולק כל הזמן, וגם המים הולכים ומתחסרים, לכן מותר להחם אף ביו״ט ואף בלא שינוי, עכ״ל.

food, he is permitted to cook fresh food on Yom Tov.[3]

◆§ Exclusion

There are, however, certain foods whose taste is not affected by being left overnight and are just as tasty on Yom Tov — and sometimes even tastier — when they were prepared before Yom Tov. As we learned in Chapter Two, a *melachah* that can be done before Yom Tov and achieve the same results as one done on Yom Tov should be done before Yom Tov. Therefore, it is forbidden to cook such foods on Yom Tov. (Examples of this are cooked fruit[4] and jello.)

In the event that one did not cook the food prior to Yom Tov, he may cook it on Yom Tov by employing a *shinui* (an unusual method). For example, one should first put the pot on the fire and then add the ingredients to it, or vice versa — depending on which is the customary way of cooking that food. However, if one was for some reason unable to cook the food before Yom Tov (e.g. he did not obtain it until Yom Tov), one is permitted to cook it on Yom Tov even in the ordinary manner [see Chapter Two].

II. Cooking More Than Is Needed

A. Extra Portions

When cooking for a Yom Tov meal, it is not necessary to calculate the exact number of portions needed. One may prepare

---

3. הלכות המועדים פ״ב ס״ה ובהערה 37 כתב בזה״ל: כיון שהאוכל מצד עצמו מפיג טעם אלא שאפשר לעשות פעולות שישמר טעמו, לא מצינו שחייבו את האדם לכך. ומה שגזרו חכמים באוכל שאפשר לעשותו מערב יום טוב בלא שיפיג טעם היינו אוכל שמצד עצמו איננו מפיג טעם והדרך בזה לעשותו להרבה זמן, אבל אוכל שמפיג טעמו אלא שאפשר לעשות פעולות חיצוניות שלא יפיג טעמו, לא חייבו חכמים לעשותם בעיו״ט כדי שלא יצטרך לעשותם ביו״ט. וכתב שם דהגרי״ש אלישיב שליט״א הסכים לזה.

אמנם בשו״ת באר משה ח״ח סי׳ רכ״ה כתב שהיתר לבשל בזמננו, אף כי שיש לנו מקרר, משום שאף על פי כן אין דומה אוכל טרי שנתבשל עכשיו לאוכל שנתבשל אתמול ואוחסן במקרר, עי״ש. ולשיטתו באוכלים הידועים לכל שטובים מאתמול כמו היום יש להחמיר.

4. מ״ב סי׳ תצ״ה ס״ק ח׳.

a large enough amount of food to ensure that there will be sufficient food for people to eat as much as they wish.[5]

B. Cooking More Than Will Be Used — רִיבּוּי בְּשִׁיעוּרִים

We stated in Chapter Four that when one performs a permissible *melachah* on Yom Tov, one is permitted to be מַרְבֶּה בְּשִׁיעוּרִים, *to increase the amount* of the product, beyond what he needs for Yom Tov.[6] Thus, when one cooks on Yom Tov for

---

5. שו״ת באר משה ח״ח סי׳ קע״ז.

6. המנחת חינוך בקונטרס מוסך השבת אות לט הקשה בזה״ל: דלפי דברי הר״ן דריבוי בשיעורא הוא איסור תורה א״כ למה השוחט לחולה בשבת מותר לבריא, יגזור דלמא ירבה בשבילו, דהיינו שישחוט בהמה גדולה והוי ריבוי בשיעורא והוא איסור תורה, עכ״ל. ביאור דבריו דכמו שמצינו במנחות דף סד. דהיכא דאיכא שלש גרוגרות בעוקץ אחד ושנים בעוקץ באחד הוי ריבוי בשיעורא אם קוצר השלש, ה״נ בשוחט בהמה אם ישחוט בהמה יותר גדולה חשיב ריבוי בשיעורא ואסור מה״ת, וא״כ שפיר איכא למיגזר שירבה עבור הבריא, דהיינו שישחט בהמה יותר גדולה בכדי שיהיה מספיק גם לבריא. אמנם ע׳ באור שמח בפי״ח מהלכות שבת שחולק על היסוד של המנחת חינוך וסובר דלגבי נטילת נשמה לא אמרינן ריבוי בשיעורין. וטעמו דדווקא במלאכת קצירה שתלויה בשיעור אזי כי מפיש בשיעורא חייב, אבל נטילת נשמה דחיוביה בכל שהו, אפי׳ בעוף דליכא בהו כזית דהחיוב הוא נטילת הנשמה. לא שייך איסור ריבוי בשיעורין, עכ״ד. וע׳ בשו״ת הר צבי או״ח סי׳ קע״ז שנשאל בעובדא דחולה שיש בו סכנה שהיה צריך לנר בליל שבת, והיה לפניו שתי נרות של נפט, באחת היה נפט כשיעור שהחולה צריך והשניה היתה מלאה נפט שתדלק הרבה שעות שלא לצורך החולה, אם מותר לו להדליק את השניה, כיון שמעשה ההדלקה אחד הוא. והגאון ר׳ צבי פסח הביא שם את המחלוקת בין המנחת חינוך והאור שמח, ולבסוף מסיק בזה״ל: ולענין שאלתנו בשתי מנורות דבאחת יש בה נפט כפי צורך החולה ובשניה יש יותר מכפי צורך החולה, לכאורה יש לדון דדומה לנטילת נשמה דמעשה הדלקה אחת היא. אבל כד נעיין מסתברא דדמיא לבישול, דכאן בהדלקה הרי הוא מרבה בשיעור הדלקה. וידועה קושית הנמו״י (פ״ב דב״ק) דמקשה לר׳ יוחנן דאית ליה אשו משום חציו כיצד מדליקין נר בע״ש מבעוד יום והולך ודולק בשבת נימא דבכל רגע הוא כמדליק, ומתרץ דכל מה שסופו להדליק חשוב כאלו נדלק ברגע ראשונה של מעשה ההדלקה, ולפ״ז במדליק בשבת חשיב כאילו הדליק בידים כל הנפט שסופו לידלק וא״כ הוי רבוי בשיעור של הדלקה, עכ״ל.

אמנם לכאורה דברי ההר צבי צ״ע דדווקא במלאכת קצירה כיון דיש שיעור בהאוכל הנקצר לכן חזינן דלא רק עצם התלישה נאסרה אלא על כל שיעור ושיעור חשיב מלאכה נוספת, משא״כ במלאכת הדלקה דלא נאמר שיעור בכמות הנדלק א״כ מה לנו אם גדולה או קטנה, הרי המלאכה אינה בכמות הנדלק אלא בעצם ההבערה, וא״כ הרי מלאכת הדלקה דומה ממש לנטילת נשמה דאין חילוק בין עוף קטן לגדול. ולפ״ז בציור שתי מנורות לכאורה יש להתיר להדליק המנורה המלאה. וע״ע בעניני ריבוי בשעורים בפרק 4 ציון 18, 17.

the Yom Tov meals, one may cook more than he needs for that day even though the extra amount is being cooked for the next day. However, three conditions must be met in order for this to be permitted.

1) The entire amount must be cooked at one time.
2) No extra effort may be involved in cooking the extra amount.
3) One may not mention that one is doing more than is needed for Yom Tov.

We will now elaborate on these conditions.

1. The Entire Amount Must Be Cooked at One Time

As we learned in Chapter Four, *increasing the amount* is permitted only when one performs a single act of *melachah* to both the excess amount and the needed amount. In this manner, since one is allowed to do the act for the sake of preparing the smaller amount, there is nothing wrong with doing it to a larger amount. For example, when cooking a pot of meat to be eaten on that day of Yom Tov, one may put in as much meat as he wishes, but only *before* he puts the pot on the fire. Thus, when he actually performs the *melachah* of cooking by placing the pot on the fire, he performs just a single act of *melachah* to both the needed and the excess food. The fact that he put in extra pieces beforehand does not constitute a separate act of *melachah*, since the pot was not yet on the fire at that time. However, one is not permitted to add extra meat (i.e. meat not needed for that day) to a pot that is already on the fire, because adding meat at that point is considered a separate *act of cooking*.[7] It is therefore equivalent to cooking on Yom Tov for the next day, which is forbidden.

For this reason, it is forbidden to *fry* unnecessary

---

7. מ״ב סי׳ תק״ג ס״ק ה ס״ב. וע״ע בפרק ד בזה.

portions of foods such as blintzes on Yom Tov. When frying, each piece must be turned over separately, and doing so constitutes a separate act of *melachah* (cooking) for each piece, because one lifts the piece momentarily and then returns it to the frying pan.

[Similarly, one would not be permitted to peel extra vegetables that are not needed that day, since peeling extra vegetables requires a separate *melachah* activity (i.e. the *melachah* of *borer*) for each extra item.]

2. No Extra Effort May Be Involved

The second condition is that no extra effort is involved in preparing the extra item for cooking.[3] For example, when filling a kettle for use on Yom Tov, one may fill it with extra water, intending to use the extra water on the next day. [The slight extra effort required to fill the kettle with extra water is not considered a significant exertion.] However, breading extra pieces of chicken to add to a pan (even before it is put in the oven) is forbidden, because extra effort is required to bread each extra piece, and this extra effort is forbidden on Yom Tov.

3. Not Mentioning That the *Melachah* Is Being Done for Tomorrow

The third condition is that when adding the extra amount one may not say to others that he is doing so for the next day's use, even though that is one's intention.[9]

---

8. מ״ב סי׳ תק״ג ס״ק יב.

9. מ״ב סי׳ תק״ג ס״ק ו׳. וע׳ בש״ע סי׳ תק״ג ס״א, וז״ל: וכן יכולה לבשל הרבה קדרות ולאכול מכל אחת מעט, ודווקא קודם אכילה אבל אחר אכילה אינה יכולה לבשל ולומר אוכל ממנה כזית דהוי הערמה. מיהו אם עברה ובשלה מותר לאכלו, עכ״ל. ועיי״ש במ״ב ס״ק ז: ואם א״צ לסעודת היום כלל, ועיקר בישולו רק לצורך הלילה ואוכל קצת ממנה כי היכי דלא ליתסר עליה לבשל יש חילוקי דיעות בין הפוסקים, דיש אוסרין דהוא בכלל הערמה, ויש מתירין כיון שעכ״פ אוכל קצת ממנה וגם הוא קודם אכילה. והעולם נהגו

C. Cooking Extra Quantity to Enhance the Food

It is permitted to add extra quantities to a pot of cooking food in order to enhance the flavor of the food.[10] For example, when making a chicken soup it is permitted to add additional pieces of chicken to the soup after it is on the fire — even though the extra pieces of chicken will not be eaten on Yom Tov — because they enhance the flavor of the soup. This is permitted even if additional effort is needed in order to prepare the extra food item. Similarly, one may add extra food to the pot to ensure that the pieces he wishes to cook will not burn. For example, if one needs to make a small potato kugel but only has a large pan in which to bake it, and he is afraid that the small kugel will burn, he is permitted to peel extra potatoes to make a kugel large enough to fill up the large pan.

III. Summary of Laws

◆§ The *Melachah* of *Bishul*

- The *melachah* of *bishul* (cooking) covers every method of preparing food through the application of heat, whether by cooking, baking, roasting or frying.
- Cooking is permitted on Yom Tov under the rule of *ocheil nefesh*; however, this pertains only to foods that are needed for that day. Cooking for use the next day is forbidden, even if the next day will also be Yom Tov.

להקל כדעה זו שמבשלין בשחרית לצורך הלילה וטועמין קצת מהן, ואין למחות בידים כי יש להם על מי שיסמוכו ודוקא מיו״ט א׳ ליו״ט ב׳, אבל מיו״ט לחול יש ליזהר בזה, עכ״ל.

ועי״ש במ״ב ס״ק י שכתב דכל ההיתר מיירי דווקא כשכל קדירה היא מין בפני עצמו. אבל מין אחד בשתי קדירות אין להתיר, כיון שטעם שתי הקדירות הוא שוה א״כ כל מה שטועם משתיהן יכול לטעום מאחת, ונמצא שהקדירה השניה אינה מתבשלת כ״א לצורך הלילה לבד, עכ״ד.

10. מ״ב סי׳ תק״ג ס״ק ה.

◆§ Cooking That Could Have Been Done Before Yom Tov

- Since food generally tastes better when it is freshly cooked, it is permitted to cook on Yom Tov even something that could have been cooked beforehand, even if it could have been kept fresh by refrigeration or freezing.
- Foods that are just as tasty when cooked a day or two in advance (e.g. cooked fruit) must be cooked before Yom Tov.
- One who did not cook this type of food prior to Yom Tov may cook it on Yom Tov by employing a *shinui.*
- If the person was for some reason *unable* to cook the food before Yom Tov, he may cook it on Yom Tov without a *shinui.*

◆§ Cooking More Than Is Needed

- When cooking for a Yom Tov meal, one need not be concerned that some will be left over, but may cook enough to ensure that there will be sufficient food for everyone to eat as much as they wish.
- It is permitted to *increase the amount* that one cooks, i.e. to add to the pot an extra measure that is definitely not needed that day, provided three conditions are met:
  1) All the food must be placed in the pot in advance so that when the pot is placed on the fire only one act of cooking will occur.
  2) No extra effort may be done to prepare the unneeded item for cooking.
  3) One may not mention that the extra amount is being cooked for the next day's use.
- It is permitted to add unneeded food to a pot of cooking food in order to enhance the flavor of the needed food in the pot, or to prevent it from burning. This is permitted even if extra effort is involved.

IV. Practical Applications

A. Cooking Extra Chicken

It is permitted to cook or roast an entire chicken even though one intends to use only part of it on Yom Tov and leave the rest for the next day of Yom Tov or for after Yom Tov. However, breading extra pieces of chicken is forbidden, due to the separate effort involved in preparing each piece.

B. Larger Kugel

It is forbidden to make a larger than necessary kugel on Yom Tov if one's intention is to use some of it on the second day of Yom Tov, because it is necessary to peel more potatoes in order to make a larger kugel. This extra effort is forbidden on Yom Tov.

C. Blintzes, Latkes

It is forbidden to cook or fry extra food when doing so involves a separate act of *melachah* for each piece. Since frying blintzes or latkes calls for turning over each piece in the frying pan, it is forbidden to fry more than the amount that might be eaten on that day of Yom Tov.

D. Stuffed Cabbage, *Kreplach*

Since making stuffed cabbage or *kreplach* requires additional significant effort to prepare each piece for cooking, it is forbidden to make more of these foods than is needed for Yom Tov. However, if the pieces have been prepared before Yom Tov, all of them may be inserted in a pot and placed on the fire together, even though there are more than necessary.

E. Cooked Fruit, Jello

Since cooked fruit and jello that is prepared before Yom Tov is as tasty as that which is prepared on Yom Tov, one must — when possible — cook these foods prior to Yom Tov. One who did not do so may cook them on Yom Tov by employing a *shinui*, i.e. first putting the pot on the fire and then adding the ingredients, or vice versa, in the opposite of the usual manner.

12 / Kindling a Fire — מַבְעִיר

Since making a fire is critical to preparation of food, the *melachah* of מַבְעִיר, *kindling a fire,* is permitted on Yom Tov,[1] because of the general permission to perform *melachah* of *ocheil nefesh.*

I. The Principle of *Mitoch*

As we learned above (see Chapter Three), the principle of *mitoch* teaches that once the Torah permitted a certain *melachah* on Yom Tov for the purposes of food preparation, the Torah also permitted it for other purposes of the day as well. As noted there, this principle does not apply to all *melachos.* However, one of the *melachos* to which it does apply is the *melachah* of *kindling.*[2] Accordingly, it is permitted to kindle a fire on Yom Tov for purposes unrelated to food preparation as long as it serves some other Yom Tov need (for example, to give light or heat). Kindling a fire not for a Yom Tov need is prohibited.

II. Creating a New Flame

Although it is permitted to kindle a flame on Yom Tov, the Sages forbade creating a new fire on Yom Tov, i.e. to make a fire where none previously existed.[3] Thus, it is forbidden to strike a

---

1. כן מבואר מהמשנה בביצה דף לג. והנה טעם היתר מלאכת הבערה ביו״ט הוא משום דחשיב מלאכת אוכל נפש. ויש להעיר בזה דהא המלאכה לא נעשית בהמאכל עצמו וא״כ לכאורה הוי רק מכשירין, וע׳ בשער המלך ריש הלכות יו״ט שהעיר בזה.

2. מ״ב סי׳ תקי״ח ס״ק א.

3. ש״ע סי׳ תק״ב ס״א: אין מוצאין אש מן העצים ולא מן האבנים וכו׳. ומקור דין זה הוא במשנה בביצה דף לג. ובגמרא שם בעמוד ב איתא טעם לאיסור זה משום דקא מוליד ביו״ט. ודומה לזה מצינו בשבת דף נא: שאין מרסקין לא את השלג והברד בשבת.

ופירש״י הטעם ״משום דקא מוליד בשבת ודמי למלאכה שבורא המים הללו.״ [ובשו״ת מהרי״ל דיסקין ס״ו תמה על דברי רש״י דלאיזו מלאכה מתיחס איסור זה, הא אין זה דומה לשום אחת מל״ט אבות מלאכות, אמנם ע׳ בספר שלחן עצי שיטים במלאכת דש שכתב דאסור משום דדומה למכה בפטיש, שעל ידי ריסוק הברד גומר בריאת המים.]

ולכאורה קשה להבין, דאיסור הבערה שהוא מן התורה מותר ביו״ט, ואיך אסור מוליד שהוא רק מדרבנן אסור ביו״ט? וע׳ בספר ברכת אברהם בביצה שם שהעיר בזה והשאיר בצ״ע.

אמנם ע״י ברמב״ם בפ״ד מהלכות יו״ט שכתב טעם האיסור וז״ל: אבל להמציא אש אסור, שהרי אפשר להמציא אותה מבערב, עכ״ל. והראב״ד השיג בזה״ל: ויאמר מפני שהוא מוליד ואין כאן הכנה, והוא הטעם שמפורש בגמרא, עכ״ל.

וע׳ בט״ז ס״ק א שפירש בדעת הרמב״ם וז״ל: ולענ״ד כוונת הרמב״ם דאע״ג דדומה לאוכל נפש. אין היתר, כי לא התירה התורה אוכל נפש אלא לתקן מה שיש כבר בעולם אלא שלא היה ראוי לאוכלה בלא התיקון, כמו בישול ואפיה, אבל להמציא ולהוליד שיהיה אוכל נפש, דהיינו יש מאין, זה לא התירה התורה. אלא דקשה ע״ז א״כ האיך התירה התורה אוכל נפש כיון שא״א בלא אש, לזה תירץ הרמב״ם שהרי אפשר מבערב, ובזה דוקא התירו אוכל נפש, עכ״ל. ומבואר מדברי הט״ז דהוצאת אש חדש ביו״ט הוא איסור מן התורה, אמנם רוב פוסקים (ומהם המג״א בס׳ תק״ב ס״ק א, ושלחן ערוך הרב שם ס״א וחיי אדם כלל צה סי״ב. והמ״ב ס״ק ד) סוברים שעשיית אש חדש ביו״ט הוא רק איסור דרבנן. וע״ע בספר מאורי אש דף ב שהסביר כוונת הרמב״ם באופן אחר, וע׳ בזה בשו״ת ציץ אליעזר ח״א ס״כ פרק א.

ולכאורה אליבא דשיטת הרמב״ם מי שהיה אנוס בעיו״ט ולא היה יכול להכין אש מותר לו להמציא אש חדש ביו״ט. ועי׳ בזה בברכי יוסף סי׳ תק״ב ס״ק א ובפני יהושע בביצה דף לג.

וע׳ במ״ב סי׳ תק״ב ס״ק ד ובביאור הלכה ד״ה אין שהביא דעת הפוסקים שסוברים שבדיעבד אם עבר והוציא אש ביו״ט מותר להשתמש בה, וכ״ש שאין לאסור התבשיל שנתבשל בזה האש. ועי׳ בלבוש ס״א שהסביר הדבר, וז״ל: מיהו אם עבר והוציא מותר להשתמש בו ואינה דומה לביצה שנולדה ביו״ט שאסור לטלטלו, שהאש אינו ראוי לעצמו אלא לבשל או לאפות בו ולא שייך לאסור ההכנה שמכינין בו בדברים אחרים, משא״כ בביצה שהוא עצמו עומד לאכילה וכשנולד בו ביום אסרוהו, עכ״ל. וע״ע הסבר בזה בשלחן ערוך הרב ס״א.

ובעבר והדליק החשמל בשוגג ביו״ט אם דינו כאש ממש ע׳ בספר הזכרון מבקשי תורה ס״ד ענף ז שהביא בזה דברי הגאון ר׳ שלמה זלמן זצ״ל, וז״ל כי המ״ב (סי׳ תק״ב ס״ק ד) שבדיעבד אם עבר הוציא אש ביו״ט מותר להשתמש וכתב ע״ז מרן זצוק״ל: דאפשר דכל זה דוקא באש ממש דשייך ביה עמוד ראשון ושני, וכמו שכתב המרכבת המשנה (פ״ד מהל׳ יו״ט ה״א), וכ״ה במחצהש״ק (סי׳ תק״ב סוס״ק א), משא״כ בחשמל שכל דזמן דולק ממש אותו החוט ואפשר דכל הזמן דינו כעמוד ראשון, ואף שנדלק ונכבה פעמים רבות בשניה אחת לכאורה יש גם בזה עמוד ראשון ושני, מ״מ הרי ההדלקה השניה לא מחמת הראשונה כמו באש ממש ולכן כל הזמן דינו כעמוד ראשון ואין לחלק בזה כלל בין זרם ישר לזרם חילופין. וכיון שהט״ז אוסר להמציא אש אף כשהוא ממש או״נ ולא רק מכשירין, וכן נראה במאירי (ביצה לג א), שכתב שכל המצאת דבר ממה שאינו אסור אף לצורך או״נ, נראה דחשיב כנהנה ממעשה יו״ט בעבירה, כיון שא״א להדליק את החשמל אלא ע״י המצאת אש הו״ל כמפריש תרו״מ ביו״ט דפסק

match[4] or heat a piece of metal until it becomes red hot.[5]

For this reason (as well as others) it is forbidden to turn on an electric light or appliance on Yom Tov.[6] One may only light something from an existing fire. The following are some practical methods of lighting a fire on Yom Tov.

A. Lighting From an Existing Flame

A gas stove or oven that has a pilot light which burns constantly may be turned on because the gas will be ignited by an existing flame. [However, a stove or oven that is ignited by electronic ignition may not be turned on, because of (among other reasons) the creation of a new flame.]

Likewise, lighting a match from a lit candle is permitted. However, when lighting a match from a fire, one should place the match directly into the flame and not ignite it from the *heat* of the flame. Lighting it from the heat of the flame cannot be considered as simply extending an existing flame; rather, it is viewed as creating a new fire.[7]

הרמב״ם (פכ״ג מהל׳ שבת הט״ו) שלא יאכל עד מוציו״ט, ואף שהרשב״א מתיר אפי׳ אי אית ליה נמי פירי אחריני, ראה ב״י (סי׳ תק״ג ד״ה ויותר נ״ל), ולפי״ז אפשר דבתנור חשמל אסור לטלטלו כדי לאפות ולבשל משום דחשיב כמשתמש בנולד ביו״ט ואסור, אף אם הדליקו נכרי לצורך עצמו, ודינו כמעמיד קדירה לבשל בעצי מוקצה דאסור אפי׳ אינה נוגעת כלל במוקצה. ועיין בספר מאורי אש פ״ב, ואף שבשו״ע הרב (סי׳ תק״ב סע׳ א ובסוף סי׳ תק״ג) פסק דלא אסרו חכמים מעשה יו״ט, היינו דוקא בדרבנן, ובני״ד לדעת הט״ז הר״ז אסור מה״ת, וצ״ע, עכ״ל. ועי׳ שם עוד בסי׳ לח.

4. מ״ב סי׳ תק״ד ס״ק ד.

5. שו״ת אג״מ יור״ד ח״ב סי׳ עה.

6. עי׳ בזה בשו״ת אחיעזר ח״ג סי׳ ס, ובשו״ת צפנת פענח ח״א סי׳ רעג, בלבושי מרדכי או״ח מהדו״ת סי׳ צא, בשו״ת מהרש״ג ח״א ס׳ סד ובשו״ת דובב מישרים ח״א סי׳ פג.

אמנם יש אחרונים שסוברים שבהדלקת נורה ביו״ט אין איסור משום מוליד, עי׳ קובץ בית ועד לחכמים [שבט תרס״ג] מבעל הערוך השלחן, ובד׳ הגאון ר׳ צבי פסח פרקנק בקול תורה [תרצ״ד]. וע״ע בזה בספר מאורי אש עמוד 76 ובשו״ת ציץ אליעזר ח״א סי׳ כ פרק ב.

7. הלכות המועדים פ״ח הערה 10 בשם שו״ת בית שערים או״ח סי׳ רנז, שו״ת עין הבדולח סי׳ סג, ושו״ת ציץ אליעזר ח״ז ס׳ רז ס״ק ה.

ובשש״כ פרק יג הערה יג הביא שהבעל קהלות יעקב אוסר והגרש״ז אויערבאך זצ״ל התיר. וע״ע בזה בשו״ת אג״מ יור״ד ח״ב סי׳ עה.

B. Lighting From an Electric Coil

It is permitted to light a candle, cigarette* or match from a red-hot coil of an electric stove. Since the coil is *red hot* it has the status of an existing flame.[8] As mentioned above, the candle or match should be lit by placing it directly on the coil, not by lighting it from the heat of the coil.

C. Enlarging or Prolonging an Existing Flame

It is permitted to enlarge a flame or to prolong the amount of time it will burn. Thus, turning up the fire on an already-lit gas stove or adding fuel to an oil lamp is permitted.

III. Transferring a Fire Through an Intermediary

When lighting something from an existing flame, one should not use an intermediary, since lighting the intermediary is the equivalent of lighting a fire for no purpose.[9] For example, when lighting a cigarette, one should not light a match or candle from the burning fire for use for the cigarette. Rather, one should light the cigarette directly from the existing fire. However, where it is difficult to light from the original flame without an intermediary, it is permitted to use an intermediary.[10] For example, if one needs fire to light his stove top, he may use a candle to transfer fire fron another source to the stove top.

IV. Asking a Non-Jew to Light a Fire

In case of need, it is permitted to ask a non-Jew to create a new fire, such as to strike a match, so long as it is for a Yom Tov purpose. This includes any of the aforementioned purposes such

---

*Note: See Chapter 14 concerning the permissibility of smoking on Yom Tov.

---

8. שו"ת אג"מ יור"ד ח"ב סי' עה.
9. שו"ת מנחת יצחק ח"ה סי' טז, ושו"ת באר משה ח"ח סי' קעט.
10. כן נראה פשוט דזהו צורך יו"ט.

as cooking, illumination,[11] etc. For example if one has no light by which to eat or learn on Yom Tov he may ask a non-Jew to turn the light on.

V. Summary of Laws

∽§ Purposes for Which Kindling Is Permitted

- It is permitted to light a fire for the purpose of preparing food, as well as for any other Yom Tov need, such as providing illumination or heat.
- Kindling not for a Yom Tov need is prohibited.

∽§ Creating a New Flame

- The Sages forbade creating a flame on Yom Tov where none previously existed, e.g. by striking a match. One may only light something from an existing fire.
- Lighting a stove or oven that has a pilot light which burns constantly is permitted. Lighting one that is ignited electronically is forbidden.
- Lighting a match from the flame of a candle (as opposed to the *heat* of a candle) is permitted.
- Lighting a match by touching it to a red-hot electric coil is permitted.
- Enlarging a flame or prolonging its life is permitted.

∽§ Lighting Through an Intermediary

- When lighting something from an existing flame, one should not transfer the flame through an unnecessary intermediary, but should, when possible, light the object directly from the original flame.

∽§ Non-Jew

- In case of need, it is permitted to ask a non-Jew to create a new fire, such as to strike a match.

---

11. כן נראה דהוה שבות דשבות במקום מצוה או במקום צורך גדול, דהדלקת נר הוא רק איסור דרבנן כדכתבנו בציון 3.

VI. Practical Application of Lighting for Purposes Other Than Food Preparation

We stated above that it is permitted to kindle a fire for Yom Tov purposes other than preparing food. The following are some practical applications of this rule.

A. Warmth

It is permitted to kindle a fire in order to heat one's home.

B. Illumination

One may light a fire to illuminate a dark room. However, it is forbidden to turn on an electric light, as we said above.

C. Shul — *Bris Milah*

It is permitted to light candles in shul (which are customary lit in front of the *chazzan*). This is because it is considered כְּבוֹד הַמָּקוֹם, *a display of honor and respect for the shul*, and thus a proper need of the day.[12] Likewise, it is permitted to light candles for a meal celebrating a mitzvah (e.g. *bris milah*), because this is an expression of honor for the mitzvah.[13]

D. *Yahrzeit* Candle

There are differing opinions among the Poskim as to whether lighting a *yahrzeit* candle in memory of a deceased person is considered a Yom Tov need.[14] Therefore, someone who has a

---

12. ש״ע סי׳ תקי״ד ס״ה ומ״ב ועי״ש בביאור הלכה שהביא מהרשב״א וז״ל: שחוכך בעיקר דין נר של בית הכנסת ביום, ואפי׳ בשעת תפלה מכל שכן שלא בשעת התפלה, וגם א״ן שום אדם שם לא ידענא אם יש להקל, וצ״ע, עכ״ל. וע׳ בערוך השלחן ס׳ תקד סי״ט שכתב דהעולם נהגו היתר בזה, עי״ש.

13. מ״ב סי׳ תקי״ד ס״ק ל בנוגע סעודת ברית מילה, וה״ה לכבוד החתן. ועי׳ כף החיים סי׳ תקיד ס״ק ס״ה בשם המאמר מרדכי (אלא דהמאמר מרדכי התיר מטעם שסמך על שיטת הרמב״ם שמותר להדליק נר של בטלה שלא כהמחבר סי׳ תקיד ס״ה). וע׳ בשו״ת באר משה ח״ג סי׳ עו שאוסר להדליק בשביל סעודת חתן ולכאורה יש להבין החילוק בין סעודת ברית מילה לסעודת חתן.

14. ביאור הלכה סי׳ תקיד ס״ה ד״ה נר של בטלה.

yahrzeit on Yom Tov should make sure to light the *yahrzeit* candle before the onset of Yom Tov.[15] In the event that one forgot to do so before Yom Tov, he should light the candle in shul in front of where the *chazzan* stands, where its use is considered a mitzvah in any case (see above). If this is not possible, the *yahrzeit* candle may be lit at home, but one should try to drive some general benefit from its light (e.g. reading by it).[16]

---

15. ביאור הלכה שם.
16. ע' ביאור הלכה שם וז"ל: דליקנו עכ"פ בחדר שאוכלין בו דמוסיף אורה בחדר, עי"ש. ובפנים לא כתבנו דווקא דידליק בחדר האוכל כיון דבזמן הזה שיש אור חשמל אין זה בגדר מוסיף אור.

13 / Extinguishing a Fire — מְכַבֶּה

One of the *Avos Melachos* forbidden on Shabbos is מְכַבֶּה, *extinguishing a fire*.[1] Included in this prohibition is to reduce the size of a flame, even without extinguishing it.[2] Thus, for example, it is forbidden to turn down a gas flame on Shabbos.

The *melachah* of מְכַבֶּה is generally prohibited on Yom Tov as well.[3] There are, however, certain situations in which this *melachah* may be permitted when necessary for cooking purposes.

I. Lowering a Gas Flame for Food Purposes

If food is cooking on a stove and, because the flame is too large, it will burn before it is properly cooked, one is permitted to lower the flame. In this situation, lowering the flame is considered a direct necessity for the preparation of the food.[4]

However, some Poskim rule that this leniency applies only where the option of lighting a new, lower flame is not available. [An example of this is a gas stove which is equipped with electric starters, which may not be ignited on Yom Tov (see p. 95).] If, however, it is possible to turn on a new flame (with the method described in the previous chapter), one may not lower

---

1. משנה שבת דף עג.
2. תוס׳ ביצה דף כב. ד״ה מסתפק.
3. ש״ע תקי״ד ס״א.
4. בש״ע סי׳ תקי״ד כתב: אסור לכבות דליקה אפי׳ אם רואה ביתו שנשרף אם אין שם סכנת נפשות, ואין מכבין הבקעת ואפי׳ כדי שלא יתעשן הבית או הקדירה או כדי לשמש מטתו, ע״כ. והמ״ב בס״ק ב הסביר דס״ל להמחבר דאף כשמכבה כדי שלא תתעשן הקדירה לא חשיב זה צורך אוכל נפש. אמנם הרמ״א חולק ע״ז וסובר דאם א״א להציל הקדירה בלא כיבוי מותר לכבות, ועי׳ במ״ב בס״ק ז דס״ל לרמ״א דזהו צורך אוכל נפש ממש, ומותר הכיבוי כמו שהתירה התורה לאפות ולבשל.

the existing flame, but should start a new, lower flame.[5] According to HaGaon HaRav Moshe Feinstein zt"l, it is permitted to lower an existing flame to prevent food from burning even if one could start a new flame instead.[6]

---

5. שו״ת מנחת יצחק ח״א סי׳ נ״ו. שו״ת אז נדברו ח״ג סי׳ נ״ד, שו״ת באר משה ח״ח סי׳ קכ״ח, שש״כ פי״ג הערה מ״ט בשם הגרש״ז אויערבאך זצ״ל.

6. כתב מרן ז״ל באג״מ או״ח ח״א סי׳ קט״ו, וז״ל: הנה כשצריך להקטין את האש כדי שלא ישרף ולא יתקלקל התבשיל שבקדירה מותר, ואף אם יכול להניח אש זה הגדול ולהדליק אש אחר שיהיה קטן יכול להקטין אש זה ולא להדליק אש אחר, כי כשהוא לצורך התבשיל אין חילוק בין הדלקה לכבוי כיון שגם כבוי מותר לצורך אוכל נפש כמו בבשרא אגומרי, עכ״ל. אמנם לכאורה דברי האג״מ נסתרים מדברי המג״א סי׳ תקי״ד ס״ק ב׳ שהעיר על דברי הרמ״א דודאי דאם אפשר להציל הקדירה בלא כיבוי אסור לכבות, וע״ז כתב המג״א בס״ק ב, וז״ל: כגון שיכול לעשות אש במקום אחר, עכ״ל. ומבואר דעדיף להדליק אש אחרת מלכבות, ולא שרי לכבות אלא כשא״א באופן אחר להציל המאכל, וא״כ איך כתב מרן ז״ל דמותר לכבות דאין חילוק בין הדלקה לכיבוי. ומרן זצ״ל נשאל ע״ז באו״ח ח״ד ס׳ ק״ג, וכתב לתרץ דהמג״א מיירי בזמנם שכדי לכבות היה צריך לעשות הרבה מעשי כיבוי ולפיכך סובר המג״א דיותר עדיף להדליק אש אחרת, אבל בנוגע לכירי גז שלנו שבין להדליק בין להקטין הכל נעשה בחד מעשה אין כאן עדיפות להדליק אש אחרת מהלהקטין האש. אבל לכאורה עדיין קשים להבין דבריו, דע׳ ברא״ש בפ״ב סי״ט שכתב בזה״ל: שהגם שבכבוי של יתעשן הקדירה אסור לרבנן דר״י דאסרי מכשירי אוכל נפש משום דכבוי חשוב רק מכשירי אוכל נפש, מ״מ כשא״א להציל בענין אחר חשוב או״נ ולא מכשירין, עכ״ל. וע׳ בשלחן ערוך הרב סי׳ תצ״ה בקונ״א ס״ק ד שכתב דהגדר של מכשירין להרא״ש הוא כל שאפשר לאכול אוכל זה בלא מלאכה, עי״ש. ומבואר מדברי הרא״ש דכשיש לו עצה אחרת חשוב כיבוי רק מכשירי אוכל נפש. ויש ליישב ואכ״מ.

והנה מלאכת אוכל נפש הותרה ביו״ט וא״צ לחזור אהתירא, אמנם מכשירי אוכל נפש הוי רק דחויה (עיין ח״ס בחידושיו למסכת ביצה דף יב. ד״ה דאמר, ובשו״ת אבני נזר ס׳ ת״ט ס״ק א, ובמלאכת יו״ט ס״ק ו׳), נמצא דכיון דמכשירי אוכל נפש הוא רק דחויה לכן אם יש עצה אחרת אסור לעשות מלאכת המכשיר, וזהו כוונת המג״א שכתב דאם אפשר לעשות הבערה, שהוא בדין אוכל נפש, אסור לעשות כיבוי. וכנראה שזהו כוונת הגרש״ז אויערבאך זצ״ל הובא בשכ״כ פי״ג הערה מט, עי״ש.

וראיתי בשו״ת עמק התשובה חלק א׳ סי׳ פג שסובר ג״כ שמותר להקטין הגז אפי׳ אם אפשר להדליק אש אחרת, וכדי שלא יסתרו דבריו מהמג״א כתב דאיירי היכא דכדי להקטין האש היה צריך לכבותו ולהדליקו מחדש, דהוו שתי מלאכות, משא״כ להדליק אש במקום אחר היא רק מלאכה אחת, ולכך סובר המג״א שצריך להדליק אש במקום אחר ולא להקטין האש וזה דוחק במג״א דהדלקה זו מי הזכירה.

וע׳ בשו״ת חלקת יעקב ח״א סימן ס סק״ט שכתב לימוד זכות על מה שהעולם נוהגים להקטין האש.

וע״ע בזה בשו״ת קנין תורה ח״ב סי׳ צ״ח, ובשערים המצוינים בהלכה סי׳ צ״ח ס״ק יג, ובשו״ת משנה הלכות ח״ז סי׳ ע״ה.

II. Extinguishing a Flame Indirectly

It is prohibited to extinguish or lower a flame for any purpose other than as an aid to cooking.[7] Thus, if a gas flame is causing a room to become uncomfortably hot, one is forbidden to lower it. In such a situation, however, it is permitted to extinguish the flame in an indirect manner [by means of גְרָמָא, *causing*]. For example, one may place a full pot of water over the flame so that the water will boil and overflow, and thereby extinguish the flame. [Once the flame has been extinguished the gas may be shut off.] This method is permitted only if some of the boiled water will be used for a Yom Tov purpose, such as drinking or washing. Otherwise, it would be forbidden to boil the water in the first place.[8]

III. Asking a Non-Jew to Lower a Flame

It is permitted to ask a non-Jew to lower or extinguish a flame for any Yom Tov-related purpose, including one that does not involve food preparation. For example, if a room is too hot due to a gas flame, or if the flame is too high for cooking purposes, one may ask a non-Jew to extinguish or lower it. Similarly, if one forgot to shut a bedroom light before Yom Tov, one may ask a non-Jew to turn it off. One may not, however, ask a non-Jew to extinguish a flame simply to conserve the fuel or prevent its waste.[9]

---

7. ע׳ שעה״צ סי׳ תק״ד ס״ק לז וז״ל: אכן בעיקרא דדינא יש לעיין דהנה העיקר משמע בב״ח בתירוץ הראשון דתלוי הדבר אי אמרינן לגבי כיבוי מתוך שהותרה לצורך אוכל נפש הותר נמי שלא לצורך ואף שיהיה צורך קצת וברשב״א דף כ״ב משמע דאף לגבי כיבוי אמרינן מתוך שהותרה וכו׳ אלא דמלשון הרשב״א וכו׳ וגם מהרמב״ם משמע דלא אמרינן מתוך גבי כיבוי עי״ש, עכ״ל.

וע׳ בשו״ת ציץ אליעזר ח״א סי׳ כ פ״ה אודות אם מותר לכבות האור כשמפריע לישון. וע״ע בזה בספר מאורי אש עמוד 10.

8. שע״כ פי״ג הלכה יג.

9. ככל שבות דשבות שהיתירי במקום צורך גדול עי׳ הלכות המועדים פ״ט הלכה ו׳.

IV. Turning Off Electric Stoves and Appliances

It is forbidden to extinguish or even lower the heat of an *electric* coil, stove or oven even if the food cooking on it will burn. Similarly, it is forbidden to turn off any electric appliance on Yom Tov for any reason. Thus, one may not turn off an electric light even if it is disturbing his sleep. However, it is permitted to ask a non-Jew to turn off a light or appliance for a legitimate Yom Tov purpose.

V. Taking a Flame Outdoors

When carrying a flame outdoors, one must take precautions to prevent the flame from being extinguished by the wind.

VI. Summary of Laws

- Extinguishing or reducing the size of a flame is prohibited on Shabbos, and is also prohibited on Yom Tov except in stuations related to the preparation of food.
- It is permitted to lower a gas flame in order to prevent food that is cooking on it from burning. Some Poskim permit this only when lighting a new, lower flame is not an option. R' Moshe Feinstein zt"l, permits it even in such a case.
- One may not extinguish or lower a flame for any purpose other than to aid in cooking. However, when there is a need to extinguish a flame, one may do so indirectly, by boiling a pot of drinking water over it and letting the water overflow.
- It is permitted to ask a non-Jew to extinguish a flame for any Yom Tov-related purpose, such as cooling a room. However, one may not do this merely to conserve fuel.
- It is forbidden to extinguish or lower the setting of an electric heating element, or to turn off an electric light, for any purpose. However, one may have a non-Jew do this for a legitimate Yom Tov purpose.
- When carrying a flame outdoors, one must protect it from the wind.

14 / Smoking

The issue of smoking on Yom Tov has been a topic of discussion among the Poskim for generations. Though there were some authorities who disallowed it, many authorities ruled that smoking on Yom Tov is permitted, and their view was followed by the general public.

I. The Issues

In order to understand this dispute let us examine the relevant issues.

We have previously learned (Chapter One) that any *melachah* performed for *ocheil nefesh* is permitted on Yom Tov and, by extension, those that confer any physical pleasure [הֲנָאַת הַגּוּף] are permitted. However, the Torah does limit this dispensation to activities that constitute a דָּבָר הַשָּׁוֶה לְכָל נֶפֶשׁ, a benefit common to most people.

II. Opinions of the Poskim

A. The Reasoning of The Earlier Poskim Who Forbade Smoking on Yom Tov

The act of smoking constitutes מַבְעִיר, *kindling*, one of the thirty-nine *Avos Melachos*, since each puff one takes causes more tobacco to burn. Although smoking is done for physical pleasure, some earlier Poskim were of the opinion that it was not a דָּבָר הַשָּׁוֶה לְכָל נֶפֶשׁ, a benefit common to most people, because many people do not smoke and in fact dislike it. In their view, smoking was prohibited.[1]

---

1. עי׳ במג״א סי׳ תקי״ד ס״ק ד שכתב בזה״ל: כתב בכנסת הגדולה ס׳ תר״ח דאסור לשתות הטוטין (שקורין טב״ק) משום מכבה ול״נ דאיסורו משום מוגמר ואינו שוה לכל נפש, עכ״ל. הרי מבואר מדברי המג״א דאסור לעשן גם משום מבעיר ולא אמרינן בזה מתוך

B. The Reasoning of the Earlier Poskim Who Permitted Smoking on Yom Tov

Those Poskim who permitted smoking on Yom Tov were of the opinion that the percentage of smokers was great enough — at that time — for smoking to be considered a benefit common to most people. They also recognized that it was then assumed that smoking aided the digestive system of those who smoked

---

שהותרה הבערה לצורך הותרה נמי שלא לצורך, והיינו משום דס״ל דעישון טבק אינו שוה לכל נפש. וכן פסק הא״ר בס׳ תקי״ד ס״ק ג, והחיי אדם כלל צ״ה סי״ג, והחוות יאיר בספרו מקור חיים בסי׳ תקי״א ס״ד ובקרבן נתנאל פ״ב דביצה ס״ק י.

אמנם הבאר היטיב בריש סי׳ תקי״ד הביא מתשובות דרכי נועם סי׳ ט׳ שסובר דמותר לעשן וליכא ביה לא משום מכבה ולא משום מגומר. וזהו תוכן דברי הדרכי נועם, דקודם כל יש לומר דלא חשיב כיבוי בעשון הטבק ואפי אם נאמר דיש בו כיבוי הא הוי לצורך הבערה ודמי לבשירא אגומרי דליכא משום מכבה הואיל וסופו להבעיר. ומשום הבערה ליכא הואיל ויש בו הנאת הגוף, והוא שוה לכל נפש דרובא דרובא שותין אותו, ואפי׳ אם נימא דאין שתיית הטוטין מיקרי שוה לכל נפש מ״מ שיש מקום להתירו משום דהחיך נהנה והוה ממש כאוכל נפש ממש דלא בעינן שוה לכל נפש (ע׳ פרק א ציון 10 בזה), ע״כ תוכן דבריו.והנה למדנו מהדרכי נועם שתי סיבות להתיר: א משום שנחשב שוה לכל נפש. ב דשתיית טוטין הוי ממש אוכל נפש ממש ובאוכל נפש לא בעינן שיהיה שוה לכל נפש.

וע׳ בשו״ת זרע אמת סי׳ עג שחולק על יסודו של הדרכי נועם דבאוכל נפש לא בעינן שיהיה שוה לכל נפש, ועל כל פנים כן מסיק שהדבר תלוי בדרך בני אדם בכל מקום ומקום, דבמקום שרוב בני אדם שותין מעשנין חשיב הדבר שוה לכל נפש, אבל במדינת איטליא וסביבותיה דרובם אין מעשנין שותין אותו ודאי איסור גמור היא משום דאינו שוה לכל נפש.

וע׳ בברכי יוסף ס׳ תקיב שכתב דבגלילותינו דרוב שותין אותו ביו״ט, אמנם ע׳ בס׳ תקס״ז שכתב דאנו מחמירין מלעשן ביו״ט ראשון וכ״כ בספרו מחזיק ברכה סי׳ ריא.

מכל הנ״ל נראה דבאמת אין כאן מחלוקות בין המג״א לשאר אחרונים, דבמקומות המג״א וחיי אדם לא היה דרכם לעשן ולכן לא נחשב לדבר השוה לכל נפש. אך במקומות הדרכי נועם והברכי יוסף היה דרכם לעשן ולכן לדידהו חשיב דבר השוה לכל נפש. ובאמת כ״כ בספר שלחן עצי שיטים סי׳ ג׳ וז״ל: טוטין – המג״א חוכך בו לאסור וכו׳ משום דאינו שוה לכל נפש, והבאר היטב התיר כדין כיבוי לצורך אוכל נפש. ולענ״ד בזמן הזה שנתפשט הדבר חשוב שוה לכל נפש עכ״ד. וכ״כ בהגהות הברוך טעם בס׳ תקי״ד, וז״ל: ועתה שהוא שוה לכל נפש גם המג״א מודה דאינו אסור, ע״כ, וכ״כ בחמד משה סי׳ תקיד ובשו״ת זכר יהוסף סי׳ קצח.

במקומותינו בארצות הברית וודאי יש לאסור העישון אליבא דכל השיטות, שהרי רובא דרובא אין מעשנין. וגם בארץ ישראל רבים נאמנים מלעשן כיום, וכמו שנביא בסמוך בציון ד.

regularly. It was thus viewed as a health benefit and deemed a דָּבָר הַשָּׁוֶה לְכָל נֶפֶשׁ.[2]

---

2. ע׳ בפנ״י שבת דף לט: ד״ה אמנם שלאחר שמסכים לשיטת המג״א דשתיית טוטין אינו שוה לכל נפש נמלך להתיר מטעם אחר, וז״ל: אמנם מתוך דברי התוס׳ דהכא דמחלקין בין רחיצה לזיעה משום דרחיצה אינו אלא לתענוג וזיעה לבריאות הגוף. וא״כ נראה דעישון הטובא״ק נמי הוי לבריאת הגוף לעכל המזון ולתאות המאכל וכיוצא בזה, א״כ אף שיש חושבין אותו לתענוג אפ״ה אין לאסור בשביל כך כדפרישית, דאטו משום שהוא נמי לתענוג מיגרע גרע, ואי משום שיש שאין רגילין בו אפ״ה לא גרע מזיעה דודאי כמה וכמה בני אדם אין רגילין בכך אפ״ה שרי מדאורייתא, ולא אסרו חכמים אלא משום רחיצה וגזירת הבלנין, עכ״ל.

מובאר מפנ״י טעם אחר להתיר עישון ביו״ט והוא משום דהוא לצורך בריאות הגוף. וכעין זה כתב היעב״ץ בספרו מור קציעה ס׳ תקי״א וז״ל כיון דלמעונגים בלבד הוא עשוי אסור וכו׳. איברא כי מעיינינן משכחינן דכחא דהתרא עדיף, ולא דמי למוגמר שאינו אלא לתענוג בעלמא, ומשום הכי כיון דאינו שוה לכל אדם אסור, אבל טובא״ק זה הוא דבר הבריא לגוף מה שטבעו ופעולתו החשובה, שמעכל המזון ומנקה הפה, מחתך הליחות ומגרש מותרות וכו׳, וכמה בני אדם מואסים באכילה אם לא ישתוהו מקודם כפי הרגלם. ולא משום עונג בלבד אלא שצער להם העדרו, משום הכי דלא לאימנועי משמחת יו״ט ודאי שפיר דמי טפי, אפי׳ תימא דלא שוה לכל נפש. ותו מאן לימא דלא שוה לכל נפש הוא, ובודאי הוא יפה לכל אדם הבריא, ולא משום תענוג והנאה אלא משום שמירת הבריאות ורפואה, אך מי שעדיין לא הורגל בו קצה נפשו בו מתחילה ודמי לחמין לרגליו דמותר אע״ג דלא רגיל ביה כיון דלא משום תענוג הוא דרגילים בו, אבל מחמת שצער הוא אצלם מניעתו חשבינן ליה שוה לכל נפש וכו׳. ועוד, אם לצורך אוכל נפש הותר לעשן כגון למתק הפירות כ״ש לצורך האדם שיהא תאב לאכול, ולא אמרו שוה לכל נפש אלא בהנאה יתרה ותענוג, לא במה שהוא לצורך האדם לבריאות גופו וכו׳. וא״ת אחר שאמרנו שהוא לרפואה יאסר ביו״ט א״כ משום גזרה דשחיקת סמנין, וה שיבוש שאין כוונתינו רפואה לחולי שהרי הבריאים שואפים אותו תדיר, אבל הוא בריא לגוף ותועלתו גדולה יותר ממרחץ, עכ״ל.

וע׳ בשו״ת כתב סופר או״ח סי׳ סו שהסביר כעין דברי המור וקציעה להחשיבו לדבר השוה לכל נפש, וז״ל: ונ״ל להסביר דלא אזלינן אם דבר זה בעצמו נצרך ושוה לכל אלא על תכלית הענין, לכן כל דבר שהוא לרפואה ולבריאות תכלית הדבר שוה לכל נפש, כי כל אחד מבקש רפואה לעצמו ונהנה ברפואה, אלא שיש סמים שונים המרפאים ומברין הגוף, לכן זיעה וכיוצא בו שהוא לבריאות הגוף שכל אחד חפץ בו ונהנה שוה לכל נפש הוא, משא״כ רחיצה שהוא לתענוג ויש שאינו נהנה מרחיצה כלל דומה למוגמר, וכן כל כיוצא בו, כנ״ל מילתא בטעמא לשבח, עכ״ל.

ומובאר מכל הני אחרונים דהטעם להתיר לעשן ביו״ט הוא משום דהוי צורך הבריאות ורפואה, וא״כ בזמנינו שהסכימו הכל שהוא דבר המזיק ואף המעשנים מודים לזה ודאי יש לאסור.

ולב־ זאת גם על גוף ההיתר של הפנ״י מצינו להחתם סופר שחולק ע״ז בחידושיו לביצה דף כב: וז״ל: מתוך הדברים למדנו מש״כ הפנ״י היתר לשתיית הטבק כיון שהוא לבריאות הגוף הו״ל שוה לכל נפש ולא דמי למוגמר, י״ל תינח לאיסור הבערה שבו

The vast majority of smokers relied on the lenient opinion and smoked on Yom Tov. Yet individuals who were בַּעֲלֵי נֶפֶשׁ, i.e. especially scrupulous in mitzvah observance, did refrain from smoking.

C. Opinion of the Contemporary Poskim

Some contemporary Poskim hold that since smoking has now been determined to be hazardous to health, it definitely can no longer be considered a benefit common to most people.[3]

מהני מתוך וכיון שהוא לבריאות הגוף הו״ל שוה לכל נפש, אך איסור כיבוי שבו דלא מהני מתוך כיון שאין כיבוי נעשה באוכל נפש עצמו להיכן אזל, ומג״א כתב שם דשותה טוטין הו״ל מכבה ומבעיר ע״ש, על כן שומר נפשו ירחק ממנו ביו״ט, עכ״ל.

ובתשובות עמודי אור ס׳ כט כתב להעיר על ההיתר של הפנ״י מטעם אחר, וז״ל: וא״כ יש לחוש דעישון הטאבאק הוה דבר שאינו שוה לכל נפש ולוקין ע״ז,והרי בכל התלמוד מבואר רגילות המוגמר אצלן בסעודה וכיוצא, ומ״מ דנו בזה בפשיטות לאסור דאין שוה לך נפש. ולענ״ד כ״ש הוא עישון הזה שהרבה בני אדם קצין בו ומואסין אותו, ואיננו צורך כ״א לרגילים בו וכל ספרי הרפואה מזהירין בו, ואיך נסמוך להקל בו לאו של תורה וכו׳. ומדברי התוס׳ שהביא הפ״י אין התחלת ראיה לזה דזיעה שוה לכל נפש וכל אדם מרגיש בו הנאה ורפואה, אבל עישון הטאבק כבר כתבנו וביארנו ענינו שהוא מרוחק למי שלא הרגיל עצמו בו, ודוק, עכ״ל.

ובאמת יסוד דברי העומדי אור נזכר בבית מאיר יור״ד סי׳ קצ״ז וז״ל שהרי בשבת דף לט: כתבו התוס׳ דלהכי רחיצה אסורה ביו״ט משום דאינו אלא לתענוג וכו׳ והיינו משום דהוי תפנוקא יתירא והראיה שמיעוט העם שאינם מפונקים אף כי מצוי להם אינם מתאווים אליו ולהכי אף להמפונקים אסור, דלא התירה התורה אלא דבר הצריך לכל נפש ולא תפנוקא יתירא וכו׳. ולדעתי אין הדבר תלוי ברוב או במיעוט כדהעלו בתשוביתיהם הדרכי נועם בסימן ט והזרע אמת סי׳ עג אלא, כדכתבתי במה שחזינן שאותם שאינן מפונקים אפי׳ מצוי להם אינם מתאוין אליו תפנוקא יתירה הוא ואסור, עכ״ל. ודעתו ברורה דלא סגי בזה שרוב בני אדם משתמשין בו לשווי שוה לכל נפש, אלא בענין שגם אלא שאין רגילין בו מתאוין אליו ונהנין ממנו כשהוא מצוי, ובלאו הכי חשיב תפנוקא יתירא דלא התירתה תורה. ולפ״ז נמצא דאסור לעשן ביו״ט שהרי יש אפשרות לכל אחד לעשן ואעפ״כ הרבה אינם מעשנים, וא״כ לא עדיף מרחיצה שנקרא דבר שאינו שוה לכל נפש. ומה גם שהעישון גרע מרחיצה דהרי גבי רחיצה שאינם מתרחצים בכל יום אף שאינם נהנים מזה כלל מ״מ אינם מתנגדים ומואסים בו, משא״כ גבי עישון רוב הנמנעים ממנו מואסים וקצים בו, ולכן בודאי יש לאסור לעשן ביו״ט בזמנינו.

3. וכנראה שדעת הגרש״ז אויערבאך זצ״ל היא שאסור לעשן בזמן הזה דע׳ בהסכמתו לספר פאר תחת אפר שכתב וז״ל: בנוגע לעישון ביו״ט נראה שגם במ״ש הרמב״ם בפ״ד מדיעות המאכלים שהם רעים ביותר עד מאד וראוי לאדם שלא לאוכלן לעולם כגון הדגים הגדולים המלוחים והישנים או פולים ועדשים שגם עליהם כתב שהם מאכלים

D. Conclusion

It is not within the scope of this work to render a final halachic ruling in this matter. Everyone should therefore consult their own halachic authority and abide by his decision. However, one who smokes only occasionally should definitely refrain from smoking on Yom Tov.

III. *Halachos* Relevant to Smoking

The remainder of this chapter will deal with various *halachos* relevant to smoking on Yom Tov for those who follow the

---

רעים שאין ראוי לאוכלן לא בימות החמה ולא בימות הגשמים, מ״מ כמו שמותר להוסיף הרבה מלח או פלפל חריף תוך תבשיל שעומד על האש אע״ג שלגבי כל העולם הוא רק קלקול והפסד, מ״מ מי שרוצה בכך ונהנה מזה שפיר חשיב ממש אוכל נפש אע״ג שאין זה כלל שוה לכל נפש, וה״נ בדגים או פולים ועדשים אע״ג דמסתמא היתה כן גם דעת הרופאים שבזמנו ואפי״ה שרי, אולם כל זה דוקא באוכלין משא״כ בעישון דלאו מאכל הוא כלל שפיר צריכים שיהא שוה לכל נפש, וקל וחומר הוא ממליגת עור רך של גדי דכיון שאינו מאכל אלא למפונקים יש סוברים דבעינן דוקא שיהא שוה לכל נפש כמבואר בשו״ע סי׳ תצ״ט ובמשנ״ב ס״ק ג׳, עכ״ל.

וע׳ בספר הזכרון מבקשי תורה חלק א׳ דף רסד, שכתב וז״ל: דעת מרן הגרי״ש אלישיב שליט״א דבזמנינו כיון שרבים המה הנמנעים מלעשן בכלל מהטעם שזה מזיק וגורם סבל, ממילא אין העישון היום דבר השוה לכל נפש וא״כ אסור לעשן ביו״ט, עכ״ל. ובספר ארחות רבינו ח״ב בעמוד קו הביא בשם מרן החזו״א זצ״ל שאסר העישון ביו״ט, ומרן הקהלות יעקב היה מיקל בחוץ לארץ לעשן ביו״ט שני ולא ביום טוב ראשון.

וע׳ בשו״ת תשובות והנהגות ח״א ס׳ שטז וז״ל.

והנה לכאורה אינו שוה בכל נפש, ואדרבה הרבה נמנעים מחשש סכנה, והאיך נתיר אסור דבערה והלוא דומה למוגמר דאסור, אבל נראה שבפשוטו יש לחלק שאפילו המעשנים במוגמר אינו אלא תענוג לפינוק, אבל העישון לרגילים בו אינו רק פינוק אלא הנאה חשובה כאוכל נפש ממש ובמניעה מצטער וחסר בשמחת יום טוב ולכן ראוי להתיר עישון ביום טוב.

והנה מרגלא בפי אינשי דמי שרגיל לעשן כל השנה דוקא מותר לעשן ביום טוב ולא מצאתי לזה מקור, ולפי דברינו הנ״ל הרגיל בימות החול היינו שאינו רק פינוק אלא מצטער במניעתו, בזה יש לסמוך ולהתיר, אבל הרגיל לפנק עצמו מדי פעם בפעם ימנע ביום טוב שפינוק אסור. ואם כן ההיתר למעשן היינו אם במניעתו יצטער שאצלו כאוכל נפש.

ועי״ש שמסיק וז״ל: אבל אם רגיל בכך ומעשן גם ביום טוב אין בידינו למונעו אף שלדעתי רבים מגדולי האחרונים שהתירו לא נתכוונו לעישון היום שרופאים מעידים שמזיק, וסמוכין עליהם בכל האסורים, ולמה כאן כדי לרדוף תאוה לא נסמוך עליהם עכ״ל.

Poskim who permit smoking. Our discussion of this is in no way meant to imply a final decision on the matter of whether smoking is permitted.

A. Lighting a Cigarette, Cigar or Pipe

As we have previously learned (Chapter 12), it is forbidden to create a new fire on Yom Tov. Consequently, one may not strike a match or use a cigarette lighter to light a cigarette, cigar or pipe on Yom Tov.

One may light a cigarette etc. from an existing flame (e.g. candle or gas flame), another lit cigarette or a red-hot electric element. It should be lit directly from the existing fire, since the use of any medium to transfer the fire (e.g. a match or toothpick) would constitute an unnecessary kindling.[4] If, however, one is unable to light the cigarette directly from an existing fire, the use of a medium is permitted.

B. Extinguishing a Cigarette, Cigar or Pipe

We learned in the previous chapter that the *melachah* of extinguishing is generally forbidden on Yom Tov. It is therefore prohibited to extinguish a cigarette. When one completes smoking a cigarette, he should place it down gently on a dry surface and leave it to burn itself out.

C. Tapping a Cigarette

It is forbidden to tap a cigarette forcefully in order to have ashes fall off the tip. The tapping causes the burning ashes to fall to the ground and be extinguished almost immediately.

D. Burning of Imprinted Words

Most manufactured cigarettes are imprinted with the brand

---

4. שו״ת מנחת יצחק ח״ה סי׳ טז. וע׳ בספר הלכות המועדים פט״ז הלכה ב וכתב שם בזה״ל ואין להדליק סיגריה אחת מהשניה, אם יש לו אפשרות להדליק באש אחר, דע״י שדוחק סיגריה אחת בשניה גורם לנפילת וכיבוי ניצוצות מהסגיריה, ועדיף שידלק גפרור ומזה ידלק הסיגריה אם חושש שיפלו ניצוצות ע״י דחיקת הסיגריות, עי״ש.

name towards the end of the cigarette. The Poskim disagree whether or not smoking the cigarette to that point constitutes a violation of the prohibition of מוֹחֵק, *erasing*. Many Poskim forbid it; however, there are several Poskim who permit it.[5]

Initially, it is best for one to abide by the stringent view in this matter. The following two methods will enable one to avoid this problem:

1) to stop puffing before reaching the imprinted words;
2) to blot out the words with ink before Yom Tov.

E. Opening a Closed Pack of Cigarettes

It is preferable to open the pack of cigarettes before Yom Tov. If this was not done, according to many authorities it should be opened only in a destructive manner (such as cutting down the side in an L-shape).

---

5. פרמ״ג סי׳ תקי״א במשב״ז ס״ק ב, ובסי׳ תקי״ד בא״א ס״ד ד. וכ״כ בקיצור שלחן ערוך סי׳ צ״ח סל״ד והטעם דאסור משום מחיקה דרבנן, אמנם ע׳ בהר צבי או״ח ח״א דף רפג שכתב וז״ל: דבר זה העיר הגרש״ז אויערבאך זצ״ל לענין עישון סיגריות ביו״ט כשיש עליהן אותיות, ורצה לחדש דמוחק שלא ע״מ לכתוב דאסור מדרבנן מ״מ עושה מקום לכתוב בענין, אבל בנ״ד שנשרף ונעשה אפר דאינו ראוי לכתיבה אינו אוסר. ואת״ל דגם זה אסור, מ״מ אם יעביר דיו על האותיות אף דטשטוש בעלמא ג״כ אסור משום מחיקה, ז״א אלא כשנעשה ע״י המחיקה מקום לכתיבה, מש״כ כאן דלא נעשה מקום כתיבה במחיקת הטשטוש לא שייך בזה איסור, ולי חידוש זה צ״ע, עכ״ל.

ובשו״ת מהרש״ג ח״ב סי׳ מ״א כתב כדברי הגרש״ז זצ״ל וז״ל: ונ״ל דמזה מוכח דמלאכת מחיקה הנמסר לנו בהלממ״ס בין הל״ט מלאכות של שבת עיקר כוונת המלאכה שלא יתקן ויעשה מקום בשבת שיהי׳ ראוי לכתוב שמה ב׳ אותיות, ולכן החיוב הוא אפי׳ על מחיקה של טיוטת דיו בעלמא וכן הסרת שעוה שנפלה על הפנקס. ומינה נמי נראה להיפך דכל מחיקה שאינה על אופן זה לא נכנס תחת סוג מלאכת מחיקה וכו׳. ולבסוף מסיק וכן יתיישב בזה מה שאין העולם מדקדקין ביו״ט שמציתין אש בנייר שכותבין עליו אותיות וכו׳ ולפי הנ״ל א״ש דבכה״ג לית בי׳ משום מחיקה, עכ״ל. וע׳ — בהגהות טללי שדה על שו״ת הר מאי שכתב בזה. עי״ש.

ובדעת תורה סי׳ תקי״ד כתב טעם להמקילים משום דהוה מוחק שלא ע״מ לכתוב וגם הוי מחיקה ע״י פיו דהוי שלא כדרכו, ואינו מתכיון. וע״ע בששכה״כ פרק יג הערה ל וז״ל: וכן אמרי לי הגרש״ז זצ״ל להתירא מהא דסי׳ תק״א במג״א ס״ק יג לענין מסיקין בכלים, שמכיון שהותרה הבערה הותרה נמי סתירה, ובפרט בני״ד דהוה מחיקה כלאחר יד ושלא ע״מ לכתוב, עכ״ל, ועי״ש עוד.

F. Carrying a Pack Outdoors

Due to the principle of רִיבּוּי בְּשִׁיעוּרִים, *increasing the amounts* (see Chapters Four and Fifteen), it is permitted to carry an entire pack of cigarettes outdoors even if one is certain he will not need the whole pack.

15 / Transporting — הוֹצָאָה

One of the thirty-nine *Avos Melachos* is הוֹצָאָה, which means *transferring*, but is commonly referred to as "carrying." This *melachah* consists of transferring objects from one domain to another. The Torah forbids a person to transfer an object on Shabbos from an area defined in *halachah* as a private domain [רְשׁוּת הַיָּחִיד] to one defined as a public domain [רְשׁוּת הָרַבִּים], or vice versa. It also forbids moving an object a distance of four *amos* (approximately seven feet or 2.1 meters) within a public domain. Under Rabbinical law, the same restriction applies to transferring between either a private or public domain and a *karmelis* (i.e. a limited public domain, such as a thoroughfare that is not widely traveled), and to moving an object four *amos* within a *karmelis*.

The *melachah* of הוֹצָאָה applies on Yom Tov. Thus, although "carrying" is in many instances permitted, as we shall see shortly, there are numerous instances in which it is prohibited.

I. Purposes for Which Carrying Is Permitted on Yom Tov

A. Matters Pertaining to Food Consumption — אוֹכֶל נֶפֶשׁ

The most basic purpose for which carrying is permitted on Yom Tov is that of *ocheil nefesh*. It is permitted to carry food on Yom Tov to a location where one needs it.[1] For example, one may borrow food from a neighbor and carry it home. [See Chapter 31 for laws of borrowing on Yom Tov.] Similarly, on Succos one may carry his Yom Tov meal from his home to a *succah* across a public domain.

---

1. ש״ע סי׳ תקי״ח ס״א.

B. Other Yom Tov Needs

The principle of *mitoch* (*Since it is permitted for the purpose of preparing food it is permitted for other purposes as well*; see Chapter Three) applies to the *melachah* of carrying.[2] Thus, one may carry an item through the public domain for the sake of any Yom Tov need. However, as mentioned in Chapter Three, *mitoch* does not permit doing *melachah* when there is no Yom Tov need.[3] Accordingly, carrying is permitted only if the item being carried will fulfill a Yom Tov need or will enhance one's enjoyment of the festival (*simchas Yom Tov*).

Nevertheless, this permit is not limited to cases where one will *definitely* use the item on Yom Tov. It is permissible to carry even something concerning which there is a reasonable *possibility* that it will be needed.[4] For example, one may carry a

---

2. ש״ע שם. וע׳ בשו״ת חתם סופר או״ח סי׳ קמ״ז שהעיר אמאי שרי להוציא כלים לצורך אוכל נפש הלא זה הוי מכשירי אוכל נפש דאפשר לעשותם מבעוד יום דאסור לעשותם ביו״ט מן התורה, ותירץ הח״ס דשאני מלאכת הוצאה דכיון שהוא דמלאכה גרועה הוא אמרינן בה מתוך מאוכל נפש למכשירין. וע׳ בשו״ת אבני נזר או״ח ס׳ ת״ו שהעיר ע״ז, וע״ע בזה בספר הזכרון מבקשי תורה סי״ד.

3. רמ״א סי׳ תקיח ס״א. ובאמת נחלקו הראשונים אי בעו צורך קצת כדי להתיר איסור הוצאה. דעת רש״י בביצה דף יב. ד״ה אלא כפי שהסביר הר״ן שם בשיטתו, דגם מדרבנן אין איסור בהוצאה שלא לצורך אם אינו מוציא לצורך מחר. וע׳ בב״י סי׳ תקי״ח שהביא שיטת הפוסקים בזה ופסק כרש״י והרי״ף והרמב״ם דמותר גם שלא לצורך כלל מן התורה אך כתב שם דמדרבנן אסור, ע״ש. וע׳ בביאור הלכה ריש סימן תקי״ח שהאריך לבאר כן בשיטת הש״ע דשלא לצורך כלל עכ״פ אסור מדרבנן, עי״ש.

4. ע׳ מ״ב סי׳ תקי׳ח ס״ק י שכתב וז״ל: ודע דאף הכלים ששייכים לאוכל נפש כגון סכינים וכה״ג אם כבר גמר סעודתו ולא יצטרך עוד אליהן אסור להוליכן עמו בר״ה או בכרמלית, ויש מקילין בסכינים שמא יזדמן לו איזה פרי לחתוך בו מיהו אם ידוע לו בודאי שלא יצטרך לסכין בהליכה זו כגון שהולך לבית הכנסת וכה״ג אסור להוליכו עמו לר״ה, עכ״ל.

ולכאורה משמע מדברי המ״ב דלכל השיטות מותר להוציא דבר אף שיש ספק אם יצטרך להחפץ, אם הוא ספק המצוי. דכל הטעם של האוסרין להוציא סכין הוא משום דאחר שאדם עומד מסעודתו אין הוא רגיל לאכול עוד, ומשום שמא יזדמן לאכול פרי לא התירו לו הוצאת הסכין. אבל בספק הגיל כנראה שגם הם מודים דמותר להוציא. וע״ע בזה בשו״ת באר משה ח״ח סי׳ קפ. ובשש״כ פי״ט הלכה ב׳.

וע׳ בשו״ת שאגת אריה סי׳ קז שנסתפק אם מותר להוציא משום ספק מצוה.

raincoat in his hand on a cloudy day, because of the possibility that it will rain and he will need to wear it.

We will discuss below further particulars of the restriction of carrying items unnecessarily.

II. Items That Could Have Been Carried to Their Destination Before Yom Tov

We have learned (see Chapter Two) that even where there is a legitimate reason for permitting a *melachah* on Yom Tov (e.g. *ocheil nefesh*), it is permitted only if it could not have been performed with equal results before Yom Tov. This rule does not apply to carrying. When a need exists to carry something through a public domain on Yom Tov, it is permitted even where this could have been done prior to Yom Tov.

Rambam (*Hilchos Yom Tov* 1:5-6) explains that the general prohibition on performing *melachah* that could have been done before Yom Tov was enacted by the Sages in order to enhance the enjoyment of Yom Tov. The prohibition ensures that people will not postpone all their chores until Yom Tov and be left with no time to enjoy the festival. Festival enjoyment itself is the reason *not* to apply the prohibition to carrying. Although most objects can be carried to their destination before Yom Tov, the freedom to carry necessary items on Yom Tov itself adds greatly to people's enjoyment of the festival. Thus, even if a needed item could have been brought to its destination before Yom Tov, one may carry it there on Yom Tov.[5]

---

5. עי׳ במאירי בביצה דף יב. שכתב דהטעם דלא גזרו בהוצאה אפי׳ כשאפשר מערב יו״ט היינו משום דגבי הוצאה א״א לדעת בערב יו״ט כל מה שצטרך ביו״ט ולכן לא גזרו בזה. וע׳ בסי׳ תצ״ח ס״ב שכתב המחבר בזה״ל: יכול להוליך סכין והבהמה אצל טבח לשחוט וכו׳ ואע״פ שהיה אפשר להוליכם מאתמול, עכ״ל. וע׳ במ״ב ס״ק י׳ וז״ל: ואפי׳ לדעת היש מחמירין לעיל בס׳ תצ״ה ס״א (ר״ל דאם אפשר מאתמול אסור לעשות המלאכה ביו״ט) לענין הוצאה אין להחמיר, עכ״ל. ועי״ש בשעה״צ ס״ק י׳ שהסביר בזה״כ: דלענין הוצאה אמרינן מתוך שהותרה הוצאה לצורך הותרה נמי שלא לצורך ובלבד שיהיה בה צורך היום קצת, עכ״ל. ולכאורה דברי השעה״צ צריכין עיון דהא גם במלאכת בישול אמרינן מתוך ואף על פי כן אמרינן דאם אפשר מאתמול אסור לבשל ביו״ט בלי שינוי.

III. Cases in Which Carrying Is Prohibited on Yom Tov

A. Items That Will Be Needed the Next Day

It is forbidden to transport to a different domain anything that is not needed there on Yom Tov. We have learned (see Chapter Four) that the two days of Yom Tov in the Diaspora are considered separate entities in the regard that it is forbidden to perform any *melachah* on the first day for benefit on the second day. Thus, on the first day, one may not transport anything that will not be needed in its new location until the next day. Since the new day begins at nightfall, one may not carry anything in the afternoon if it is needed only after nightfall.

For example, one who was invited somewhere for the second Pesach *seder* may not carry items that he needs for the *seder* (e.g. a *haggadah* or *kittel*) to that location on the first day of Yom Tov. Similarly, one who was a guest for the first *seder* may not carry such items home in order to have them available there for the second *seder*.[6] [However, *wearing* a *kittel* in a public domain is always permitted.]

Certainly, one may not carry anything on Yom Tov if it will be needed only on a weekday.

B. Items That Have Already Fulfilled Their Purpose

If an item was carried somewhere on Yom Tov and used to fulfill a certain need, it may not be carried back to its original location if its use is not needed there on that day. Storing the item is not considered a Yom Tov need and does not justify carrying it through a public domain. Thus, in the case mentioned above, carrying a *haggadah* or *kittel* home for storage after the *seder* is not permitted.

◆§ Exceptions

In a situation where an item is needed in a certain location for

---

6. כן נראה פשוט וכ״כ בשו״ת ויברך דוד חלק א׳ סימן ס.

the performance of a mitzvah, and one's inability to bring it home after using it might discourage him from taking it to perform the mitzvah in the first place, one is permitted to carry it home after doing the mitzvah even though there is no longer any Yom Tov need. This principle is known as הִתִּירוּ סוֹפוֹ מִשּׁוּם תְּחִילָּתוֹ, *They permitted the end* (i.e. carrying the object home) *on account of the beginning* (i.e. performing the mitzvah).[7]

For example, a *lulav* and *esrog* are needed in shul on Succos — as one is supposed to shake them while reciting *Hallel* — but people would not leave them in shul, for fear that they might be stolen or ruined. If it was forbidden to carry the *lulav* and *esrog* home, people might refrain from bringing them to shul altogether and would thus be restrained from performing the mitzvah properly. To ensure the performance of the mitzvah, it is permitted to carry the *lulav* and *esrog* home from shul even though there is no longer a Yom Tov need for them.

However, if on the way home from shul one stopped at a house where his *lulav* and *esrog* would be safe (e.g. he visited a relative or friend), he is not permitted to carry them home from

---

7. מ״ב סי׳ תקי״ח ס״ק ו. וע׳ בשו״ת ויברך דוד חלק א׳ ס׳ שכתב בענין זה וז״ל: דרך אגב נסתפקתי אי הא דהתירו סופו משום תחלתו הוא רק דחוי׳ או הותרה, ונפק״מ אם יש מקום לבע״נ להחמיר על עצמו ולא להביאו לביתו אף שיש חשש שיגנבוהו משם ויש להביא כדמות ראי׳ דיש לבע״נ להחמיר עפמש״כ השלה״ק מובא להלכה במג״א (סי׳ תנ״ג סק״ג) דלפמש״כ הפוסקים הטעם דלא גזרו לאסור שאר עינויים בכל תענית ציבור משום שהוא גזירה שאין רוב הציבור יכולין לעמוד בו א״כ לפי״ז יש לבעל נפש להחמיר בדבר, ועמג״א סוס״י ש״א, ובכלל יש ראשונים דלא ס״ל היתר זה של התירו סופו משום תחלתו כמבואר במעשה רוקח (לבעל הרוקח הל׳ יו״ט אות צ״ח) עכ״ל.

וע״ע בזה בשו״ת משנה שכיר ח״ב סי׳ קל״ח. ובערוך השלחן סי׳ תקי״ח ס״ו.

ולכאורה צריכין להבין דלפי שיטת הראשונים שהוצאה שלא לצורך היום הוי איסור מן התורה איך התירו הרבנן להתיר סופן משום תחילתן על איסור דאורייתא. ועי׳ בספר הלכות המועדים פ״ה הערה 22 וז״ל: ואפשר דהפירוש הוא דכיון שבלאו הכי לא יוציא הרי זה נחשב לכתחילה כצורך ההוצאה עכ״ל. ולכאורה לפ״ז ההיתר לא התירו סופן משום תחילתן שייך אפי׳ בדבר שאינו מצוה. וכ״כ באמת בעטרת זקנים בש״ע סי׳ תקי״ח.

אמנם עי׳ בספר ברכת אברהם עמ״ס ביצה דף יב. וז״ל: ברא״ש התיר להחזיר המחזור מבית הכנסת דהתירו משום תחילתו. ובגמרא (יא:) שלשה דברים התירו סופן משום תחילתן, ואין אפשר להוסיף עליהן בלי ראיה מן הש״ס, וצע״ג עכ״ל.

there.[8] Since they will definitely not be stolen or damaged in his relative's or friend's private home, the basis for permitting the end (carrying the object home) on account of the beginning (performing the mitzvah) no longer exists.

If, however, a family member at home has not yet fulfilled the mitzvah, one may bring the *lulav* and *esrog* home for the sake of that person's need.[9]

If it would cause great discomfort to retrieve the *lulav* and *esrog* before going to shul on the second day of Yom Tov, one should consult a halachic authority.[10]

---

8. בשאלה זו העיר הגאון ר' משה שטרנבוך שליט"א בספרו שו"ת בספרו תשובות והנהגות ח"ב סי' שמח, וז"ל: אמנם ראיתי הרבה אברכים כאן שמוזמנים להוריהם או לחותניהם ואוכלים סעודת היום וחוזרים לעת הצהרים או סמוך לערב עם הד' מינים ומוציאים, בשעה ההיא לא שכיח כלל אנשים שלא בירכו עוד, וא"כ אפילו בהיתר הואיל לא שרי כה"ג, וצ"ע טובא על מה סמכו, אף אם נימא שברה"ר דידן אינו אלא כרמלית. וכ"ש שהרחובות כאן רחבים ט"ז אמה והוי רה"ר דאורייתא לכמה מגדולי הפוסקים. רק מענה בפיהם שבלאו הכי יגנבו והוה צורך שהתירו סופן משום תחלתן, וכעין זה במ"ב תקי"ח (ס"ק ו') שהתירו במחזורים מחשש גניבה שהתירו סופן משום תחלתן, והדבר צ"ע אם להתיר סמוך לערב שלא שייך כ"כ הואיל כיון דאז יש חשש דאורייתא, ואפשר דמה שהתירו סופן משום תחלתן היינו רק בבוקר דשייך הואיל שכה"ג נראה שאינו אלא בדרבנן, וצ"ב, עכ"ל.

9. ש"ע סי' תקי"ח ס"א וביאור הלכה סי' תקי"ח ס"א ד"ה הצריכים שכתב דה"ה שמותר להוציא בשביל מצוה דרבנן. וכבר ידועה שיטת השאגת אריה בסי' ק"ו וק"ז שאסור להוציא שופר או לולב בשביל קטן, וכל שכן בשביל נשים שאין עליהן חיוב כלל. אמנם מנהג העולם להקל בזה, ע' בקצה המטה ס' תקפ"ט ס"ק ה.

וע' באחרונים שפלפלו בדברי השאגת אריה והם בשו"ת יוסף אומץ סי' פ"ב, ובשו"ת אג"מ או"ח ח"ג סי' צ"ד. וע"ע בזה באז נדברו חי"ג סי' לח.

10. ועיין בעם התורה מהדורא ב חוברת ג שהגאון ר' חיים פינחס שיינבערג שליט"א הקיל בזה, וז"ל: דע' ברמ"א באו"ח סי' תקי"ח ס"א דהוצאה מותר כשמתריא שלא יגנובו או שאר פסידא, והנה בניד"ד, בודאי מותר לרמ"א דכל שלבו דואג ומצטער מותר, דהרי הכא מצער על זה שצריך למחר לחזור אחריהם בבית הוריו, ואף שאינו מותר לצורך המצוה דלמחר, מ"מ מותר מחמת הצער של היום.

ב. ובנוגע לחולקים על הרמ"א, הרי לשון המ"ב רק דנכון להחמיר, ולא הכריע בבירור, ועיי' בערוה"ש ס"ק ד' דהעולם נוהגין היתר, וא"כ ברה"ר דילן כשאינו אלא כרמלית, נראה דאפשר להקל בשעת הצורך.

ג. ועיין עוד בערוה"ש שם וז"ל: אמנם דבר שיש צורך יו"ט כמו טליתים וסידורים ומחזורים ושארי ספרים פשיטא שמותר לישא אותם לביהכ"נ, וגם ליטלם בחזרה לביתו, ואף שבביתו א"צ להם, התירו סופן מפני תחילתן, דאל"כ לא יקחם כלל

IV. Carrying to Prevent Distress or Financial Loss

A. Items That Are Not Needed on Yom Tov

Some Poskim permit carrying an unnecessary item on Yom Tov in order to relieve the anxiety that it might be lost if left behind.[11] One example of this rule involves the case of a person

---

לביהכ״נ, ע״כ. ונראה שלולב אינו גרוע משאר ספרים וצורכי יו״ט, וא״כ מותר להחזירם לביתו לכו״ע.

ד. [ואולי יש לצרף נמי הסוברים שמתוך הותרה לגמרי ועיי׳ ברש״י בביצה יב, ובס׳ מלאכת יו״ט מסי׳ א׳ ואילך]. עכ״ל. וע׳ בהלכות המועדים פ״ה הערה 25 שכתב וז״ל: אמנם אם גם זה גורם לו טורח גדול לבוא אח״כ לקחתו מבית חבירו, ויבוא להמנע משום כך מלהוציא, מותר להחזירו לביתו, עכ״ל.

ומה שהציע השאול שם דיש עצה דאחר שיבאו לביתם שוב יקחו הד׳ מינים ובאופן כזה הרי הוצאתם לצורך מצוה. ראיתי בספר הזכרון מבקשי תורה דף תנד (לב) שכן סובר שהגאון ר׳ יוסף שלום אלישיב שליט״א והביא שם שכ״כ החזון יחזקאל בביאורו על התוספתא פ״ב דסוכה הי״ב.

11. הרמ״א בסי׳ תקי״ח ס״א סובר דהוצאה מותר ביו״ט גם משום שלא יפסיד ממון או שלא יגנבו. והמ״ב בס״ק ו׳ כתב בזה״ל: שלא יגנבו אם ישאירם במקומן אף שאינם כלים הראוים לאוכל נפש, ומטעם זה מותר ג״כ להוציא מפתח של התיבה שמונח שם מעותיו אם ירא להניחו שם בביתו דכיון דלבו דואג ומצטער ע״ז חשיב הוצאת המפתח צורך עונג יום טוב וכן פסק הב״י והגר״א, עכ״ל.

וע׳ בערוך השלחן סי׳ תקי״ח סוף ס״ב וז״ל: ודבר זה מפתח של כלים אסור מפורש בירושלמי בפ״א הלכה ז והרא״ש הביא תשובת הגאונים בפ״א דהוצאה שלא לצורך אכילה ושלא לצורך תכשיט כגון אותן שיוצאות במפתחות קשורות באיזוריהן, שלא כדין הם עושין ואסור לעשות כן פסקו ההלכה בשתי ישיבות, עכ״ל. ולפ״ז יש לתמוה על רבינו הרמ״א שכתב בס״א דכלים הצריכים לו קצת או מתיירא שלא יגנבו או שאר פסידא מותר עכ״ל, ואיך התיר בשלא יגנבו והרי הירושלמי והגאונים אוסרים לישא מפתח של כלים, וכבר תמהו עליו בזה. אך להיפך יש להתפלא כיון דאמרינן בהוצאה מתוך ורק בעינן צורך קצת למה אין זה צורך קצת כשמתיירא שלא יגנבו, וזה שאמרו הגאונים דכל שאינו צורך אכילה וצורך תכשיט אסור מנ״ל לומר כן. וע״ק לי מתוספתא פ״א דתניא אמר רשב״ג מודים ב״ש לב״ה שמולכין כלים מליאים לצורך ריקנים למלאותן, על מה נחלקו על ריקנים שלא לצורך שב״ש אוסרין וב״ה מתירין, הרי דב״ה מתירין ריקנים שלא לצורך ונהי דנאמר דהכוונה שיש בה קצת צורך מיהו וודאי לאו צורך אכילה דבהא לא פליגי ב״ש, אלא וודאי בכה״ג כמו שלא יגנבו או ענין אחר שאינו צורך אכלה ותכשיטו וודאי לא שייך בכלים ועכ״ז התירו ב״ה עכ״ל. ולבסוף מסיק הערוך השלחן דזה שבירושלמי תני דאסור אינו משום איסור הוצאה אלא משום עובדא דחול, דזילותא הוא לטלטל מפתח בידו, ועיי״ש שמסיק דהעולם נוהגין היתר גם

staying in a hotel who has a valuable item that he is afraid to leave in his room when he goes out. These Poskim permit the person to carry the item with him when he leaves the hotel on Yom Tov, in order to alleviate his worry. They consider easing one's anxiety to be a Yom Tov need. Other Poskim, however, rule that since the item itself is not needed elsewhere, carrying it is not a legitimate Yom Tov need. They therefore forbid carrying the item for the mere purpose of preventing anxiety.[12]

In practice, one should follow the stringent view.[13]

However, there are two important points upon which both opinions agree:

1) Carrying to relieve anxiety is permitted by the lenient Poskim only in the absence of other alternatives. Therefore, it is forbidden to carry the object if it can be hidden or given to

---

בזה. וכ״כ בספר מנחת יו״ט סי׳ צ״ח ס״ק קכה שמנהג העולם להקל. אמנם לכאורה דברי הערוך השלחן תמוהים, דע׳ במיארי שכתב דמותר להוציא מפתחות כדי שלא יגנבו וכתב שזה שלא בדברי הירושלמי הרי דהמאירי הבין דברי הירושלמי שלא כהערוך השלחן.

וגם מה שהקשה הערוך השלחן מדברי התוספתא דכלים ריקנים מותר להוציאם דבריו צ״ע גדול, דע׳ בראש פ״א דביצה ס׳ שהעיר מדברי התוספתא אלו, ותירוץ דמיירי שנושא הכלים ריקנים לצורך מצוה. עכ״פ הגם דהערוך השלחן טרח ליישב המנהג דבריו צריכין עיון.

12. המ״ב בסי׳ תקי״ח ס״ק י׳ כתב בזה״ל: ודע דיש כמה פוסקים שחולקים ע״ז (ר״ל דהפסד ממון נקרא צורך) וסוברין דלא הותר הוצאה אלא לצורך אוכל נפש ממש או צורך מצוה ושאר דברים השייכים לאותו יום, אבל לא בשביל הפסד ממון, עכ״ל. ולכאורה צריך ביאור למה לא נקרא הפסד צורך קצת להתיר איסור הוצאה, ואפשר לומר דהנך אחרונים סוברים דלא חשוב צורך אלא כשיש לו הנאה מגוף החפץ שמוציא אבל כשאינו נהנה מהחפץ שמוציא רק שזה גורם לו הנאה אין זה נחשב צורך [וע׳ בציון 15 מה שכתבנו בשם הגרש״ז זצ״ל].

ולכאורה יש ראיה להך אחרונים מהא דאיתא בביצה דף כה. דבהמה מסוכנת לא ישחוט אלא א״כ יש שהות ביום לאכול ממנה כזית צלי, ר״ע אומר אפי׳ כזית חי מבית טביחתה, ע״כ. ועכ״פ מבואר דאם ליכא שהות לאכול כזית אסור לשחוט הבהמה. ולכאורה לפי שיטת הרמ״א דמותר להוציא משום הפסד ממון א״כ לכאורה ה״ה יש לומר דמתוך שהותרה שחיטה לצורך אכילה ה״ה שמותר לשחוט שלא יפסיד הבהמה, ע״כ מוכח מזה דהפסד ממון לא חשוב צורך. אך אפשר לומר דזה שהרמ״א שמתיר להוציא כדי משום שלא יגנב זהו דווקא בהוצאה, דהוצאה הוא מלאכה גרועה כמבואר בראשונים, וע׳ במחצית השקל סי׳ תצ״ח ס״ק ג.

13. מ״ב סי׳ תקי״ח ס״ק ו׳.

someone for safekeeping.[14]

2) If the person's anxieties will prevent him from leaving his hotel room and as a result he will miss his Yom Tov meal or another significant aspect of Yom Tov enjoyment, the stringent Poskim concede that carrying it is considered a Yom Tov need and is permitted.[15]

B. Items That Are Needed on Yom Tov

All authorities agree that one is permitted to carry on Yom Tov in order to prevent the loss of an item that will be needed that day.[16]

---

14. מ״ב סי׳ תקי״ח ס״ק ו׳ בשם הט״ז. ולכאורה יש להבין למה גבי הוצאה שמוציא כדי שלא יגנבו קי״ל דיש לחפש אחר עצות שלא יצטרך להוציא, הא בכל המלאכות שמותרת ביו״ט מותר לעשותם בכל אופן שירצה. ולכאורה אפשר לחלק עפ״י מה שכתב הגאון ר׳ שלמה זלמן זצ״ל בספרו מאורי אש דף ו. שהצורך צריך להיות דווקא צורך חיובי, כגון באוכל נפש כשצריך את המאכל, או גבי הוצאה כשצריך ספר ללמוד בו, ולא כשהצורך הוא רק ביעור וכילוי, עי״ש. וא״כ אולי ה״ה בהוצאה שעושה רק לסלק דאגתו ואינו צריך לגוף החפץ דבזה צריך לחפש אחר עצות שלא להוציא, אמנם עדיין צ״ב.

15. כן נראה. וכן פסק בשו״ת ויברך דוד או״ח סימן ס״א, וז״ל: עוד זאת נראה דמי שאם לא נתיר לו להוציא המפתחות של ביתו יצטרך לישאר בביתו מפני פחד גניבה אז מותר לו להוציא מפתחות דזה עצמו חשוב צורך היום שיהא יכול לילך לחוץ, דומה למש״כ הרא״ש הובא להלכה בש״ע הרב דהרוצה לילך לחוץ ויש לו תינוק בביתו וא״א לו להניח יחיד בביתו מותר להוציא עמו. וכן פסק בספר הלכות המועדים פ״ה דיני הוצאה הלכה ד׳ ועי״ש.

16. מ״ב סי׳ תקי״ח ס״ק ה. ועיין בשו״ת ויברך דוד או״ח סי׳ ס״א, וז״ל: אמנם בעיקרא דמלתא אולי שייך לומר דבשו״ע לא דיברו אלא ממפתחות של תיבתו שיש שם ממונו בזה נחלקו הפוסקים אי מותר, אבל בנידונינו שהמדובר ממפתחות ביתו, יש להקל להוציא המפתחות כדי שיוכל לסגור אחריו דלתי ביתו כשהולך חוצה ולא יוגנבו חפצי ביתו, וזה חשוב לצורך כיון שיש לרוב בני״א בביתם חפצים שהוא צריך להם ליו״ט, כגון כלי כסף וכלי זהב שהדרך להשתמש בהם לצורך סעודת יו״ט (ע׳ רשב״א ור״ן ביצה י״ב), וכן תכשיטי וקישוטי נשים (עמג״א) מורה שעות וכדומה, חפצים שמשתמש בהם ביו״ט והם צורך היו״ט ממש, ואם לא יסגור ביתו יכולים לגונבם, נמצא דהוצאות המפתחות הוו צורך היום, עכ״ל.

ובאמת יש לצרף כאן גם את שיטת הערוך השלחן שהבאנו בציון 12 שמעיקר הדין סברינן כשיטת הפוסקים שצורך הפסד מיקרי צורך יו״ט, עי״ש. אמנם בשלחן ערוך הרב ס״א מבואר דאפי׳ אם הוצאת המפתח הוא בשביל שלא יגנבו אוכלים או שאר צרכי היום שלכתחילה צריכין לחפש אחר עצות ולא להוציא המפתח דז״ל בסי׳ תקי״ח ס״א אבל אם מונחין בתוכה אוכלין ומשקין הצריכים לו בו ביום או בגדים ותכשיטין הצרכים

The common illustration of this is the rule that one may carry a house key, since locking the house protects Yom Tov necessities from theft. [Another reason for permitting the carrying of a house key is that the inability to lock one's house might prevent a person from leaving home altogether, and this would infringe upon the enjoyment of Yom Tov.]

It is important to note, however, that it is permitted to carry a key only where this is actually necessary. If someone else is at home who is readily available to unlock the door, one may not carry a key. Similarly, if one has installed a combination lock with which he can secure the door, he should use that lock rather than carry a key to a different lock.

C. Removing Trash

It is permitted to remove trash from one's home to alleviate the discomfort or inconvenience that its presence creates. If it is possible to store the trash until after Yom Tov within an area enclosed by an *eruv* (e.g. a backyard), one should leave it there and not take it out to the public domain. When this is not feasible (e.g. the trash will cause discomfort even if left in the yard), one may take it out to the public domain.[17]

לו בו ביום מותר להוליך עמו המפתח אם א״א לו להניחו בביתו שאין שם אדם נאמן לו, עכ״ל. ובפנים כתבנו כהמ״ב.

17. מקור הלכה זו לכאורה הוא במ״ב סי׳ תקי״ח ס״ק ו׳ וז״ל: ודע דיש כמה פוסקים שחולקים ע״ז וסוברים דלא הותר הוצאה אלא לצורך אוכל נפש ממש וכו׳ אבל לא בשביל הפסד ממון, ונכון להחמיר כמותם, ובפרט במקום שיוכל למסור הכלים או המפתח למי שהוא נאמן לו בביתו, עכ״ל. ומבואר מדבריו דהוצאה לסלק דאגתו יש למנוע לכתחילה. ולכאורה ה״ה בהוצאת אשפה חוץ לעירוב שהרי מטרת הוצאתו אינה אלא להסיר המיאוס. אמנם כשא״א ובאופן אחר פשוט דמותר. והסכים לי בזה הגאון ר׳ ח.פ. שיינבערג שליט״א וע״ע בזה בציון 12 [אמנם לכאורה יש מקום לחלק בין הוצאת מפתח להסיר דאגתו דהתם אין ברצונו שהמפתח יהי׳ בחוץ ולא משנה לו אם המפתח בחוץ או בפנים ועיקר רצונו שלא יפרוץ גנב לביתו משא״כ הכא רצונו שהאשפה יהי׳ בחוץ דוקא וצ״ע].

אמנם ראתי בספר נטעי גבריאל שכתב לדבר בפשיטות שמותר להוציא פחי האשפה לרחוב ביו״ט, ודבריו צ״ע.

וע׳ בספר הזכרון מבקשי התורה ח״א סי׳ מט דף רעא וז״ל: מרן הקהלות יעקב אמר שנוגע להוציא פח אשפה החוצה ביו״ט, או לזרוק קליפות החוצה ביו״ט אם זה נקרא הוצאה לצורך קצת, או להוצאה שלא לצורך מסתבר שמותר, עכ״ל.

When the local sanitation schedule calls for trash to be collected on Yom Tov, it is generally forbidden to move garbage bins from one's property to the street for collection, since having them emptied provides no benefit on Yom Tov itself. [This would be permitted, however, in a case where it is necessary to create room in them for additional trash that will be generated *that day*, or they are overflowing to the extent that their mere presence on one's property is a source of discomfort.] In normal circumstances, it is advisable to move the bins to the street before Yom Tov. When additional trash is generated on Yom Tov and cannot be left in one's domain, one will be permitted to carry it out to the bins.

D. One Who Carried Outdoors Inadvertently

If a person discovered something in his pocket while walking in a public domain or *karmelis* on Yom Tov, and the object is a valuable one, he may continue carrying it until he arrives at a place where he can safely leave it. If the object is not a valuable one, he should not carry it any further.[18]

V. Carrying More Items Than Necessary

We have learned previously (see Chapters Four and Eleven) that when the performance of a *melachah* is permitted one is allowed to be מַרְבֶּה בְּשִׁיעוּרִים, *to increase the amounts* with which he does the *melachah*, provided certain conditions are met. These are: (1) All the *melachah* must be done with one act; (2) no significant additional exertion is involved; and (3) one does not say that one is doing *melachah* with the additional amount for the next day's use.

Based on this principle, when one needs to carry items such as tissues or diapers, he may take an entire package, even though he will use only some of the contents.

☙ Exclusion

According to some authorities, the principle of *increasing the*

---

18. שו״ת באר משה ח״ח סי׳ קסג.

amount applies only when carrying a greater quantity of the same item. It is forbidden to carry a *different* unnecessary item together with a needed item, even without any additional activity.[19]

With respect to keys, for example, the rule of *increasing the amount* provides a dispensation for carrying duplicates of the permitted key, but not for carrying different keys. Therefore, although it is permitted to carry house keys, any additional keys on one's key ring that are not needed for Yom Tov may not be carried. This includes, for example, car keys, office keys and keys for interior doors, which can be left at home. One is required to remove all of these keys from the key ring before going outside.

VI. Summary of Laws

◆§ The *Melachah* of הוֹצָאָה

- The Biblical *melachah* of "carrying" consists of transferring an object from a "private" domain to a 'public' domain and vice versa, or moving an object four *amos* in a public domain.
- Rabbinically, the *melachah* also consists of transferring from either type of domain mentioned above to a *karmelis* and vice versa, or moving an object four *amos* in a *karmelis.*
- This *melachah* applies on Yom Tov, so that carrying is in many instances prohibited.

◆§ Carrying That Is Permitted on Yom Tov

- It is permitted to carry objects from one domain to another, or four *amos* in a public domain or *karmelis,* for the sake of *ocheil nefesh.*

---

19. שו״ת אג״מ או״ח ח״ב סי׳ ק״ג, ובשו״ת או״ח ח״ה סי׳ ל״ה. וכנראה שזהו דעת הגרש״ז אויערבאך זצ״ל הובא בששכה״כ פלג הערה צב. וע״ע בזה בפרק ०० ציון ००. אמנם יש פוסקים שחולקים וסוברים שההיתר של ריבוי שעורין שייך אפי׳ בדבר שאין לו צורך ביו״ט, עי׳ בשו״ת מנחת יצחק ח״ח סי׳ ל ובשו״ת באר משה ח״ג סי׳ צ״ג. וכן פסק הגאון ר׳ יוסף שלום אלישיב שליט״א הובא בספר הזכרון מבקשי תורה סי׳ מ״ט פ״י.

15: TRANSPORTING

- Carrying is also permitted for the sake of other Yom Tov needs, under the principle of *mitoch*.
- Even something that could have been brought to its destination before Yom Tov may be carried on Yom Tov.

☙ Carrying That Is Prohibited on Yom Tov

- It is forbidden to carry objects from one domain to another, or four *amos* in a prohibited domain, for the purpose of having it there the next day — even if the next day is Yom Tov.
- An object that was needed on Yom Tov and has fulfilled its purpose may not be carried back to its original location for storage.
- If the object is used for the performance of a mitzvah (e.g. a *lulav*) and one's inability to bring it home might prevent him from taking it to do the mitzvah in the first place, due to concern for its loss, he may bring it home after using it — even if it is not needed there that day. However, if on his way home he enters a house where he can safely leave it, he may not take it home from there.

☙ Carrying to Prevent Distress or Loss

- It is a matter of dispute whether one may carry an unnecessary object on Yom Tov in order to alleviate the concern that it might be lost if left behind. In practice, we are stringent concerning this matter.
- If the object can possibly be hidden safely, all agree that it may not be carried.
- If it cannot be hidden and the concern for its loss will prevent the person from having his Yom Tov meal or another basic Yom Tov enjoyment, all agree that it may be carried.
- It is certainly permitted to carry in order to prevent the loss of something that is needed on Yom Tov (e.g. carrying a house key to prevent the loss of Yom Tov necessities in the

house). However, if the loss can be averted in another way (e.g. the house has a combination lock), this carrying is forbidden.

- It is permitted to remove trash from one's home on Yom Tov to alleviate discomfort. When necessary, the trash may be taken to a bin that is in the public domain.
- It is forbidden to carry trash bins out to the street on Yom Tov for sanitation pickup, unless there is a specific need to have the bins emptied *that day*. The bins should be taken out to the street before Yom Tov.
- One who discovers a valuable object in his pocket while in the public domain may continue carrying it to a safe location, but if the object has little value he should carry it no further.

◆§ Carrying More Than Is Necessary

- When carrying a necessary item on Yom Tov, it is permitted to *increase the amount* that one carries (provided no additional act of *melachah* or extra effort is involved and one does not publicize one's intent).
- However, this allows only carrying an additional quantity of the very same item (e.g. extra diapers), but not additional *different* items (e.g. the various keys on a ring).

VII. Practical Applications

A. Watches

It is permitted to wear or carry any type of watch on Yom Tov, because knowing the time is considered a Yom Tov need.[20]

---

20. בכן איש חי, הובא דבריו בכף החיים סי׳ תקי״ח סק״ט כתב בזה״ל אבל כלי המורה שעות מותר לשאת אותו לכו״ע שזה יש לו בו צורך בכל עת. ודברים אלו שייכים גם בנשים כמו באנשים, עכ״ל. וע׳ בשדי חמד אסיפת דינים מערכת יום טוב ס״א אות א וז״ל: אם מותר לצאת ביו״ט בכלי המורה שעות המונח בחיקו, מי חשבינן צורך קצת דצריך לידע זמן הסעודה וכיוצא או לא כיון דיכול לשער בדעתו נסתפק בזה גאון עוזנו

B. Mitzvah-Related Items

It is permitted on Yom Tov to carry any item that is needed in order to fulfill a mitzvah, such as a *shofar, lulav,* or *sefer.*[21] However, after the mitzvah has been done, one may not carry the item home, unless it is in an unsecure location. When it is in a secure location, it may not be carried home even if it is needed for use on the next day of Yom Tov, because the performance of *melachah* for the next day's use is prohibited.

We will now elaborate on specific examples of this category.

1. *Tallis*

Although it is permitted to carry a *tallis* to shul,[22] it is forbidden to carry the *tallis* home, since there is no longer a need to wear it that day. In the event there is no secure location for it in the shul and it might be lost if left there, one may carry it home, based on the principle of הִתִּירוּ סוֹפוֹ מִשּׁוּם תְּחִילָּתוֹ, *They permitted the end* (i.e. carrying the object home) *on account of the beginning* (i.e. performing the mitzvah).

It is common for people to attend a different shul the second day of Yom Tov than the first day. This does not permit one to carry his *tallis* home the first day, since he would be performing a *melachah* for the next day. In such a situation, he should wear the *tallis* home.

2. *Machzor*

It is permitted to carry a *machzor* to shul. As for carrying it

---

הרב חינא וחסדא ומסיק דצד ההיתר נראה. ועל כיוצא בזה אמור רבנן במערבא כל מקום שהלכה רופפת בידך פוק חזי מאי עמא דבר, ועינינו הרואות שלמים וכן רבים בני ישראל יוצאים בכלי הנזכר ביום טוב שמעת מינה דסברוה דצורך קצת מידהא הוי, עכ״ל.

21. ע׳ ציון 10.

22. כן נראה פשוט דמותר להוציא הטלית לבית המדרש אף דאפשר לו ללבוש הטלית בביתו כיון שמתכוון ללובשו בבית הכנסת ומיקרי הוצאה לצורך מצוה שמותרת להוציא. אמנם ראתי בשו״ת ויברך דוד או״ח סימן ס׳ שנסתפק בזה עי״ש.

home, the *halachah* varies, depending upon the specific circumstances.

a) If the *machzor* is needed for that day's use at home (for example, for reciting *Kiddush*, or for a family member to *daven* from), it may be carried home.[23]

b) However, if there is another *machzor* at home, the first *machzor* must be left in shul because there is no justifiable need to bring it home.[24] If one needs this specific *machzor* at home (e.g. it is the only one with an English translation), he is permitted to carry it home.[25]

c) If one is worried about leaving the *machzor* in shul because

---

23. שער הציון סי׳ תקי״ח ס״ק יג.

24. כנראה שזהו מחלוקת אחרונים, דע׳ בשו״ת פרי השדה ח״ב סי׳ ק״ב שנשאל במי שרוצה לנדב ס״ת לבית הכנסת ביו״ט ורוצה להביאו ביו״ט דרך רשות הרבים ע״י הערמה שיקראו בו, ומסיק שם להלכה דכיון שיש בבית הכנסת ספר תורה אחר ורק קורא מס״ת החדש כדי להתיר ההוצאה אין זה נחשב צורך.

ועי׳ בספר מלאכת יו״ט ס״ק קנ״ח שכתב בזה״ל: דהנה זה ברור דלעשות מלאכה יתירה באוכל נפש מה שאפשר בלא זה ודאי אסור וכגון מי שיש לו קמח בביתו ודאי דאסור לו להביא קמח ממקום אחר דרך ר״ה כיון דאפשר לו בלא הך מלאכה אם לא כשהקמח שיש לו במקום אחר טוב יותר מהקמח שיש לו בביתו דאז ודאי מותר אבל כשהם שווים ודאי אסור דהתורה לא התירה לעשות מלאכה באוכל נפש בחנם וזה פשוט לענ״ד. אמנם ע׳ בשו״ת חלק לוי סימן קל״ו שכתב וז״ל: ואנכי מצאתי סמך וראי׳ ברורה דכל דבר שרוצים לקרות בו הוי צורך היום אע״ג דאיכא גם ס״ת אחר ממה דאיתא בביצה י״א ע״ב דר״א בר אהבה מערים ומלח גרמא גרמא והכי קי״ל גם בש״ע סי׳ ת״ק, ופי׳ רש״י לאחר שמלח זו לאכלה היום אומר חברתה ערבה עלי לאכלה היום וחוזר ומולחה, עכ״ל. משמע דאם באמת ערבה עליו לאכלה הוי צורך ממש אע״ג שהחתיכה האחרת שכבר נמלחה היא טוב וערבה כמו זו, מ״מ כיון דלדידי׳ ינעם יותר חתיכה זו, מיקרי צורך היום, אלמא דכל שאדם רוצה בדבר מיקרי לו צורך אע״ג שיש בידו להספיק את צרכו בדבר אחר המוכן לו בלא מלאכה וא״כ ה״נ כיון שהעולם רוצים לקרות היום בס״ת זה מיקרי צורך היום אע״ג דאיכא ס״ת אחר, עכ״ל.

וכן פסק בשו״ת לבושי מרדכי מהדורא תליתאי סי׳ מ״ו.

אמנם לכאורה מובאר כהפרי השדה והמלאכת יו״ט מהא דאיתא בש״ע סי׳ תק״ו ס״ז שאם יש לאדם הרבה פת נקייה אינה אופה פת אחרת. ועי״ש במ״ב בס״ק לו וז״ל: [דאסור לאפות] בין פת נקיה ובין בת קיבר דהא יש לו פת נקיה שטוב לו יותר לאכילתו, עכ״ל. וכן מבואר מהמ״ב סי׳ תק״ז ס״ק מג ובשעה״צ ס״ק סג. והא דהוכיח בשו״ת חלק לוי מדברי הגמרא גבי חוזר ומולחה. י״ל דשאני התם דהאכילה עצמה עריבה עליו טפי. משא״כ הכא דהקריאה עצמה אחת היא, ורק רוצה לקרות בזו כדי להתיר הוצאתו.

25. פשוט הוא שזה נחשב צורך.

it might be misplaced, he may carry it home.[26]

3. Carrying a *Machzor* for *Tashlich*

It is customary to recite *tashlich* on Rosh Hashanah beside a body of water. It is permitted, of course, to carry a *machzor* there for this purpose.[27] However, *tashlich* is normally recited late in the day, after *Minchah*, and afterwards the *machzor* is no longer needed until nightfall. Nevertheless, one may carry the *machzor* home, because since leaving it behind may result in a בִּזָיוֹן (disrespect) for the *sefer*, we apply the principle of הִתִּירוּ סוֹפוֹ מִשּׁוּם תְּחִילָּתוֹ, *They permitted the end on account of the beginning.*[28]

---

26. מ״ב סי׳ תקי״ח ס״ק ו׳. ולבסוף הוסיף המ״ב בזה״ל: אך המחזורים שמונחים מכבר בבהכ״נ כשאין צריך להם עוד ביו״ט נכון להחמיר אלא להחזירם לביתו ביו״ט, אפי׳ אם יש חשש גניבה, עכ״ל. לכאורה לא ברור בלשונו אם כוונתו במאי שכתב שהמחזורים מונחים שם מזמן הרבה קודם יו״ט דדוקא בבה״ג אסור להחזירים אפי׳ אם יש חשש גניבה, או דאפי׳ אם הביא המחזור מעיו״ט אסור להחזירו לביתו ביו״ט ולא מתירין משום תחילתו. וע׳ בספר אור החמה עמ״ס ביצה בהערות על השלחן ערוך וז״ל: שמלשון הגר״ז משמע דאפי׳ אם הביאם לפני יו״ט, שמבאר טעם האיסור מפני שהיה יכול להחזירו מעיו״ט ומשמעותו דכיון דהיה רק אופן להחזירו מערב יום טוב לא התירו, ורק כשהביאום ביו״ט גופא מתיר, ולכאורה כיון דמביאם לצורך תפלת יו״ט איך נאמר לו להחזירו מעיו״ט, ולשון המ״א הוא בהדיא שאם מונח שם מימים רבים ואז אסור להחיר, הרי בהדיא דא״צ שיביאנו דוקא ביו״ט אלא דרק אם מונח שם ימים רבים הרי דגלי דעתי׳ דאינו חושש מגניבה אז אסור, וא״כ אם נולדה סיבה עכשיו לחשוש מגניבה יודה מג״א דמותר, עכ״ל.

27. כן נראה פשוט, וכ״כ בספר הלכות המועדים דיני מתוך הערה 38. אמנם בספר מועדים וזמנים ח״א סי׳ ל״ד בהגה כתב דלא ברור לו הטעם דנהגו העולם להוציא ביו״ט לא רק סידורים לתפלה שאינה אלא חיוב דרבנן, אלא אפי׳ לתשליך בראש השנה שאינו אלא מנהג בעלמא. וכמה גדולי עולם לא נהגו לילך לנהר לתשליך בר״ה, וגם הספרדים לא נהגי במנהג זה ואיך נתיר הוצאה ביו״ט לצורך מנהג בעלמא. ואף אם נימא דמקיימין באמירת פסוקי התשליך מצוה קיומית דתפלה הלא בשריפת קדשים אסרינן מה״ת הבערה אף שמקיים מצוה, הרי דמצוה קיומית לא מקרי צורך להתיר מלאכת יו״ט. ולמה נהגו להתיר הוצאה אפי׳ למנהג תשליך בעלמא עי״ש.

ולא הבנתי התמיה דע׳ בשעה״צ סי׳ תקי״ח ס״ק יג וז״ל: דאם צריך לומר בביתו שירות ותשבחות לכו״ע מותר להחזירם לביתו, עכ״ל. והנה אמירת שירות ותשבחות לא הוה חיוב מעיקר הדין ואף על פי כן הוצאה מותר בשביל זה. והטעם הוא דכיון שאדם זה נוהג כן חשיב לו צורך לקיים מנהגו, ולא גרע ממי שחפץ במאכל מסוים דשרי להוציאו. ושאני שריפת קדשים שאינה צורך אדם מסוים.

28. כן נראה. ולכאורה אין להתיר להחזיר המחזור ולומר מהמחזור איזו תפלה כיון דבדרך כלל יש מחזורים אחרים או סדורים בבית הכנסת.

[See below, paragraph C, for further discussion of *tashlich.*]

4. *Seforim*

Seforim that were used outside the home may be carried back home if they will be used there. If there is another copy of the *sefer* at home, one may not carry it, unless there is a need for this specific copy.

It is common for guests to bring their own *haggados* to a Pesach *seder*. It is permissible to carry them back home only in the following situations:

a) The *haggadah* contains commentaries from which someone will learn during the day following the *seder*.

b) The *haggadah* is needed for the recital of *Bircas HaMazon* after the day meal, because there are not enough *haggados* or *siddurim* available.

5. Lulav and Esrog

The case of a *lulav* and *esrog* was discussed in detail above (Section III B).

C. Baby Carriages

Carrying a child or pushing a carriage is permitted on Yom Tov, because strolling with a child brings pleasure and is considered a Yom Tov need.[29] Likewise, it is permitted to bring anything that the child may possibly require, such as a pacifier, blanket or diapers. Any unused diapers may be carried home if there is a possibility that they will be used *that* day (i.e. before

---

29. בספר הזכרון מבקשי תורה סי׳ מ״ט כתב בזה״ל: ומרנא החזו״א זצ״ל הקפיד בביתו שלא ילכו עם התינוקות בעגלה ברחוב אפי׳ ביו״ט מפני מראית עין, שהרבה אנשים אין מבחינין בין שבת ליו״ט (ועי׳ בביצה כג:). (טעמא דקרא להגר״ח קניבסקי אות יז) ובספר ארחות רבינו (ח״ב יו״ט קסא) הביא ששמע מאחד מב״ב של מרן הקהלות יעקב זצ״ל ששאלו אם מותר ביו״ט לצאת עם עגלת תינוק כי מרנא החזו״א אסר, והשיב לו הקהלות יעקב שהיום מותר כי בזמן מרנא החוז״א האנשים עוד לא היו מודעים כ״כ להבדיל הטלטול בין שבת ליו״ט וחשבו שבשבת מה שמרנא החזו״א אוסר הטלטול זה רק חומרא בעלמא, אבל היום אכשר דרא והאנשים יודעים שיש הבדל בין שבת ליו״ט, ושמרנא החזו״א אסר ההוצאה בשבת אף שיש עירוב ויו״ט מותר ולא יבאו לטעות בין שבת ליו״ט. ולכן מותר לצאת ביו״ט עם עגלת תינוק.

nightfall). If, however, one is returning home after sunset, one is forbidden to carry any item that is not being used at *that time*, because such an item would be carried for the following day's use (as explained in Chapter Four). This situation commonly arises when returning from *tashlich*. It is advisable to see to it that one returns home before sunset.

D. House Keys

See above, Section IV B.

E. Carrying Medicine

See page 234.

16 / Marinating and Salting

On Shabbos, it is forbidden to marinate any food item in a spicy liquid (e.g. vinegar, salt water, pickle brine). This Rabbinic prohibition was enacted because marinating alters the quality of the food and is therefore comparable to cooking. Salting foods whose quality or texture can be altered by salt (e.g. common vegetables or beans) is also included in the prohibition against marinating.[1] [Another explanation is that salting is prohibited because it is comparable to the *Av Melachah* of מְעַבֵּד, *tanning*, in which salt (or a similar chemical) is used to improve the texture of hides.][2] The proper way to salt vegetables on Shabbos is either to salt one piece at a time, just before it is eaten, or to pour a liquid such as oil on the vegetables — preferably before the salting — so that the potency of the salt is diminished.

I. Marinating on Yom Tov

It is forbidden to marinate food on Yom Tov, even if one plans to eat it that day. Although food preparation is normally permitted on Yom Tov, any preparation that could be done prior to Yom Tov with the same (or better) results may not be done on Yom Tov. Marinating is included in this category, since food that was marinated the day before is even tastier than that which is marinated the day it will be eaten.[3]

---

1. ש״ע סי׳ שכ״א ס״ג ומ״ב.

2. מ״ב סי׳ שכ״א ס״ק טו בשם רש״י.

3. שש״כ פי״א הלכה ג. ועי״ש בהערה יא וז״ל: ועוד שמעתי מהגרש״ז אויערבאך זצ״ל, דמכיון שהדרך לכבוש לימים הרבה אין להתיר, עכ״ל. אמנם ע׳ בספר הלכות המועדים פי״ד הלכה ב שכתב וז״ל: כל אוכל שדרך להכינו להרבה זמן, כגון ירקות שרגילים לכובשם במלח או חומץ, אסור לכובשם ביו״ט, גם בכדי לאוכלם באותו יום, כיון שאפשר להכינם מעיו״ט, וגם לרוב הם מקבלים טעם יותר טוב אם כבשום מעיו״ט. וע״י שינוי מדרך עשייתם בכל פעם מותר, עכ״ל.

II. Salting Vegetables on Yom Tov

Salting is unlike marination in that food generally cannot be salted a day before it is eaten. Many authorities therefore state that the prohibition against salting does not apply on Yom Tov. However, there is an opinion that the prohibition against salting nevertheless applies. The Poskim write that since one can avoid the prohibition by salting in the manner that is permitted on Shabbos, one should preferably abide by the stringent opinion.[4]

However, some authorities rule that even on Shabbos the prohibition applies only to salting vegetables heavily, to a degree that is comparable to marination or the tanning of hides. Merely salting food lightly at a meal for flavor is not included in the prohibition of salting. Although one should not rely on this opinion on Shabbos, one may rely on it on Yom Tov, since as stated above many authorities permit salting outright on Yom Tov.

Practically speaking, then, one may salt vegetables lightly for flavor on Yom Tov.[5] However, if one needs to salt vegetables heavily, one should preferably:

a) Salt each piece separately; or
b) pour oil or a similar liquid on the food, preferably before the salting, so that the potency of the salt is diminished.[6]

---

4. רמ״א סי׳ תק״י ס״ז ומ״ב ס״ק כז.

5. קיצור הלכות שבת סי׳ ל״א הלכה ד׳, וז״ל: אוסרים רק מליחה שנעשית באופן שיכולים לומר שדומה לעיבוד וכו׳, אבל אין לאסור ליתן מלח באוכלים באופן שאינו דומה לעיבוד והיינו מה שמתירים ליתן מעט מלח לכל דבר ליתן טעם, עכ״ל. וע׳ בשו״ת שבות יעקב ח״ב סי׳ י״ב [הובא במנחת שבת ס״פ ס״ק צ״ג] וזה לשון השאלה: על מה סומכין העולם שמולחין אוגרקס חיין בשבת דהוי לכאורה כמעבד ואסור. וע״ז השיב השבות יעקב וז״ל ולי נראה טעם מנהגן של ישראל היא, ולדעת רש״י אליבא דחזקי׳ דהמלח לא מקרי תקון שאסור בשבת אלא היכא שמשנה טעמא, כגון צנון שחורפא לא מעלי וע״י מלח נעשה מתוקן גמור ונשנה חורפא, וכן כל דברים מרורים שנעשים מתוקנים ע״י מלח, משא״כ ביצה שאין לו חורפא או מרירות רק שמולחין כמו שמולחין כל דברים שאוכלים עם מלח לא מקרי עבוד לכן הביצה מותר, א״כ ה״ה דאוגרק״ס קלופים, עכ״ל.

6. מ״ב סי׳ שכ״א ס״ק יד. וע׳ בספר קיצור הלכות שבת סי׳ לא ס״ג שכתב דגם מים מחליש כח המלח. וע׳ בקצות השלחן סי׳ קכח בבדי השלחן ס״ק ה וז״ל: ואם לא היה לו שמן הי׳ יכול לתת מים הרבה על הצנון, עכ״ל.

III. Preparing Salt Water

It is permitted to make salt water on Yom Tov without any restrictions. On Shabbos, however, one may prepare only a small amount before a meal, i.e. only what is needed for that meal, and the salt must be less than ⅔ of the mixture. When Pesach falls on Shabbos, one should prepare the salt water for the *seder* before Shabbos begins. In the event that one did not prepare it before Shabbos, one should prepare it according to the guidelines just described.[7]

---

7. ש״ע סי׳ שכ״א ס״ב.

17 / Creating a New Entity — מוֹלִיד

One area in which the *halachos* of Yom Tov are significantly more lenient than those of Shabbos is that of מוֹלִיד, *creating a new entity*, and נוֹלָד, *causing the creation of a new entity*. In this chapter we will examine these prohibitions and the laws pertaining to Yom Tov.

I. Creating a New Entity

The Sages instituted a prohibition against making something new on Shabbos, even where this does not involve any *melachah*. This prohibition, known as מוֹלִיד — *creating a new entity*, was enacted because making something new resembles *melachah*.[1] For example, it is forbidden to crush ice (or any frozen liquid) on Shabbos, because by doing so one creates a new entity: liquid.[2] The same prohibition applies to dissolving a

---

1. שבת דף נא: אין מרסקין לא את השלג ולא את הברד בשביל שיזובו מימיו וכו׳. ובדברי הראשונים נאמרו שלשה פירושים בטעם איסור זה:

א) רש״י פירש דאסור ״משום דקא מוליד בשבת ודמי למלאכה שבורא המים הללו״, עכ״ל. ובשו״ת מהרי״ל דיסקין ס״ו תמה על דברי רש״י דלאיזה מלאכה מתיחס איסור זה, הלא אין זה דומה לשום אחת מל״ט אבות מלאכות. וע׳ בספר שלחן עצי שטים במלאכת דש שכתב דאסור משום דדומה למכה בפטיש, שעל ידי ריסוק הברד גומר בריאת המים, עיי״ש.

ב) הרמב״ם הביא הלכה זו בפכ״א מהל׳ שבת בין שאר הלכות סחיטה, וכתב במגיד משנה דמשמע מזה דטעם האיסור הוא משום גזירה שמא יסחט פירות, דהואיל ושלג וברד למימיהן הם עומדים דומים לפירות העומדים למשקה, ולפיכך אסרו חכמים לרסקן כדי להוציא מימיהן. ועי׳ בחי׳ הרשב״א סוף פ׳ במה טומנין שג״כ כ׳ כסברא זו.

וכתבו הרשב״א והר״ן דבין אם טעם האיסור משום דדמי למלאכה, ובין אם הוא גזירה אטו סחיטת פירות אין האיסור אלא לרסק בידים, אבל מותר ליתן השלג והברד בחמה או אפילו כנגד המדורה אע״פ שנימוחין שם.

ג) שיטת בעל התרומות, הובא בראשונים סוף פ׳ במה טומנין, דאסור ליתן שלג וברד כנגד המדורה או בחמה מפני שנימוחין שם, אע״פ שנימוחין מאליהן ואינו מרסק בידים.

2. ש״ע סי׳ ש״ב ס״ט.

frozen item by other methods, such as pouring hot water over it,[3] shaking, rubbing or stirring.

Some Poskim rule that on Yom Tov this prohibition applies chiefly if one creates something that did not previously exist at all. For example, it is prohibited to strike a match to create a flame, even for the sake of cooking food for the Yom Tov meal. Merely changing something from one form to another, such as a solid to a liquid or vice versa, is permitted for the sake of a Yom Tov meal.[4] The following are some practical applications of this rule:

A. Pouring Hot Water Over Congealed Gravy

If one needs to clean a pot in order to cook food for Yom Tov in it, one is permitted to pour hot water over any congealed gravy that is inside it, although one thereby dissolves the gravy

---

3. מ״ב סי׳ רנ״ג ס״ק ק.

4. שש״כ פי״ב הערה כט, וז״ל: וכן שמעתי מהגרש״ז אויערבך זצ״ל, שהרי מותר לטגן שומן ביו״ט ואין חוששין למוליד ונולד, וה״נ שאין צריכים להחמיר ולהצריך דוקא הכנסת הקדירה לתוך המים, אלא שרי להדיח כלים שנדבק בהם שומן, ורק המצאת אש והולדת ריח הוא דאסור, עכ״ל.

ובתיקונים ומלואים הוסיף הגרש״ז זצ״ל, וז״ל: למחוק מ ״וגם נראה לכאורה שמותר״ עד אחרי ״במכשירין שא״א מאתמול״. שם אחרי ״ורק המצאת אש והולדת ריח הוא דאסור מפני שנראה כעושה דבר חדש. ואפילו להט״ז בריש סי׳ תק״ב שאוסר מוליד גם לצורך או״נ היינו דוקא מפני שלא התירה התורה מלאכת או״נ רק לשנות את הדבר ממה שהיה ולא להוליד דבר חדש, אבל כל זה דוקא כמו המצאת אש ביו״ט שהוא כעין יש מאין, משא״כ להפשיר שומן שפיר מותר, כמו שמותר לאפות ולבשל, ומותר באו״נ ובמכשירין שא״א מאתמול עכ״ל. וע״ע בזה בשו״ת מחזה אליהו סימן סא ס״ק ה. אמנם בשש״כ בפרק י הלכה ג כתב דיש איסור נולד ומוליד ביו״ט, וזה שלא כהגרש״ז זצ״ל. ויש פלא בזה, דע׳ בפניני המאור מכתבי הגרש״ז זצ״ל דף תעא, וז״ל השאלה: בשמירת שבת כהלכתה ס״י משוה דין הפשרת קרח ביו״ט לאסרו כמו בשבת, והדבר צריך ביאור, דהרי ידוע בירושלים עיר הקודש שנהגו לטגן ביום טוב בשומן שהם קרושים דעל ידי הטיגון הוא ממיסם, ולא שמענו מי שיאסרו משום נולד. וע״ז השיב הגאון ר׳ שלמה זלמן זצ״ל: נלענ״ד דשומן ביו״ט חשיב כתפוח אדמה וכדומה שאינו נאכל כשהוא חי, ולכן כמו שמותר לבשל תפוחי אדמה כך גם מותר לטגן ולבשל בשומן ביום טוב, משום דחשיב רק כאוכלא דאפרת. מה שאין כן קרח שהוא לא אוכל ולא מקשה מסתבר דאין לחלק בזה בי שבת ליו״ט וחשיב כמוליד משקה מדבר שהוא לא אוכל ולא משקה עכ״ל. ומבואר מדבריו דבאמת יש איסור נולד ביו״ט ודלא כדכתב בשש״כ בשמו, ויש ליישב, ואכמ״ל בזה.

and creates a new liquid entity. Since one does not creat a new substance by doing so, but merely changes the form of the gravy from solid to liquid, it is permitted for the sake of that day's meal. This is similarly permitted for the sake of cleaning a plate that is needed for a meal on that day. However, this is forbidden when the pot or plate is no longer needed for that day's use.

B. Whipped Cream

It is permitted to discharge whipped cream from a pressurized can on Yom Tov, even though this is tantamount to manually transforming the liquid cream into a solid whip.

C. Making Juice From Concentrate

On Yom Tov, it is permitted to stir or crush frozen concentrate to make juice.

II. Causing the Creation of a New Entity

On Shabbos, it is forbidden not only to create something new, but even to *cause* the creation of a new entity. Thus, one may not place frozen liquids near a flame (or other hot area) on Shabbos, because doing so causes them to melt and results in the creation of a new entity.[5]

On Yom Tov, however, this prohibition does not apply in regard to the preparation of food items for that day's use. Therefore, the following apply.

A. Defrosting Liquids

It is permitted to defrost frozen liquids on Yom Tov by putting them next to a hot oven. Similarly, it is permitted to use margarine or butter for frying even though they are melted and converted into a liquid in the process.

B. Making Ice Cubes or Frozen Ices

It is permitted to make ice cubes or frozen ices on Yom Tov according to all opinions.

---

5. רמ״א סי׳ שי״ח סט״ז, וע׳ אריכות בזה בספרי הלכות שבת במטבח פרק יג הערה 10.

C. Freezing Liquids for Storage

Liquids which are not needed on Yom Tov may not be frozen for storage except to prevent spoilage.[6] Likewise, dry foods that contain gravy may not be frozen unless needed on Yom Tov or to prevent spoilage.

---

6. משום דאין זה צורך היום וממילא מותר רק משום פסידא, כדמבואר בשו"ת מנחת יצחק ח"ט סי' לא.

18 / *Melachos* Pertaining to Living Creatures

Three of the *Avos Melachos* that are forbidden on Shabbos are צָד, *trapping,* שׁוֹחֵט, *slaughtering,* and מַפְשִׁיט, *skinning.* Since in our society these *melachos* apply in limited circumstances, we will focus here on their practical aspects and on the differences existing in their regard between Shabbos and Yom Tov. A fuller treatment of these *melachos* is reserved for *The Shabbos Home,* Volume II.

I. Trapping

Trapping living creatures is completely forbidden on Yom Tov, as on Shabbos. Even trapping an animal or fish for the sake of killing and eating it on Yom Tov is forbidden.[1] As explained at length in Chapter Two, the dispensation of *ocheil nefesh* does not apply to this *melachah.*

The *melachah* of trapping applies to all types of living creatures — animals, birds, fish and insects. Under Biblical law [מִדְּאוֹרַיְיתָא], the prohibition applies only to creatures that are commonly trapped for a certain benefit (e.g. furry or edible animals, fowl, fish). However, the Rabbis forbade even trapping creatures that are not commonly brought into captivity (e.g. flies, mice).[2]

There are many forbidden methods of trapping. Some of the more common ones are: a) trapping with a net; b) covering an insect with a cup, or covering a cup containing an insect; c) laying down a trap containing either a spring or an adhesive

---

1. ש״ע ס׳ תצ״ז ס״א, וחיי אדם כלל פח ס״א.
2. ש״ע סי׳ שט״ז ס״ג.

surface; d) enclosing an animal in a pen. In general, any act that severely restricts a creature's freedom of movement — even if it does not immobilize the creature — falls into the category of trapping.[3]

It is permitted to capture an animal or insect in order to prevent it from inflicting injury or severe pain. See below, Section VI, for a discussion of how to deal with dangerous or bothersome insects.

II. Slaughtering

The *melachah* known as *slaughtering* actually prohibits the taking of the life of any living creature through any means. The Biblical prohibition applies only to killing a creature from which one will derive benefit (e.g. as food), but the Sages prohibited even killing for the sake of destroying the creature.

On Yom Tov, the rule of *ocheil nefesh* permits slaughtering a kosher creature for the sake of eating it that day. However, nowadays it is customary not to slaughter animals on Yom Tov. The slaughter of fowl remains permitted.[4]

It is permitted to kill a dangerous insect (e.g. a bee) that is pursuing a person, if it cannot be trapped.[5] However, one should not kill an insect that is merely bothersome (e.g. a mosquito).[6]

---

3. מ״ב סי׳ שט״ז ס״ק ד. וע״ע ברמב״ם פ״י מהלכות שבת הי״ט.

4. מ״ב סי׳ תצ״ח ס״ק מט.

5. מ״ב סי׳ שט״ז ס״ק כז, וש״ע ס״י ומ״ב.

6. מ״ב סי׳ שט״ז ס״ק לו. ש״ע ס״ט ומ״ב ס״ק לז, מח ,ומ״ו. בספר מלכים אמניך פרק יא הלכה ב הביא בשם הגאון ר׳ יעקב קמינצקי זצ״ל שמותר להרוג ביו״ט זבובים וכדומה, וטעמו משום דאמרינן מתוך שהותרה מלאכת שחיטה (נטילת נשמה) לצורך אכילה הותרה נמי שלא לצורך, כגון הריגת ותושים וזבובים המצערים אותו. ועי״ש בהגה שהעיר ע״ז, וז״ל: ושמעתי מחתני שליט״א דהנה מצינו שנחלקו רבותינו אם מותר לכבות בקעת ביו״ט, יעוין סי׳ תקי״ד. וטעם הר״ן בשם הרמב״ן האוסר מבואר שם במשנ״ב ס״ק ד דהוא מטעם דהכיבוי רק מבריח ארי ואינו מביא תועלת חיובית בפועל. כך בענינינו הריגת היתושים אינה מביאה תועלת בפועל כי אם מבריחה ארי, ובזה לא אמרינן מתוך, עב״ל.

והמקור דאמרינן מתוך במלאכת שחיטה הוא בכתובות דף ז. בסוגיא דבעילת מצוה, עי״ש. אמנם ע׳ בחיי אדם כלל פט הלכה א שכתב בזה״ל: שחיטה חסר מלאכה המותרת

⊰§ Drawing Blood

Removing blood from a living body is included in the *melachah* of slaughtering. Thus, one should not suck blood from a wound, nor do any act that causes blood to flow.[7] For a discussion of the issues associated with the treatment of injuries on Yom Tov, see Chapter 31.

III. Skinning

The *melachah* of skinning involves the removal of skin from the body of a dead creature. Since it is permitted to slaughter on

---

ביו״ט לצורך אותו יום. אבל שאר דברים שאסורים משום נטילת נשמה, כמו שאסור בשבת אסור ביו״ט, עכ״ל. ומבואר מדבריו דלא אמרינן מתוך במלאכת שחיטה, וזהו לכאורה כנגד הגמרא בכתובות, וצ״ע

ובחוברת וילקט יוסף (שנה א סימן סג) כתב לדון אם מותר ביו״ט להבהב על האור פירות הצריכין בדיקה משרצים שקורין מילבן וז״ל: ונראה דיש להתיר, דאמרינן מתוך שהותר נטילת נשמה לצורך כגון שחיטה וחבורה, הותר נמי שלא לצורך, כיון שיש בו צורך קצת. וגבי מתוך לא מחלקינן אם גם אפשר לעשות אותו מעיו״ט, כמבואר בכתובות דשרי למיבעל בתולה ביו״ט ואינו מחלק בין אפשר בעיו״ט או לא, וכיון דאמרינן כן באיסור דאורייתא כ״ש דיש לי להתיר זאת באיסור דרבנן, כן נראה לי להלכה ולא למעשה, עכ״ל. ובספר הזכרון מבקשי תורה חלק א הביא תשובה מהרש״ז אויערבאך זצ״ל גבי הריגת יתוש ביו״ט, וז״ל: ונ״ל דלכאורה צריך להיות מותר משום מתוך. ואפי׳ לפי מ״ש בספרי מאורי אש [דף ה ע״ב] לפרש כוונת הכסף המשנה בדעת הרמב״ם, שהצורך צריך להיות דוקא חיובי, בגונא דאוכל נפש שצריך את המאכל וכן את הספר ללמוד בו או הלולב למצוה ולא כשהצורך הוא רק ביעור וכילוי. מ״מ אפשר דכל זה דוקא כעין שריפת קדשים וחמץ בפסח, שהעיקר הוא הכילוי, משא״כ הכא שהצורך הוא כדי שיוכל לישון. מ״מ אפשר דאין לעשות כן לכתחילה דאפשר שהוא גם הורג כאלו שאינם מפריעים כלל. עכ״פ גם לי אין זה ברור, עכ״ל. וע׳ בחידושי הלכות, הלכות יו״ט, להרב הגאון ר׳ פסח אליהו פאלק שליט״א שכתב שיש איסור גם בהריגת יתוש משום צידה וצ״ע בזה.

ובנוגע תינוק שנולד בין השמשות ע׳ בספר יום טוב שני כהלכתו פ״א הלכה יט, וז״ל: תינוק שנולד בין השמשות וביו״ט שני של גלויות, ספק אם הוא בן ח׳ ימים או בן ט׳ ימים, יש אומרים שמלים אותו אחר יו״ט ויש מתירים למולו ביו״ט שני אף לכתחילה. ובס״ק סז הביא דהוא דעת רע״א, עי״ש. ובהוספות לפרק א הערה סז כתב בזה״ל: בענין יוצא דופן (תינוק שנולד בדרך ניתוח קיסרי) שחל שמיני שלו ביו״ט שני של גלויות, לכאורה לפ״ד הגרע״א שהבאנו בפנים יש למולו ביו״ט שני, עכ״ל. וכתב שם דכן פסק הגרח״ד פדווא שליט״א והגאון ר׳ יוסף שלום אלישיב שליט״א, והגאון ר׳ שלמה זלמן אויערבאך זצ״ל, עי״ש.

7. ש״ע סי׳ שכ״ח סמ״ח ומ״ב ס״ק קמז.

Yom Tov for the sake of *ocheil nefesh*, it is also permitted to skin that which was slaughtered. Practically speaking, it is permitted to skin raw chicken or fish on Yom Tov.[8] However, as with all *melachos*, if the skinning can be done prior to Yom Tov, one is obligated to do so. In the event it was not done, one may perform the skinning on Yom Tov in an unusual fashion, for example, by grasping the skin and pulling the chicken away from it.[9]

IV. Feeding Living Creatures on Yom Tov

It is forbidden on Shabbos and Yom Tov to feed creatures whose meals are not one's responsibility. It is permitted, however, to feed those for which one is responsible, such as one's pets or farm animals. This includes both kosher and non-kosher creatures.[10]

Interestingly, the law of Yom Tov is more stringent that that of Shabbos in this respect. When feeding one's creatures on Shabbos, it is permitted to place the food directly in front of them. On Yom Tov, it is forbidden to place food directly in front of a kosher creature that is not trapped. Rather, one must place the food at a slight distance. This restriction was imposed by the Rabbis to serve as a reminder that it is forbidden to trap the creature on Yom Tov.[11] [On Shabbos, when the creature cannot be slaughtered and cooked anyway, no reminder against trapping was deemed necessary.] This restriction does not apply to non-kosher animals, for there is no concern that one might trap a creature that one cannot eat on Yom Tov.[12] Likewise, it does not apply to creatures that are considered trapped. One may place food directly in front of such creatures.

---

8. מ״ב סי׳ תצ״ח ס״ק סו.
9. כן נראה.
10. ש״ע סי׳ שכ״ד סי״א ומ״ב.
11. ש״ע סי׳ תצ״ז ס״ב.
12. מ״ב סי׳ תצ״ז ס״ק ה.

V. Summary of Laws

☙ Trapping

- Trapping any living creature is forbidden on Yom Tov as on Shabbos.
- Any act that severely restricts a creature's freedom of movement falls into the category of trapping.
- It is permitted to capture an animal or insect in order to prevent it from inflicting injury or severe pain.

☙ Slaughtering

- It is permitted to slaughter fowl on Yom Tov for the purpose of eating it that day. However, it is customary not to slaughter animals.
- It is permitted to kill a dangerous insect that is pursuing a person, when it cannot be trapped.
- One should not kill an insect that is merely bothersome.

☙ Skinning

- It is permitted to skin chicken or fish that could not have been skinned before Yom Tov.
- When the chicken or fish could have been skinned before Yom Tov, one may skin it in an unusual manner.

☙ Feeding Living Creatures

- It is forbidden to feed creatures whose meals are not one's responsibility.
- It is permitted to feed both kosher and non-kosher creatures for which one is responsible.
- It is forbidden on Yom Tov (but not on Shabbos) to place food directly in front of a kosher creature that is not trapped.

VI. Practical Applications

A. Dealing With Dangerous Creatures

Concerning insects or animals whose bites or stings cause severe pain or injury, such as bees, the *halachah* is as follows. When they are not pursuing anybody but one is afraid that they may bite or sting someone later, one may trap them (e.g. by putting a receptacle over them).

When they are pursuing someone and it is not possible to trap them, one may kill them.

B. Dealing With Bothersome Creatures

Concerning insects whose bites or stings do not cause severe pain, such as mosquitoes, the *halachah* is as follows. If they come to rest on a person's body, it is preferred to merely drive them off. If they cannot be driven away, one may pick them off the body and throw them aside. This pertains whether they are in the process of biting or not.

If they have not come to rest on one's body, one may drive them away but should not trap them. In any case, one should not kill them.

19 / Shearing — גוֹזֵז

גוֹזֵז, *shearing,* is one of the thirty-nine *Avos Melachos* of Shabbos.[1] The *melachah* of shearing is defined as removing from the body of a person or other creature something that grows from the body, such as hair or nails. Plucking or otherwise removing even a single hair from any part of the body is forbidden under this *melachah.*

Shearing is forbidden on Yom Tov as on Shabbos, with one exception. On Shabbos, it is forbidden to pluck feathers from either a live or dead chicken.[2] On Yom Tov, it is permitted to pluck the feathers from a slaughtered chicken, since in this case the *melachah* is done for the preparation of food.[3] However, this pertains only if feathers could not have been plucked before Yom Tov (e.g. the chicken was slaughtered on Yom Tov or just prior to Yom Tov). If the feathers could have been plucked before Yom Tov, one is permitted to do the *melachah* only by means of a *shinui,* like any other *melachah* that could have been done before Yom Tov (see p. 15). In that case, one should hold the feathers and pull the chicken away from them, rather than the opposite.

For a thorough discussion of the laws of shearing, see *The Shabbos Home,* Volume I, Chapter 11. We will present here only some practical applications of this *melachah.*

⸎ Practical Applications

A. Brushing or Combing Hair

It is absolutely forbidden to brush or comb one's hair or beard

---

1. שבת דף עג.
2. מ״ב סי׳ ש״מ ס״ק ה.
3. ש״ע סי׳ ת״ק ס״ד ומ״ב.

on Yom Tov with a brush or comb that has hard bristles. This applies equally to men and women. Since all people have some loose or knotted hair, brushing and combing with a hard-bristled implement inevitably pulls out some hair, in violation of the *melachah* of shearing.[4] It is permitted, however, to straighten out hair with one's fingers.

The use of a brush is permitted only if the following three conditions are met:

(1) The brush must have very soft bristles that give way when they meet resistance. [Thus, when they encounter a knot, the person will realize it and will refrain from applying pressure.]

(2) One may not brush forcefully or excessively, since even a brush with soft bristles will inevitably pull out loose hair if applied forcefully or excessively. Only a few light strokes are permitted, even though these strokes may be insufficient to make the hair appear perfectly groomed.

(3) The soft-bristled brush must be set aside specifically for Shabbos and Yom Tov use. Using the same brush on Shabbos and Yom Tov that one uses every day is forbidden because it is considered עוּבְדָא דְחוֹל, *weekday activity*.[5]

One must note that although brushing hair is generally permitted under these conditions, if an individual knows that even a soft-bristled brush tends to pull out some of his hair (or even a single hair), he or she is forbidden to brush at all on Yom Tov.

B. Removing Nits From Hair

Since combing hair is forbidden, it is forbidden to remove nits from hair by combing it. It is permitted, however, to part the hair and remove nits by hand, while being careful not to pull out any hair.[6]

---

4. ש״ע סי׳ ש״ג סכ״ו. וע׳ בזה בספרי הלכות שבת השייכות לבית פי״א ציון 24.

5. מ״ב סי׳ ש״ג ס״ק פז, שו״ת אג״מ או״ח ח״ב סי׳ סח.

6. שו״ת נשמת שבת על הלכות שבת סימנים שיח־שכד, מנחת שבת ס״פ ס״ק קיז.

C. Removing Gum From Hair

It is forbidden on Yom Tov to remove gum that adhered to hair, since some hair is inevitably pulled out in the process.[7]

D. Combing a Wig

The *melachah* of shearing pertains only to severing an item's natural attachment to the base from which it grew. Thus, removing hair from a wig is not included in the category of shearing. Some authorities state, however, that pulling hair from a wig is prohibited under the *melachah* of tearing [קוֹרֵעַ] and one must therefore not comb or brush a wig on Yom Tov except in the manner in which one may comb or brush hair. Other authorities disagree and permit combing and brushing wigs in the usual fashion. It is preferable to abide by the stringent opinion.[8]

The preceding rule pertains mainly to wigs made of human hair. Wigs made of synthetic fibers usually have the hairs attached firmly to the base, and these hairs do not inevitably come out through brushing. It is permitted to brush or comb such a wig on Yom Tov in the usual fashion.[9] One is advised to test the wig on a weekday to see if brushing it forcefully removes any hair.

E. Removing Band-Aids

It is forbidden to pull a Band-Aid off a hairy part of the body (e.g. the back of the hand) on Yom Tov since some hair inevitably comes out in the process.

If a Band-Aid must be removed because it is causing pain, because an ointment must be applied to the wound or because

---

7. פשוט הוא.

8. ע' בזה בספר מנחת שבת ס"פ ס"ק קי"ז, שו"ת בית יצחק או"ח סוף סי' ט"ז. קצות השלחן סי' קמ"ו בבדי השלחן ס"ק כא, קיצור הלכות שבת סי"ח, שו"ת ימי יוסף ס"ה. וע' בזה בספרי הלכות שבת השייכות לבית פי"א ציון 28.

9. שלמי יהודה פ"י הערה ח בשם הגרש"ז זצ"ל, והגאון ר' יוסף שלום אלישיב שליט"א.

one needs to immerse in a *mikveh*, a gentile should be asked to remove it. If no gentile is available, one is permitted to remove the Band-Aid while being careful not to pull out any hair.[10]

F. Cutting Nails

Cutting nails with scissors or a nail clipper falls under the Biblical prohibition of shearing, whereas biting or tearing off nails is prohibited Rabbinically.[11] The Rabbis granted one dispensation for their prohibition of biting or tearing off nails. If a nail became detached more than halfway *and* it is painful, one is permitted to bite or tear it off. Since the nail was already mostly detached, and it is a source of pain, the Rabbis did not prohibit removing it in an unusual fashion.[12]

In all other cases, however, biting nails is prohibited. People who have the habit of biting their nails must exercise extreme caution to avoid doing so on Shabbos and Yom Tov.

G. Cutting Nails for *Mikveh*

If a woman is scheduled to visit the *mikveh* Yom Tov night and she forgot to cut her fingernails before Yom Tov, she should have a gentile tear or bite off the fingernails. If this is impossible, or if the gentile is unwilling to do this, she may have the gentile cut off the nails with an instrument.[13] In the event that no gentile is available, she may not remove the nails, but should consult a competent halachic authority as to what should be done. If she forgot to cut her toenails, she should clean them thoroughly before using the *mikveh*.

H. Removing Loose or Dead Skin

Removing partially detached skin from the body falls under the prohibition of shearing. Although the prohibition does not

---

10. שש״כ פל״ה הערה עג בשם הגרש״ז צז״ל.
11. ש״ע סי׳ ש״מ ס״א ומ״ב.
12. ע׳ בספרי הלכות שבת השייכות לבית פי״א ציון 13.
13. מ״ב סי׳ ש״מ ס״ק א. וע׳ בספרי הנ״ל ציון 32.

pertain to removing body parts or live flesh (of animals), but only to removing body appendages, it does pertain to removing loose skin. Once skin becomes partially detached it is not considered an intrinsic part of the body but, rather, is like hair and nails which grow from the body. Dead skin, warts and the skin of blisters and boils are also like hair and nails; it is prohibited to cut off any of these on Yom Tov.[14]

Removing loose or dead skin with an instrument (e.g. a cuticle cutter) is prohibited Biblically. Peeling or biting it off is only prohibited Rabbinically, since this is not considered the usual manner of removing skin. However, biting skin off the lips does fall under the Biblical prohibition, since this skin is normally removed by biting.[15]

It is permitted to peel the scab off a wound, provided that this can be done without inevitably drawing blood. Since a scab is not part of the body, but merely consists of dried blood that adheres to the skin, removing it is not considered shearing.[16]

---

14. ש"ע ס' ש"מ ס"ב ומ"ב.
15. ביאור הלכה שם ד"ה יבלת.
16. ע' בספרי שם ציון 16.

20 / Writing and Erasing — כּוֹתֵב וּמוֹחֵק

Writing, כּוֹתֵב, and *erasing*, מוֹחֵק, are two of the thirty-nine *Avos Melachos*. Writing is totally forbidden on Yom Tov as on Shabbos, because it is not considered a food-preparation need.[1] Under this *melachah*, it is forbidden to write even a single letter or number in any language, to draw a picture or sketch, to carve a figure or to create any other meaningful symbol. It is forbidden even to write on a food item on Yom Tov, or to carve an article of food into a meaningful shape, since the writing or carving does not fulfill any physical need. It is also forbidden to attach a molded figure (e.g. a chocolate letter) to a surface.

Erasing is also entirely prohibited on Yom Tov as on Shabbos.[2] It is forbidden to erase any type of script, including a letter, number or picture. Furthermore, it is prohibited to erase an illegible mark, such as a blot of ink, from a page.

A comprehensive discussion of the prohibitions of writing and erasing has been presented in *The Shabbos Home*, Chapters One and Four. We will therefore limit ourselves here to citing relevant applications of these *melachos*.

⋌ Practical Applications

A. Writing With Food

Chocolate Letters

It is forbidden to attach molded chocolate letters to a cake.

Carving Foods

It is forbidden to carve or mold any food item into a meaningful shape.[3] For example, one may not carve a piece

---

1. חיי אדם כלל צ״ב הלכה ג.
2. הנ״ל.
3. מ״ב סי׳ ת״ק ס״ק י״ז.

of melon in the shape of a flower, or a piece of cake in the shape of a letter. Also, one may not mold a tuna or egg salad in the shape of a fish.

Whipped Cream, Icing

It is forbidden to write letters or draw pictures with whipped cream or icing.

B. Cutting Decorative Figures on a Cake

If a cake is decorated with frosting in the form of words, letters or any distinct object, it is forbidden to cut the cake in a way that deforms the letters or ruins the picture. For example, if a cake has "Happy Birthday" written on it, it is forbidden to cut through the letters.[4] It is also forbidden to peel the letters off the cake. This pertains to letters made of hard chocolate as well. The following, however, is permitted:

1) It is permitted to cut between the letters.[5]
2) If the letters were cut before Yom Tov, it is permitted to separate the pieces on Yom Tov.
3) It is permitted to bite into a piece of the cake that has a complete letter on it even though the letter will thereby be destroyed.[6] (Only cutting prior to eating is prohibited.)

---

4. מקור האי דינא הוא מדברי הרמ״א סי׳ ש״מ ס״ג אסור לשבור עוגה שכתב עליה כמין אותיות אע״פ שאינו מכוין רק לאכילה דהוי מוחק עכ״ל. ובמ״ב ס״ק ט״ז הביא שיטת הדגול מרבבה שסובר שמותר ונימוקו עמו דלא מיבעא לשיטת התרומות הדשן הביאו המג״א ס״ק ה דבחד איסור דרבנן מותר בפסיק רישא דלא איכפת לי׳, וא״כ מוחק בכה״ג הוא שלא על מנת לכתוב וממילא הוא רק איסור דרבנן, וכיון שאינו מתכוין מותר, אלא אפי׳ לפי המג״א גופיה דס״ל דבחד דרבנן היכא דהוי פסיק רישה אסור מ״מ כאן אחרת הוא דהוי פס״ר בתלת דרבנן א) מקלקל ב) כלאחר יד ג) ושאינו על מנת לכתוב. וע׳ בערוך השלחן ס׳ ש״מ סכ״ג שסובר מעיקר הדין כהדגול מרבבה.

5. שש״כ פ״ט הערה מח.

6. מ״ב ס׳ ש״מ ס״ק י״ז וז״ל ועיין בספר דגול מרבבה שמצדד להקל [שהבאנו לעיל בציון 4] בעיקר הדין הזה וכו׳ ויש לסמוך עליו כשאינו שובר במקום האותיות בידו רק בפיו דרך אכילה עכ״ל. והחזו״א בסי׳ ס״א למד פשט בהמ״ב, דהטעם שהוא מתיר כשהוא אוכל משום דודאי איכא תרי דרבנן שלא ע״מ לכתוב וכלאחר יד, ולפיכך כתב החזו״א דאין לסמוך ע״ז משום דעיקר ההיתר דתרי דרבנן אינו מוכרע עכ״ל עי״ש. אבל עיין בספר לוית חן ס׳ ש״מ סימן קי״ט שהביא הרבה פוסקים שסוברים שתרי דרבנן מותר

4) It is permitted to cut decorations that are not of meaningful shapes (e.g. straight or curved lines).

5) It is permitted to cut figures that are baked into the fiber of the cake itself, and it is permitted to cut a cake or cookie that has a meaningful shape (e.g. gingerbread men, animal crackers.) [It is forbidden only to cut letters or figures of another substance attached to a cake.][7]

בפסיק רישא דלא ניחא ליה עי״ש. וראיתי בספר אורח ישראל סי׳ ל״ד [מהגאון ר׳ ישראל גרוסמן שליט״א] שכתב וז״ל ולענ״ד אין הטעם של המ״ב משום דהוי מוחק כלאחר יד, אלא משום דאם אוכל העוגה אין כאן מציאות מוחק, יש כאן אוכל ולא מוחק, כמו שאם ישרוף הנייר שעליו כותב האותיות, היעלה על הדעת שיתחייב משום מוחק, יש כאן שורף, ואין כאן מוחק עי״ש.

וע״ע ציון 7.

7. מ״ב סי׳ ש״מ ס״ק ט״ו, וז״ל אבל כשהכתיבה היא מהעוגה עצמה בדפוס או בידים שרי דאין שם כתיבה עליה וממילא לא שייך מחיקה בזה עכ״ל. ובשעה״צ ס״ק כ׳ כתב שכן הוא הסמכת האחרונים וע״ע בזה בשש״כ פרק יא הלכה ח. [וע׳ חזו״א סי׳ ס״א שמפקפק בזה.] ולכאורה דברי המ״ב סתרי אהדדי, דבסי׳ תע״ה ס״ק מ״ז כתב וז״ל ואין לעשות אותיות [על המצה] להיכירא שכששוברין אותה הוי מוחק ביו״ט עכ״ל, ופשיטא דאיירי באותיות שהם מגוף המצה עצמה, ומבואר שיש בזה איסור מוחק וצ״ע, וכבר עמד בזה בשמירת שבת כהלכתה פי״א הערה לא.

וגדולה מזו בסי׳ ת״ק כתב המ״ב ס״ק י״ז וז״ל אבל אותיות וציורים אסור לעשותן בבשר דרך סימן ביו״ט עכ״ל. ופשוט דטעם האיסור הוא משום כותב, וא״כ כמו שבחקיקת האות במאכל יש איסור כותב ה״נ בשבירתו לכאורה יש איסור מוחק, ואיך כתב כאן המ״ב דכתיבה שהיא מהעוגה עצמה אין שם כתיבה עלה ולא שייך בו מחיקה, וצ״ע.

[וע׳ בשש״כ פי״א הערה לא שהביא מהגאון ר׳ ש״ז אויערבאך זצ״ל ביאור דין הנ״ל. וז״ל דבאמת היה נראה, דכמו ששובר אדם חבית וקורע עור שע״ג החבית, כדי להוציא האוכלין, ה״נ שרי לפתוח חבית אע״פ שמוחק האותיות. ושוב ראיתי במהר״ש הלוי שהוא מתיר מטעם זה בכל גוונא. אך מכיון שמצינו, שגדולי האחרונים החמירו לענין מחיקה, נראה דס״ל דלא התירו אלא כעין המבואר בסי׳ שי״ד ס״ח, דהוה כמו ששובר אגוזים כדי ליטול האוכל שבהם, וכ״ה בחזו״א ס׳ נ״א ס״ק יג, ושבירת החבית וקריעת העור הן כעין שבירת אגוזים, אבל ענין מחיקה, שאינה שייכת בשבירת אגוזים לא התירו. ומעתה י״ל, דכל זה דוקא באותיות שעל החבית או ע״ג העוגה, אבל אותיות שהן ממש מהעוגה עצמה, והוא דומה לאגוז עצמו, בזה אין איסור מלאכה של מחיקה עכ״ל. ולפ״ז שפיר מיושב הסתירה מס׳ ת״ק ואכמ״ל בזה.]

והנה המ״ב בסי׳ ש״מ ס״ק ט״ו הורה לנו עוד אופן שמותר לחתוך אותיות וציורים וז״ל וכן אם כתב האותיות בדבש המעורב במים או שאר מי פירות ג״כ אין להחמיר [האגודה]. ובפנים לא הבאנו הלכה זו מפני שהקצות השלחן סי׳ קמ״ד בבדי השלחן סוף ס״ק ג׳ כתב וז״ל ובזמננו עושין האותיות מצוקר וביצים ונעשים קשים לאחר היבוש והוי דבר המתקיים ואין היתר לשברם עכ״ל. ובגוף כוונת האגודה כתב הפרי מגדים להסביר

6) It is permitted to peel off a letter along with a thin sliver of cake or frosting on which it rests, so that the letter actually remains attached to the surface upon which it had been affixed.

C. Removing Prices From Foods

It is forbidden to wash or rub off numbers that are stamped on food.

D. Cutting Food Wrappers or Stickers

When cutting open a food wrapper, it is forbidden to destroy any letters or pictures on the wrapper.[8] Similarly, when cutting food that has a sticker attached to it (e.g. name-brand sticker on fruit, bakery sticker on *challah*), it is forbidden to destroy any letters that are on the sticker. It is permitted to peel off the sticker.

E. Thermometer Strip

A thermometer strip, upon which numbers indicating the body temperature become visible when it is placed on the forehead, should initially not be used on Yom Tov. However, some Poskim permit the use of this instrument in cases of necessity, where no other thermometer is available.[9]

דבריו דמשום דהוה כתיבה שאינו מתקיים ע״ג דבר שאינו מתקיים מותר ואע״ג שמדרבנן אסור למחוק כתב שאינו מתקיים שנכתב ע״ג דבר שאינו מתקיים בכה״ג דאין כוונתו למחוק רק לשבור האותיות בכדי לאכול לא גזרו בזה רבנן. והחיי אדם בכלל ל״ח הלכה ד׳ כתב וז״ל אבל אם כתב עליה במשקין מותר [למחוק] דהוי דבר שאינו מתקיים על דבר שאינו מתקיים אע״ג דבשאר כתיבות גם זה אסור למחוק, משום כבוד ועונג שבת לא גזרינן עכ״ל. מבואר מדבריו דבאמת גם באופן זה צריך להיות אסור רק במקום שזהו נוגע כבוד שבת לא מחמרינן ולולי זה יש לנו לאסור נמצא א״כ באופן שיש לו עוגה אחרת לאכול אסור לו לחתוך עוגה זו שיש עליה אותיות. ולכתחילה יש לקנות בע״ש עוגה שאין עליה אותיות, כ״ז לדעת החיי אדם. אמנם לפי הפמ״ג מותר בכ״ז דלא גזרו ביה רבנן בבה״ג.

8. ט״ז סי׳ תקי״ט ס״ק ה.

9. שו״ת ציץ אליעזר חי״ד ס״ל ולבסוף כתב לאור כל האמור נראה דשפיר יש להתיר ההשתמשות בשבת במד חום זה לצורך חולה וכדומה ואין לו או שיש לו קושי למדוד במד חום רגיל, ובפרט לצורך תינוקות וילדים קטנים שרואים שלא מרגישים בטוב עכ״ל. וע״ע בשו״ת באר משה ח״ו (קונטרס עלקטריק) ס׳ ע״ז שמיקל בשעת הדחק. אבל עיין בשו״ת מנחת יצחק ח״ז סי׳ כ״ב שכתב שאסור להשתמש בזה בשבת.

F. Hospital Admission

One who needs to be admitted to a hospital on Yom Tov may not sign any admission form. However, if the hospital staff refuses to admit the patient without a signature, or a patient needs surgery and the doctors will not perform it unless a consent form is signed, one may sign *in an unusual fashion.* That is, a right-handed person should sign with the left hand and vice versa. An ambidextrous person should hold the pen with the point to the back of his hand while signing. [It goes without saying that if this will result in a life-threatening delay one should immediately sign in the usual fashion.]

G. Washing Ink From the Body

It is permitted to wash ink stains from one's body (with free-flowing liquid soap). However, it is forbidden to wash off letters or pictures.

It is forbidden to wash even an inkblot off any surface that is commonly used for writing.

H. Playing Games in Which Letters or Numbers Are Used

◆§ Scrabble

Playing Scrabble does not violate the prohibition of writing, since one merely arranges letters that are printed on blocks. Nevertheless, it is forbidden to play this game on Yom Tov, since Scrabble players usually write down the score — and it is forbidden to engage in any activity that usually involves writing, lest one inadvertently write (see following chapter).[10]

◆§ Dominoes

It is permitted to play with dominoes, since the arrangement of the blocks does not constitute writing, and domino players do not commonly write down a score.

◆§ Magnetic Writing Boards

It is forbidden to arrange magnetized, molded letters on a

---

10. חיי אדם הלכות שבת כלל ל"ח סי' יא.

metal board. It is also forbidden to draw pictures on boards that use magnetized dust (e.g. Etch-a-Sketch, Magna-Doodle). This applies whether the magnetic dust is moved by a hand-held instrument (as in Magna-Doodle) or by a metallic piece that is controlled by knobs (as in Etch-A-Sketch).

⋽ Puzzles

One should not assemble a jigsaw puzzle of any size on Yom Tov, since one forms pictures by combining the pieces.[11]

⋽ Children

It is permitted for children to assemble jigsaw puzzles on Yom Tov. However, they may not play games such as Scrabble, nor may they use magnetic writing boards.

I. Reading Books

⋽ Books Stamped on the Edge

According to some Poskim, if a book has words or letters stamped on the edge of the pages (as is common with library books), one is forbidden to open and close the book and thereby break apart or combine the parts of the letters. Other Poskim, however, permit this.[12] (See *The Shabbos Home*, p. 9 for elaboration of this matter.) It is customary to follow the lenient opinion.[13] Nevertheless, if one has another copy of the same book that has no writing on the edge, he should use that one and not the one with writing on the edge.[14] Alternatively, one can avoid the problem by inserting a sheet of paper between the pages before Yom Tov, so that the letters remain broken even when the book is closed.

⋽ Books With Torn Pages

It is permitted to put together two halves of a torn page, since

---

11. ע' אריכות בזה בספרי הלכות שבת השייכות לשבת פ"א ציון 37.
12. ע' אריכות בזה בספרי הנ"ל ציון 33.
13. שלחן ערוך הרב סי' ש"מ ס"ד, תוספת שבת סי' ש"מ ס"ק ט'.
14. מ"ב סי' ש"מ ס"ק י"ז.

any torn letters are generally recognizable through looking at one half of the page, and putting the halves together merely makes them easier to read. One need not be concerned for the possibility that there are unrecognizable letters which will become legible when the halves are combined. However, if one knows that there are some unrecognizable letters, one may not put the two halves together.[15]

J. Combination Locks

It is permitted to open a combination lock that has several rotating wheels and requires the forming of a word in order to open. This is not considered writing, since no letters are being formed and the wheels were previously affixed.[16]

K. Opening a *Paroches* (Ark Curtain)

It is permitted to draw apart the two sides of a split *paroches*, even if the two sides together form a unified design. It is similarly permitted to draw the sides together. [This is because the two halves are not attached.] It is preferable, however, when the two halves form a unified design, to leave them slightly apart before Yom Tov, and to avoid closing them entirely on Yom Tov.[17]

L. Scoopers

It is permissible to cup food into a specifice shape or form. For example, a watermelon may be cut into cubes. To this end one may use a scoop or similar utensil which creates a particular shape.

---

15. שו"ת אג"מ יור"ד ח"ב סי' ע"ה.
16. שו"ת ציץ אליעזר חי"ג סמ"ד, שו"ת בצל החכמה ח"א ס' מ', וע"ע בזה בשו"ת חלקת יעקב ח"ג סי' ק"נ.
17. שו"ת אג"מ או"ח ח"ד סי' מ ס"ק כב.

21 / Activities That Often Lead to Writing or Erasing

As a safeguard against the possibility that a person might write or erase on Shabbos, the Sages prohibited the performance of certain activities that often lead to writing or erasing. Many of these activities are forbidden on Yom Tov as well, but some of them are permitted. The basic rules have been discussed at length in *The Shabbos Home,* Chapters Two and Five. We will deal here with the areas that are particularly applicable to Yom Tov and those in which there are differences between Shabbos and Yom Tov.

I. Buying and Selling

It is forbidden to buy or sell on Shabbos or Yom Tov,[1] even for the sake of a mitzvah.[2] [For example, when Erev Pesach falls on Shabbos, it is forbidden to sell one's *chametz* to a gentile on Shabbos. Similarly, it is forbidden to perform the redemption of a firstborn son (פִּדְיוֹן הַבֵּן) on Shabbos or Yom Tov, since the redemption is similar to a transaction.] It is likewise forbidden to rent or lease anything on Shabbos or Yom Tov. The reason the

---

1. מ״ב סי׳ ש״ו ס״ק לג.

2. מ״ב סי׳ תמ״ד ס״ק כ. וע׳ ש״ע סי׳ ש״ו סי״א ובא״ר ס״ק יח. וע׳ במ״ב סי׳ ש״ו ס״ק ל״ב שכתב וז״ל ובענין הכרזות מצות בבית הכנסת יש אוסרין ויש מתירין דלא שייך מקח וממכר אלא בחפץ הנקנה ובמקום שנהגו היתר אין למחות בידם עכ״ל. וע׳ בערוך השלחן ס׳ ש״ו סט״ו שכתב וז״ל: ובמקום שמוכרין המצות ויש מגמגמים בזה שהרי זהו ממש כמקח וממכר שזה נותן כך וזה מוסיף עליו ומ״מ אין זה כמקח וממכר דאטו יש בה שיוי דמים אלא שזה כמו שאומר אם אזכה לעלייה זו וכו׳ ומנהג ישראל תורה ואין לפקפק בזה כלל. ופשיטא דלמכור מקומות בהכ״נ אסור בשבת ויו״ט דזהו ממש במקח וממכר שהרי יושב על המקום אבל שארי מצות כעלייה לתורה והגבהות וגלילות ופתיחות הארון וכו׳ מותר דאין זה רק צדקה בעלמא עכ״ל.

Sages prohibited doing transactions on holy days is that the parties to a transaction often make a written record of it.

The prohibition against buying and selling pertains even to items that are needed in honor of Shabbos or Yom Tov. There is, however, a permissible method of obtaining from a store an item that one needs on Shabbos or Yom Tov. The following are the conditions:

a) One may not mention any expression commonly associated with buying or selling. This means that one may not mention that he needs a product of a certain value (e.g. "$5 worth of candy") or a certain weight (e.g. "a pound of nuts"), since value and weight are commonly mentioned in relation to a sale.

b) One may not make any explicit mention of payment.[3]

When these conditions are met, there is no appearance of a sale and one is permitted to take the item he needs. However, as mentioned above, this applies only to items that one needs

---

3. המחבר בסי׳ שכ״ג ס״ד כתב מותר לומר לחנוני תן לי ד׳ ביצים וה׳ רמונים ובלבד שלא יזכור לו שם דמים ולא (סכום) [צ״ל שם] מדה ולא סכום מנין לומר הרי שיש לך בידי חמשים אגוזים תן לי חמישים אחרים והרי יש לך בידי מאה, עכ״ל. ובמ״ב ס״ק י״ג אסברה לן מהו שם דמים וז״ל: כגון שאומר תן לי בעד כך וכך פשוטים וכ״ש כשמזכיר לו סכום דמים דהיינו שעושה עמו חשבון הכולל מכמה מדות שלקח ממנו כבר, עכ״ל. אמנם הרמ״א חולק על המחבר שהרי כתב וז״ל וכן בסכום דמים אינו אסור אלא בכה״ג שאומר תן לי בכך וכך דמים ויהיה בידי כך וכך אבל בלאו הכי שרי ובמ״ב ס״ק ט״ז כתב וז״ל: הוא פליג על המחבר דס״ל דסתם שם דמים אסור למדכר והוא ס״ל דכמו במנין דוקא סכום מנין אסור ומנין בעלמא שרי כן הדין לענין דמים, עכ״ל. ובס״ק י״ז כתב טעם הדבר אמאי לא אסרו חז״ל מדה בעלמא עי״ש. והנה על אף שהרמ״א סבירא ליה דמותר להזכיר שם דמים מ״מ כתב המ״ב בס״ק כ׳ וז״ל: והנה יש כמה אחרונים שסוברים שיש ליזהר מדינא שלא להזכיר שם דמים וכ״ש שם מדה בכל גוונא וכדעת המחבר ומ״מ אין למחות ביד הנוהג להקל דיש לו ע״מ לסמוך אבל ראוי ונכון מאד להחמיר בדבר שלא להזכיר שם מדה או דמים ובפרט שיכול לעשות בהיתר שיכול לומר מלא לי כלי זה ולמחר נמדוד אותו, עכ״ל. וכן העלה הערוך השלחן ס״ה בסו״ד אחר שהביא שיטת הרמ״א סיים וז״ל: אבל כבר חלקו גדולי האחרונים על זה ואיסור גמור הוא שהלוקח יזכיר שם דמים או שם מדה ואין המנהג כן אצלינו וח״ו לעשות כן ועפי״ז כתבנו ההלכה בפנים.

ועי׳ במחבר שם ס״ב שכתב היתר אחר וז״ל מותר לומר לחבירו מלא לי כלי זה ולמחר נמדוד אותו.

for Shabbos or Yom Tov use. Furthermore, it goes without saying that a storekeeper may not open his store in the fashion that he does on a regular business day, but may merely enter it to give the client the item he needs for Shabbos or Yom Tov use.

To illustrate: A guest in a hotel may approach the hotel manager on Yom Tov and say, "Please give me a large bottle of soda today, and I will come to terms with you after Yom Tov." However, he may not ask for "a liter" of soda or "a $1 bottle," nor may he say, "I will pay you after Yom Tov." [See *The Shabbos Home*, pp. 18-20 for further elaboration.]

II. Giving Gifts

Giving a gift involves a transfer of ownership and is thus similar to a transaction. Accordingly, it is generally forbidden to give gifts on Shabbos. On Yom Tov, however, it is permitted to send many types of items as gifts. The reason is that since the sender derives pleasure from sending a gift, he is deemed to be fulfilling the mitzvah of rejoicing on Yom Tov.[4]

The only restriction on sending a gift on Yom Tov is that when an unfinished product is sent as a gift, it must be *possible* for the recipient to prepare it for use on Yom Tov. For example, one may send a cut of raw meat as a gift, since the recipient is able to cook it on Yom Tov. This is permitted even if the sender knows that the receiver will not use the meat on Yom Tov.[5] However, it is forbidden to give a child a toy that needs to be assembled (assuming the assembly would violate a *melachah*), since the toy cannot be made fit for use on Yom Tov.[6]

A finished product may be sent as a gift even if its use is precluded on Yom Tov. For example, it is permitted to send *tefillin* as a gift, even though they are not worn on Yom Tov.[7]

---

4. מ״ב ס׳ תקט״ז ס״ק יב.
5. מ״ב סי׳ תקט״ז ס״ק א.
6. ש״ע סי׳ תקט״ז ס״א.
7. ש״ע סי׳ תקט״ז ס״ג.

In all the above cases it is permitted to carry the item through a public domain. Its delivery is considered a Yom Tov need, even though the item will not actually be used on Yom Tov, since by delivering it the sender fulfills the mitzvah of rejoicing on Yom Tov.

III. Measuring and Weighing

The Sages prohibited all forms of measuring and weighing on Shabbos,[8] except where it is necessary for the performance of a mitzvah. This prohibition also applies on Yom Tov, with

---

8. הרמב״ם פ״ב מהלכות יום טוב הלכה יט כתב דברים רבים אסרו ביו״ט משום גזירת מקח וממכר ואיסור מדידה ושקילה בכלל וכן כתב המחבר בסי׳ שכ״ג ס״א. אמנם התוס׳ בשבת דף קכו: ד״ה מדבריהם כתבו דמדידה אסורה בשבת משום דהוי עובדא דחול ולא משום גזירת מו״מ ולפיכך העלו התוס׳ דבמקום מצוה לא גזרו רבנן. והמחבר בסי׳ ש״ו ס״ז העלה כדברי התוס׳ שהרי כתב מותר למדוד בשבת מדידה של מצוה כגון למדוד אם יש במקוה מ׳ סהא וכו׳ משום דהוה מדידה של מצוה והיינו מש״כ המ״ב בס״ק ל״ה דכיון דהמדידה הוה במקום מצוה לא מחזי כעובדא דחול. והנה בשו״ת אג״מ או״ח ח״א ס׳ קכ״ח כתב לבאר דברי התוס׳ אמאי נאדו מדברי הרמב״ם שאסר מדידה משום גזירת מקח וממכר ואסרו משום עובדא דחול וז״ל: ופשוט לכאורה שכוונתם על מדידה זו של צרכי הבית ורק במדידה כזו התירו לצורך מצוה וא״כ נמצא שאין שייך אף דרבנן במדידת החום שע״י טערמאמעטער שאינו ענין כלל למדידה האסורה אך הוא חומרא בעלמא שיש מעלה להחמיר והרוצה להקל אין למחות בו, עכ״ל. וכוונת מרן זצ״ל צריך ביאור דהא חז״ל אסרו כל מדידות משום עובדא דחול ואיך כתב מרן זצ״ל דמעיקר הדין מותר למדוד מדידת חום על ידי טערמאמעטער. ונראה לבאר הדברים עפ״י מה שראיתי בספר מאורי אש דף לג וז״ל: ונראה דהנה ראיתי שיש מדקדקים שהם נזהרים שלא למדוד בשבת ויו״ט במדי חום שהוא כלי העשוי למדוד בו מדת חום של בני אדם משום דהוי מדידה וכל המדידות אסרו חז״ל ולא מפלגינן בין מדידית חום לשאר מדידות ולא שרי כי אם במקום חולי ממש, אמנם לענ״ד נראה דאין לחוש לזה דטעמא דאסרו חכמים מדידות ומשקלות בשבת ויו״ט מבואר בכמה מקומות דהטעם האו משום עובדין בחול, ונראה דלא שייך טעם זה כי אם באלו המדידות והמשקלות שעפ״י רוב עוסקים בהן בימי החול בשעת מקח וממכר או שאר משא ומתן של חול וכיוצא בהם מהדברים האסורים בשבת ויו״ט, ולכך אם נתיר לו את המשקל והמדידה יבוא לעשות בהן כדרך שהוא עושה בחול והיינו דאסרום משום עובדין בחול, משא״כ מדידת חום בני אדם דלא שייכא כלל מדידה זו לעובדין דחול והוי רק עובדין דחול לכן שרי גם בשבתות וי״ט, עכ״ל. וזהו כוונת מרן זצ״ל במה שכתב דמדידת החום שע״י טערמאמעטער אינו ענין כלל למדידה האסורה וממילא לא שייך לאסור משום עובדא דחול. אמנם במש״כ מרן ז״ל דיש מעלה להחמיר והרוצה להקל אין למחות בו, יש לציין שפוסקים אחרים ה״ה שו״ת מהר״י שטייף סי׳ קכ״ג, מנחת יצחק ח״ג סי׳ קמ״ד סברי דמדידת חום נכלל באיסור של מדידה וממילא מדידה מותר רק במקום מצוה.

some exceptions. Thus, it is forbidden to weigh oneself, to weigh foods or to hang a thermometer outdoors to determine the temperature.

Weighing and measuring for the sake of a mitzvah are permitted (even on Shabbos). For example, one may measure a cup to determine whether it can hold a sufficient amount of wine for *Kiddush*. Likewise, it is permitted to weigh and measure *matzah* to determine the proper amount to eat at the *seder*.[9]

Caring for an ill person is considered a mitzvah, and thus, measuring or weighing for this purpose is permitted.[10] Thus, one may measure a precise dose of medicine, or a precise portion of food, when a patient's condition requires this. A specialized utensil (e.g. a measuring spoon or scale) may be used for this purpose. It is similarly permitted to measure a patient's temperature or blood pressure, when necessary.[11]

[When taking a person's temperature on Yom Tov, one should use an ordinary mercury thermometer. The tip may be dipped in petroleum jelly. The thermometer may be shaken down before its use, but should not be shaken down afterwards.[12] One should avoid using a thermometer strip (that is placed on the forehead and upon which a number then becomes visible) unless no mercury thermometer is available.[13] A digital thermometer should not be used on Yom Tov (unless, of course, there is a question of danger to the patient's life).]

An infant is regarded like an ill person; one is permitted to weigh or measure food for an infant.[14]

---

9. ש״ע סי׳ ש״ו ס״ז. וששׁ״כ פכ״ט הערה צג. וע״ע בזה במגילת ספר סי׳ פב אות ב.

10. ש״ע סי׳ ש״ו ס״ז ומ״ב ס״ק לו.

11. שו״ת מהר״י שטייף סי׳ קכג, שו״ת אג״מ או״ח ח״א סי׳ קכ״ד, ושו״ת מנחת יצחק ח״ג סי׳ קכ״ב. וע״ע בציון 8.

12. שו״ת ציץ אליעזר חי״א סי׳ לח, שו״ת באר משה סי׳ נו, ובשו״ת אז נדברו ח״א סי׳ סב. וח״ד סי׳ לה, ועי׳ בשו״ת להורות נתן ח״ו סי׳ נח, ובשו״ת שבט הלוי ח״ג סי׳ כח ולג שהחמירו בהורדת הכספית המורה על מדת החום משום סרך מלאכת מכה בפטיש.

13. שו״ת ציץ אליעזר חי״ד סי׳ ל. ועי׳ בשו״ת מנחת יצחק ח״ז סי׳ כב שאסר להשתמש בזה ביו״ט.

14. ברית עולם בהוספת שבסוף הספר הלכה לא ולב.

A healthy person who is on a weight-reduction diet may not measure or weigh precise portions on Yom Tov.

IV. Measuring for the Purpose of Cooking

There is a special leniency in regard to measuring that pertains only on Yom Tov. Unlike Shabbos, on which it is forbidden to measure even food items, on Yom Tov it is permitted to measure food flavoring and seasoning, provided that two conditions prevail:

a) The wrong amount of seasoning could spoil the taste of the food or have a negative effect on it.

b) One measures this type of seasoning during the week.[15]

The measuring of nonfoods is prohibited on Yom Tov as on Shabbos. Similarly, weighing either foods or nonfoods is prohibited on Yom Tov as on Shabbos.

☙ Using Measuring Cups

Even in a case where a substance may not be measured (i.e. where the two conditions described above do not prevail), one may use a measuring cup to pour ingredients if he does not measure them precisely but utilizes the cup merely for approximation. This holds true on Shabbos as well as Yom Tov.[16]

V. Games

Games in which the score is normally recorded (e.g. Scrabble) may not be played on Yom Tov, due to the concern that one might write the score.[17]

VI. Reading Menus and Guest Lists

It is prohibited on Yom Tov to read the menu of a meal that one plans on serving to invited guests, a list of guests that are to

---

15. ש״ע סי׳ תק״ד ס״ד ומ״ב.

16. רמ״א סי׳ שכ״ג ס״א ומ״ב סי׳ תק״ו ס״ק ג.

17. חיי אדם הלכות שבת כלל לח הלכה יא.

be invited or a seating plan. This pertains whether the meal will take place on Yom Tov or afterwards. One of the reasons for this prohibition is the concern that one might decide to make changes in the menu, invitation list or seating plan. Thus, the host or hostess, who are authorized to make such changes, may never refer to the list on Yom Tov.[18]

Even people who are not authorized to change the list are prohibited from reading it, due to a general Rabbinic decree against the reading of documents and similar material. However, this decree does not apply in regard to material pertaining to a mitzvah. Since the Yom Tov meals are considered סְעוּדוֹת מִצְוָה, *mitzvah banquets*, it is permitted for someone other than the host or hostess (e.g. one of their children) to read the menu or guest list for a Yom Tov meal. [A husband may read the menu of a meal being prepared by his wife, if he is not actively involved in its preparation.] Furthermore, since it is considered a mitzvah to ensure that guests are seated comfortably, it is permitted for someone other than the host or hostess to read a seating list.[19]

Nowadays, it is customary for a messenger inviting people to a meal to always refer to an invitation list — even if the meal is not a סְעוּדַת מִצְוָה — lest he inadvertently trigger a quarrel by inviting an unwanted guest.[20]

For a discussion of the reading of other printed matter on Shabbos or Yom Tov (e.g. secular books and periodicals), see *The Shabbos Home*, Chapter Five.

VII. Summary of Laws

◈ Buying and Selling

- It is forbidden to buy, sell, rent or lease anything on Yom Tov, as on Shabbos, even for the purpose of a mitzvah.

---

18. ש״ע סי׳ ש״ז סי״ב ומ״ב.

19. שיעורי הגאון ר׳ פסח אליהו פאלק שליט״א.

20. מ״ב סי׳ ש״ז ס״ק מ״ז.

- One may obtain from a store an item that one needs on Yom Tov provided that: (a) one does not mention the value or weight of the item, and (b) one makes no explicit mention of payment.

✑ Giving Gifts

- One may give gifts on Yom Tov, provided that the gift is a usable product or something that can be made into a usable product on Yom Tov.
- The gift may be carried through a public domain on Yom Tov.

✑ Measuring and Weighing

- It is forbidden to measure or weigh anything on Yom Tov, however, this is permitted for the purpose of a mitzvah.
- It is permitted to measure or weigh for the benefit of an ill person, as the person's care is considered a mitzvah.
- Taking a person's temperature is permitted (but not with a digital thermometer; see above).
- It is permitted to measure or weigh for the benefit of an infant.
- It is *not* permitted to measure or weigh portions for a healthy person who is on a weight-reduction diet.

✑ Measuring for the Purpose of Cooking

- It is permitted to measure seasoning on Yom Tov, provided that: (a) the wrong amount of seasoning might ruin the food, and (b) the seasoning is a type that is commonly measured on weekdays.
- Weighing is forbidden even in these circumstances.
- One may use a measuring cup to pour *approximate* amounts of any food.

~§ Games

- It is forbidden to play games in which one normally records the score.

~§ Reading Menus and Guest Lists

- It is forbidden for a host or hostess to read the menu, guest list or seating list of any meal to which guests are invited.
- It is permitted for someone other than the host or hostess to read these lists in the case of a mitzvah banquet, e.g. if the meal takes place on Yom Tov.

22 / Yom Tov Earnings — שְׂכַר יוֹם טוֹב

As mentioned in the previous chapter, the Sages forbade engaging in any type of business transaction on Yom Tov, because business transactions often lead to writing. One of the things covered by this prohibition is the earning of compensation for services performed on Yom Tov. This aspect of the prohibition is known as שְׂכַר יוֹם טוֹב, *Yom Tov earnings.*[1] In addition to prohibiting the earning of compensation, the Sages decreed that if a person received Yom Tov earnings (i.e. he was paid after Yom Tov for a service performed on Yom Tov) it is forbidden for him or anyone else to derive benefit from those earnings.[2]

---

1. ש״ע ס׳ ש״ו ס״ד. והנה בגוף איסור שכר שבת בהשקפה ראשונה נראה דהוא רק על המקבל ולא על הנותן (אלא שעל הנותן חל איסור דלפני עור לא תתן מכשול). ויש להביא ראיה לזה מהא דכ׳ המחבר סי׳ של״ד סכ״ה א״י שבא לכבות אין צריך למחות בידו ובמ״ב ס״ק ס״א כתב וז״ל דא״י אדעתא דנפשיה קעביד ואפי׳ יודע שנוח לו לישראל הוא להנאת עצמו מתכוין שיודע שלא יפסיד עכ״ל, ומש״כ להנאת עצמו מתכוין ר״ל דהעכו״ם יקבל שכר מהישראל עבור הכיבוי. ואם נימא דאיסור שכר שבת הוא גם על הנותן, האיך מותר הישראל ליתן לעכו״ם שכר עבור הכיבוי אלא ע״כ מוכח מזה דאין איסור על הנותן רק על המקבל אלא שעל הנותן איכא לתא דלפני עור ובעכו״ם שאינו בכלל האי לאו מותר הישראל ליתן לו שכר שבת. אמנם בספר תהלה לדוד ריש ס׳ רמ״ג הביא בשם ספר מנורה הטהורה דכשם שאסור ליטול שכר שבת כך אסור ליתן שכר שבת ועי״ש מה שהקשה עליו.

2. המחבר בס׳ רמ״ה ס״ו כתב אם אפו גוים בתנורו של ישראל בשבת על כרחו ונתנו לו פת בשכר התנור אסור ליהנות ממנו עכ״ל. ובשלחן ערוך הרב סי״ט הוסיף עלה וז״ל אם אפו נכרים בשבת בתנורו של ישראל בעל כרחו ונתנו לו שכר אסור ליהנות ממנו עולמית בין לו בין לאחרים מפני שהוא שכר שבת עכ״ל. והיינו דס״ל דמפני שהוא שכר שבת אסור גם לאחרים ליהנות ממנו. וכ״ה משמעות דברי הריטב״א ע״ז דף כ״ו. שכתב דשכר שבת נוטלו וזורקו לים ששכר שבת אסור. מבואר מדבריו דאסור לאחרים ליהנות ממנו דאל״כ אמאי נוטלו וזורקו לים יתנהו לאחרים. אמנם החתם סופר בתשו׳ חו״מ סוף ס׳ קצ״ד בא״ד שמיירי אודות רופא ישראל המטפל בנכרי בשבת כתב וז״ל הנה שכרו נ״ל שיתנהו לצדקה כיון שהוא שכר שבת לא יהנו ממנו וכו׳ עכ״פ אינו ראוי ליהנות ממנו ומחלקים לעניים עכ״ל. מבואר מדבריו דשכר שבת אינו אסור לאחרים. וכעין זה מבואר בשו״ת אג״מ או״ח ח״ד סוף סי׳ נ״ט. וקשה על החתם סופר והאג״מ מדברי הריטב״א הנ״ל, וצ״ע.

I. Scope of the Prohibition

It is prohibited to earn money on Yom Tov even through the performance of a permissible service.[3] For example, it is prohibited to be a waiter, babysitter or tutor, for compensation, on Yom Tov.

The prohibition against earning wages applies whether one performs the service on behalf of a Jew or a gentile.[4] [However, it is permitted for a Jew to compensate a gentile (after Yom Tov) for a permissible service that the gentile performed on his behalf on Yom Tov.]

The prohibition applies not only to earning wages, but also to earning rental income and royalties. Thus, one is prohibited from renting any of his possessions (such as an apartment, room or car) exclusively for Yom Tov, or from deriving benefit from such income.[5]

The prohibition on Yom Tov earnings covers all forms of compensation, including payment of cash or merchandise, forgiving a debt owed by the worker and performing work in exchange for the work performed on Yom Tov. However, it is permitted to compensate someone for a service by guarding something on his behalf. Guarding is not considered "compensation," since it does not provide the recipient material benefit, but merely prevents him from suffering a loss.[6]

---

3. ש"ע סי' ש"ו ס"ד. וע' בחידושי הגר"ח שבת דף יט שכתב חידוש בענין שכר שבת.

4. מ"ב סי' רמ"ו ס"ק ג.

5. מ"ב סי' רמ"ו ס"ק ג.

6. בשמירת שבת כהלכתה פכ"ח הלכה נ"ד כתב וז"ל איסור שכר שבת הוא אפי' אם משלב לו תמורת עבודתו בשבת בעבודה אחרת שיעבוד עבורו בו ביום או ביום אחר. ולכן לא יאמר אדם לחברו תעשה לי עבודה מסויימת בשבת, ותמורתה אעשה לך עבודה גם אני בשבת או ביום חול. ואמנם אם התמורה איננה בתשלום כסף או בתמורה בעבודה, אלא רק בשמירה על דבר כדי למנוע הפסד ממון לית לן בה, לפיכך מותר לו לאדם, למשל, להיות שמר טף (בייבי סיטר) אצל משפחה תמורת זה שהם ישמרו פעם אחרת על ילדיו שלו עכ"ל. וע' אריכות בזה בספרי הלכות שבת השייכות לבית פ"ג ציון 6.

II. Exclusions to the Prohibition

A. Yom Tov Earnings Included With Weekday Earnings — שְׂכַר יוֹם טוֹב בְּהַבְלָעָה

The Sages prohibited only the earning of compensation specifically for a service provided on Yom Tov. It is permitted to receive a lump-sum compensation for a job that is performed on a weekday *and* Yom Tov.[7] This rule is often misunderstood as meaning that if an employee did work on a weekday he can collect wages for the work he did on Yom Tov as long as both payments are made together.[8] However, that is incorrect! The primary criterion for permissibility is that the work performed during the week and that performed on Yom Tov must be part of a single job for which one payment is given. There must be a firm understanding between the parties that neither of them can renege on the agreement after only part of the work was done. Thus, if the employer backs out midway he will be liable for the entire wage. Only in such a case, where the payment for Yom Tov is intertwined with the payment for the weekday, are Yom Tov earnings permitted.[9]

This dispensation applies even if most of the work is done on Yom Tov, so long as it is included in an arrangement whereby some work must be done before or after Yom Tov.[10]

---

7. ש״ע סי׳ ש״ו ס״ד.

8. שו״ת מהר״ם שיק או״ח סי׳ צ״ו.

9. מ״ב סי׳ ש״ו ס״ק יט. אמנם הוא עצמו בסק״כ כתב וז״ל ובספר שבות יעקב חולק וס״ל דמהר״ן אין ראיה לדין זה דבענינו אף שלפי דבריו יכול לחזור ולסלקו באמצע השבוע מ״מ מסתמא לא יחזור בו באמצע והוי שכיר חודש ומקרי אח״כ שכר שבת בהבלעה ושרי וגם בספר א״ר מצדד דיש ספק בדין זה ע״ש טעמו עכ״ל.

10. מ״ב סי׳ ש״ו ס״ק כ״א בשם החיי אדם וז״ל ומה שנוהגין הסוחרים לשכור יהודי בערב שבת לשמור העגלות מן הגנבה הדבר קשה איך הסוחר עובר על לפני עור כיון שיודע שוודאי יקבל שכר שבת ולכן ראוי שיתנה עם השומר שישמור גם בערב שבת ובמוצאי שבת איזו שעות ואז הוי כשכר שבת בהבלעה עכ״ל.

ונסתפקתי בכוונת החיי אדם אי בענין הבלעה בתחילת שבת ובסוף שבת כמו שכתב החיי אדם בעצמו או סגי בחד מהם כדי שיהיה נחשב בהבלעה. ומצד הסברא היה נראה

According to some Poskim, it is permissible to accept payment for a service performed only on Yom Tov if the service required some preparatory work before Yom Tov,[11] or if an expense was accrued because of the service performed on Yom Tov.[12] The payment for the service done on Yom Tov is added to the payment for the preparatory work or the reimbursement for the expense, and is therefore considered to be included with a weekday payment. To illustrate: It is permitted, according to these Poskim, for a teacher to accept compensation for tutoring a student on Yom Tov, if the tutoring required special preparation before Yom Tov, or if it required the purchase of specialized teaching material *and* the tutor receives one large payment.

◆§ Hiring Someone on Yom Tov

Although Yom Tov earnings are permitted when they are combined with weekday earnings, it is forbidden to hire someone on Yom Tov itself if compensation is stipulated. This pertains even though the compensation will be combined with weekday earnings.[13]

◆§ Rentals

The rule described above applies also to rentals. It is permissible to rent out one's possessions for Yom Tov if the rental includes a pre- or post-Yom Tov period and there is one fee for the entire period.

According to the opinion of the Poskim mentioned above, it

דסגי אם השכר הוא בהבלעה או שכר של ערב שבת או גם מוצאי שבת וכן נקט השש״כ פכ״ח סנ״ט בכוונת החיי אדם דסגי בחד מינייהו (היינו בע״ש או מוצאי שבת) בדי שיהיה נחשב הבלעה. וע״ע בזה בספרי הנ״ל ציון 10.

11. בשו״ת ישכיל עבדי ח״ז סי״ט כתב וז״ל וכן בדרשה וכו׳ אם הוא מכין הדרשה בימי החול, נראה דזה ג״כ חשוב כהבלעה וזכורני שאמרו כדומה לזה על הקורא בתורה בשבת קודש שהתירו לו משום שטורח בימי החול ללמוד הטעמים. וכעין זה כתב הערוך השלחן ס׳ ש״ו סי״ב.

12. שו״ת נודע ביהודה מהד״ת סי׳ כו.

13. ביאור הלכה סי׳ ש״ז ס״ב ד״ה אסור לשכור, מ״ב סי׳ ש״ו ס״ק כג.

is also permitted to rent out one's property exclusively for Yom Tov if some preparatory work is required before Yom Tov or some expense is incurred on account of the rental.

B. Voluntary Compensation

One is permitted to give a gift to a person who performed a service for him on Yom Tov.[14] However, it must be clear to both parties that the gift is not an obligatory payment for the service rendered, but a voluntary bequest. Thus, the one who performed the service cannot demand a "gift" and cannot take offense if no gift is forthcoming.[15]

C. Compensation Without Material Benefit

As mentioned above, it is permitted for an employer to compensate a worker for a Yom Tov service by guarding something for him in return. For example, one may compensate a neighbor who babysat one's child on Yom Tov by babysitting a comparable length of time for the neighbor, either on Yom Tov or afterwards. It is even permitted to stipulate that one will babysit in return.[16]

III. Earnings for the Performance of a Mitzvah

There is a dispute among the Poskim whether it is forbidden to earn compensation for the performance of a service that is a mitzvah. This issue applies, for example, to compensating a cantor who leads the prayers or a person who reads from the Torah on Yom Tov, and the person who blows the *shofar* on Rosh Hashanah. Some Poskim permit compensation for this type of service, while others forbid it.[17] However, even those who permit it state that "No blessing will be forthcoming from

---

14. מ"ב סי' ש"ו ס"ק כד.
15. כן שמעתי מהגאון ר' ח.פ. שיינבערג שליט"א. וע' בזה בספרי הלכות שבת השייכות לבית פ"ג ציון 15.
16. ע' בספרי הנ"ל ציון 6.
17. ע' בספרי הנ"ל ציון 17.

money earned on Shabbos or Yom Tov" — even if it is earned through the performance of a mitzvah.[18] Therefore, it is advisable to arrange that even these earnings are linked with weekday earnings. For example, the cantor should lead the prayers or read from the Torah on a weekday and the shofar blower should blow during the month of Elul.[19] [However, this is unnecessary (according to the opinion mentioned earlier) if the cantor or shofar blower need advance weekday preparation for their performances, or they incur some expense (e.g. by buying a shofar).]

IV. Summary of Laws

◆§ The Prohibition of Yom Tov Earnings

- It is prohibited to earn money on Yom Tov even through the performance of a permissible service. It is also forbidden to derive benefit from money earned on Yom Tov.
- The prohibition applies whether one works for a Jew or a gentile.
- The prohibition also applies to rental income and royalties.
- The forms of compensation that are prohibited include money, merchandise, the forgiving of a debt and the performance of work in exchange for that which was done on Yom Tov.

◆§ Exclusions to the Prohibition

- If a job includes work done on both a weekday and Yom Tov, it is permitted to receive a payment for the entire job.
- Some Poskim permit payment for a job done only only on Yom Tov, if the job required pre-Yom Tov preparation, or it involved an expense and the payment is combined with reimbursement for the expense.

---

18. ע' שם ציון 18.
19. ע' שם ציון 19.

- It is forbidden to hire a worker on Yom Tov if compensation is stipulated, even if the payment will be combined with that for weekday work.
- The rules mentioned here apply to rentals as well.
- It is permitted to give a *voluntary* gift to someone who performed a service on Yom Tov.
- It is permitted to compensate a worker by guarding something for him (e.g. babysitting).

☙ Earnings for the Performance of a Mitzvah

- Some Poskim permit compensation for the performance of a service that is a mitzvah (e.g. cantorial services). Nevertheless, it is advisable that the Yom Tov work be combined with weekday work, so that blessing may come forth from the earnings.

V. Practical Applications

A. Babysitting

A babysitter may receive monetary compensation for service performed on Yom Tov if either:

1) it is arranged in advance that some babysitting will also be done before or after Yom Tov and one lump sum will be paid for both periods; or

2) the babysitter provides diapers, milk or something else involving an expenditure, and payment for the Yom Tov service is included with reimbursement for the expense.[20]

Alternatively, if the babysitter has children of her own, one can arrange to babysit an equal length of time for her on a different occasion.

B. Tutoring

A tutor may be compensated for teaching on Yom Tov if either:

---

20. שו״ת ויברך דוד או״ח סי׳ מא.

1) he is required to tutor on a weekday as well and is paid one lump sum; or

2) he prepares for the tutoring before Yom Tov; or

3) he incurs an expense for teaching materials and payment for tutoring is lumped with the reimbursement.

One who tutors a Torah subject may rely upon the opinion which permits compensation for the performance of a mitzvah. Nevertheless, it is advisable to use one of the aforementioned arrangements.

C. Waiters and Cleaning Help

A Jewish waiter should not be paid for work done on Yom Tov unless his job requires him to do some work before or after Yom Tov (e.g. set up or clean up), or he is a waiter during the week as well and is paid one lump sum.

A non-Jewish waiter may be paid after Yom Tov for work he does on Yom Tov.

The same rules apply to domestic cleaning help.

D. Restaurants and Caterers

Restaurants and caterers may charge for meals served on Yom Tov, since the meal service involves pre-Yom Tov preparation and expenses.

E. Hotels

Hotels owned by Jews may rent out rooms specifically for Yom Tov. Since the room must be prepared for occupancy before Yom Tov and the linen must be laundered, the room charge is a combination of a payment for Yom Tov residence, weekday preparation and expenses.

F. *Mikveh*

A *mikveh* may impose a fee for the use of its facilities on Yom Tov, since the *mikveh* must be heated and the facility cleaned before Yom Tov.

G. Cantors

See p. 170.

H. Doctors

The Steipler Gaon zt"l advised that one do his utmost to compensate a doctor for a service he renders on Shabbos or Yom Tov. The following are permissible avenues of doing this:

1) If a follow-up visit is required after Yom Tov, payment for the entire treatment can be lumped together.

2) If the doctor provides medicine or a bandage, payment for the service may be combined with reimbursement for the expense.

3) Payment may be made in the form of a gift.

Some Poskim consider the rendering of medical service to be a mitzvah and therefore permit compensation in all instances.[21]

I. Earnings From Vending Machines

Some Poskim permit the owner of a vending machine to benefit from the money earned on Yom Tov, because the machine requires maintenance during the week and is stocked at the owner's expense.

J. Interest Accrual

It is permitted to receive interest for a bank account whose interest is compounded daily including Shabbos and Yom Tov. This is because the banking day follows the secular calendar which begins and ends at midnight, whereas Shabbos and Yom Tov begin and end with nightfall. Thus, the interest for Shabbos and Yom Tov is always included with interest for the preceding or following weekday period.[22]

HaGaon R' Moshe Feinstein zt"l ruled that even the interest for two consecutive days of Yom Tov is permitted. For since our

---

21. ע' בזה בספרי הנ"ל ציון 21.
22. שו"ת אג"מ או"ח ח"ד ס' נ"ט. מנחת יצחק ח"ט סי' נ"ט.

obligatory custom to observe two days of Yom Tov stems from an ancient calendrical doubt as to which was the correct day, one of the two days may be regarded as a "weekday" with respect to the issue of Yom Tov earnings. Thus, the interest for the "true" day of Yom Tov accrues together with interest for a "weekday" period. [This leniency of viewing one of the days as a weekday does not extend to other Yom Tov laws.]

However, when Yom Tov falls on Friday or Sunday, there are definitely two consecutive holy days (i.e. Shabbos and Yom Tov). Similarly, the two days of Rosh Hashanah are both considered to be definitely holy. In those instances, interest for the banking day that covers only a holy period is forbidden for benefit. Since one cannot instruct a bank to withhold interest for one day, one should calculate how much interest accrued and give that amount to charity in a manner whereby he derives no benefit from his donation. That is, he should donate the money secretly, not counting it as payment of a charitable pledge and not receiving any honor or appreciation for the donation[23]

This is the opinion of HaGaon R' Moshe Feinstein *zt"l*. There is a dissenting opinion which permits receiving interest even in this latter case.[24]

---

23. הנ״ל.

24. אמנם בשו״ת באר משה ח״ה סי׳ ק כתב ואך בב׳ ימים טובים רבית דיום א׳ דיום טוב לא יקבל, ומה שהבאנק נותן בע״כ יתננו לעני וכו׳ ומי שאינו נותן לעני ומחזיקו לעצמו ג״כ יש לו על מי לסמוך והסביר טעמו שם וז״ל והסומך עצמו על דברי השבות יעקב שהביא המ״ב ס״ק כ׳ דבמקום שאין דעתו לחזור לא הוי שכר שבת, יש לו על מי לסמוך גם בנידון דידן בבאנק. דהלא הבאנק איננו מחזיר הממון מדעת עצמו, ואם המפקיד ממונו לבאנק אין בדעתו לחזור בשבוע שחל בו יו״ט הוה הריבית בהבלעה ושרי וכו׳ ע״ש. ולכאורה דבריו צ״ע דנידון דידן אינו דומה להאי גוונא שהביא המ״ב בשם השבות יעקב וחלוקים המה בעצם יסודם דהתם מיירי שהמשכיר התנה שהוא משכירו לחודש וכה״ג התחייבות לחודש אע״פ שהרמ״א החמיר וס״ל דלא הוי שכר שבת בהבלעה כיון דיש זכות למשכיר לחזור באמצע אין זה נחשב לחדא שכירות וממילא לא מיחשביא השכר בהבלעה, השבות יעקב הקיל וס״ל דאע״פ שיכול המשכיר לחזור מ״מ כיון שאין הדרך לחזור שפיר מיקרי חדא שכירות על החודש. אבל בנידון דידן שהוא השקעה מהבאנק אין כאן התחייבות כלל ליתן לחודש או לשבוע שתיהיה חשובה כהשקעה אחידה אלא מתחלה נותן עד זמן שרוצה ליקח ממונו וא״כ כל יום הוי חשבון נפרד לגמרי ואי״ז מיקרי שכר בהבעלה.

23 / Sewing and Tearing — תּוֹפֵר וְקוֹרֵעַ

The *Av Melachah* of תּוֹפֵר, *sewing*, is defined as uniting two items (or two parts of a single item) into one.[1] It is not limited to the specific act of attaching items with thread, but includes all sorts of permanent fastening, such as gluing and taping.[2] Furthermore, it applies to the fastening of materials of all textures, such as cloth, paper, leather, plastic and wood.[3]

A related *melachah* is that of קוֹרֵעַ, *tearing*. This *melachah* is defined as tearing, peeling or cutting apart two things that were attached, or tearing or cutting soft material, such as cloth or paper.

Sewing is prohibited on Yom Tov as on Shabbos, with only one exception. It is permitted to sew up a stuffed chicken or turkey on Yom Tov. However, the thread must have been inserted into the needle before Yom Tov. After the sewing is completed, it is the accepted custom to burn off the remaining thread instead of cutting it.[4]

Since the laws of sewing on Yom Tov are in all other respects identical with those of sewing on Shabbos, we refer the reader to *The Shabbos Home*, Volume I Chapter Six, for a detailed discussion of these *halachos*. We will merely present some practical applications here. The *halachos* of tearing were presented in *The Shabbos Home*, Volume I Chapter Seven. Many additional common applications of this prohibition will be discussed in the following chapter.

---

1. ביאור הלכה סי׳ ש״מ סי״ד ד״ה ה״ז תולדות תופר.
2. ש״ע סי׳ ש״מ סי״ד.
3. ביאור הלכה סי׳ ש״מ סי״ד ד״ה ה״ז.
4. ש״ע סי׳ תק״ט ס״ג ומ״ב.

Practical Applications

A. Fastening With Safety Pins

There is a question whether fastening with a safety pin (by threading the pin back and forth through an item and closing the end) is considered a form of sewing. Many Poskim hold that this is no different than sewing with a thread,[5] whereas others

---

5. בקרבן נתנאל פרק כלל גדול סי׳ ז אות נ׳ כתב וז״ל ע׳ בשבת דף עד: דהתופר שתי תפירות חייב והא לא קיימי אמר רבה בר בר חנה והוא שקושרם ע״כ משמע דעיקר קושית הש״ס דלא הוי אב מלאכה אבל פטור אבל אסור הוא ולכך תמה אני מאין נוהגין העולם שתוחבין עם מחט שקורין שטעקנאדל עם המלבוש הא הוי שתי תכיפות וכן הנשים בפראג וכו׳ הא הוי שתי תכיפות עכ״ל. מבואר מהק״נ שהידוק ע״י סיכת בטחון יש לאסור מן התורה שהרי הוא מיירי מתחיבת מחט גרידא וע״ז כתב שיש לאסור מדרבנן כיון דלא קיימי, נמצא א״כ במחט שלנו דהיינו סיכות בטחון שסוגרים אותו וע״י סגירתן הם קיימין כך לעולם יש לאסור מן התורה בשתי תכיפות. זאת ועוד, חזינן מדברי הקרבן נתנאל דהמנהג היה להקל רק הוא תמה על המנהג מנין להם להקל.

פוסקים שהביאו שיטת הקרבן נתנאל או שסוברים כן

א. בשו״ת גינת ורדים כלל ג׳ סי״ז כתב וז״ל בא״ד ומה שנוהגת האשה שכשמהלכת או כשעושה איזו מלאכה לקבץ שולי בבגדיה ולהעלות וכו׳ ע״י חיבור מחט שתוחבת המחט שתים ושלש תכיפות גם בזה יש לאסור וכו׳ ואין לדחות ולומר דאין דרך חיבור בתפירה רק ע״י חוט וחיבור שע״י מחט אינו דרך תפירה דודאי הך דחיה לאו כלום הוא שהרי כתב הרמב״ם המדבק ניירות או עורות חייב וכו׳ הרי שאין כאן לא בגד ולא חוט וקמחייב משום תופר, והטעם שעיקר מלאכת תופר הוא לחבר ב׳ גופים זה עם זה וכיון שחבר שני גופים זה עם זה הו״ל כתופר וכו׳.

ובסוף דבריו מסיק ומה שיראה מדברי הפוסקים שמותר לאשה לחבר צעיפה וקישורה ע״י מחט יש ליישבם שלא תתחוב אלא שתי תחיבות דבשתי תחיבות לא חשוב כתופר כיון שלא קשרה שני ראשי החוט שמכאן ומכאן אבל אם תחבה שלש תחיבות יש לאסור עכ״ל ועי״ש.

מבואר מדבריו דסבירא להו כדברי הקרבן נתנאל [אך מה שצ״ע בדבריו הוא במה שכתב ששתי תחיבות לא חשוב תפירה ומותר, זה אינו דהרי מדרבנן אסור לתחוב שתי תחיבות כדאיתא בגמרא וכמו שתמה הקרבן נתנאל גופיה].

ב. בהגהות רע״א על המג״א סי׳ ש״מ ס״ק י״א כתב וז״ל התופר ב׳ תפירות, בס׳ ק״נ כ׳ דמ״מ בתופר ב׳ תפירות ולא קשר איסור דרבנן מיהא הוי ומה״ט אסור לחבר מלבושים בתחיבת המחט ב׳ פעמים עכ״ל.

והנה מדברי רע״א חזינן שנקט בפשיטות דהקרבן נתנאל בא לאסור אכן כד נדקדק בלשונו של הק״נ נראה שהוא רק תמה על המנהג להקל אבל לא כתב לאסור. וצל״ע מנין לו לרע״א לומר שהק״נ ס״ל לאסור בכה״ג. וע׳ בהקדמת תשובת רחש לבב מהגאון ר׳ חיים שמואל בירנבוים ז״ל חתן הגאון ר׳ עקיבא איגר זצ״ל בתולדות המחבר דף ז

contend that this is not considered sewing.[6] A third opinion differentiates between attaching the pin temporarily and permanently.[7] Since this issue involves a possible Biblical pro-

---

שכתב וז״ל לא הוציא מחט התחוב בשפתי הכר המובא עם הילד למולו בשבת ע״כ. והוא ע״פ דברי הגרעק״א הנ״ל.

ג. השלחן ערוך הרב בקונטרס אחרון סוף הספר דף 824 כתב דאם ס״ל דתפירה שאינה של קיימא אסור ה״ה לחבר בגד ע״י סיכה אסור.

ד. במעם לועז [פרשת יתרו עמוד תרי״ט] כתב וז״ל דאלו המחברים ב׳ כנפי הפרוה שלא יפריעו בעיסוק שבבית ידעו שגם זה עון.

ה. עיקרי הד״ט הובא בכף החיים ס״ק נ״ט שכתב וז״ל מי שנקרע לו הלבוש בשבת ואין לו אחר כדי שלא יראה קרוע יכול לתחוב בקצת הקרע מחט אחד וכו׳ והוא שלא יתחוב ג״פ עכ״ל.

ו. המ״ב בס׳ ש״מ ס״ק כ״ז הביא דברי הק״נ להלכה.

וע״ע בזה בשו״ת מנחת יצחק ח״ב סי״ט, ובשו״ת חלקת יעקב ח״ב ס״ח, ובשו״ת שבט הלוי ח״ד סי׳ ל״ה.

6. מרן זצ״ל באג״מ או״ח ח״ב סי׳ פ״ד כתב כמה סברות להתיר הידוק מחט בשבת ונעתיק מקצת מהם:

1. דתפירה הוא דווקא כשמחבר שני דברים ועושהו אחד אבל חיבור קרסים וכפתורים אף שעל ידם נתחברו שני חלקי הבגד מ״מ הוא חבור שאינו עושה אותם כבגד אחד אלא לעולם הם שני חלקים.

2. דמלאכת תפירה הוא דווקא באופן שכשבא לחלקם הוא צריך למלאכת קריעה [וכ״כ הערוך השלחן סי׳ שי״ז] וכל בגד שאינו צריך למלאכת קריעה להתיר חיבורם אין החיבור נקראת תפירה. ואח״כ כתב מרן זצ״ל דאפי׳ לדעת הק״נ שנטה לאסור דהוא דווקא כשמשתמש עם המחט להניח לעולם אבל כשדעתו להסירו בכל יום גם הק״נ אינו מחמיר [אולם יעויין בס׳ טל אורות שהחמיר להדק מחט אף באופן שאין הידוק אלא לפי שעה ובכל יום ויום פותחין את המחט אבל מרן ז״ל לא ס״ל סברת הטל אורות שהרי כתב סברתו בהקרבן נתנאל שאפשר לומר שמיירי רק באופן שמהדקו לעולם.]

וע״ע באשל אברהם מהדורא תנינא ס׳ תקכ״ו שכתב וז״ל מת ביו״ט ראשון ואין תכריכין לשאול. נראה להתיר לחבר ע״י כמה מחטין שכן הוא המנהג פשוט בהבאת הילד לברית מילה בשבת קודש שתוחבין מחט בהכר בשתי תכיפות ויותר וכו׳. והיינו מצד שתפירת ב׳ תפירות וב׳ תכיפות חיבור בדרך תפירה הוא רק בחוט דווקא משא״כ מחט עצמה היא כבפני עצמו בזה לכו״ע וגם ע״ד קיימא אין בזה לא שום דררא דקשירה או תפירה כלל עכ״ל. הרי לנו דהאשל אברהם נקט לדבר פשוט דבמחט אין איסור תפירה כלל כדעת מרן באג״מ וכ״כ בשו״ת באר משה ח״ב סי׳ כ״ט להקל כדברי האג״מ. וע״ע בזה בשו״ת ציץ אליעזר חי״ג סמ״ג.

7. החזו״א בהשמטות לס׳ ש״מ כתב וז״ל דברי הק״נ תמוהים דהתוחב מחט להדק לפי שעה הוא כמהדק בקרסים ואין בזה שמץ של תפירה כלל וכו׳ אבל כשתוחב במחט שחזותו מוכיח עליו שאין זה תופר כלל אלא הידוק לפי שעה לא נחלק בזה אדם וכן עמא דבר ואין להחמיר כלל וכלל עכ״ל עי״ש.

מבואר מדבריו דעיקר נימוקו במה דלא ס״ל סברת הק״נ הוא משום דכשמחבר בגד ע״י מחט מעשיו מוכיחים שאינו רוצה בתפירה אלא להדקה לפי שעה עד שיתפור, אבל

23: SEWING AND TEARING

hibition, we must adopt the stringent view. However, there are circumstances in which the use of a pin can be permitted.

1) *Inserting the pin only once* — Passing a thread through fabric only once is not considered sewing at all, even if the ends of the thread are tied. It is therefore permitted to pass a safety pin through two pieces of fabric merely once and to close the pin. (To clarify: The pin should pierce the fabric only once and emerge on the opposite side.) Practically speaking, one must do this near the ends of the item being fastened, in order to be able to close the pin.[8]

2) *Pinning temporarily* — There is a view which permits sewing when the stitches will be left in place for less than twenty-four hours (and, in cases of necessity, for less than seven days). We do not ordinarily rely upon this view, but in regard to using safety pins we may rely upon it, since some Poskim permit the use of a safety pin altogether. Thus, one may fasten items with a safety pin temporarily — i.e. for less than twenty-four hours — even by passing the pin through the items twice. However, it must be absolutely clear that the attachment is of a temporary nature. The pin must therefore be inserted in a manner which ensures that it will be removed shortly. For example, if a hem came loose, one may fasten it with large safety pins that will be bothersome if left in place permanently. If one must use small pins, he should thread them through the fabric in a manner that makes them somewhat visible from the outside, for this will surely cause him to remove it as soon as possible.

בגוונא שמעשיו מוכיחים שרוצה בתפירה אף ע"י מחט והיינו באופן שהעולם משתמשים במחט לחבר שני דברים יש לאסור. ולפי"ז יצא לן להלכה לדעת החזו"א להדק בגד ולקצרו ע"י הני סיכות בטחון הקטנים יש לאסור משום דאין כאן הוכחה ממעשיו שהוא רוצה להדק הדבר אדרבה זהו אופן תפירה. אמנם הידוק ע"י הסיכות הגדולות אף לדברי החזו"א יש להתיר כיון דמוכיח ממעשיו שרצונו להדקו לשעה בלבד.

[וע' בשו"ת אז נדברו ח"ג ס' ע"ב שכתב דהחזו"א גופיה לא ס"ל ההיתר הנ"ל כיון דלא כתבו בגוף הספר ורק זה שהדפיס ספרו של החזו"א הניח את זה בספרו עיי"ש.]

8. שו"ת מנחת יצחק ח"ב סי"ט, שו"ת שבט הלוי ח"ד סי' ל"ה, שו"ת חלקת יעקב ח"ב ס"ח.

3) *Using straight pins* — An alternative method of ensuring that one removes the pins is to use straight pins, rather than safety pins. One will certainly not leave these in place permanently, due to the danger that they may prick him.

4) *Cases of Necessity* — In cases of necessity, where none of the aforementioned methods are feasible, one may rely upon the Poskim who permit the use of safety pins altogether.

B. Removing Safety Pins

It is prohibited to remove a safety pin that was threaded through a garment twice and was left there for more than seven days.

C. Brooch Pins

It is permitted to attach a brooch to a garment on Yom Tov, even by threading it through the fabric twice, since the brooch will surely be removed at the end of the day when the garment is put away.

D. Band-Aids

Although most Poskim forbid sewing even when the stitches will be left in place for less than twenty-four hours, it is permitted to *tape* an adhesive item to another surface for less than twenty-four hours. Taping is forbidden only when the items will be left attached permanently (i.e. more than twenty-four hours). [In cases of necessity, taping for up to seven days may be permitted.]

It is thus permissible to put a Band-Aid over a wound, since the Band-Aid certainly stands to be removed before long. However, one should be careful to attach the Band-Aid only to skin, from where one must ultimately separate it. One should not fasten one Band-Aid to another, since a person's tendency is to peel the lower one away from the skin and discard both Band-Aids without separating them from each other. Similarly, when wrapping a band-aid around a finger, one should not fasten one end of it to the other since he might ultimately slip it off and discard it without separating the ends. Rather, one should wrap the Band-Aid around the finger at an angle, so that both adhesive ends touch the skin. If one mistakenly fastened one end of a Band-Aid to the other on Yom Tov, he should be sure to unfasten the ends when removing the Band-Aid.

Similarly, one should not use a Band-Aid or tape to secure a cloth or gauze bandage in place on Yom Tov. Rather, one should tie the bandage down with a handkerchief. However, if one did secure it with tape, one should be sure to unfasten the tape from the bandage when removing it. One who customarily unfastens the tape each time he opens a bandage is permitted to fasten it with tape on Yom Tov.[9]

Some Poskim state that one should not peel off the plastic tabs of a new Band-Aid on Yom Tov. Rather, one should peel them off and reattach them before Yom Tov. One is then permitted to remove them on Yom Tov when in need of the Band-Aid, since they were attached only temporarily. However, HaGaon R' Moshe Feinstein zt"l and other authorities ruled that it is permitted to peel off the tabs on Yom Tov even for the first time.[10]

The issue of removing a Band-Aid from a hairy part of the body was discussed in Chapter 19.

E. Diapers

It is permitted to fasten a diaper with a safety pin, even by threading it through the diaper twice, since the pin will surely be removed when the diaper is changed.

It is also permitted to fasten a disposable diaper with its adhesive tabs, but one must be sure to unfasten the tabs when removing the diaper. When disposing of the diaper, one must not fasten the adhesive tabs to the diaper, since they will then remain attached permanently.

As in the case of Band-Aids, some Poskim state that one should not unfasten the adhesive tabs of a new diaper on Yom Tov, but should unfasten and reattach them temporarily before Yom Tov. However, HaGaon R' Moshe Feinstein zt"l and other

---

9. עיי׳ בכל זה בספרי הלכות שבת השייכות לבית פרק י.

10. עי׳ בזה בספרי הנ״ל פרק ז ציון 19.

authorities ruled that this is unnecessary.

Often, the ends of disposable diapers are fused together in the factory and must be torn apart for the diaper to be opened. This fusing occurs unintentionally when the diapers are cut, or when they are compressed for packaging. The *melachah* of tearing does not pertain to items that were attached unintentionally, and therefore, it is permitted to peel open these diapers.[11]

F. Sanitary Napkins

It is permitted to fasten a sanitary napkin to an undergarment on Yom Tov by means of adhesive strips, since the napkin stands to remain attached for only a short period of time.

G. Photo Albums

Pictures may not be inserted in a photo album that has adhesive pages.

H. Loose Threads or Buttons

It is forbidden to tighten the loose thread of a seam or hem, or of a loose button, on Yom Tov.

I. Loose Book Covers

It is forbidden to tape book covers, or to reattach tape that came loose from the binding of a book, on Yom Tov.

J. Adhesive Notes

It is forbidden to fasten adhesive notes to any surface on Yom Tov, if they will remain attached for more than twenty-four hours.

K. Staples

It is forbidden to staple or unstaple pieces of paper on Yom Tov. It is similarly forbidden to undo dry-cleaning tags that are stapled to a garment.

L. Opening Packages

This subject is discussed at length in the following chapter.

---

11. ע' בזה בספרי הנ"ל בפרק ז.

24 / Opening Packages

There are four separate prohibitions related to opening sealed containers on Yom Tov, and almost every type of packaging used today is subject to at least one of these prohibitions.

In the following pages, we will outline the relevant prohibitions and the procedures to follow in opening packages on Yom Tov.

I. The Prohibitions

A. Tearing — קוֹרֵעַ

It is an *Av Melachah* to tear any soft material for a constructive purpose. Thus, tearing cloth, leather, cardboard, paper, plastic or any such material[1] (in a way which improves the usefulness of the item) is a transgression of the *melachah* of קוֹרֵעַ, *tearing.*

Although tearing in a destructive manner is not Biblically forbidden, it is nonetheless forbidden by Rabbinic decree. The Sages, however, made an exception to this rule and allowed one to tear in a destructive fashion in order to obtain an item needed for Yom Tov use.[2]

---

1. ש״ע ס׳ ש״מ סי״ד.

2. מקור לדין זה הוא מתוספתא פי״ז דשבת, ומובא להלכה במ״ב סי׳ שי״ד ס״ק כה, וז״ל התוספתא: קורע אדם את העור שע״פ חבית של יין ושל מורייס, ובלבד שלא יתכוון לעשות זינוק, עכ״ל. והנה בחזו״א או״ח סי׳ נא ס״ק יג כתב ע״ז וז״ל: ואע״ג דהוא מקלקלו הא לא הותר מקלקל, אלא ע״כ דכי עסיק להוציא היין ועושה דרך השחתה לא חייל עלי׳ שם קורע, עי״ש. ועפ״ז כתבנו בפנים דהא דמותר לקרוע שקית כדי להוציא האוכל הוא רק באופן דקורע דרך השחתה.

והנה באמת יש עוד מהלכים באחרונים לבאר דברי התוספתא אלו, ולפיהן ישתנה הדין:

א) בשו״ע הרב סי׳ ש״מ סי״ז כתב דאין איסור קורע אלא בשני גופים התפורים או דבוקים יחד, אבל בגוף אחד כגון עור או נייר ליכא איסור קורע. אבל ע׳ בביאור הלכה

Thus, tearing open a bag, wrapper or cardboard box, even to remove foods, is forbidden unless the packaging is torn in such a way that it is damaged in the process.

B. Fashioning an Opening — עֲשִׂיַּת פֶּתַח

Another relevant prohibition, which applies especially to metal cans but also to sealed bags and boxes, is the *melachah* of עֲשִׂיַּת פֶּתַח — *fashioning an opening.* Making an opening in a sealed container through which to remove the enclosed items violates this prohibition.[3]

C. Completing the Formation of a Utensil — מַכֶּה בְּפַטִּישׁ

Providing the finishing touch to any utensil is an *Av Melachah* figuratively known as מַכֶּה בְּפַטִּישׁ, *striking [the final blow] with a hammer.*[4] This *melachah* often applies to unscrewing sealed bottle caps.

Some bottle caps are sealed, so that when unscrewed for the first time, the lower part of the cap breaks off and forms a ring around the bottle. Alternatively, the lower part of the cap cracks and widens, enabling the cap to be fully removed. Thus, the cap, which originally served simply as a seal for the bottle, is transformed during the first unscrewing into a functional cap that can be removed and replaced. Many authorities rule, therefore, that unscrewing the cap for the first time is forbidden under the category of מַכֶּה בְּפַטִּישׁ, *striking the final blow,* as it serves to complete the formation of a functional cap.[5]

סי' ש"מ סי"ג ד"ה אין דדחה סברא זו מכח דברי הירושלמי. ובספר קצות השלחן ח"ז דף קנז מיישב שיטת שו"ע הרב.

ב) בחזון יחזקאל בפי"ז הלכה ט פי' דהך עור שעל פי החבית בטל להחבית וכמו שלא שייך איסור קורע על החבית כמו כן לא שייך איסור קורע על העור, ע"ש.

ג) וע"ע בספר שביתת שבת במעשה חושב דף יב מש"כ בזה, וכן ע"ע בשו"ת אג"מ או"ח ח"א סי' קכב ענף ו, וכן בספר שש"כ פ"ט הערה יא. וע"ע בשש"כ פ"ט הערה י"ח מה שהביא בשם הגרש"ז אויערבאך זצ"ל.

3. שו"ת אג"מ או"ח ח"ד ס' עח.

4. רש"י שבת דף מח. ד"ה חייב.

5. ע' ציון 10.

D. Erasing — מוֹחֵק

When opening any wrapper which has printed words or pictures, it is forbidden to tear through the words or pictures, since doing so violates the prohibition of מוֹחֵק, *erasing.*[6]

II. Practical Applications

The prohibitions listed above definitely pertain to packages of foods that retain their freshness if unsealed before Yom Tov. Some authorities hold that packages of foods that would lose some flavor if unsealed before Yom Tov may be opened on Yom Tov. However, they agree that one may not tear through any words or pictures that are printed on the package. Other authorities dispute this lenient view. It is therefore preferable that *all* containers and packages be opened before Yom Tov. The following procedures should be followed in the event that a container was inadvertently left unopened.[7]

---

6. מ״ב סי׳ ש״מ ס״ק מא.

7. מקור לענין זה הוא בש״ע סי׳ תק״ט ס״ו וז״ל אין נוקבין נקב חדש בחבית ביום טוב. וע׳ במ״ב ס״ק כח שהסביר דין זה, וז״ל: אפי׳ לצורך שתיה, שהרי אפשר לנקבה מעיו״ט. ואם לא היה אפשר לו לנקבה מעיו״ט מותר לו לנקבה ביו״ט, כדין מכשירי אוכל נפש אבן אין מורין כן, וכנ״ל בס״א בהגה, עכ״ל. וכוונתו דהרמ״א פסק לעיל בס״א דמכשירין שא״א לעשותן בעיו״ט מותר לעשותן ביו״ט אבל אין מורין כן לרבים, וא״כ לכאורה בפתיחת קופסאות שהם בגדר מכשירין צריך לאסור לפותחן באופן הרגיל ביו״ט, כיון דאפשר לפותחן בעיו״ט.

אמנם ע׳ בשו״ת אגרות משה או״ח חלק א סוף סי׳ קכב וז״ל: דהא שכתב הרמ״א שאין מורין כן לרבים הוא רק בדברים שבעצם יכולין לעשות מעיו״ט, רק משום שנשבר ביו״ט הוצרכו לעשות ביו״ט, ע״ז אמר שאין מורין זה לרבים שלא יבואו לתקן ג״כ בנשבר מעיו״ט כמפרש הטעם בשפוד שנשבר ביו״ט, אבל בדברים שטבען להתקלקל כשיעשו אותם בערב יו״ט שאין שייך גזירה זו יש להורות שמותר גם לרבים, ולכן כיון שמותר לעשות אף נקב חדש כשא״א לעשות מערב יום טוב וכ״ש שמותר לשבור מדינא אין שייך להחמיר מלהורות לרבים אלא בדברים שאין מתקלקלין. והאי אפשר לעשות מעיו״ט היה משום שלא היה לו בעיו״ט, אבל כשמתקלקלין שבעצם אין יכולין לעשות מעיו״ט יש ודאי להורות גם לרבים שמותר, עכ״ל. ועיי״ש עוד שכתב מרן זצ״ל עוד סברא להתיר, וז״ל: ובעצם יש טעם גדול להחשיב פתיחת הקענס כמלאכה בהאוכלין ממש ולא שהוא רק מלאכה במכשירין וכו׳, ובאוכלין הא להמחבר סי׳ תצ״ה ס״א מותר אף כשאפשר לעשות מעיו״ט, ואף להרמ״א הא מתיר ע״י שינוי והשבירה ודאי הוא שינוי. אבל מ״מ למעשה אין להתיר באפשר לעשותן מעיו״ט אלא באי אפשר לעשותן

A. Cardboard Cartons

According to some Poskim, opening the spout of a milk or orange juice carton violates the prohibition of קוֹרֵעַ, *tearing*, and עֲשִׂיַּת פֶּתַח, *fashioning an opening*.[8] It is permissible, however, to puncture the bottom of the container, rendering it unfit for further use. Once the carton is ruined one may tear open the top and pour out the contents.[9]

מעיו״ט, עכ״ל. ומבואר מכל דבריו דבמאכל שיתקלקל אם יפתח את הקופסא בעיו״ט מותר לפותחו ביו״ט, וגם מורין כן.

וראיתי בספר ברכת יו״ט דף נא שכתב להתיר לפעמים, וז״ל: ופתיחת מיכלי חלב ומיץ ג״כ שרי כנראה ביו״ט, כי מתקלקלים טפי אם נפתחים וגם בזה כנראה מורין כן כי גם בשבת אין ברור לאיסור וכו׳. והנה בבקבוק יין אפשר לפתחו עיו״ט אבל בסודה א״א הי׳ לפתוח, ולכאורה גם בזה שרי ומורין כן, כי גם בשבת הוא פלוגתא, עכ״ל.

ועוד ראיתי בספר הלכות המועדים פי״ג הלכה לב, וז״ל: קופסאות שהאוכל בהם יתקלקל אם יפתחם מערב יו״ט, וכן אם לא היה לו קודם יו״ט או שלא חשב שיצטרך לזה ביו״ט, מותר לפותחם ביו״ט ולהוציא מיד את האוכל ממנו, דהרי מכשירי אוכל נפש שא״א לעשותם מערב יו״ט דהלכה דמותר ואין מורין כן, ויפתחם בדרך קלקול אם אפשר, עכ״ל.

ועיין בקובץ בין אהרן וישראל (שנה ה׳ גליון ד (כח) שהרב אלעזר בריזל שליט״א כתב וז״ל: אבל ביו״ט מותר לכתחילה לפתוח כרגיל (ר״ל המכסה על הבקבוק) כיון שזה ממש לצורך אוכל נפש, והלכה כי לצורך אוכל נפש מותר אפי׳ מכשירין, בפרט בקבוקי מיץ לשתיה או מיץ ענבים אשר אם נפתחו בערב יו״ט מפיגים קצת טעם בודאי שזה מותר ביו״ט, ועי״ש שכתב דהמחמיר לפתוח בערב יו״ט תע״ב. ועוד כתב שם דבקופסאות סדרין מותר לפתוח במקום הרגיל, כי הסרדין יותר משובח כשנפתח קרוב לשעת האוכל. א״כ הרי זה דומה למכשירי אוכל שמותר ביו״ט לצורך אוכל ואם כשעשאו מערב יו״ט מפיג קצת טעמו מותר לכתחילה לעשותו ביו״ט, עכ״ל.

ולכאורה אפי׳ אם נאמר דדבריו הם נכונים להלכה אבל דבריו צ״ע דהמחבר בסי׳ תק״ט ס״א פסק דמכשירין שמותר לעשותן ביו״ט אין מורין כן לרבים, ויש ליישב.

8. בנוגע פתיחת קופסאות חלב חלקו הפוסקים. בשו״ת אג״מ או״ח ח״ד ס׳ עח אוסר לפתוח, אבל בשו״ת מגדלות מרקחים סי׳ לו סובר דמעיקר הדין מותר לפתוח משום דהכא כבר היה פתוח לגמרי אלא שדבקו קצת כדי שלא יזוב החלב לחוץ, ולא נעשה לקיום אלא עד שירצה ליקח החלב, עי״ש. ולבסוף מסיק שם בזה״ל: וכששואלין אותי אני משיב שיפתחו אותו מע״ש, אבל אין בידי לאסור, עכ״ל. וע׳ בשו״ת באר משה ח״ו סי׳ פט וז״ל: קופסאות חלב, לעשות בו פתח יפה בשבת, מעיקר הדין שרי לפענ״ד אבל המחמיר לחתכו מן הצד או לעשות נקב מלמטה תע״ב, עכ״ל.

9. מה שכתבתי בפנים שאם צריך החלב, יחתוך הקופסא מלמטה, לכאורה זה מותר גם לשיטת האג״מ, דהוא אוסר משום עשית פתח, ובכה״ג דמקלקל את הקופסא לגמרי אין כאן עשית פתח.

B. Bottle Caps

Bottle caps which lift off or screw off without breaking may be removed on Yom Tov. Those which break when unscrewed may not be opened, as this violates the prohibition of מַכֶּה בְּפַטִּישׁ, *completing the formation of a utensil.*[10] One who needs

---

10. ישנן שני סוגי פקק:

א. דבפעם הראשונה שפותחים אותו נפרד ממנו חלק התחתון ונשאר כטבעת על צואר הבקבוק.

ב. דבפעם הראשונה שפותחים אותו לא נשאר על הבקבוק כלום, ורק מתרחבים שולי הפקק.

והנה האריכו פוסקי זמנינו בזה, ויש בזה הרבה חילוקי דיעות. יש אוסרים שני המינים, ויש מתירים שני המינים, ויש מחלקים ומתירים השני ואוסרים הראשון, ונצטט קצת מדבריהם.

א) הגאון ר׳ שלמה זלמן אויערבאך זצ״ל בספרו מנחת שלמה דף תקנא כתב בזה״ל: ע״ד שאלתו בעינן פקק של פח אשר בפעם הראשונה שפותחים אותו נפרד ממנו חלק התחתון ונשאר כטבעת על צואר הבקבוק, פשוט הדבר שאיסור גמור הוא לפתוח בו לראשונה בשבת, כיון שאף אם היו שוברים את הצלוחית ומוצאים את שברי הזכוכית מהפקק, מ״מ כל זמן שהפקק מחובר לחלק התחתון אינו ראוי כלל לכסות בו בקבוק אחר כזה, ונמצא דלא נעשה פקק אלא ע״י זה שחתך את הטבעת מהפקק, וכיון שכן הו״ל ודאי תיקון כלי וכמו שאסור לקטום קיסם כדי לחצוץ בו פעם אחת בלבד את שיניו ואח״כ יזרקנו משום תיקון כלי וכו׳ כ״ש שאסור לעשות פקק לבקבוק ע״י זה שחותך ממנו מקצת ועי״ז נעשה ראוי להשתמש בו כפקק. ובנוגע לפקק מסוג השני [דהיינו מכסה אשר עם פתיחתו הוא מתרחב קצת] חושבני דגם בשעה שהוא על הבקבוק יש עליו שם פקק וכו׳ ומה שנלענ״ד בזה הוא כמו שכתבתי, כיון שאם ישברו את הצלוחית ויוציאו מתוך הפקק שברי הזכוכית יכולים שפיר בכח חזק לכסות בו בקבוק אחר הדומה לאותו בקבוק אשר ממנו הוסר, לכן שפיר יש עליו שם פקק גם בשעה שמכוסה על הבקבוק ודומה ממש לפקק רגיל של עצי גופר, משא״כ בפקק של סוג הראשון הרי גם אם ישברו את הבקבוק ויוציאו מתוך הפקק את שברי הזכוכית אי אפשר כלל לכסות בו בקבוק אחר הדומה לזה שממנו הוסר, וא״כ הרי זה דומה למי שנוטל קיסם שגם עכשיו ראוי לחצוץ בו שינים אלא שהוא קוטמו ומכשירו לחצוץ בו בחורים וסדקים קטנים שבתחילה לא הי׳ ראוי, דוודאי אסור, עכ״ל.

ב) מרן הגר״מ פיינשטיין זצ״ל לא כתב תשובה ע״ז, אבל שמעתי מהגאון ר׳ דוד פיינשטיין שליט״א שמרן ז״ל אסר לפתוח משום שהוא עושה הפקק לכלי, וכן ראיתי ברבבות אפרים ח״ד ס׳ קפ״ט, שהביא כן בשם מרן זצ״ל.

ועי׳ בשו״ת משנה הלכות ח״ז ס׳ מז, וז״ל: נפגשתי את הגאון מהר״ם פיינשטיין [זצ״ל] ושאלתיו ג״כ מה דעתו בזה, ואמר לי דמשום עשיית כלי לא חשש כלל, אלא דחש לא משום שעושה פה, עי״ש.

ועיין עוד בשו״ת רבבות אפרים ח״ד ס׳ קפט שהביא מהגאון רי״א ליבעס, שכתב בשם הגאון הר״מ פיינשטיין, וז״ל: זכרוני שזה זמן רב דברתי עמו אודות ענין זה של

to open such a container should first puncture the cap, thus rendering it unfit for further use. (One must be careful, how-

---

כיסוי הבקבוקים ודקדק הרבה בזה, אבל משום תיקון מנא אמר בפירוש דליכא למיחש, אבל לא אמר בפירוש לאיסור, עכ״ל.

ג) הגאון ר׳ יוסף שלום אלישיב שליט״א, הובא בספר שלמי יהודה דף קד אוסר, והגאון ר׳ שמואל וואזנער שליט״א בהסכמתו לקונטרס שומר שבת כדת כתב חבודאי יש כאן חשש דאורייתא של מכה בפטיש. וכן הגאון ר׳ יצחק יעקב ווייס זצ״ל, הובא בהסכמות הרה״ג משה הלברשטאם שליט״א לקונטרס הנ״ל אוסר. והגאב״ד דדעברעצין בקונטרס הנ״ל כתב לאסור משום תיקון מנא ומכה בפטיש, וכתב שם בא״ד: וגם אלו שמתחילה חשבו להתיר, אחר שראו בירורו לאמתה של תורה הודו על האמת ואסרו בהחלט, עכ״ל (וע׳ בשו״ת באר משה ח״ג סי׳ צ שמתיר לפתוח, ונמצא שחזר בו מפסקו) וכן הגאון ר׳ בצלאל שטערן בהסכמתו לקונטרס הנ״ל אוסר.

ד) הגאון ר׳ ישראל יעקב פישער שליט״א בספרו אבן ישראל סוף הלכות שחיטה התיר, וז״ל: ויש שטענו דכיון דאי אפשר להשתמש בהן לפקק רק ע״י שבירתן בטל שם פקק מינייהו, ואח״כ בשבירתו הוא מתקן אותו לפקק והוי עשיית כלי בשבת. ויש שרצו לומר שהוא איסור דאורייתא וכו׳. ובאמת כל מגופה לחבית בזמן חז״ל נמי כשהדביקו את את המגופה להחבית אי אפשר להשתמש כבר בהמגופה לסתימת חבית אחרת כיון שנדבק בטיט להחבית, ואפי״ה שרי ליטול את כל המגופה מהחבית וכו׳. וע׳ בב״מ דף כג: שאחרי הסרת המגופה משתמשין בו עוד לכסות החבית, עי״ש ברש״י, ולא אסרינן לה מהאי טעמא דעושה המגופה לכלי הראויה לכסות בו חבית, והיינו טעמא או משום דכיון דלא חיבור הוא כיון שעומד לינטל לא נתבטל שם כלי מהמגופה, או כיון דאינו מכוין לעשיית המגופה לכלי לאו שם מלאכה עלה, אף דהוה פסיק רישיה, או משום דהוי מלאכה שא״צ לגופה, דכל פותח חבית אין כונתו לעשיית בבקבוקי יין אין הכונה לעשות פקק אלא כל כונתו לפתוח את הבקבוק, וכל שכן הכא בשבירת הפקק הוי מלאכה כלאחר יד בעשיית הפקק לפקק, ובודאי אין בו איסור דאורייתא אפילו אי היה מכוון לעשייתו לפקק, עכ״ל, עי״ש.

וכן יש עוד דעות המתירים לפתוח בקבוקים בשבת, בשו״ת קנין תורה ח״ד סי׳ לד, בציץ אליעזר בחי״ד ס׳ מה, משנה הלכות ח״ז ס׳ מז, יחוה דעת ח״ב ס׳ מב ועי״ש להורות נתן ח״ז ס׳ כא, ועי״ש שלכתחילה נכון לפותחו מע״ש. וע״ע בזה בספר אוצר דינים דף קצט שהביא תשובה מהגאון ר׳ עובדיה יוסף שליט״א להגאון ר׳ שלמה זלמן אויערבאך זצ״ל.

וע׳ בתיקונים ומלואים לספר שמירת שבת כהלכתה בהערה סא שהגאון ר׳ שלמה זלמן אויערבאך זצ״ל כתב וז״ל: אך אם פקק ההברגה נעשה כולו לפני ההרכבה על הבקבוק (כפקק של פלסטיק), הואיל והטבעת שבקצה עוד לפני הפתיחה ניכר שהיא דבר נפרד מגוף הפקק, וניכר הדבר שעשוי רק שבתחילה יהא ראוי לסגירה מוחלטת, ושיהא ניכר אם מישהו פתח אותו, נראה דמותר, כיון דמה שהיה בתחילה נשאר עכשיו בלי הטבעת האחרונה שהיתה תלויה בו, ורואין את הטבעת כהדבקה של טיט או שעוה, כיון שגם לאחר ההפרדה חשיב פקק הברגה, רק הפסיד את האפשרות של סגירה מוחלטת, וגם אין בזה משום קורע או מחתך, עכ״ל. וע״ע בזה בספר מאור השבת ח״א בפניני המאור מכתב ו אות ד, ובח״ב מכתב כג אות ו׳.

ever, to avoid cutting any printed words.) The punctured cap may then be unscrewed, since it is no longer fit for use and can therefore no longer become a "completed utensil."[11]

C. Cardboard Boxes

Opening sealed boxes may violate the prohibitions of קוֹרֵעַ, *tearing*, and עֲשִׂיַּת פֶּתַח, *fashioning an opening*. One is permitted, however, to tear or cut open a box in a manner which damages the package (and which does not tear any printed words or pictures).

D. Box Drinks

It is permitted to push the straw through the small piece of foil on the top of a box drink.[12]

E. Bags

According to some Poskim, it is forbidden to unseal or unglue a paper or plastic bag. This applies, for example, to snack (e.g. potato chip) bags, which are heat sealed, as well as to sugar bags, which are generally glued shut. When the removal of the enclosed item is a Yom Tov necessity, it is permitted to tear the bag open in a destructive fashion (e.g. tearing it lengthwise), without tearing any words, symbols or pictures.

---

11. כתבתי בפנים שיש לנקוב הפקק שלא יהא ראוי עוד לכסות בו, ולא רציתי לסמוך על השיטות דסברי דהפקק מיקרי כלי אפי׳ קודם הפתיחה, דלשיטות האוסרים הוא איסור דאורייתא של עשיית כלי ומכה בפטיש, ועל כן כתבתי עצה זו דעל ידי זה הא לא נעשית מעולם כלי ואין כאן מכה בפטיש כיון דאינו ראוי לכלום. וזכרוני שפעם אחת ישבתי אצל מרן הגר״מ פיינשטיין זצ״ל בשלש סעודות ושכחו לפתוח את בקבוקי הסודה בערב שבת, ואמר מרן זצ״ל שיעשו נקב בהפקק ואח״כ יפתחו. ואע״פ שיש לפקפק קצת על עצה זו, דאליבא דהפוסקים דסברי דהוי כלי קודם שפותחו הא לדידהו סותר כלי ע״י הנקב ואסור מדרבנן, מ״מ עדיף לעשות כן מלהכניס עצמו לחשש אסור דאורייתא לאידך שיטות. ועוד דהא כלים שזורקין אותם לאחר תשמישן יש להם דין של חותלות שמבואר במחבר סי׳ שי״ד ס״ח שאין עליהם איסור סתירה והני דמי קצת להני שהרי הדרך לזורקם אחר גמר תשמישם. וע׳ מש״כ בס׳ שש״כ פ״ט ס״ק י בשם הגאון ר׳ שלמה זלמן איוערבאך זצ״ל. ובספר שלמי יהודה דף קד הערה מד בשם הגאון ר׳ בנימין זילבער שליט״א שהעצה הנכונה הוא לעשות חור ולשפוך דרך החור, עי״ש.

12. ע׳ בספרי הלכות שבת השייכות לשבת פרק ז ציון 15.

However, some Poskim rule that when a bag can be opened easily, one is permitted to open it in the normal manner. Their reasoning is that since the package can be opened easily, the bonding that holds the two sides together is too weak to be considered a proper seal, and cannot be subject to the prohibition of tearing.[13] Nevertheless, it is best to act in accordance with the stringent view.

F. Metal Cans

Metal cans (e.g. tuna, tomato juice, canned fruits) should be opened only in the following manner:

a) The can should be opened only halfway.

b) The contents should be removed immediately and the container discarded.[14]

---

13. שש״כ פ״ט הערה יט, וז״ל: ויש שקיות מחומר פלאסטי כאלה שנפתחות בקלות במקום דיבוקן, ושמעתי מהגרש״ז אויערבך זצ״ל דאפשר שמותר לפתוח במקום הדיבוק גם מבלי לקלקלן תחילה, וכדמוכח מהפוסקים שהתירו לחתוך זוג של נעלים שתפורות יחד, עיין להלן הערה נה. ובני״ד קיל טפי, די״ל דהא דאמרינן המדביק ניירות דהוה תולדה דתופר, סי׳ ש״מ סע׳ יד, אינו אלא כשמדביקם לעשותם גוף אחד ממש, ואז כשמפריד הוה קורע, ע״ש. משא״כ כשמדביק רק את שפתי השקית על דעת לפותחן אח״כ דרך אותו מקום, הר״ז חשיב כניירות שנדבקו מאליהן דלא מיקרי קורע מפני שעומדים להפרד, שם במ״ב ס״ק מה, וה״נ כאן אף שההדבקה היא כדי לשמור על התוכן, מכל מקום גם נעשה כדי שיהא קל להפריד ולפתוח. ואף אם נאמר שבתופר ממש חייב בכהאי גוונא, בכל מקום אם רק מדביק, י״ל דאין זה חשיב כתופר, ולא דמי לפתיחת אגרת שדנו בה האחרונים לגבי איסור קורע, סי׳ ש״מ סעי׳ יד, דשאני התם שאין הדרך להפריד את הדיבוק ממש אלא רק לקרוע את המעטפה, ואילו המקום הדבוק נשאר דבוק, ולכן אם הוא פותח במקום הדבוק אית ביה משום קורע. ועיין גם בתו״ש סי׳ ש״מ ס״ק כג שמתספק בקורע מוך המלל או מתוך הסולמיות (תפירה לא טובה ועומדת שוב להתפרק) דאפשר דלא חשיב קורע, וכ״ש בני״ד שכל החיבור נעשה על דעת להפריד. וגם אין חשש משום עשיית כלי חדש, מכיון שהדיבוק הקל אינו מבטל אותן משום כלי, והו״ל כחבית שנסתמה בפקק. אמנם אותן שקיות שדבוקות למעלה ולמטה באופן שאפשר לפותחן באיזה צד שירצה, ואילו הצד השני יישאר סגור, י״ל דחמיר טפי, דאפשר דחשיב כקשר של קיימא כל צד, עכ״ל.

14. בענין פתיחות קופסאות של מתכת האריכו פוסקי זמנינו [ע׳ באג״מ או״ח ח״א ס׳ קכב, חלקת יעקב ח״ג ס׳ ח, ומנחת יצחק ח״ד ס׳ פד, הגאון ר׳ יחזקאל ראטה בקובץ בית תלמוד להוראה ח״ג, ובשו״ת קנה בשם חלק א ס׳ כג, ובשש״כ פ״ה הלכה ג]. וע׳ אריכות בזה בספרי הלכות שבת במטבח פט״ו ציון 11.

G. Plastic Cartons

According to some Poskim, it is permitted to tear off the plastic ring that binds a cap to a plastic container (e.g. a milk container). However, other Poskim prohibit this. It is therefore preferable to open plastic milk containers before Yom Tov. If one forgot to do so, one can generally avoid having to break the ring by simply inserting a fork under the ring and lifting the plastic cap and ring while intact.

H. Peel-off Seals

Seals that are peeled off the top of a container (as is common with small containers of fruit juice) may be removed in the normal manner on Yom Tov.[15]

I. Wrappers

Any sealed paper or plastic food wrapper whose contents are needed on Yom Tov may be removed in a manner whereby it is ruined (and without tearing any words or symbols). This applies, for example, to candy-bar wrappers and to small packets of sugar or coffee.

J. Ices

One should not cut open the top of "freeze-pop" ices on Yom Tov. Since the ices are meant to be eaten by being gradually pushed up through the top of the plastic tube, cutting off the top of the tube makes it into a functional container. These ices should be opened before Yom Tov, or should be cut open lengthwise on Yom Tov and the ice removed.

K. Paper Napkins, Towels and Tissues

It is permitted to tear open — in a destructive fashion — a package of tissues, paper napkins or paper towels needed for Yom Tov.

---

15. כך נראה והסכימו לזה כמה פוסקי זמנינו.

It is also permitted to use paper towels, napkins or tissues even though they may tear through use.

However, it is forbidden to tear towels from a roll. [This violates the prohibition of קוֹרֵעַ, *tearing*. If one tears along the perforations one also transgresses the prohibition of מְחַתֵּךְ, *cutting to specification*.]

Boxed tissues that pop up are often fastened to each other. This type of tissue may not be pulled from the box on Yom Tov.

L. Bandages

It is permitted to tear open (in a destructive fashion) the wrapper of a bandage (without tearing any words), if one needs to use the bandage on Yom Tov. However, some brands of adhesive bandages can be removed from their wrappers without tearing anything at all, by unfolding the folded ends of the wrapper and sliding the bandage out. These wrappers should not be torn unnecessarily.

There is a difference of opinion as to whether one may peel off the plastic tabs of a new band-aid on Yom Tov. This was discussed in Chapter 23.

25 / Tying and Untying Knots — קוֹשֵׁר וּמַתִּיר

Tying a knot [קוֹשֵׁר] and untying it [מַתִּיר] are two of the thirty-nine *Avos Melachos* forbidden on Shabbos. These *melachos* are similarly forbidden on Yom Tov. The criteria defining what is considered a "knot" have been set forth in detail in *The Shabbos Home*, Vol. I Chapters 13 and 14. Here, we will merely provide a brief synopsis of the laws and discuss some common applications.

I. Forbidden Knots

The following knots are forbidden to be tied or untied on Yom Tov:

1) A tight double knot, regardless of how long it will remain intact.[1]

2) A tight single knot in a single strand of rope (or other pliable material), regardless of how long it will remain intact.[2]

3) A single knot with a bow[3] or with the ends of the rope tucked in,[4] or a *loose* double knot,[5] if the intent is for it to remain intact for more than twenty-four hours.

4) Any one of these types of knots, even for less than twenty-four hours, on an object that people sometimes leave tied up permanently (e.g. a trash bag).[6]

---

1. רמ״א סי׳ שי״ז ס״א. ועי׳ בזה בספרי הלכות שבת השייכות לבית פרק יג ציון 10.
2. רמ״א סי׳ שי״ז ס״א. וע׳ בזה בספרי הנ״ל ציון 3.
3. ש״ע סי׳ שי״ז ס״ה ומ״ב.
4. מ״ב סי׳ תרנא ס״ק יא.
5. עי׳ ספרי הנ״ל ציון 22.
6. ט״ז סי׳ שי״ז ס״ק ב.

In cases of necessity, it is permitted to tie a tight double knot with intent to undo it in less than twenty-four hours. It is also permitted to untie a knot that was tied with this intent.[7] For example, if a child's shoelaces come undone frequently, it is permitted to tie them with a double knot, provided that one intends to untie them at the end of the day (i.e. within twenty-four hours), rather than slipping them off while tied. However, this leniency does not apply to tying or untying objects that are sometimes left tied permanently, such as trash bags.

II. Permitted Methods of Tying and Untying

The following methods of tying are not considered "knots" and may be used even if one intends to leave them in place permanently. They may also be unraveled in all cases.

1) A single knot made with two strands of rope (e.g. the first stage of tying shoelaces) is not considered a knot, unless the ends of the string are tucked beneath it.[8]

2) A bow without an underlying knot is also not considered a forbidden "knot." Even one bow on top of another one is permitted.[9]

3) A slipknot is not considered a "knot."

A knot that was tied inadvertently may be untied on Yom Tov. With respect to the prohibition of untying, only something that was created purposely is considered a "knot." Thus, if a permissible knot (e.g. a bow) became tangled and turned into a prohibited type of knot, one is allowed to untie it.[10]

It is permitted to cut open a knotted rope, provided that the cutting is done destructively.

---

7. ע' בזה בספרי הלכות שבת השייכות לבית פי"ג ציון 10.
8. שלחן ערוך הרב סי' שי"ז ס"א.
9. ש"ע סי' שי"ז ס"ה וביאור הלכה.
10. מ"ב סי' שי"ז ס"ק יג בשם החיי אדם, חזו"א סי' נ"ב ס"ק יז.

III. Practical Applications

A. Tying Loose Threads

It is forbidden to make a single knot on a loose thread to prevent it from slipping out of a garment, even if one intends to undo the knot within twenty-four hours.

B. *Tzitzis*

It is forbidden to tie or untie a knot at the end of a strand of *tzitzis* to prevent it from unraveling. It is also forbidden to tighten or loosen the knots of the *tzitzis*.

C. Shoelaces

It is forbidden to tie shoes with a double knot, even for a short time (except in cases of necessity, where it is permitted for up to twenty-four hours). Moreover, it is forbidden to tie a shoe with a single knot and a bow if the knot will remain intact for more than twenty-four hours (e.g. the person will slip the shoes off at night without undoing the knot).

It is forbidden to untie laces that were tied in a double knot, or in a bowknot for more than twenty-hours (except in cases of necessity, as explained above). However, if a person did not intend for a bowknot to remain in place for twenty-four hours he may untie it, even if it was ultimately left in place for more than twenty-four hours. Thus, if a person slipped his shoes off with the laces tied in a bowknot, and then decided to wear the shoes on Yom Tov, he is permitted to undo the knot, even if it had been tied for more than twenty-four hours. The reason is that it was presumably not his original intention to leave the knots in place for so long, since one usually unties shoes before taking them off.

In cases of necessity, this rule applies to double knots as well.

D. Opening Parcels

A knot in a string around a parcel is of the permanent type, since such string is usually cut rather than untied. One may therefore not undo the knot of a parcel on Yom Tov. However, one may cut the string in a destructive fashion.

For example, if one purchased boxes of *matzos* that were tied up and knotted, he should not undo the knots on Yom Tov, but should cut the string destructively.

E. Hair Ribbons

One must be careful not to fashion a forbidden knot when tying ribbons in hair.

F. Neckties

There are two different methods of making neckties, one of which is permitted and the other questionable.

If the knot is fashioned in such a way that when the narrow end is pulled out no knot is left behind (i.e. the remaining folds come apart with a single tug), it is considered like a bow and may be made on Yom Tov, even if it will remain intact indefinitely.

If a knot is left behind after the narrow end is pulled out, the tie should always be undone within twenty-four hours. Some Poskim rule, however, that a necktie may be fashioned in any manner.[11]

G. Tying and Untying Bags

When closing or opening a plastic bag (e.g. a food-storage or trash bag) on Yom Tov, one must bear in mind that many common methods of tying bags are forbidden!

1) It is forbidden to gather the two ends of the top of the bag and tie them in a double knot.

2) It is forbidden to gather the top of a bag and tie it onto itself in a single knot.

3) It is forbidden to tie a trash bag with a single knot and bow, even if one intends to untie it within twenty-four

---

11. ע' בזה בספרי הנ"ל פרק יד ציון 11.

hours, since trash bags are often left tied permanently.

4) It is forbidden to tie a food-storage bag with a single knot and bow, unless one specifically intends to undo it within twenty-four hours.

The only permitted way of tying a trash bag, or a food-storage bag that may remain tied for more than twenty-four hours, is by gathering the two ends of the top and tying a *single* knot. [The use of twist-ties is discussed below.]

It is forbidden to untie any knot that it would be forbidden to tie. Thus, one may not untie a food-storage bag whose top was gathered together and tied onto itself in a single knot; one whose top was tied, with the two ends gathered together, in a double knot; and one that was tied with a knot and bow that was intended to remain intact for more than twenty-four hours. If a bag is tied with one of these knots, one should tear it open in a destructive fashion. However, if there are letters or pictures printed on the bag, one must be careful not to tear them, as explained in Chapter 20.

H. Plastic Twist-Ties

According to some Poskim, it is permitted to use a plastic twist-tie to close a bag on Yom Tov.[12] However, other Poskim forbid this, since the ends of the tie remain firmly fastened to each other through twisting, and twisting strands together tightly is considered a form of tying. A simple way of avoiding this prohibition, according to these Poskim, is to fasten the tie by winding it tightly around the bag several times, rather than twisting the ends of the tie together.

I. Bandages

If a bandage must be tied on Yom Tov, it should be tied with a single knot and bow, with the intention of undoing it within twenty-four hours. [See p. 181 for a discussion of other methods

---

12. כן שמעתי בשם מרן הגר״מ פיינשטיין זצ״ל, וע״ע בזה בשו״ת שבט הלוי ח״ח סי׳ נה, וע״ע בזה בספרי הנ״ל ציון 12.

of fastening bandages. Obviously, however, in a life-threatening situation, any necessary knot may be fashioned.]

J. Kerchiefs

A woman may tie a kerchief on her head on Yom Tov with a knot and bow, or with a *loose* double knot. However, when removing the kerchief she must undo the knot, rather than slip the kerchief off, since it is forbidden to make a knot and bow or a loose double knot that will remain intact longer than twenty-four hours.

A woman may not tie a kerchief with a *tight* double knot, except in cases of necessity (e.g. in a strong wind, where no other knot will hold the kerchief in place). In such cases too, the knot mut be undone within twenty-four hours.

K. Crib Bumpers

One who needs to tie a bumper to a crib on Yom Tov should tie only a single knot and bow, and should be sure to undo them within twenty-four hours. Alternatively, one may tie it with a double bow, without any knot beneath the bows.

One who needs to untie a bumper on Yom Tov should first ascertain that the knot is not one that it is forbidden to untie.

L. Bead Games

Children often make necklaces by threading a string through beads. It is forbidden to tie a single knot at each end of the string. It is permitted, however, to make a slipknot at each end. When the threading is completed, the ends of the necklace may be tied together only with a single knot and bow that will be opened within twenty-four hours, or with a double bow.

One must also be careful not to untie any forbidden knot of a necklace made before Yom Tov.

M. *Lulav*

It is customary to tie together the *lulav*, *hadasim* and *aravos* that one uses on Succos. In the event that one did not tie them together before the festival began, he may not tie them with any "knot" on Yom Tov, since the knot binding these species is commonly left in place permanently. The only practical, permissible way of binding the species together is to wind a strap around them and tuck in the ends of the strap to hold them in place.

26 / Scraping and Smoothing – מְמַחֵק וּמְמַרֵחַ

One of the thirty-nine *Avos Melachos* forbidden on Shabbos is מְמַחֵק, *scraping*.[1] This refers to scraping an animal hide to smooth its surface so that it can be used as parchment.[2] Other examples of this *melachah* are scraping off the rough surface of a stone to smooth it and scraping dried wax.

A *toladah* (subcategory) of this *melachah* is מְמַרֵחַ, *smoothing*, which refers to smoothing moldable substances such as שַׁעֲוָה (bee's wax), זֶפֶת (pitch) and חֵלֶב (animal fats). Rubbing or spreading such substances to give them a smooth surface is forbidden Biblically.[3] In addition, the Sages prohibited smoothing substances of a less thick and firm consistency, if their degree of firmness somewhat resembles that of wax (e.g. skin cream). Spreading such a substance on a person's body or on a piece of cloth falls under the prohibition of smoothing, for by spreading it, one smooths out its surface.[4] Furthermore, the Sages prohibited using any substance that is subject to the prohibition of smoothing (Biblically or Rabbinically), even if one does not intend to smooth the substance out. The Sages were concerned that since it is common to smooth these substances during their use, one might mistakenly smooth them out.[5]

---

1. שבת דף עג.
2. זכרו תורת משה סי׳ ל״ט הלכה א.
3. ש״ע סי׳ שי״ד סי״א ומ״ב.
4. ש״ע סי׳ שי״ד סי״א ומ״ב, ובשו״ת באר משה ח״א סי׳ ל״ו ס״ק ד, ובח״ב סי׳ כ״ט ס״ק ג.
5. מ״ב סי׳ שי״ד ס״ק מ״ו.

Substances which lack this degree of firmness are excluded from the prohibition. Thus, fluids such as ordinary oil, baby lotion or vitamin E are not subject to this prohibition.[6]

The *melachos* of *scraping* and *smoothing* are forbidden on Yom Tov[7] as on Shabbos, with the minor difference that whereas on Shabbos it is praiseworthy to avoid even smoothing the surface of a moldable food product (e.g. cake icing, egg salad) to improve its appearance, on Yom Tov this is permitted.[8]

⁂ Practical Applications

A. Using Soap

Using a solid bar of soap is prohibited under the *melachah* of smoothing. The use of free-flowing liquid soap ("Shabbos soap") is permitted. Dense liquid soap, however, should not be used unless it is liquefied through the addition of water (preferably before Yom Tov). [See Chapter 27 for a full discussion of the matter of bathing on Yom Tov.]

B. Melting the Bottom of a Candle

It is forbidden to melt the bottom of a candle in order to make it stick to a candleholder.[9] The reason is that we are afraid this might lead the person to smooth the softened wax if it loses its shape.

---

6. מ״ב סי׳ שי״ד ס״ק מ״ה, ומ״ב סי׳ רנ״ב ס״ק ל״ח. ועי׳ בספר קיצור הלכות שבת סי׳ ל״ב ציון 19 וז״ל ע׳ ברית עולם, ונראה שיעור עבה לא מה שכתוב שם שהוא רק אם עב קצת, אלא שהוא עב כל כך שאין יכולים לערותו כדרך שמן ואינו זב מעצמו רק צריכים להחליקו בידים כמו שומן ובזה דומה למירוח. וכיון דאין שיעורו מפורש, אז כמו כל שיעורי דרבנן הולכים בזה להקל ואין לחדש לפרש בהם אלא דבר המועט שבו וכו׳, עכ״ל.

7. חיי אדם כלל צב הלכה א.

8. עפ״י השלחן ערוך הרב סי׳ תק״ז ס״ז, וחיי אדם כלל צב ס״א. וע׳ בשש״כ פי״א הלכה לד וז״ל: מותר למרוח ביו״ט מדגרינה וכדומה על תבנית אפיה, כדי שהמאפה לא יישרף או יידבק בתבנית, עכ״ל.

9. מ״ב סי׳ תקי״ד ס״ק יח.

C. Applying Ointments

Since the application of ointment is generally associated with the treatment of some illness, which involves numerous issues besides that of smoothing, we will discuss this subject in Chapter 31. One of the specific areas to be addressed there is the treatment of diaper rash (see p. 240).

27 / Bathing and Showering — רְחִיצָה

The *halachos* pertaining to washing oneself on Yom Tov differ greatly from the related *halachos* of Shabbos. The primary difference is that whereas on Shabbos heating water (or using hot tap-water) is entirely prohibited, on Yom Tov it is in some instances permitted. Heating water falls under the category of cooking, which is permitted for the sake of *ocheil nefesh*. As explained in Chapter One, the category of *ocheil nefesh* includes the fulfillment of any common physical need. Since washing one's body is a physical necessity,[1] it is sometimes permitted to heat water for this purpose on Yom Tov. However, there are numerous limitations to this rule, as we shall proceed to learn.

I. Laws Pertaining to Adults

A. Washing the Entire Body

One of the qualifications to the rule of *ocheil nefesh* is that a *melachah* is permitted only if it is categorized as a דָּבָר הַשָּׁוֶה לְכָל נֶפֶשׁ: something that is of equal necessity to every person (i.e. to most people). Washing the entire body is not considered a daily necessity for every person; those who have the practice of bathing or showering daily are categorized as sensitive people. It is therefore prohibited to heat water for this purpose on Yom Tov, or to use hot tap water (which is tantamount to heating the new water that flows into the tank to replace the water that is used).[2]

---

1. ע׳ ברשב״א בספרו עבודת הקודש שער ג אות ה שכתב שכל הנאות הגוף הם בכלל אוכל נפש, ולא בעינן לסברת מתוך להתיר הנאות הגוף.

2. ש״ע סי׳ תקי״א ס״ב, וז״ל: מותר להחם ביו״ט מים לרחוץ, אבל לא כל גופו, עכ״ל. וע׳ במ״ב ס״ק י וז״ל: דרחיצת כל גופו הוא דבר שאין שוה לכל נפש, רק למעונגין הרגילין בזה, עכ״ל.

Furthermore, the Sages prohibited bathing or showering one's entire body on Yom Tov even with warm water that was heated up the day before.[3] It is customary to refrain even from bathing

---

ועי׳ בשש״כ פי״ד הערה כא שכתב וז״ל: ויש לעיין כהיום שרוב בנ״א יש להם חדר אמבטיה בביתם, או לפחות מקלחת, למה נאסור רחיצת כל הגוף משום שאינו שוה לכל נפש, ומ״ש מזיעה בזמן הגמרא, דמעיקר הדין שרינן משום דהוה שוה לכל נפש וכו׳ ואפי׳ אלה שאין להם מקום להתרחץ בביתם, הלא הגמרא כתובות דף ז. אומרת, צבי צורך לכל נפש הוא, וההי״נ הכא ומ״ש, ועוד, הלא בדרך כלל מוציא אדם את המים לצורך רחיצת גופו מתוך מיתקן חשמלי כדומה, והרי בו מתחממים המים גם בשביל רחיצת פניו ידיו ורגליו וגם בשביל רחיצת כל גופו, וא״כ לא שייך כאן האיסור של מים חמים, ועי׳ חזון יחזקאל לתוספתא ביצה פ״ב ה״ז במה שהוא רוצה לתרץ דבריו. אלא שדבריו צ״ע דמנליה דבעינן שוה לכל נפש כל היום, והרי גם מאכל משובח אין אדם אוכלו כל יום, וגם אין מזיע כל יום ושרינן, ולטעם הרמב״ם פ״א מהלכות יו״ט הט״ז, ודאי דיש להתיר רחיצת כל גוף וכו׳, עכ״ל.

מבואר מדבריו דבעצם הוא סובר דרחיצת כל הגוף נחשב בזמן הזה לדבר השוה בכל נפש. אמנם בפי״ט הערה ג הביא שהגרש״ז זצ״ל נשאר בצ״ע אי יש להקל בזמן הזה ברחיצת כל הגוף.

אמנם עי׳ בספר בית מאיר יר״ד סי׳ קצ״ז ס״ג שהבאנו לעיל בפרק עישון ציון 55 וז״ל: ולדעתי אין הדבר תלוי ברוב או במיעוט וכו׳ אלא כדכתבתי במה שחזינן שאותם שאינם מפונקין אפי׳ מצוי להם אינם מתאוים אליו תפנוקא יתירא הוא ואסור, עכ״ל. מבואר מדבריו שכדי שדבר יהיה נחשב שוה לכל נפש בעינן שכל אחד יתאוה לזה, ולפי דבריו י״ל שבזמנינו נחשבת רחיצה לדבר שאינו שוה לכל נפש שהרי מי שאינו רוחץ כל יום הוא משום שאין לו תשוקה לזה.

ועי׳ ברמב״ם פ״א הלכה טז שפירש הטעם שאסור לרחוץ כל הגוף משום גזירת מרחצאות, ולכאורה לפי טעמו איסור זה שייך אפי׳ בזמנינו. וע״ע בזה בשו״ת באר משה ח״ח סי׳ קנ״ט.

3. רמ״א סי׳ תקי״ח ס״ב. ועי׳ בתשובות רע״א סי״ז שנתקשה בדין זה, וז״ל: ובעניי איני מבין כראוי איך אפשר לומר דהוי דאורייתא (ר״ל רציחת כל גופו), הא בכלל רחיצת כל גופו ג״כ רחיצת פניו ידיו ורגליו והוי רק מרבה בבישול לצורך רחיצת שאר הגוף דשרי מדאורייתא, כדאמרינן בעירובין ניחם אגב אימי׳. ועיין בר״ן פ״ב דביצה גבי ממלאה אשה קדירה מים, וכמו דחזינן לב״ש דבראוים לשתי׳ ושותה מהם יוכל להרבות המים לרחיצת פניו ידיו ורגליו, וכמ״ש התוס׳ בפרק כירה דף לט: ד״ה אלא א״נ ונראה לר״י דיכול להחם אפי׳ ביותר מכדי שתיה, עכ״ל. ועי׳ בדעת תורה סי׳ תקי״א שכתב לתרץ קושית רע״א, וז״ל: ולענ״ד י״ל דהא דלצורך פניו ידיו ורגליו הוי שוה לכל נפש ומותר, היינו במכוין לצורך זה, אבל אם מחמם לצורך רחיצת כל גופו גם מה שנרחצים פניו ידיו ורגליו אינו לצורך דבר השוה לכל נפש, אלא לשם תענוג בעלמא שאינו שוה לכל נפש, ומ״מ צ״ע, עכ״ל. ביאור דבריו דזה שמותר לרחוץ פניו ידיו ורגליו זהו דווקא כשרוחץ פניו ידיו ורגליו בלבד, דרק אז חשוב צורך, אבל כשרוחץ פניו ידיו ורגליו יחד עם כל גופו, יש לזה משמעות אחרת של רחיצה וגם ידיו ורגליו בכלל האיסור. וכ״כ הגאון ר׳ שלמה זלמן אויערבאך זצ״ל בספרו מאורי אש דף יז.

or showering with cold water on Yom Tov.

In cases of discomfort (e.g. a person is perspiring heavily), it is permitted to bathe or shower with cold water.[4] Theoretically, it is even permitted to do so even with warm water that was heated before Yom Tov, as the Rabbinic prohibition against bathing was not imposed for cases of discomfort.[5] However, nowadays this is generally not possible, since we do not store large volumes of warm water, and turning on a hot water tap is forbidden.

B. Washing One Limb at a Time

Washing the entire body one limb at a time is not subject to the Rabbinic prohibition mentioned above. Thus, it is permitted to wash one limb at a time with cold water or water heated before Yom Tov. However, it is forbidden to heat water or use hot tap-water for this purpose.[6] Furthermore, one may not do this in a shower or bathtub, because it might lead to the washing of the entire body at once. If one is wearing some clothing, it is permitted to wash one limb at a time in a shower or bathtub, because being clothed serves as a reminder not to wash the entire body at once.[7]

C. Washing Part of the Body

Washing minor parts of the body is considered a דָבָר הַשָּׁוֶה

וע׳ בבית מאיר בביצה דף יז שג״כ נתקשה בקושית רע״א זצ״ל, וז״ל: ולמדתי טעמו של דבר ע״פ דברי תוס׳ שבת (לט:) ד״ה אלא, דלב״ש אפי׳ בעושה לצורך שתי׳ לא שרי להרבות כי אם בכדי צורך לרגליו ע״י היתר רבוי בשעור וכו׳, אבל לרחיצת כל גופו אסור, והיינו טעמא שהבלנים חשודים דפעמים שיחממו עיקרן לצורך רחיצה. וא״כ י״ל דהיינו נמי טעמא דב״ה דאסרי אפי׳ בחד כלי לרחיצת כל גופו אף דריבו שרי ע״י מה שבתוכו לרגליו, מ״מ כיון שהבלנים חשודים יש לגזור דילמא יחמו בשני כלים לצורך כל גופו ולכן אסרום, עכ״ל.

מבואר מדבריו דלב״ה באמת מותר להרבות בשביל כל הגוף מטעם ריבוי בשעורים, ורק משום חשד הבלנים חיישינן שיחממו המים בשני כלים לצורך כל גופו.

4. שו״ת אג״מ או״ח ח״ד סי׳ ע״ה.

5. ביאור הלכה ריש סימן שכ״ו.

6. רמ״א סי׳ תקי״א ס״ב ומ״ב ס״ק יח.

7. ע׳ הלכות המועדים פט״ו הערה ו.

לְכָל נֶפֶשׁ, a daily necessity common to most people. It is therefore permitted to heat up water on Yom Tov (by cooking water in a pot or opening the hot water tap) for the purpose of washing any part of one's body, as long as it is less than the majority of the body.[8] [Washing the majority is the same as washing the entire body.] However, one may not wash the body part in a shower or bathtub unless one is partly clothed.[9]

II. Bathing Infants and Children

If a baby is usually bathed every day, or at least every other day, it is permitted to bathe him in warm water on Yom Tov.[10] In this case, the bathing is considered an essential part of the child's development and care, and the Sages did not impose their prohibition against bathing. However, the Biblical prohibition against heating up water for the purpose of bathing the entire body applies even in the case of a baby, since this is not a דָבָר הַשָּׁוֶה לְכָל נֶפֶשׁ. Thus, it is forbidden to cook up water or to open the hot-water tap in order to bathe a baby, but it is permitted to

---

8. הביאור הלכה בסי׳ תקי״א ס״א בד״ה אבל, כתב בזה״ל: ע׳ מ״ב דחוץ מפניו ידיו ורגליו חשוב אינו שוה לכל נפש, כן מבואר בתוס׳ ומרדכי דרק פניו ידיו ורגליו הוא שוה לכל נפש, אבל כל גופו אינו אלא למעונגין והוי מלאכה דאורייתא בחימום עבורם. ולכאורה לפ״ז ה״ה אף לאבר אחד חוץ מפניו ידיו ורגליו אסור, וכו׳ עכ״ל. ועי״ש שמאריך בזה וכתב דנראה לכאורה דכיון שיש בו חשש איסור דאורייתא עכ״פ אין להקל.

אולם אח״כ המשיך בזה״ל: אמנם אח״כ מצאתי בחידושי הרשב״א בשבת דדעתו נמי דפניו ידיו ורגליו לאו דוקא, דה״ה שאר איברים כל שהוא רק מקצת גופו שרי, וכהרא״ש. וע׳ בשע״ת במה שכתב בשם מחזיק ברכה להקל וכן משמע דעת הנו״ב במ״ת סימן כ״ה בסופו, עי״ש עכ״ל. ומשמעות דברי הבה״ל נראה דהוא מצדד להתיר. אמנם ע׳ בכף החיים ס״ק יד שהביא מחלוקת הפוסקים בזה, וסיים דע״כ כיון שיש מפקפקים לחמם מים ביו״ט בשביל שאר האיברים אין להקל בזה כי אם במקום ההכרח, וכן פסק בשו״ת באר משה ח״ח סי׳ קס״ח.

אמנם בפנים לא כתבנו דיש חילוק בין רחיצת פניו ידיו ורגליו לשאר אברים שהם מקצת גופו משום דהשלחן ערוך הרב סי׳ תקי״ח ס״א פסק כהני שיטות שסוברים שפניו ידיו ורגליו לאו דוקא הוא וז״ל: שהרי מותר להחם מים ביו״ט בשביל רחיצת אבר אחד, ואין איסור אלא להחם בשביל רחיצת כל הגוף שאין צריך אלא למעונגים, עכ״ל.

9. הלכות המועדים פט״ו הערה ו.

10. רמ״א סי׳ תקי״א ס״ב.

use water that was heated before Yom Tov (e.g. in an urn). One may also ask a gentile to open the hot water tap for this purpose (but not to cook up water).[11]

There is yet another permissible method of obtaining hot water on Yom Tov in order to bathe a baby. If one needs to open the hot-water tap for a permissible purpose (e.g. to wash one's hands or feet), one may let the water continue to flow in order to have enough for bathing the baby.[12] Similarly, if one needs to cook hot water for drinking, one may fill up the pot before placing it on the fire, so that there will be enough for bathing the baby as well.[13] [This is permitted only for the sake of a baby, but not for the sake of an adult who wishes to bathe his entire body.]

A baby who does not receive a bath daily (or at least every other day) is treated as an adult with respect to bathing.[14]

✥ Cases of Necessity

If a child became extremely dirty on Yom Tov, it is permissible to wash the child's entire body with warm water that was heated on Yom Tov, even if the child is not usually bathed daily.[15] However, the water may not be heated specifically for this purpose, but only through the permissible method described above.

If a child has a rash or other skin problem that causes discomfort, the child is in the category of one who has a minor illness [חוֹלֶה שֶׁאֵין בּוֹ סַכָּנָה]. Therefore, one may ask a gentile to open the hot-water tap or to boil up the water. If a gentile is not available, a Jew may open the hot water tap in an unusual manner.[16]

---

11. כן נראה פשוט משום דפסיק רישא מותר ע״י עכו״ם.
12. כן נראה פשוט.
13. מ״ב שם ס״ק יד.
14. הלכות המועדים פט״ו הערה 4.
15. שו״ת אור לציון ח״ב דף רנב.
16. ע׳ בזה ספרי חינוך בהלכה פט״ז.

III. Other Prohibitions That Apply When Bathing

When washing or bathing, one may not use a bar of soap, due to the prohibition of מְמַרֵחַ, *smoothing,* as explained in the previous chapter.[17] However, it is permissible to use free-flowing liquid soap.[18] Dense liquid soap should not be used unless it has been liquefied through dilution with water.

Another prohibition applicable to bathing is the *melachah* of סְחִיטָה, *wringing.* One may not use a sponge or washcloth when bathing or washing a child because one will inevitably squeeze out the absorbed water. The child should be washed by hand instead. This *melachah* is also applicable when drying the child's hair after a bath or shower. It is forbidden to rub the hair with a towel, since this squeezes water out of the hair. The best practical solution is to drape a towel over the child's head and allow it to absorb the surface liquid.[19]

---

17. מ״ב ס׳ שכ״ו ס״ק ל. ובשו״ת ארץ צבי סימן א כתב שהאיסור דווקא בסבונים שהיו בימיהם שלא היו חלקים וע״י הרחיצה בהם נעשו חלקים אמנם בסבונים שלנו שבלא״ה הם חלקים אין במה שמחסר מהסבון משום ממחק עי״ש.

18. בספר שלמי יהודה דף קנח כתב בזה״ל: סבון נוזלי שמעתי מהגרי״ש אלישיב שליט״א שכל זמן שזה נשפך מהבקבוק מותר להשתמש בו אפי׳ הוא מרוכז מאד, ושפכתי לפניו מבקבוק חומר נוזלי שהיה כל כך עבה שלקח זמן עד שיצא מהבקבוק, ובכל זה התיר להשתמש בו, עכ״ל. וע׳ בספר קיצור הלכות שבת ס׳ ל״ב ציון 19 שכתב וז״ל: ע׳ ברית עולם ונראה שיעור עבה לא מה שכתוב שם שהוא רק אם עב קצת, אלא שהוא עב כל כך שאין יכולים לערותו כדרך שמן, ואינו זב מעצמו רק צריכים להחליקו בידים כמו שומן, ובזה דומה למירוח. וכיון שאין שיעורו מפורש, אז כמו כל שיעורי דרבנן הולכים בזה להקל, ואין לחדש לפרש בהם אלא דבר המועט שבו וכו׳, עכ״ל. ולבסוף העלה דמנהג העולם הוא להשתמש עם סבון נוזלי. ולאמיתו של דבר יש עוד אחרונים שמקילים להשתמש בסבון נוזלי והם הערוך השלחן ס׳ שכ״ו סי״ב, והבן איש חי (שנה ב פרשת יתרו אות טו). אמנם בשו״ת אג״מ חלק א׳ ס׳ קי״ג החמיר בסבון נוזלי, וז״ל שם: אף שאפשר שבדבר לח ליכא איסור ממחק אבל בביתי אין נוהגין היתר בזה, וכן ראוי להחמיר, עכ״ל. וע׳ בשו״ת נשמת שבת ח״ד ס׳ תקכ״ח שהעיר על דברי האג״מ, וז״ל ולא הבנתי, שאין ממרחין אותו על שום דבר ואינו עומד להתקיים שם כלל רק שופכין עליו מים ומשפשפין בו ביחד עם המים ותיכף נימס לתוך המים ונוזל למי השופכין, עכ״ל.

19. מ״ב ס׳ שכ״ו ס״ק כ״ה. ובספר מנחת שבת ס׳ פ״ו ס״ק ו׳, ובששכה״כ פי״ד הערה ס״ד בשם הגרש״ז אויערבאך שליט״א כתבו דליכא איסור סחיטה בשערות דרך ניגוב. ובשו״ת נשמת שבת ח״ד ס׳ ר״ס האריך בזה. וע״ע בשו״ת אז נדברו ח״א ס׳ נ״ה, ובשו״ת באר משה ח״א ס׳ לא.

It is also forbidden to brush a child's hair while it is wet — even with the type of brush that may otherwise be used on Yom Tov.

IV. Cleaning a Baby Who Has a Soiled Diaper

⋡ Baby Wipes

It is forbidden to use baby wipes (moist towelettes) on Yom Tov because the soapy water is inevitably squeezed out during their use, in violation of the *melachah* of סְחִיטָה, wringing. However, if the towelettes contain very little liquid (e.g. they have previously been squeezed out or are manufactured with a small amount of liquid), one is permitted to use them. The criteria for such use is as follows: If the towelette will deposit a sufficient amount of moisture on the baby to wet another person who touches the moist area, its use is prohibited. On the other hand, if the towelette will leave only a moist film that is not sufficient to wet another person touching the baby, the towelette may be used.[20]

The same rule applies to cleaning a baby with a moist washcloth or paper towel.

A practical way of cleaning a baby would be as follows:

1) Bring the baby to the sink and wash off the dirt by hand. A glove may be worn in order to avoid soiling the hand.

2) One may pour baby oil or lotion of loose consistency on the skin, and clean the baby with a tissue together with the oil or lotion. However, to avoid transgressing the prohibition of סְחִיטָה, one should be careful not to let the tissue absorb too much liquid.

V. Summary of Laws

⋡ Laws Pertaining to Adults

- It is prohibited to bathe or shower one's entire body, or the

---

20. ע' אריכות בזה בספרינו חינוך בהלכה בביאורים בסוף הספר.

majority of the body, in warm water on Yom Tov, even if the water was heated up the day before.

- It is customary to refrain even from bathing or showering with cold water on Yom Tov.
- In cases of discomfort (e.g. a person is perspiring heavily), it is permitted to bathe or shower with cold water.
- It is permitted to wash the entire body one limb at a time with cold water or water heated before Yom Tov. However, it is forbidden to heat water or use hot tap-water for this purpose.
- It is permitted to heat up water for the purpose of washing a minor part of the body.
- Washing any part of the body in a shower or bathtub is forbidden unless one is partly clothed.

☙ Bathing Infants and Children

- A baby that is normally bathed every day or every other day may be bathed in warm water on Yom Tov.
- It is forbidden to heat water or turn on the hot-water tap for this purpose.
- It is permitted to use water heated the day before. It is also permitted to have a gentile open the hot-water tap (but not boil water).
- If one opened the hot-water tap for a permissible purpose, one may let the water continue to flow so that a baby can be bathed.
- This procedure may also be followed if a child who is not bathed daily became extremely dirty on Yom Tov.
- If a child has a rash, one may have a gentile heat up water for the purpose of bathing him. If no gentile is available, one may open the hot-water tap in an unusual manner.

☙ Restrictions Associated With Bathing

- One may use only free-flowing liquid soap on Yom Tov,

but not bars of soap or dense liquid soap.
- One may not use a washcloth or sponge.
- One may not rub wet hair with a towel, nor brush it.

⋆§ Cleaning a Soiled Child
- When cleaning a child that has soiled its diaper, one may not use moist towelettes that will deposit enough liquid on the baby's skin to wet another person who touches it.

28 / Washing Dishes

Washing dishes on Yom Tov is in some instances permitted and in others forbidden. When permitted, there are instances in which hot tap-water may be used and instances in which it may not be used. [This stands in contrast to the law pertaining to Shabbos, when the hot-water tap may never be opened.]

Primarily, there are two factors that must be considered when dealing with the issue of washing dishes on Yom Tov. The first is the prohibition of הַכָנָה, i.e. preparing something for use after Yom Tov or on a different day of Yom Tov. The second factor is that of בִּישׁוּל, *cooking,* which generally occurs when hot tap-water is used, since the hot-water tank is automatically refilled with cold water which is then heated. [Other factors related to the washing of dishes are the prohibitions associated with the use of certain types of soap and sponges, and the matter of sorting. These will be discussed later in the chapter.] We will first examine the relevant principles, and then proceed to explain how they apply in practice.

I. Preparing — הַכָנָה

As explained in Chapter Four, it is forbidden on Yom Tov to do any preparation (*hachanah*) for a weekday, even if the preparation involves no *melachah.* Washing dishes that are no longer needed on Yom Tov falls under this prohibition, since the washing is done to prepare them for the next use, which will be after Yom Tov.[1] Even a set of dishes that is reserved solely

1. הרמ״א בסי׳ תקי״א ס״ב כתב דמותר להחמים מים כדי להדיח כלים ביו״ט. ועי׳ בשש״כ פי״ב הערה יב שכתב בזה וז״ל: ושמעתי מהגרש״ז אויערבאך זצ״ל, כי יש לדון בדבר, כי הרי מבואר בסי׳ תק״ט ס״ה ברמ״א, דאסור להגעיל כלים ביו״ט, ע״ש במ״ב ס״ק כ״ו משום דבישול מי ההגעלה חשיב רק מכשירי אוכל נפש, ומשמע דלא מהני בזה היתרא דמתוך, וכ״ה בסי׳ תק״ז במ״ב ס״ק מ״א, ובע״כ משום דחוששין לדעת

for Yom Tov use may not be washed if no longer needed, because it is prohibited to prepare on one Yom Tov for the following Yom Tov.[2]

It is similarly forbidden to do any preparation for the second day of Yom Tov on the first day. Thus, on the afternoon of the first day of Yom Tov, one may not wash dishes for the nighttime meal, since the night is part of the second day of Yom Tov. [Concerning a case where Yom Tov falls on Friday and the dishes are needed for Shabbos, see Chapter 35.]

On the other hand, it is permissible to wash dishes which are needed on that day of Yom Tov. Thus, after the evening meal one may wash all the dishes that are needed for the Yom Tov day meal. Moreover, one is not limited to washing the exact

---

הראשונים דלא אמרינן במלאכת בישול מתוך מאוכל נפש למכשירין, ולפ״ז חימום המים להדחת הכלים נמי אסור הואיל וידע מאתמול שיצטרך מים חמים ביו״ט לצורך הדחת הכלים כדין מכשירין שאם אפשר לעשותן מבעוד יום אסור לעשותן ביו״ט, דמסתבר שאין לחלק בין ניקוי מלכלוך לניקוי מבליעת איסור. ואפשר שהרמ״א בסי׳ תקי״א ס״ב שמתיר להחמים מים מיירי דוקא בכה״ג שלא ידע מאתמול שיצטרך לכך עכ״ל. מבואר מדברי הגרש״ז זצ״ל דבאופן שידע האדם שיצטרך להדיח כלים אסור לו להחמים מים בשביל זה. אמנם כתבנו בפנים דמותר אפי׳ אם צריכין לחמם מים בשביל רחיצת הכלים משום דראתי בתיקונים ומלואים שהגרש״ז זצ״ל הוסיף בזה וז״ל אך אפשר דהואיל וצריך לשמור על חום המים ביו״ט אין זה חשיב כאפשר מעיו״ט, וכמו שכתבתי לעיל בפ״ב הערה ו עכ״ל. וע״ע בזה בשו״ת באר משה חלק א׳ ס׳ מ״ג וח״ח סי׳ ר״ז. אמנם ע׳ בספר הלכות המועדים פי״ז הערה 8 שכתב וז״ל: ונראה דיש לחלק בין הגעלת כלים לבישול מים לצורך ניקוי הכלים, דהגעלה אינו ממש צורך האוכל, והוא רק מקרה שנטרף הכלי וצריך להכשירה משא״כ ניקוי הכלים הרי הוא צורך אוכל נפש ממש וכו׳ והיינו דכל דבר שהוא נצטרך לעשיית האוכל הרי זה מלאכת אוכל נפש וניקוי הכלים הוא חלק מהדברים הצריכים לאכול, ושימוש בכלים נחשב כאוכל נפש עצמו וניקוי הכלים הוא חלק ממלאכתו, עכ״ל. וע״ע בספר הלכות המועדים פי״ז הלכה ד׳ שתב וז״ל: אבל אם הניחם ליו״ט ואין לו עכשיו כלים אחרים מותר לרוחצם ביו״ט, כשאין לו הרבה כלים ובשעת הדחק מותר אף לחמם מים ביו״ט לצורך רחיצת כלים אלו דרחיצת כלים נחשב כצורך אוכל נפש ולא מכשירין וטוב להחמיר שלא לחמם מים עבורם כיון שהיה אפשר לנקות קודם יו״ט. ועי״ש בהערה 10 שהסביר דטוב להחמיר שלא לחמם מים כיון דזהו איסור דאורייתא. אמנם לכאורה מה שכתב דזהו איסור מן התורה זה אינה פשוט כ״כ דהא לכאורה יש סברת הואיל וא״כ א״א להיות איסור מן התורה וגם בלאו הכי כמה פוסקים סוברים דפתיחת ברז מים חמים בשבת אינו אסור מן התורה ע׳ בשו״ת חבלים בנעימים ח״ד ס״ב, שו״ת ארץ צבי ס״ק סי׳ קי״ב.

2. תהלה לדוד סי׳ ש״ב ס״ו. וע״ע בזה בשו״ת שלמת חיים סי׳ קפ״ז.

number of dishes needed, but is permitted to wash any dish which is *suitable* for the intended need. For instance, one who needs to have even a single bowl cleaned for the morning meal may wash all of his bowl. Since each one is suited to fulfill the Yom Tov need, none of them is being washed directly in preparation for post-Yom Tov use.[3]

II. Cooking — בִּישׁוּל

As we learned previously, the *melachah* of cooking is permitted on Yom Tov for the sake of any common physical need. Having clean dishes to eat from is considered a common physical need, and thus, it is permitted to heat water for the purpose of washing dishes that are needed on Yom Tov. However, the criteria for permitting the *melachah* of בִּישׁוּל, *cooking*, are different than those for permitting הֲכָנָה, i.e. preparation that does not involve *melachah*. Regarding הֲכָנָה, we explained that once a need exists it is permitted to prepare any amount of the item that is *suitable* to fulfill the need, even if only one will actually be used. By contrast, the *melachah* of בִּישׁוּל is permitted only to the extent that one anticipates it will actually provide a benefit on Yom Tov.

Consequently, if after the evening meal a person needs a single bowl washed for the morning meal, he may wash only one bowl with hot tap-water, but may wash the others with cold water (or hot water from a source that does not involve cooking).

However, since it is the act of opening the hot-water tap that involves cooking, once the tap is opened for the sake of washing the dishes that will actually be used (or for some other permitted purpose), one may let the water continue to flow while he washes the other dishes. If the tap was for some reason closed after the truly necessary dishes were washed, it may not be reopened for

---

3. מ״ב סי׳ שכ״ג ס״ק כ״ו וז״ל אפי׳ עשר כוסות וא״צ אלא לאחת רשאי להדיח כולן דהואיל וראוי לו כ״א הותרו כולן וכו׳. וע׳ בערוך השלחן ס״ז דהעתיק דין זה גם בבלי אכילה דמותר, וכ״כ בקצות השלחן ס׳ קמ״ו סט״ז. וע׳ בספר מחזה אליהו ס׳ ס״ב שהביא ראי׳ לדין זה עי״ש. וע״ע בזה בספר מגילת ספר סי׳ פ״ז ס״ק ז׳.

the sake of washing the extra dishes.

III. Applying These Principles to Various Situations

A. One Who Has Other Dishes

One who has a large set of dishes and uses only a few pieces for the Yom Tov night meal is permitted to wash those pieces and re-use them in the morning, even though others are available. This does not violate the prohibition of *preparing* because, so long as those same dishes are used, washing merely prepares them for Yom Tov morning use. In this instance, however, it is forbidden to turn on the hot-water tap. One can wash the dishes with cold water or with hot water which was turned on for a permitted purpose (e.g. to wash something that is truly needed, or to wash one's hands).

Nevertheless, some authorities state that in this instance it is preferable not to wash the dishes at all, because ultimately, one is exerting himself on Yom Tov by washing dishes only to spare this effort after Yom Tov (or the second night of Yom Tov). Therefore, one who has sufficient dishes should preferably use the spare ones, rather than wash and re-use the dirty ones.[4]

B. Dishes That Became Soiled Before Yom Tov

It is forbidden to initially leave dishes that became dirty before Yom Tov for washing on Yom Tov — even with cold water — due to the prohibition of טִירְחָא, unnecessary exertion on Yom Tov. However, if one did leave such dishes over and one needs them, one is permitted to wash them just like dishes that became dirty on Yom Tov (i.e. under the guidelines described above).[5]

C. Rinsing and Soaking Dishes

Just as it is prohibited to wash dishes, so too it is prohibited to rinse, even lightly, any dish that is no longer needed.

---

4. ע' בזה בספרי הלכות שבת במטבח פי״ט ציון 5.
5. כן נראה.

However, under the prohibition of *hachanah*, only a positive act of preparation is forbidden, whereas an act whose purpose is merely to keep something in its present state and prevent it from changing for the worse is permitted (see above, p. 31). Accordingly, one is permitted to rinse dishes that contain soft food particles and grease which might harden and become difficult to wash. Similarly, one may fill a dirty pot with water in order to prevent the residue from hardening. However, since the rinsing does not fulfill an actual Yom Tov need, one is not permitted to open the hot-water tap for this purpose.

A similar exemption applies to utensils that are made of acid-sensitive materials, such as silver goblets or cutlery. It is permitted to soak these articles in water to prevent them from becoming permanently stained. However, it is forbidden to open the hot-water tap for this purpose.[6]

D. Washing Dishes to Alleviate Discomfort

Even dishes that are no longer needed may be washed on Yom Tov to alleviate discomfort. For example, one is permitted to wash dishes which give off a foul odor or which might attract roaches. In such a case the dishes are not being washed in preparation for post-Yom Tov use, but in honor of Yom Tov itself.[7]

E. Washing Dishes Containing Congealed Grease

See above, p. 136.

IV. Other Issues Related to the Washing of Dishes

A. Using Soap and Dishwashing Detergent

As explained in Chapter 26, it is forbidden to use a bar of soap on Yom Tov. The use of free-flowing liquid soap is permitted.[8]

---

6. שש״כ פי״ב ס״ג. וע״ע בזה בשו״ת מחזה אליהו סי׳ נ״ה.

7. שו״ת ציץ אליעזר חי״ד סי׳ ל״ז.

8. כף החיים סי׳ שכ״ו ס״ק מ״ג, ערוך השלחן סי׳ שכ״ו סי״א, שלמי יהודה פ״ט ה״ג בשם הגריי״ש אלישיב שליט״א וע׳ בשו״ת אג״מ או״ח ח״א סי׳ קיג וז״ל: ובדבר להתרחץ עם בורית בשבת ויו״ט וכו׳ ולבסוף מסיק ולכן אין נוהגין בביתי היתר זה וכן ראוי להחמיר.

Dense liquid soap which does not flow freely should not be used unless it is first liquefied through the addition of water. [There is special Yom Tov soap available on the market, which is more fluid than standard "liquid" soap.]

B. Using Sponges and Scouring Pads

It is forbidden to use a sponge, washcloth, paper towel or other absorbent article to wash dishes, because it is inevitable that water will be wrung from them during the washing, in violation of the *melachah* of סְחִיטָה, *wringing* (see *The Shabbos Kitchen*, Chapter 18). For the same reason, it is forbidden to use steel wool or synthetic scouring pads that trap water between their fibers.

However, one may use a synthetic pad whose fibers are widely spaced and cannot trap water. The use of a nylon bottle brush is likewise permitted. A rubber scraper may also be used to scrub dishes.

C. Storing Dishes in a Dishwasher

Dirty dishes may be stored in a dishwasher. The dishes may be placed in their proper position inside the dishwasher. However, due to the prohibitions of בּוֹרֵר, *sorting*, and הֲכָנָה, *preparing*, the following guidelines should be observed:

1) Different types of dishes which are mixed together may not be sorted. Therefore, when clearing off the table one should avoid mixing different types of dishes together. The dishes should be grouped separately until they are placed in the dishwasher.

2) Mixed cutlery may not be sorted, but must be placed in the dishwasher at random.

3) If the dishes were improperly positioned inside the dishwasher, one may not rearrange them according to size or category.[9]

---

9. שו״ת אג״מ או״ח ח״ד סי׳ עד דיני רחיצה ס״ק ד.

[Note: It is forbidden to run a dishwasher on Yom Tov, even if turned on by a Gentile or by an automatic timer. See *The Sanctity of Shabbos*, page 89.]

D. Cleaning Articles Other Than Dishes

For an extensive discussion of the subjects of cleaning up spills, cleaning soiled tablecloths and washing kitchen counters, see *The Shabbos Kitchen*, Chapter 18.

The subject of dusting or cleaning garments has been discussed at length in *The Shabbos Home*, Chapter 12.

29 / Muktzeh

The *halachos* concerning *muktzeh* on Yom Tov differ from the related *halachos* of Shabbos. In some respects Yom Tov is treated more leniently than Shabbos, and in other respects it is treated more stringently. We will discuss the categories of *muktzeh* concerning which the *halachos* of Yom Tov differ from those of Shabbos. There are other categories of *muktzeh* concerning which the *halachos* of Shabbos and Yom Tov are identical. Those categories will not be mentioned here, as a comprehensive treatment of *muktzeh* is beyond the scope of this work. [See *The Shabbos Kitchen*, Chapter 20, for a somewhat longer discussion of this subject.]

I. Utensils of Prohibited Use — כֵּלִים שֶׁמְּלַאכְתָּן לְאִיסּוּר

A utensil whose primary use is for action that is prohibited on Shabbos or Yom Tov [כְּלִי שֶׁמְּלַאכְתּוֹ לְאִיסּוּר], such as a hammer, may not be moved on Shabbos or Yom Tov except when needed for one of the following specific purposes:

1) לְצוֹרֶךְ גופו — When needed to perform a permissible act[1] (and no other implement is available).[2] [For example, a hammer may be used to crack open a coconut.]

2) לְצוֹרֶךְ מְקוֹמוֹ — When the place on which it rests is needed.[3]

---

1. ש״ע סי׳ ש״ח ס״ג.

2. מ״ב ס״ק יב.

3. ש״ע הנ״ל. וע׳ בשו״ת מחזה אליהו סמ״ו שמחדש שמותר להסיר כלי שמלאכתו לאיסור מהחדר כאשר הויתו שם מפריע לו. וע׳ בשלמי יהודה בקונטרס בסוף הספר מהגאון ר׳ ח.פ. שיינבערג שליט״א דף שא שהביא דברי אליהו מחזה אליהו ומפקפק על דבריו. וע״ע בזה בבנין שלום על הלכות מוקצה דף יח.

[For example, a hammer that was left on a table may be moved if one needs to eat at the table.]

It is forbidden to move a utensil of prohibited use simply to put it away or to prevent it from being damaged (e.g. bringing it in from the rain).[4]

By contrast, a utensil whose primary use is for action that is permitted on Shabbos or Yom Tov [כְּלִי שֶׁמְּלַאכְתּוֹ לְהֶיתֵּר], such as a chair, may be moved even for the sake of putting it away or saving it from damage.[5]

Since many activities that are forbidden on Shabbos are permitted on Yom Tov, there are numerous articles which on Shabbos are considered utensils of prohibited use, but on Yom Tov are considered utensils of permitted use. The most common articles in this category are utensils used for cooking and baking, such as pots and pans, kneading bowls, rolling pins, sieves, graters and grinders. Candlesticks are also included in this category. These and similar articles may be moved for any purpose on Yom Tov.

II. Inherently Muktzeh — מוּקְצֶה מַחֲמַת גוּפוֹ

An item which has no practical function on Shabbos or Yom Tov, such as a stone, may not be moved for *any* purpose, including the performance of a permitted act or the use of its place. [However, see Section IV, below.] This category of *muktzeh* is known as מוּקְצֶה מַחֲמַת גוּפוֹ, *inherently muktzeh.*[6] Inedible items that must be cooked or baked to become fit for consumption are considered inherently *muktzeh* on Shabbos, when they cannot be prepared for consumption, but are not *muktzeh* at all on Yom Tov, when they are fit to be prepared. This category includes food items such as flour, yeast, dough, uncooked spaghetti, rice, beans, pota-

---

4. ש״ע הנ״ל.

5. ש״ע סי׳ ש״ח ס״ד.

6. רמ״א סי׳ ש״ח ס״ז.

toes,[7] etc. and raw meat or fish.

One practical ramification of this rule is that if a freezer breaks down on Yom Tov one is permitted to move raw meat to another freezer.

There are also numerous nonfood articles which are unfit for any use on Shabbos, and are thus inherently *muktzeh,* but are usable and therefore non*muktzeh* on Yom Tov. Some examples of articles in this category are candles, matches[8] and kerosene heaters. Strictly speaking, cigarettes and cigars are also not *muktzeh* on Yom Tov, since some people do smoke (see Chapter 14). However, those who refrain from smoking should preferably refrain from even moving these objects on Yom Tov.[9]

III. Nolad (Something Newly Created) — נוֹלַד

Something that came into being on Shabbos or Yom Tov is classified as *nolad,* i.e. newly created. There are two categories of *nolad.* The first is known as נוֹלַד גָמוּר, *absolute nolad.* This category includes items that were not here at all before Shabbos or Yom Tov, such as newly laid eggs or freshly produced milk.

---

7. וע׳ בשש״כ פכ״א הערה יז שכתב בשם הגרש״ז אויערבאך זצ״ל וז״ל: ודע כי תפוחי כיון שרצונו לבשלם ביו״ט, אינם מוקצה, ואף בשעה אחרונה של יו״ט שכבר אסור לבשלם כיון שא״א ליהנות מהם בו ביום, ג״כ אינם מוקצה, דאם נאמר שהם מוקצה, נתת דבריך לשיעורין בין מקומות שיכולים לבשל מהר ובין שאר מקומות, וגם הואיל ולא נזכר בשום מקום שדג תפל ותפוחי אדמה בסוף היום מוקצה הם, לכן נראה דכמו שאין אומרים מוקצה מחמת יום שעבר, הואיל ומצד אותו היום הוא מותר, ה״נ גם כאן, כיון שאם היו״ט היה מתארך היו מותרים בטלטול, לכן לא חל עליהם שם מוקצה עכ״ד, עכ״ל

8. שש״כ פרק כא הלכה ה׳.

9. ע׳ במחזיק ברכה סי׳ תקיא ס״ב וז״ל: הנזהר שלא לשאוב מעלה עשן הטאבאק ביו״ט יש להסתפק אם יכול לטלטל הקנה ששואפין הטאבק ממנו ביו״ט מי נימא כיון דלדידה אזהר רחמנא משום הבערה שלא לצורך הו״ל כלי שמלאכתו לאיסור ואסור משום מוקצה או דילמא כיון דלאחריני משרא שרי אין כאן מוקצה ועי״ש שהאריך בזה ולבסוף מסיק וז״ל: אמנם אם זה שנמנע לשתות העשן ביו״ט הוא משום חומרא דידע דהשתים אותו ביו״ט יש להם על מי שיסמוכו והתרא הוא ועכ״ז רוצה להחמיר על עצמו נראה דיש להקל עכ״ל. וכ״כ בשו״ת כתב סופר סו״ח סוף סי׳ ס״ו. וע׳ באורחות רבנו ח״ב עמוד קה שהביא בשם החזו״א ליאסור וע״ע בזה בקהלות יעקב שבת סי׳ כב.

The second category, which is known as ordinary *nolad*, includes articles that were in existence before Shabbos or Yom Tov but changed and assumed a new form on Shabbos or Yom Tov.

Articles that are considered absolute *nolad* are *muktzeh* on both Shabbos and Yom Tov.[10] Articles that are considered ordinary *nolad* are not *muktzeh* on Shabbos, but *are muktzeh* on Yom Tov.[11] The reason Yom Tov is treated more stringently than Shabbos in this respect is the following: The Sages were concerned that since many *melachos* are permitted on Yom Tov, people might treat Yom Tov with laxity and become unscrupulous in observing its restrictions. They therefore imposed this stringency to highlight the sanctity of Yom Tov and strengthen its observance.[12]

When Yom Tov falls on Shabbos, the *halachos* of Shabbos prevail and ordinary *nolad* is not considered *muktzeh*.[13]

◆§ Examples of Ordinary Nolad

Food which was originally designated for human consumption and then changed and became fit only for animal consumption is considered ordinary *nolad*. Thus, food that became spoiled on Yom Tov, so that it is no longer fit for human consumption, is *muktzeh* on Yom Tov. Similarly, after meat is eaten, the leftover bones that are fit only for the consumption of dogs are *muktzeh* on Yom Tov. [These are in the category of מוּקְצֶה מַחֲמַת גוּפוֹ, inherently *muktzeh*.] Since such bones may not be moved directly, we will provide some solutions for the removal of meat or chicken bones on Yom Tov.

---

10. שעה״צ ס׳ תצ״ה ס״ק כ״ו, ומ״ב סי׳ תצ״ח ס״ק ע״ז.

11. רמ״א סי׳ תצ״ה ס״ד.

12. רמב״ם פ״א מהלכות יו״ט הלכה יז.

13. שו״ת רב פעלים ח״א סי׳ ל, שו״ת זכר יהוסף ח״ב סי׳ ר״ב שש״כ פכ״א הלכה ז׳, בן איש חי פרשת במדבר הובא בכף החיים סי׳ תצה ס״ק ל״ז. אמנם כמה אחרונים החמירו בזה שו״ת האלף לך שלמה סי׳ של״ב, ובשו״ת שואל ומשיב (תניינא ח״א סי׳ ס.) וע״ע בזה בשו״ת ציץ אליעזר חי״ד סי׳ ס״ז.

a) If the bones contain some food remnants, they are not considered *muktzeh*.[14]

b) If the bones contain no food but they are on a plate which also has on it a morsel of food, it is permitted to carry the plate to the trash can. One is even permitted to put a morsel of food on the plate in order to be able to carry the plate to the trash can.[15]

c) If the bones fell onto the table and one needs to use that part of the table, or one wants the table cleaned in honor of Yom Tov, it is permissible to use a napkin or utensil (e.g. a knife) to push the bones into a plate, which may then be emptied into a trash can.[16]

d) If the bones are repugnant and would disturb the person's enjoyment of Yom Tov, it is permissible to remove them outright.[17]

IV. Moving Muktzeh for the Purpose of Food Preparation

The Sages permitted the moving of any type of *muktzeh* on Yom Tov for the purpose of obtaining a food item or an article needed for food preparation.[18] For example, if a food item is inaccessible because a stone is blocking it, one would be permitted to move the stone in order to obtain the food item. Another example would be a case in which the key to a food cabinet is in a purse together with money. It is permitted to open the purse and remove the key, even though one moves the money in the process. The purse may be returned to a secure location once the key has been removed.

---

14. מ"ב סי' ש"ח ס"ק קי"ד.
15. ע' מה שכתבנו בזה בספרי הלכות שבת במטבח פ"כ ציון 24.
16. ע' שם בזה.
17. ע' שם בזה.
18. רמ"א סי' תק"ט ס"ז. וע' במהרש"א בביצה דף לב. שג"כ כתב יסוד זה וע' בשמחת יו"ט בביצה דף לב. שהסביר דברי המהרש"א.

However, the Sages did not permit anyone to eat or derive benefit from a *muktzeh* food item on Yom Tov. For example, fruit that was attached to a tree at the beginning of Yom Tov may not be removed on Yom Tov, due to the *melachah* of קוֹצֵר (*reaping*) and is therefore *muktzeh*. If the fruit fell off the tree on Yom Tov, it may not be eaten.[19]

V. Summary of the Differences Between Shabbos and Yom Tov Regarding Muktzeh

- A utensil whose primary usage is forbidden on Shabbos but permitted on Yom Tov may be moved for any purpose on Yom Tov.
- An inedible food article that can be prepared for consumption on Yom Tov may be moved for any purpose on Yom Tov.
- An article that changed its form on Yom Tov, i.e. ordinary *nolad*, is *muktzeh* on Yom Tov. [See above for suggestions concerning the treatment of leftover meat bones.]
- Any type of *muktzeh* may be moved on Yom Tov for the purpose of obtaining a food item or an article needed for food preparation. However, one may not eat or derive benefit from a food item that is itself *muktzeh*.

---

19. מ"ב שם ס"ק לא.

30 / Using Appliances on Yom Tov

In Chapter Seventeen, we learned that although cooking and baking are permitted on Yom Tov, it is nevertheless Rabbinically forbidden to create a new fire. As a result, it is forbidden to strike a match on Yom Tov. However, it is permitted to enlarge a flame or to add fuel to it to extend the amount of time it will burn.

The laws stated there dealt with the fuels and cooking apparatuses of classic times — wood- and coal-burning fires and ovens. Modern appliances are subject to somewhat different regulations due to the technologies employed in their functions. We will now present the *halachos* for these contemporary stoves and ovens. It should be noted, however, that the technologies involved are constantly developing and changing, and these changes affect the halachic status of the appliances. Therefore, one should make sure to consult a halachic authority for a final ruling on these matters.

A. Pilot-lit Gas Stoves and Ovens

Gas ranges and ovens are often equipped with a pilot light, which serves to ignite the flame in the burner or oven. In an appliance of this type, one may turn on a new flame on Yom Tov, since in reality one is igniting the "new" fire from an existing flame — the pilot.[1]* Ovens that have no pilot and must be lit manually cannot be lit with a match in the ordinary fashion, since it is forbidden to strike a match on Yom Tov. However, one may light a match by putting it into an existing flame (e.g. a *yahrtzeit* candle) and use the ignited match to light the stove.

---

*Note: As regards lowering the flame, see Chapter 13.

1. שו"ת אג"מ או"ח ח"א סי' קטו.

B. Electronically Ignited Gas Stoves and Ovens

Gas stoves or ovens which are ignited by an electric pilot may not be turned on on Yom Tov. Turning on such a stove causes an electric circuit to be opened, which is forbidden on Yom Tov.[2]

There are two practical methods for using an electrically ignited gas stove or oven on Yom Tov.

1) The burner should be turned on before Yom Tov so that the electronic ignition is never used on Yom Tov.
2) The cord providing electric current to the ignition should be unplugged before Yom Tov. One may then turn on the gas burner and ignite it from an existing flame.

C. Gas Ovens With Electronic Gas Valve and Igniters

The technology of stoves and ovens is constantly changing with an increasing number of functions being performed electronically. The permissibility of using new types of ovens on Yom Tov thus depends on a thorough understanding of the technology involved. Such a discussion goes beyond the scope of this work and is in any case rendered obsolete by further changes in the technology. Consequently, whenever a new type of oven is installed, one should discuss its halachic implications with a knowledgeable halachic authority. The basic point to remember in these matters is that while it is permitted to cook on Yom Tov and to light one fire from another, it is forbidden to complete an electrical circuit. Thus, where even turning on a stove or oven — or opening and closing its door — completes an electrical circuit, it is forbidden to turn on (or open and close) the appliance on Yom Tov.

D. Electric Cooktops

Electric burners do not have a constant electric current flowing through them. Once the desired temperature is reached,

---

2. אג״מ הנ״ל.

their electricity shuts down. Therefore, it is forbidden to adjust the thermostat, since by doing so one may be completing a circuit that has gone off. Even cooktops with a "power on" or "surface light" feature do not truly indicate whether the current is flowing and when it is off. Therefore, one may not adjust the thermostat even when the light is on.

Whether it is permissible to adjust the thermostat of an electric appliance whose current is definitely on is the subject of much discussion. Here too, the complexities of the issue go beyond the scope of this work. A knowledgeable halachic authority should therefore be consulted in each case.

E. Electric Oven

An electric oven operates in a fashion similar to an electric burner. Electrical current flows until the desired temperature is reached, then the current turns off until the temperature drops below the setting. Here too, the oven indicator light does not necessarily indicate when the current is flowing. Accordingly, there may be a problem opening the oven door, since this might trip the thermostat to turn the current back on. A knowledgeable halachic authority should be consulted for a ruling.

F. Opening Refrigerators and Freezers

Some authorities rule that on Shabbos one should not open a refrigerator door unless the motor is running, since doing so when the motor is off may trigger the thermostat to turn the motor on (see *The Shabbos Kitchen*, page 222). However, on Yom Tov, there is reason to rule more leniently.[3]

---

3. והטעם בזה משום דאיסור גרמא ביו״ט הוא יותר קל משבת ובפרט כשיש סברות אחרות להתיר ע״י בזה במנחת שלמה סי׳ יג, ובשו״ת חלקת יעקב ח״א סי׳ נ.

31 / Treatment of Illnesses and Injuries

I. Doing Melachah or Providing Medication for an Ill Person

There is a dispute among the Poskim whether the *melachos* that are normally permitted for the sake of *ocheil nefesh* may be done to fulfill the special needs of an ill person whose illness is not life threatening. The basis of this dispute is the rule that these *melachos* are permitted only for the sake of a דָּבָר הַשָּׁוֶה לְכָל נֶפֶשׁ, a necessity common to most people. Some Poskim state that since most people are not ill, the special needs of an ill person cannot be considered שָׁוֶה לְכָל נֶפֶשׁ, common to most people.[1] Others contend that recuperating from illness is a need that is common to all people, and whatever must be done to effect the recuperation is therefore considered שָׁוֶה לְכָל נֶפֶשׁ.[2]

The same dispute pertains to the use of medication. The Sages prohibited using medication for minor ailments on Shabbos. (See below for a definition of "minor" ailments.) Those who consider the needs of an ill person to be שָׁוֶה לְכָל נֶפֶשׁ hold that medication may be used on Yom Tov in all cases. Those who take the opposite view hold that the prohibition against medica-

---

1. מ״ב סי׳ תצ״ו ס״ק ה וז״ל: מיירי שחש בעינו קצת וכל גופו בריא ואינו מרגיש מיחוש בגופו מחמת העין דבכגון זה בשבת ויו״ט אסור לעשות שום רפואה ע״י עצמו אפילו בשינוי וכו׳, עכ״ל. ולכאורה כוונת המ״ב הוא בעשיית התרופות ע״י מלאכות דרבנן, אבל על אכילת או שתיית תרופה ביו״ט אשר אינה כרוכה במלאכה דאורייתא או מלאכה דרבנן וכל איסורה הוא משום גזירת שחיקת סממנים לא מבואר מה דינו. ועי׳ בשו״ת ציץ הקודש סי׳ לח שהביא כן בשם הרמב״ן ובשו״ת חלקת יואב סי׳ כו, ובשש״כ פי״ט ה״ג בשם הגרש״ז. ועיין בציון 3.

2. פמ״ג סי׳ תקי״א מ״ז ס״ק ב בשם הפנ״י, שו״ת כתב סופר או״ח סי׳ סו.

tion applies on Yom Tov just as on Shabbos.[3]

The final ruling in this matter is that we abide by the stricter view. Thus, *melachah* may not be done to fulfill the special needs of an ill person whose illness is not life threatening, and minor ailments may not be treated with medication on Yom Tov. However, the restriction against *melachah* means only that it is prohibited to do *melachah* to fulfill needs that are *unique* to ill people, such as carrying medicine through a public domain. With regard to basic necessities such as food, an ill person is obviously no less entitled to the dispensation of *ochel nefesh* than a healthy person.

There are many further details concerning the treatment of illness on Yom Tov. These laws are very similar to the laws pertaining to Shabbos, and we will present a synopsis of the *halachos* here. However, we shall see below that the second day of Yom Tov is treated more leniently in regard to this matter. Significantly, the restriction against taking medicine for minor ailments does not apply on the second day of Yom Tov (except Rosh Hashanah).

II. The Different Categories of Illness

The Poskim, in their discussion of the laws of treating illnesses and injuries, established four* categories:

*Note: There is a fifth category known as סַכָּנַת אֵבֶר. This refers to a situation involving potential loss of a limb without danger to life. The laws pertaining to this category of illness as well as the laws applicable to wounds which require stitches are not discussed in this book.[4]

3. גדולי הפוסקים האוסרים ליקח תרופות ביו״ט הם: המג״א סי׳ תקל״ב ס״ק ב, המ״ב סי׳ תקל״ב ס״ק ה׳, קיצור שלחן ערוך סי׳ צ״ח סל״ג, גדולי הפוסקים שצידדו להתיר ליקח תרופות ביו״ט הם: שו״ת אבני נזר סי׳ שצ״ד, ספר החיים להגר״ש קלוגר סי׳ שכ״ח הובא דבריו להלכה בספר מנחת יו״ט סי׳ צ״ח ס״ק קכא. וע״ע בזה בשו״ת אליעזר ח״ח סי׳ ט״ו פט״ז אות ה.

4. ראוי להעתיק כאן מה שכתב בספר נשמת אברהם ח״ד בסי׳ ש״מ וז״ל חתך עמוק שהפסיק לדמם צריך בכל זאת סגירה כדי למנוע זיהום קיימות כמה אפשריות לסגירת החתך: א. ע״י פלסטר רגיל ב. ע״י פרפר ג. ע״י מהדקים ד. ע״י תפירה ה. ע״י נוזל מדביק.

a) חוֹלֶה שֶׁיֵּשׁ בּוֹ סַכָּנָה — a sick person whose life is in danger.

b) חוֹלֶה שֶׁאֵין בּוֹ סַכָּנָה — a sick person whose life is not in danger.

c) מִקְצַת חוֹלִי — a localized ailment that causes discomfort.

d) מֵיחוּשׁ בְּעָלְמָא — a minor ailment that causes little or no pain.

Below is a description of each category and a synopsis of the laws pertaining to it.

III. Illness (or Injury) That Is Life Threatening — חוֹלֶה שֶׁיֵּשׁ בּוֹ סַכָּנָה

A חוֹלֶה שֶׁיֵּשׁ בּוֹ סַכָּנָה is a person who has an illness (or injury)

מבחינה רפואית, הדרך הטובה ביותר למנוע זיהום הוא ע״י הידוק טוב של שפות החתך הן ע״י תפירה והן ע״י מהדקים מתכתיים. סגירה ע״י תפירה או מהדקים גם נותנת את התוצאה הטובה ביותר מבחינת הצלקת.

מבחינה הלכתית יש איסור בחיתוך של פלסטר ובחיתוך פרפר בשבת משום מלאכת מחתך, ובתפירה משום קשירה כי חייבים לקשור בקשר כפול כל תפירה ותפירה. ולכאורה אין איסור מחתך בחוט התפירה כי רק אחרי התפירה הוא חותך גם את החוט וכו׳.

ולגבי איסור תופר ראה שש״כ פל״ה הערה ס״ב שכתב שלכאורה לא מצאנו תופר בגוף האדם וכן כתב בספר תורת היולדת שמביא בשם הגר״י אברמסקי ז״ל שאין איסור תורה של תפירה באדם וכו׳ אך אמר לי הגרש״ז אויערבאך זצ״ל שיש חשש של איסור דאורייתא של תפירה בכל הטיפולים הנ״ל שכל מטרתם לחבר את שתי שפות החתך, ע״כ. ועי״ש מאי שהביא מכתבו של הגאון ר׳ שלמה זלמן זצ״ל בזה. ובהמשך דבריו שם מביא בשם הגרי״ש אלישיב שליט״א שיש מלאכות שאסורות מדאורייתא בגוף האדם כגון כתיבה, ויש שמותרות לכתחילה, כגון כיבוס, יש שבספק כגון בונה ויש שאין בהן הכרעה, כגון תופר. לכן יש בכל תפירה או הדבקת החתך ע״י פרפר או פלסטר וכו׳ ספק איסור דאורייתא ואין היתר לעשותם בשבת אלא במצב של פיקוח נפש ע״כ. ואח״כ כתב, בחורה שיש לה חתך עמוק בפנים ואין בו כל סכנה ולכן אין לתפור או להדביק את קצוות החתך בשבת בכל אחת מהדרכים הנ״ל אלא צריכים רק לכסותו עד מוצאי שבת, אך אז עלולה להישאר עם צלקת לא יפה שתקשה עליה להשתדך זה עלול לגרום לדכאון נפשי רציני בעתיד יעו״ש מה שהביא בזה בשם בעל השמירת שבת כהלכתה ואח״כ כתב וז״ל וכתב לי הגרש״ז שליט״א: אין לעבור על איסור תורה, וכו׳ וה״נ גם כאן רק מותר לבקש מרופא נכרי שיתפור את הפצע. מבואר מכל זה דעשיית stitches כדי לתפור פצע הרי זה כרוך באיסורי דאורייתא ולכן כשבא שאלה כזה יש לשאול מורה הוראה מובהק.

which poses an immediate threat to his existence or to the normal functioning of his vital life processes. Included in this category are situations in which the threat to life is not definite, but the mere *possibility* exists.

The following are a few examples:

a) A person shows indications that he may have suffered a heart attack.

b) A major blood vessel has been ruptured.

c) A person was bitten by a wild dog or a poisonous insect.

d) A person suffered an injury to the eye.

e) A person experiences severe internal pain.

The *halachah* rules that one must transgress any Biblical or Rabbinic law to save someone's life.[5] The Poskim praise the individual who is quick to violate the Yom Tov on behalf of someone whose life is in danger.[6]

IV. Illness That Is Not Life Threatening — חוֹלֶה שֶׁאֵין בּוֹ סַכָּנָה

A חוֹלֶה שֶׁאֵין בּוֹ סַכָּנָה is a patient whose illness is not life threatening, but who is ill enough to meet one of the following criteria:

a) The condition is one that requires bed rest (e.g. the flu or chest congestion).[7] [As long as the individual requires bed rest, he is considered חוֹלֶה שֶׁאֵין בּוֹ סַכָּנָה (as opposed to a lesser category) even if he is capable of getting out of bed and walking around.][8]

b) The condition causes intense pain that weakens the entire body (e.g. a migraine headache or a severe earache).[9]

---

5. ש"ע סי' שכ"ח ס"ב.
6. ש"ע סי' שכ"ח ס"ב.
7. ש"ע סי' שכ"ח סי"ז.
8. ערוך השלחן סי' שכ"ח סי"ט.
9. רמ"א סי' שכ"ח סי"ז.

A. What a Jew Is Permitted to Do for a חוֹלֶה שֶׁאֵין בּוֹ סַכָּנָה

A Jew is forbidden to transgress a Biblical law for the benefit of a חוֹלֶה שֶׁאֵין בּוֹ סַכָּנָה. However, one is permitted to violate a Rabbinic law.* The act should be performed with a *shinui* (i.e. a deviation from the manner in which it is usually done).[10] This is permitted even in situations where a non-Jew is available to perform the same act.[11]

If the act cannot be performed with a *shinui*, a Jew is nevertheless permitted to do it. In this situation, however, if a non-Jew is available, the non-Jew should be instructed to do

---

*Note: There is an exception to this rule. One is not permitted to perform a מְלָאכָה שֶׁאֵין צְרִיכָה לְגוּפָהּ (which is a Rabbinic prohibition) for a *choleh she'ein bo sakanah*. מְלָאכָה שֶׁאֵין צְרִיכָה לְגוּפָהּ is a *melachah* that is performed for a purpose other than the purpose for which it was performed in the construction of the Tabernacle [מִשְׁכָּן]. One example is extinguishing a light in order to darken a room. During the construction of the Tabernacle, flame was extinguished in order to produce coals for cooking. Thus, turning off an incandescent light for the sake of darkening the room is always a Rabbinic prohibition. Nevertheless, the Poskim deem a מְלָאכָה שֶׁאֵין צְרִיכָה לְגוּפָהּ as more serious than other Rabbinic prohibitions, since the same action may sometimes entail a Biblical violation. Therefore, it is forbidden for a Jew to do a מְלָאכָה שֶׁאֵין צְרִיכָה לְגוּפָהּ for a patient whose illness is not life threatening.[12]

---

10. בפנים כתבנו דמותר לישראל לעשות שבות ע״י שינוי לחולה שאין בו סכנה שכן פסק המ״ב ס׳ שכ״ח ס״ק נ״ד. אמנם השלחן ערוך הרב ס׳ שכ״ח סי״ט כתב וז״ל: וע״י שינוי מותר לעשות אפי׳ מלאכה גמורה כגון הגונח (שמותר לינק) בפיו כמו שנתבאר שכיון שמשנה בעשייתה אינה אסורה אלא מד״ס, עכ״ל. וכן פסק התהלה לדוד סי׳ שכ״ח ס״ק כב, והאגלי טל מאלכת טוחן סי״ז ס״ק ל״ח (י). ובשש״כ פל״ג הערה יז כתב בשם הגאון ר׳ שלמה זלמן זצ״ל וז״ל: מסתבר דיכולים להקל אם אי אפשר ע״י נכרי.

11. מ״ב סי׳ שכ״ח ס״ק נד.

12. מ״ב סי׳ רע״ח ס״ק ג. ולכאורה משמע דגם ע״י שינוי אסור לכבות את הנר בשביל חולה שאין בו סכנה דאל״כ במה חמורה מלאכה שאינה צריכה לגופה יותר מכל מלאכה דרבנן וע׳ בששכה״כ פל״ג הערה כב מה שכתב בזה. וע׳ בדעת תורה ס׳ רע״ח שכתב וז״ל ע׳ שו״ת גור אריה יהודה או״ח סי׳ ק״ז שפסק דגם לצורך חולה שאין בו סכנה מותר לכבות הנר ע״י שינוי כיון דהוי רק איסור דרבנן עי״ש. וע׳ מה שכתב בזה בספר מאורה אש דף פז.

whatever is necessary.[13]

B. Medication for a חוֹלֶה שֶׁאֵין בּוֹ סַכָּנָה

Since the prohibition against taking medication on Yom Tov is only a Rabbinic one, a חוֹלֶה שֶׁאֵין בּוֹ סַכָּנָה is permitted to take medicine.[14] It is similarly permitted to treat a burn victim who is in the category of חוֹלֶה שֶׁאֵין בּוֹ סַכָּנָה with ointment. The same applies to a child suffering from diaper rash (see below, Section VII). [However, there are restrictions pertaining to dense ointment, as will be explained at the end of the chapter (Sec. IX and Sec. X par. I).] The previously mentioned recommendation of performing the act with a *shinui* (i.e. with a deviation from the manner in which it is usually done) is applicable to external medication (e.g. ointment). Internal medicine (e.g. a pill) may be taken in the usual manner.[15]

---

13. שש״כ פל״ג הלכה ב׳ וע׳ בספר מגילת ספר סי׳ כ״ז ס״ק ב׳ מה שהעיר בזה.

14. ברמ״א בסי׳ שכ״ח סל״ז איתא וכן אם נפל למשכב שרי עכ״ל ר״ל שמותר לו ליקח רפואה בשבת. ובמ״ב ס״ק קכ״א כתב וז״ל פירוש לאכול ולשתות דברים שאין מדרך הבריאים לאכול והוסיף המ״ב וכתב ומסתימת דברי הרמ״א משמע שא״צ אפי׳ שיהיה א״י מרשיט לו אלא מותר לו ליקח בעצמו ואע״ג דפסקינן לעיל סי״ז כדעה ג׳ דשבות שיש בו מעשה אסור ע״י ישראל ואינו מותר כ״א ע״י שינוי צ״ל דשאני התם שמיירי במלאכות דרבנן או בדברים שמיחזי כיעין מלאכה אבל הכא דאין בזה משום סרך מלאכה דהא לבריא מותר ורק למי שיש לו מיחוש גזרו משום שחיקת סממנים בחולה גמור לא גזרו עכ״ל. וע׳ בששכה״כ פרק לג הלכה ד.

ולכאורה מצינו כמה סתירות בדין זה דהרמ״א שם סעיף כ״ה כתב וז״ל ואסור ליתן עליה אפר מקלה דמרפא כי אם ע״י אינו יהודי, ובמ״ב ס״ק פ״ה כתב עלה וז״ל אף דהוא איסור דרבנן מ״מ ע״י ישראל עצמו אסור בלא שינוי אפי׳ אם חלה כל גופו כיון שהוא חולה שאין בו סכנה וכדלעיל בסי״ז לפי מה דמסיק הש״ע שם עכ״ל. מבואר מזה דאסור לו ליהן רפואה על מכתו הגם דבס״ק קכ״א פירש דשיטת הרמ״א הוא דמותר לו ליקח רפואה בשבת אפי׳ בלי שינוי, וכן יעויין במ״ב שם ס״ק ק״ב שכתב דכאיב ליה טובא שמצטער כל גופו וכדלעיל בסי״ז, ועיי״ש לעיל דע״י ישראל מותר דוקא ע״י שינוי עכ״ל. מבואר ג״כ דבעינן שינוי, ויעויין עוד במחבר שם סמ״ב שכתב אין מתעמלין היינו שדורס על הגוף בכח כדי שייגע ויזיע וכו׳ וע״ז כתב המ״ב ס״ק ק״ל וז״ל ודע דלפי מה דפסקינן לעיל בסי״ז דע״י ישראל אין עושין שבות דרבנן לחולה שאין בו סכנה כי אם ע״י שינוי ה״נ בענינינו אפי׳ הגיע לכלל חולה שאין בו סכנה אין עושין ד״ז כ״א ע״י שינוי וכו׳ מבואר ג״כ דבעינן דווקא שינוי. וע׳ בספר ברכת השבת דף רנו שהעיר בזה. וע״ע במגילת ספר ס׳ כ״ז ס״ק ג.

15. כן נראה.

Most authorities rule that while the חוֹלֶה שֶׁאֵין בּוֹ סַכָּנָה is taking medicine for the condition which causes this status, he is not permitted to simultaneously take medicine for other minor ailments.[16]

It is permitted to carry medication through a public domain for the benefit of an ill person who is permitted to take that medication on Yom Tov.

C. What One May Ask a Non-Jew To Do for a חוֹלֶה שֶׁאֵין בּוֹ סַכָּנָה

One may ask a non-Jew to perform any act on behalf of a חוֹלֶה שֶׁאֵין בּוֹ סַכָּנָה, including a *melachah* that is prohibited Biblically.[17] The following are a few examples:

a) One may ask a non-Jew to phone a doctor to obtain instructions in order to assist the sick person.

b) One may ask a non-Jew to drive to a pharmacy to purchase medicine for the sick person.

c) One may ask a non-Jew to turn on a light so that someone can attend to the needs of the sick person.

d) One may ask a non-Jew to cook fresh food or boil water for the sick person.*

V. A Localized Ailment — מִקְצַת חוֹלִי

מִקְצַת חוֹלִי describes the condition of a person who is not bedridden but suffers from an ailment or injury confined to a

* Note: Foods cooked by a non-Jew are often prohibited because of בִּישׁוּל עֲכּוּם, [the prohibition on] non-Jewish cooking. This prohibition does not apply to foods cooked for a sick person. However, other individuals may not eat the food. Furthermore, the sick person himself may not eat these foods after Shabbos, unless other food is unavailable.[18] Concerning eating hospital food on Shabbos or Yom Tov, see *The Sanctity of Shabbos*, p. 109.

16. שו״ת אג״מ או״ח ח״ג סי׳ נג.

17. ש״ע סי׳ שכ״ח סי״ז ומ״ב ס״ק מב.

18. עי׳ חינוך בהלכה פי״ג ציון 9.

localized area which is painful and causes definite discomfort;[19] for example, an average headache or heartburn.

A Jew is forbidden to violate any Biblical or Rabbinic prohibition for the benefit of one suffering from מִקְצַת חוֹלִי. However, it is permitted to ask a non-Jew to perform an act which involves only a Rabbinic transgression.[20]

For example, one may ask a non-Jew to apply external medicine (e.g. ear drops), even according to the authorities who forbid the Jew to do so himself. Similarly, he may ask a non-Jew to dab cream on a burn. He is, however, not permitted to ask the non-Jew to smear a cream with a dense consistency on the burn because smearing this type of cream violates a Biblical prohibition, as explained in Chapter 26.

VI. A Minor Ailment — מֵיחוּשׁ בְּעָלְמָא

מֵיחוּשׁ בְּעָלְמָא describes the condition of a person who is suffering from a minor ailment or injury which causes little or no pain, e.g. slight heartburn or minor sore throat.

It is forbidden to transgress any Biblical or Rabbinic prohibition, or to ask a non-Jew to perform a prohibited act, for the benefit of a person who has a מֵיחוּשׁ בְּעָלְמָא.[21]

VII. Treating Sick or Injured Children on Yom Tov

The previously noted categories and their related laws apply to sick or injured children as well as to adults. However, since children are more susceptible to illness, and the lack of proper care can easily have a detrimental effect on a child's health and condition, they are viewed as being included in a more lenient category than would an adult with similar symptoms. Generally speaking, a child below the age of three years suffering any illness or injury that causes distress may be classified as חוֹלֶה

19. עי׳ ש״ע סי׳ ש״ז ס״ה וע״ע בשלחן עצי שיטים דיני אמירה לעכו״ם סי״ז ביאור הגר״א סי׳ שכ״ה סוף ס״י, וערוך השלחן סי׳ ש״ז סי״ח.

20. ש״ע סי׳ ש״ז ס״ה.

21. ש״ע סי׳ שכ״ח ס״א.

שֶׁאֵין בּוֹ סַכָּנָה. Furthermore, a child with a weak constitution may be considered a חוֹלֶה שֶׁאֵין בּוֹ סַכָּנָה in situations of distress up to the age of nine years. Many further details pertaining to the treatment of ill children, as well as the care of newborns and infants, were presented in *Children in Halachah*, Chapter 13.

VIII. Additional Halachos Pertaining to Taking Medication

It is permitted to take medication on Yom Tov for preventive purposes.[22] For example, if one took medication to treat a sore throat prior to Yom Tov and it is now completely healed, he may continue to take the medication on Yom Tov in order to prevent a recurrence of the sore throat.

It is permitted to puncture a capsule in order to remove the contained liquid or powder for use.

It is permitted to tear the paper wrapping around a pill, but one should make every effort not to tear it on a place where there is lettering.

It is permitted to crush or chop a pill on Yom Tov. Doing so does not transgress the *melachah* of grinding [טוֹחֵן].

IX. The Second Day of Yom Tov

The second day of Yom Tov (with the exception of the second day of Rosh Hashanah) is treated more leniently than the first day with regard to the laws of treating illness. The Sages permitted anyone suffering from even a minor ailment to perform a Rabbinic prohibition in order to alleviate his discomfort. With regard to Biblical prohibitions, however, there is no special leniency on the second day of Yom Tov.[23]

Thus, it is permitted to take Tylenol for a minor headache on the second day of Yom Tov. Likewise, it is permitted to carry medicine for a minor ailment through a *karmelis*, where

---

22. שש״כ פל״ד סי״ז.
23. ש״ע סי׳ תצ״ו ס״ב. ועי׳ בשו״ת תשורת שי מהדורה ב סי׳ קעד ובשו״ת בצל החכמה ח״ב סי׳ סח.

carrying is prohibited only Rabbinically.

Another example pertains to the treatment of irritated skin. This condition is not serious enough to warrant medication on Shabbos or the first day of Yom Tov, but it may be treated with ointment on the second day. As explained in Chapter 26, dense creams are subject to the *melachah* of מְמַרֵחַ, *smoothing*, under Biblical law, whereas creams with a loose consistency are subject to this *melachah* Rabbinically. (See p. 200 for the definitions of "dense" and "loose.") Thus, on the second day of Yom Tov, one may apply ointment that has a loose consistency to irritated skin. See below for a detailed discussion of diaper rash.

X. Summary of Laws

☙ Doing Melachah or Providing Medication for an Ill Person

- It is prohibited to do *melachah* for the sake of fulfilling the special needs of an ill person.
- It is prohibited for someone affected with a minor ailment to use medication on the first day of Yom Tov.

☙ The Different Categories of Illness

- חוֹלֶה שֶׁיֵּשׁ בּוֹ סַכָּנָה — A patient whose illness is life threatening: One *must* do everything in his power, including the violation of Biblical or Rabbinic law, to save someone's life.
- חוֹלֶה שֶׁאֵין בּוֹ סַכָּנָה — a patient whose illness is not life threatening (e.g. flu, migraine headache):
  (a) One is permitted to violate Rabbinic law for the treatment of a patient in this category. However, the act should be done in an unusual manner. If it cannot be done in an unusual manner and a non-Jew is available, the non-Jew should be asked to do it.
  (b) A patient in this category is permitted to take medicine.
  (c) One may ask a non-Jew to perform any act on behalf of a חוֹלֶה שֶׁאֵין בּוֹ סַכָּנָה, including a *melachah* that is prohibited Biblically.

- מִקְצַת חוֹלִי — a localized ailment (e.g. ordinary headache): A Jew is forbidden to violate any Biblical or Rabbinic prohibition. One may ask a non-Jew to perform an act which involves only a Rabbinic transgression. Some authorities permit taking medication on Yom Tov.
- מֵיחוּשׁ בְּעָלְמָא — a minor ailment (e.g. a sore throat): It is forbidden to transgress any Biblical or Rabbinic prohibition, or to ask a non-Jew to perform a prohibited act.

◆§ Sick or Injured Children

- A child below the age of three years suffering any illness or injury that causes distress may be classified as חוֹלֶה שֶׁאֵין בּוֹ סַכָּנָה.
- A child with a weak constitution may be considered a חוֹלֶה שֶׁאֵין בּוֹ סַכָּנָה in situations of distress up to the age of nine years.

◆§ Additional *Halachos*

- It is permitted to take medication on Yom Tov for preventive purposes.
- It is permitted to puncture a capsule or to tear the paper wrapping around a pill (while attempting not to tear lettering).
- It is permitted to crush or chop a pill on Yom Tov.

◆§ The Second Day of Yom Tov

- On the second day of every Yom Tov except Rosh Hashanah, anyone suffering from even a minor ailment is allowed to perform a Rabbinic prohibition — but not a Biblical prohibition — in order to alleviate his discomfort.

XI. Miscellaneous Rules Pertaining to Health Care on Yom Tov

A. If One's House Is Cold

When one's home is insufficiently heated, it is probable that

31: TREATMENT OF ILLNESSES AND INJURIES

one will become ill. Therefore, the Poskim determined that everyone is considered a חוֹלֶה שֶׁאֵין בּוֹ סַכָּנָה in areas without adequate heat. In such situations one may ask a non-Jew to turn on or raise the heat.

The above rule applies even when there is adequate heat for most people but additional heat is required for a child or elderly person in the house.[24]

If an air conditioner was on, and as a result the house became too cold, it is permissible to tell a non-Jew to lower or turn off the air conditioner.[25]

B. Removing A Splinter

One may remove a splinter with a needle on Yom Tov. However, if it is inevitable that bleeding will occur when removing the splinter, it should not be removed unless the splinter causes considerable pain.[26]

C. Placing Ice on a Bump

It is permitted to place ice on a bump or apply pressure with a knife. However, the ice should be placed in a plastic bag rather than wrapped in cloth or paper, in order to avoid the *melachah* of סְחִיטָה, wringing.

D. Using Hot Water to Create Steam

If a child is wheezing or experiencing a croup like condition, one may open the hot-water tap of a bath or shower in order to steam up the room to relieve the symptoms. It is preferable, if possible, to have the tap opened by a non-Jew.

E. Using Band-Aids on Yom Tov

See above, p. 180.

F. Using a Vaporizer or Nebulizer on Yom Tov

See *Children in Halachah*, pp. 84-86.

---

24. ש״ע סי׳ רע״ו ס״ה.

25. שו״ת אג״מ או״ח ח״ג סי׳ מב.

26. מ״ב סי׳ שכ״ח ס״ק פח.

G. Preparation and Use of a Compress on Yom Tov

See *Children in Halachah*, p. 86.

H. Caring for a Wound on Yom Tov

See *Children in Halachah*, pp. 87-90.

I. Treating Diaper Rash

1) Minor Irritation

If a baby has slightly dry skin which does not generally cause discomfort, one may not apply any medication on Yom Tov. Since the minor irritation does not place the child in the category of a חוֹלֶה שֶׁאֵין בּוֹ סַכָּנָה, he or she is subject to the prohibition of taking medication on Shabbos. However, although it is forbidden to put lotion on the affected skin, one may indirectly apply lotion by pouring it on adjacent healthy skin and letting it flow onto the affected area by itself.

2) Serious Rash

If a baby has a diaper rash or sunburn that causes discomfort, the child is considered a חוֹלֶה שֶׁאֵין בּוֹ סַכָּנָה. Therefore, one may apply medication to cure the infant. However, one must try to avoid violating the prohibition of מְמַרֵחַ, *smoothing,* without infringing upon the child's needs. Therefore, the following *halachos* apply.

If the condition developed prior to Shabbos, it is best to smear the necessary cream or ointment onto diapers or bandages before Shabbos and store them in a plastic bag. This will eliminate all questions associated with the prohibition of *smoothing*. When this is not possible and it is necessary to use a topical medication, one should treat the condition in the following manner:

1) It is preferable to use a liquid medication, thus avoiding the prohibition of *smoothing*. The medication should be applied in an unusual manner (e.g. with the little finger or with the back of one's hand).

2) If use of a fluid is not feasible, one should attempt to use a lotion with a loose consistency, whose smearing is prohibited Rabbinically [see above, Sec. IX]. The lotion should also be applied in an unusual manner, as described previously.

3) If a dense ointment (e.g. Desitin) must be used to treat the rash, one may not directly smear the cream onto the affected area since this entails a Biblical prohibition. If the cream is in a jar, its removal inevitably involves a minimal amount of smoothing. Therefore, one should remove the cream in an unusual manner (e.g. with the handle of a spoon or fork) and place it onto the affected area. Afterward, a diaper or bandage may be placed on the affected area, even though the cream will invariably be smoothed out in the process. Alternatively, the cream can be removed from the jar in an unusual manner and dabbed onto a diaper or bandage, and the diaper or bandage can be placed onto the affected area. If the cream is in a tube, it should be squeezed out directly onto the affected area or the diaper or bandage.

4) If the child's condition requires that the cream be rubbed into the child's skin, one may rub the cream into the skin in an unusual manner (e.g. with the back of one's hand).[27]

---

27. ע׳ בכל זה בספרי חינוך בהלכה סוף פי״ג.

32 / *Halachos* Pertaining to Erev Yom Tov

I. Preparing for Yom Tov

It is a mitzvah to honor Yom Tov by bathing oneself in warm water and cutting one's nails on Erev Yom Tov.[1] If one needs a haircut, it is a mitzvah to do so before Yom Tov.[2]

One should wear a special set of clothing on Yom Tov, just as one does on Shabbos. Moreover, the Yom Tov clothes should be superior to the Shabbos clothes.[3]

II. Eating Erev Yom Tov

One should not eat a full weekday meal beginning from the ninth hour of the day on Erev Yom Tov, to avoid spoiling one's appetite for the Yom Tov meal that night.[4]* For the same reason, one should not begin a full meal on the first day of Yom Tov from the ninth hour onward. However, if one was unable to begin the Yom Tov *seudah* before the ninth hour, one may eat a full Yom Tov *seudah* at that time.[5]

---

*Note: The hour is calculated according to seasonal hours. This means that the day is divided into twelve equal units from sunrise to sundown, and each unit is considered an "hour."

---

1. מ״ב סי׳ תקכ״ט ס״ק ג, ש״ע סי׳ ר״ס ס״א ומ״ב, ורמ״א סי׳ ת״ע ס״ג.
2. רמ״א שם.
3. המחבר תקכ״ט ס״א כתב וז״ל: ובגדי יו״ט יהיו יותר טובים משל שבת, עכ״ל. אמנם הרמ״א בסי׳ תע״א ס״ג כתב וז״ל: מצוה לרחוץ ולגלח בעיו״ט וללבוש בגדים נאים כמו בשבת, עכ״ל. ולכאורה משמע שאין חילוק בין יו״ט לשבת. וע׳ בספר מחזיק ברכה הובא בכף החיים ס״ק מ״ב שכתב לתרץ דכוונת הרמ״א במש״כ כמו בשבת ר״ל שילבשם מבעוד יום, כמו בע״ש שכתב הרמ״א בסי׳ רס״ב שילבש בגדי שבת מיד אחר הרחיצה. וע״ע במחזיק ברכה שכתב עוד ישובים לזה.
4. רמ״א סי׳ תקכ״ט ס״א.
5. ע׳ ביאור הלכה סי׳ תקכ״ט ד״ה בעיו״ט, ועיין בדעת תורה שכתב שאם מאחר סעודת הלילה ביו״ט שני משום שצריך לבשל אין קפידת לאכול בסוף היום שהמהרי״ל רק החמיר בפסח שממהרין לאכול כדי שלא יישן התינוקות.

When Erev Yom Tov or the first day of Yom Tov fall on Shabbos, one is not permitted to eat a full meal for his *seudah shlishis* after the ninth hour of the day, as he would normally do on Shabbos. The *seudah shlishis* should be eaten earlier, but may not begin before a half-hour past midday. In the event that one did not eat the *seudah shlishis* before the ninth hour, he should not eat a full meal, but should eat a little more than an egg's volume [כְּבֵיצָה] of bread. Some have the custom of dividing the morning meal in two [i.e. they recite *Bircas HaMazon* after eating part of the meal, take a stroll outdoors to effect a הֶפְסֵק (interruption), and then return to wash again and complete the meal]. However, one must be sure to begin the second portion of this meal after a half-hour past midday.[6]

III. The Mitzvah of תּוֹסֶפֶת יוֹם טוֹב — Adding to Yom Tov

On Erev Shabbos there is a mitzvah known as תּוֹסֶפֶת שַׁבָּת, *adding to Shabbos.* This means that one should accept the sanctity of Shabbos upon oneself before the arrival of Shabbos at sundown Friday, and extend the holiness somewhat beyond the conclusion of Shabbos.[7] There is a dispute among the authorities as to how much time is necessary in order to fulfill this mitzvah. HaGaon R' Moshe Feinstein zt"l rules that two minutes is sufficient.[8]

This mitzvah applies on Erev Yom Tov as well. Therefore, one should accept the sanctity of Yom Tov upon oneself several minutes early and end Yom Tov several minutes late.[9]

---

6. רמ״א סי׳ תקכ״ט ס״א ומ״ב ס״ק י. וע׳ בזה בשערים המצוינים בהלכה סי׳ קג קונטרס אחרון ס״ק ג. שו״ת משנה שכיר ח״א סי׳ קי.

7. ש״ע סי׳ רס״א ס״ב.

8. או״ת אג״מ או״ח ח״א סי׳ צו. וע״ע בזה בשו״ת מנחת אלעזר ח״א סי׳ כג, שו״ת ארץ צבי סי׳ ע.

9. מ״ב סי׳ רס״א ס״ק יט.

33 / The Laws of Candle Lighting

It is a mitzvah to light candles in honor of Yom Tov, just as one does in honor of Shabbos.[1] The obligation to light candles for Yom Tov applies to all adult members of a household.[2] However, the Sages did not require each household member to light candles. They ruled that when one member lights candles, the entire household fulfills its obligation collectively.[3] As is the case with the Shabbos candles, it is customary for the woman of the house to light the Yom Tov candles.

The laws of Yom Tov candle lighting are basically the same

---

1. שו"ע סי' רס"ג סעיף ה, וסי' תקי"ד סעיף א. והנה חיוב הדלקת נרות ביו"ט לא מצינו בבבלי. אמנם כתבו הראבי"ה ח"א סי' קצ"ט, האו"ז ח"ב הלכות ע"ש סי' יא, ההג"מ פ"ה מהל' שבת והמרדכי בפ' במה מדליקין סי' רע"ג וסי' רצ"ד שכן מבואר בירושלמי פרק הרואה שצריכים לברך על הדלקת נרות ביו"ט.

אולם האורחות חיים הל' הדלקת נרות בע"ש סי' א' כתב שאין מברכין על הדלקת נרות ביו"ט. וכ"כ בספר מושב זקנים לבעה"ת דף שצ"ג וז"ל: למה נסמך נרות למועדות, ללמד שהדלקת נר בשבת ויו"ט מצוה, מכאן נהגו האשכנזים לברך על הדלקת נר ביו"ט כמו בשבת. ולא מסתבר לרבותינו שבצרפת, שהרי אמרו בתלמוד (שבת כה:) שהדלקת נר בשבת חובה משום שלום ביתו, א"כ ביו"ט שיכולים להדליק אין לברך, שא"צ שלום ביתו, ולכן פסקו שאין מברכין על הדלקת נרות ביו"ט. ועוד שאפי' בשבת נחלקו ר"ת ורבינו משולם אם מברכין על הדלקת הנר, אך ביו"ט פשוט שאף לר"ת אין מברכין על הנר של יו"ט, עכ"ל.

בשו"ת פעולת צדיק ח"ג סי' ע"ר כתב דמנהג תימן שלא מברכין על הדלקת נרות ביו"ט, משום שהרמב"ם לא הזכיר אלא נר שבת, ולא של יו"ט, ואע"פ שהגמ"י מביא הירושלמי, מ"מ נראה שהרמב"ם סובר שהבבלי פליג על הירושלמי, ובתימן קבלו עליהן הוראת הרמב"ם עיי"ש. ויש להעיר דהרמב"ם בפירוש המשניות בפ' במה מדליקין, בפ"י למשנה ג', מזכיר בפירוש חיוב הדלקת נר שבת ויו"ט. וע"ע בס' עריכת השלחן ח"ב ס' קע"ח שמבאר הענין בארוכה.

2. שו"ע סי' רס"ג ס"ב.

3. שו"ע הרב ס' רס"ט ס"ט וקונטרס אחרון ס"ק ח, ומסתימת הפוסקים נראה שאין בני הבית צריכים לשמוע הברכות. וע' בשו"ת ציץ אליעזר חי"א סי' כ"א דמבאר טעמא דמילתא.

33: THE LAWS OF CANDLE LIGHTING

as those for Shabbos, which have been set forth at length in *The Radiance of Shabbos*, Chapters 1-5. Here, we will discuss only the differences between Yom Tov and Shabbos law, and some of the practical issues that arise regularly.

I. The Number of Candles One Lights

The obligation to light candles is fulfilled with the kindling of a single candle.[4] However, the general custom is to light at least two candles.[5] Some have the custom of lighting an additional candle for each child.[6] One should not diminish the number of candles she is accustomed to lighting.[7] However, if a woman goes away for Yom Tov, she does not have to light her customary number of candles, but may conform to the general custom of lighting only two.[8]

With respect to Shabbos, the rule is that someone who forgot to light candles one week is penalized by being required to light an additional candle each week from then on. One is not required to follow this practice with regard to Yom Tov.[9]

II. The *Berachah*

The *berachah* (blessing) recited over the lighting of the Yom Tov candles is:

בָּרוּךְ אַתָּה ה׳ אֱלֹקֵינוּ מֶלֶךְ הָעוֹלָם אֲשֶׁר קִדְּשָׁנוּ בְּמִצְוֹתָיו וְצִוָּנוּ לְהַדְלִיק נֵר שֶׁל יוֹם טוֹב, *Blessed are You, Hashem, our God, King of the universe, Who has sanctified us with His commandments and*

---

4. שו״ע הרב שי׳ רס״ג סט״ו ובקו״א שם. ומ״ב שם ס״ק כ״ב.

5. פמ״ג משי״ז סי׳ תקי״ד ס״ק יב. וע׳ בקובץ מבית לוי (פסקי חודש ניסן) שכתב דיש מנהגים שונים בזה דיש שנוהגים להדליק מספר נרות כמו בשבת, ויש שנוהגים למעט במספר הנרות.

6. ליקוטי מהרי״ח בסדר התנהגות בע״ש.

7. פמ״ג סי׳ רס״ג ס״ק ג.

8. שו״ת בית ישראל סי׳ קמ״ח, יסודי ישורון חלק ג׳ דף קלה וספר ברכת הבית הלכות הדלקת הנר ס״ק יז.

9. כך פסק הגאון ר׳ שמואל וואזנר שליט״א [בקובץ מבית לוי ניסן תשנ״ו], וע״ע בזה באז נדברו ח״ג ס״ה ובשו״ת קנין תורה ח״א סי׳ פז.

commanded us to kindle the Yom Tov light.[10]*

If a woman realizes upon completing the *berachah* that she said the wrong *berachah* (e.g. she said the Shabbos *berachah* instead of the Yom Tov *berachah*), she may correct the mistake by merely adding the words לְהַדְלִיק נֵר שֶׁל יוֹם טוֹב. However, this correction may be done *only* within a very brief period (approximately two seconds) after the completion of the incorrect *berachah*.[11] This period is referred to in *halachah* as תּוֹךְ כְּדֵי דִבּוּר.[12] It is the time needed to say the phrase שָׁלוֹם עָלֶיךָ רַבִּי וּמוֹרִי. If a period longer than this time span has elapsed, one needs to say the correct *berachah*.[13]

When Yom Tov occurs on Shabbos, the *berachah* one says is: בָּרוּךְ אַתָּה ה׳ אֱלֹקֵינוּ מֶלֶךְ הָעוֹלָם אֲשֶׁר קִדְּשָׁנוּ בְּמִצְוֹתָיו וְצִוָּנוּ לְהַדְלִיק נֵר שֶׁל שַׁבָּת וְשֶׁל יוֹם טוֹב (*Blessed are You . . . Who . . . commanded us to kindle the Shabbos and Yom Tov light*).[14]

If a woman said only לְהַדְלִיק נֵר שֶׁל שַׁבָּת and omitted וְשֶׁל יוֹם טוֹב, or vice versa, and did not correct herself within the span of תּוֹךְ כְּדֵי דִיבּוּר, she has nevertheless fulfilled the obligation and

*Note: This applies to all holidays except Yom Kippur. When kindling the Yom Kippur lights, one says: בָּרוּךְ אַתָּה ה׳ אֱלֹקֵינוּ מֶלֶךְ הָעוֹלָם אֲשֶׁר קִדְּשָׁנוּ בְּמִצְוֹתָיו וְצִוָּנוּ לְהַדְלִיק נֵר שֶׁל יוֹם הַכִּפּוּרִים, *Blessed are You, Hashem, our God, King of the universe, Who has sanctified us with His commandments and commanded us to kindle the Yom Kippur light.*

---

10. ש״ע סי׳ תקי״ד ס״א.

11. כמו בכל ברכה שיכולים לתקן בתוך כדי דיבור, כמ״ש במ״ב סי׳ רס״ז ס״ק ט ובעוד דוכתי. וחישוב התוך כדי דיבור מתחיל מגמר אמירתו כמ״ש הבאור הלכה סי׳ רס״ח ד״ה ושלא, ובמ״ב ס׳ תפ״ז ס״ק ד, ובסי׳ תקפ״ב ס״ק ז׳, וע׳ באור הלכה סי׳ נ״ט ד״ה ונזכר.

12. ע׳ מ״ב סי׳ קכ״ד ס״ק לד שכתב וז״ל: ושיעור תוך כדי דיבו הוא מחלוקת הפוסקים י״א שלשה תיבות וי״א ארבע תיבות. אמנם ע׳ מ״ב סי׳ ר״ו ס״ק יב ובשעה״צ שם ס״ק י, ומ״ב סי׳ תפ״ז ס״ק ד ובשעה״צ שם ס״ק ג, ומ״ב סי׳ תקפ״ב ס״ק ז. ובכל אלו המקומות מסיק המ״ב דהעיקר כהי״א דהשיעור הוא ג׳ תיבות וק״ק אמ״ב בס׳ קכ״ד שהביא ב׳ שיטות ולא הכריע.

13. תשובת הגאב״ד דעברעצין זצ״ל הובא בפסקי הלכות יו״ט אות נ.

14. מ״ב סי׳ רס״ג ס״ק כד.

need not repeat the *berachah*.[15]

III. The שֶׁהֶחֱיָנוּ *Berachah*

When lighting the candles on Yom Tov, it is customary for women to recite the שֶׁהֶחֱיָנוּ *berachah* in addition to the *berachah* over the lighting.[16] This is done on both nights of every Yom Tov, except the seventh and eighth nights of Pesach.[17]

Although a woman recites the שֶׁהֶחֱיָנוּ *berachah* while lighting candles, she answers *amen* upon hearing her husband recite the שֶׁהֶחֱיָנוּ *berachah* during *Kiddush*; the *amen* is not considered an interruption.[18]

There are several instances in which special rules apply to the recitation of the שֶׁהֶחֱיָנוּ *berachah*, as we shall now see.

---

15. שו״ת מהר״ם בריסק חלק ב סימן מ״ד, ותשובת הגאב״ד דעברעצין זצ״ל הובא שם אות נא. וע״ע בזה בשו״ת התעוררות תשובה ח״א סי׳ ק״ב.

16. הנה באו״ז ח״ב סימן י״א כתב שאין מברכים על הזמן בשעת הדלקת נרות ביו״ט, וכ״כ בלקט יושר הלכות שבת עמוד מט, וכ״כ השאילות יעב״ץ ח״א סי׳ ק״ז הובא במ״ב סי׳ רס״ג ס״ק כג דמה שנוהגים לברך זמן בשעת הדלקת נרות אין לזה יסוד, מיהו אין למחות בידם, ע״ש. ובספר פתח הדביר ח״ג סי׳ רס״ג ס״ק ז וביפה ללב ח״ג דף קיג ובחסד לאלפים סי׳ רס״ג סעיף ה כתבו דאין לברך. ובמועדים וזמנים ח״ז סי׳ קיז מביא שכן נהג בזה מרן הגרי״ז מבריסק זצ״ל שלא לברך. אכן כבר נתפשט המנהג שנשים מברכות שהחיינו, כמ״ש המטה אפרים סי׳ תקפ״א ס״ד, סי׳ תקצ״ט ס״ט וסי׳ תרי״ט ס״ד. ובאלף למטה ס״ק ד הביא שאשתו של הגאון היעב״ץ זצ״ל היתה נוהגת לברך שהחיינו. ובא״ר סי׳ ת״ר ג״כ כתב שנשים נוהגות לברך שהחיינו בשעת הדלקה, וכ״כ בערוך השלחן סי׳ רס״ג סעיף יב, בשו״ת התעוררות תשובה בהגהות לאו״ח ח״ג סי׳ רס״ג ובשו״ת אגרות משה או״ח ח״ד סי׳ קא אות א. וע׳ בשו״ת ציץ אליעזר חי״ד סי׳ נג.

וע׳ בשו״ת פרי השדה ח״ג סי׳ קנט, בטהרת המים מערכת ז אות יז ובהגדה של פסח מועדים וזמנים בדיני הדלקת נרות ס״ד שכתבו שגם אלו הנוהגות לברך לפני ההדלקה מ״מ ברכת שהחיינו יברכו לאחר הדלקה, דכיון שעל פי ההלכה אין יסוד לברכת שהחיינו דוקא בעת הדלקת נרות אלא בקידוש, יש חשש הפסק בין ברכה לעשיה.

17. ש״ע סי׳ ת״צ ס״ז ומ״ב שם לגבי קידוש, וה״ה לגבי הדלקת נרות.

18. שו״ת אג״מ או״ח ח״ד סי׳ קא אות א, וכן פסק הגאון רש״ז אויערבאך זצ״ל הובא בספר הזכרון מבקשי תורה. אמנם ע׳ במועדים וזמנים ח״ז סי׳ קיז שכתב שנשים שכבר ברכו שהחיינו בשעת הדלקת נרות, אין להם לענות אמן על ברכת שהחיינו של בעליהן בשעת קידוש, דלדידהו הו״ל הפסק בין בפה״ג לשתיה.

A. The שֶׁהֶחֱיָנוּ *Berachah* on Rosh Hashanah

Reciting the שֶׁהֶחֱיָנוּ *berachah* on the second night of Rosh Hashanah presents a problem. According to Biblical law, all Yom Tov observances are for one day only (excluding *Chol HaMoed*), not two. However, Jews throughout the Diaspora celebrate Yom Tov for two days. This custom dates back to ancient times when Rosh Chodesh was determined each month by the *Sanhedrin* in Eretz Yisrael. Many Jews in lands distant from Eretz Yisrael were unable to learn on which day the new month had begun until after Yom Tov started. Because of this doubt, they observed two days of Yom Tov. Although after the Jewish calendar was fixed by Hillel II (in the year 4119 — 359 C.E.) this doubt no longer existed, the *Gemara* rules that the practice of observing Yom Tov for two days outside of Eretz Yisrael should be preserved.

Since observance of the two days began due to uncertainty as to which was the Biblical day of Yom Tov, each of the two days is treated as a separate period of holiness. Consequently, the שֶׁהֶחֱיָנוּ *berachah*, which marks the onset of a new period of holiness, is said on each of the two days. However, for reasons too complicated to discuss here, the Yom Tov of Rosh Hashanah is different, in that its two days are considered one long period of holiness. [Thus, even those residing in Eretz Yisrael observe two days of Rosh Hashanah.] Because of this difference, there exists a question whether the שֶׁהֶחֱיָנוּ *berachah* should be recited when candles are lit on the second night. Therefore, to avoid the problem, a woman who lights candles should wear a new garment or place a new fruit near the candles when she lights. When she recites שֶׁהֶחֱיָנוּ over her candles, she should have in mind that the *berachah* should also apply to the new garment or fruit, which require a שֶׁהֶחֱיָנוּ *berachah*. Thus, even if the Yom Tov does not require a שֶׁהֶחֱיָנוּ *berachah*, the *berachah* will not have been recited in vain. However, if a woman has neither a new garment nor a new fruit, she should nevertheless recite the שֶׁהֶחֱיָנוּ

berachah.[19]

B. A Man Who Lights Candles

A man who lights candles on any Yom Tov should not recite the שֶׁהֶחֱיָנוּ *berachah* at candle lighting, but rather, should have in mind that the שֶׁהֶחֱיָנוּ he recites during *Kiddush* applies also to the candle lighting. Therefore, it is preferable that he light the candles just prior to reciting *Kiddush*, so that he can recite the שֶׁהֶחֱיָנוּ soon after the lighting.[20] If he inadvertently said the שֶׁהֶחֱיָנוּ at candle lighting, he should not repeat it at *Kiddush*.[21]

C. A Woman Who Recites *Kiddush*

If a woman must recite her own *Kiddush* on Yom Tov, it is preferable that she wait and say the שֶׁהֶחֱיָנוּ *berachah* at *Kiddush* rather than at candle lighting. In this instance, she too should light candles immediately prior to reciting *Kiddush*.[22]

IV. Accepting the Sanctity of Yom Tov

Once a woman recites the *berachos* at the candle lighting, she has accepted the sanctity of Yom Tov and may not do any activity that is forbidden on Yom Tov — even if it is not yet dusk.[23] Although a woman who lights Shabbos candles may stipulate when lighting them that she is not accepting Shabbos, this is not the case with regard to Yom Tov. To be sure, the stipulation would be effective with regard to the *berachah* over the lighting (לְהַדְלִיק נֵר שֶׁל יוֹם טוֹב). However, once she says the

---

19. ש״ע סי׳ ת״ר ס״ב ומ״ב שם ס״ק ד, ואלף למטה סי׳ תקפ״א ס״ק לג.

20. מטה אפרים סי׳ תקצ״ט ס״ט, שו״ת יגל יעקב סי׳ לט, ומשיב הלכה ח״ב סי׳ א.

21. מטה אפרים סי׳ תרי״ט סי״ב וכף החיים סי׳ תקי״ב אות קיב. וע׳ במקראי קודש־פסח ח״ב סי׳ כח שהעיר למה אין יכולים לברך שהחיינו פעמיים, פעם אחת על מצות הדלקת נרות ועוד פעם בקידוש על קדושת היום.

22. עי׳ ציון 20.

23. כף החיים סי׳ תקי״ד ס״ק קיד. וע׳ בבאור הלכה סי׳ תקכ״ז ד״ה ספק חשיכה, שמסופק אם מקבלת האשה על עצמה את קדושת היום בהדלקת ביו״ט בלי ברכת שהחיינו, וכמו בשבת, או אולי דינו כאיש המדליק שאינו מקבל שבת בהדלקתו. וע׳ בחדושי חת״ס שבת כד, ובשו״ת ובחרת בחיים סי׳ פג כתב שלכו״ע אין בהדלקתה משום קבלת יו״ט.

שֶׁהֶחֱיָנוּ *berachah*, she acknowledges the arrival of Yom Tov. From that point onward, it is Yom Tov for her and no stipulation can alter that fact.[24] [Therefore, if a woman wishes to daven *Minchah*, she should do so before lighting the candles, since Yom Tov begins for her with the *berachos* she recites at the lighting.[25]]

V. The Lighting Procedure

When lighting the Shabbos candles, the procedure is to first light the candles and then recite the *berachah*. The reason is that by reciting the *berachah* over the candles a woman accepts the sanctity of Shabbos upon herself and may not kindle a light afterwards. On Yom Tov, however, when one is permitted to light candles (see Chapter 12), most people have the custom to recite the *berachah* before lighting the candles. This is actually preferable, since it brings candle lighting in line with all other mitzvos, whose *berachos* are recited before their performance.[26] When the *berachah* is said before lighting, there is no need to cover the eyes while reciting the *berachah*.

Since it is forbidden to strike a match on Yom Tov (see p. 94), one must prepare a lit match or candle before reciting the *berachah*, and after reciting it use that prepared source to kindle

---

24. שו״ת פרי יצחק ח״ב סי׳ ט, וטעמו משום דבתפלה וברכת הזמן לא מהני תנאי כמבואר בעירובין דף מ:. וע״ע בזה באורחות חיים [ספינקא] סי׳ רס״ג סק״ו בשם מאורי אור, ובס׳ זכרון אברהם או״ח סי׳ רס״ג אות עח בשם הגאון מערלוי זצ״ל.

25. מ״ב סי׳ רס״ג ס״ק מג.

26. בהקדמת פרישה ודרישה לטור יו״ד ח״ב בשם אמו. וכן הסכימו הדגול מרבבה והגהות הגרע״א בסי׳ רס״ג סעיף ה, החיד״א במחזיק ברכה סי׳ רס״ג ס״ק כז, החיי אדם הל׳ שבת כלל ה סעיף יא, הא״א מבוטשאטש סי׳ רס״ג סעיף ה, הבן איש חי שנה ב פרשת נח אות י, הערוך השלחן סי׳ רס״ג סי״ג, הכף החיים סי׳ רס״ג ס״ק מג, בשו״ת מהר״ם שיק או״ח סי׳ קי״ט ובמ״ב סי׳ רס״ג ס״ק כז ובבה״ל ס״ה ד״ה אחר.

אבל יש פוסקים שסוברים שגם ביו״ט מדליקין הנרות ואח״כ מברכין, כדי שלא לשנות בברכה לברך פעמים קודם ההדלקה ופעמים לאחר ההדלקה, דאין חכמה לאשה להבחין. עי׳ מג״א סי׳ רס״ג סעיף יב, שו״ע הרב סעיף ח וקצור שו״ע סי׳ ע״ה סעיף ד.

ובמטה אפרים סי׳ תרכ״ה סעיף לג כתב שאלו המדליקות נרות יו״ט בלילה, ולא כשבת שמדליקין קודם לילה, בודאי יש להן לברך קודם ההדלקה.

the Yom Tov lights. After the kindling, one should not extinguish the match, since extinguishing is forbidden except for the purpose of food preparation (see Chapter 13). Rather, one should put the match down in a safe area and let it burn out by itself.

On the second night of Yom Tov (or on the first night, if one lights after dusk), when it is forbidden to strike a match, one must take a flame from an existing source (e.g. light a match from a gas burner) and use it to light the candles. [See below, Sec. IX, for further discussion of the lighting procedure.]

VI. When to Light the Candles

A. When Yom Tov Falls on a Weekday

When the first night of Yom Tov, or the first night of the last days of Yom Tov, falls on a weekday, some women light the candles at the same time that they would on Erev Shabbos.[27]

---

27. בהקדמת הגאון ר׳ יוסף בנו של הדרישה לטור יו״ד, הביא בשם אמו שעוררה על טעויות שעושות הנשים בהדלקת נרות ביום טוב, וז״ל: הטעות השני, מה שנוהגות הנשים להדליק נרותיהן של יו״ט אחר ... יציאתם מבית הכנסת לביתם קודם אכילה. וזה אינו נכון ... ויותר טוב מדינא להדליק הנרות קודם ערבית, ולקבל היו״ט בהדלקתן, הכל כמו שעושין לכבוד שבת, שיהא הכל מוכן מיד בבואו מבית הכנסת, השלחן ערוך והנר דולק וכו׳ (עי׳ שבת קט). גם כל מלאכה שמותר לעשות ביו״ט, אם יכול לעשות אותה מלאכה מערב יו״ט, אסור לעשותו לכתחילה ביו״ט ... שמעתי ממנה שצוותה לזוגתי הגבירה ... להדליק נרותיה ביו״ט ככל הנ״ל ... וחפשתי אח״ז בפוסקים ונלע״ד שהדין דין עמה ... ואמרתי להעלות על הספר בשמה, ותשואות חן חן לה, עכ״ל.

וכעי״ז כתב במטה אפרים ס׳ תקצ״ט סעיף י ובסי׳ תרכ״ה סעיף לג וז״ל: יש להנהיג לנשים שידליקו טרם צאתם מביתן לבית הכנסת, כמו בערב שבת ע״כ. ובבאר היטב סו״ס תק״ג ב׳ בזה״ל: וכתב אליהו זוטא שיש לנשים לברך קודם הליכתן לביהכנ״ס. וכ״כ בשל״ה, שהוא יותר מצוה ממה שנוהגים להדליק בבואם לביתם שהם יושבי חשך, עכ״ל, וכן פסק בשו״ת פרי יצחק ח״א ס״ו. ובספר ארחות רבינו ח״ב דיני יום טוב ס״א כתב דבבית החזון איש היו מדליקין נרות בעיו״ט מבעוד יום. עי״ש, וכן נהגו בבית הגרש״ז אויערבאך זצ״ל.

והנה לכאורה יש עוד טעם להדליק נרות עיו״ט מבעוד יום, דעי׳ שש״כ פכ״ח הערה קפח שהביא מהגרש״ז אויערבך זצ״ל דביו״ט שחל להיות בע״ש והחשמל כבר דלוק באמצעות שעון והבית מלא אורה, איך מדליקין נרות, הרי לא שייך הטעם של הואיל כיון דלגמרי לא שכיח שיתקלקל החשמל באותו הזמן המועט לפני השבת ולכן טוב להדליק הנרות לפני שנדלק החשמל, עי״ש.

ולכאורה הטעם הנ״ל שייך בעיו״ט ג״כ, דאין להדליק אחר כניסת יו״ט דהרי הבית מלא אורה ולא שייך טעמא דהואיל.

Others wait until nightfall, when the men return from shul.[28]

On the second night of Yom Tov, however, everyone must wait until nightfall to light candles. As we have explained elsewhere (see Chapter Four), it is prohibited to do *melachah* on the first day of Yom Tov (or during the twilight period between the first and second days) for the sake of the second day. Lighting the candles before nightfall would be a violation of this rule, since the benefit is derived from the candles only after nightfall.[29]

והנה לכאורה הטעם שהזכיר השל״ה ״שהם יושבי חושך״ אפשר שלא שייך בזמנינו כיון שהחשמל בוער.

אמנם הטעם שהזכיר בהקדמת הדרישה דכל מלאכה שמותר לעשות בעיו״ט אסור לעשותו לכתחילה ביו״ט הוא לכאורה הערה נכונה, דהא לכאורה כן מבואר ברמ״א ריש סימן תצ״ה שאפי׳ במלאכת אוכל נפש כל שאינו מפיג טעם לכתחילה צריך לעשותו בערב יו״ט, וא״כ בנרות מאחר שאפשר להדליקן בעיו״ט צריך להיות אסור להדליקן ביו״ט.

ועיין באלף למטה ס׳ תרכ״ה ס״ק נא שכתב לתרץ הערה זו, וז״ל: אך באמת זה אינו דלענין הדלקה ודאי שהוא מותר להדליק ביו״ט בזמן שהוא צריך אליו אע״פ שהיה יכול להדליק קודם, וכמבואר בסי׳ תקי״ד, דדווקא נר של בטלה אסור, אבל אם אחר שבירך רוצה להוסיף עליהם שרי ולא אמרינן שהיה יכול לעשות בערב יום טוב וטעמא משום דהעברה מותרת משום דכתיב ביום השבת אבל ביום טוב שרי, ולא שייך מכשירי אוכל נפש כלל, ע׳ סימן תקי״ח, ולהר״ן הבערה כאוכל נפש עצמו משום שנהנה גופו, וקצרתי, עכ״ל. ולא הבנתי דבריו דאפי׳ אם נאמר דהבערה הוא בכלל מלאכת אוכל נפש הא באוכל נפש גופא סובר הרמ״א דאם אפשר לעשותו בעיו״ט צריך לעשותה בעיו״ט, וצ״ע.

28. חידושי חתם סופר שבת כג: ומביא ראיה לזה מדתנן אין מדליקין בשמן שריפה ביו״ט, ואי ס״ד דזמן הדלקת נרות יו״ט הוא מבעוד יום כמו בשבת א״כ לא שייך למיתני בסתמא אין מדליקין ביו״ט דהא מותר להבעיר קדשים בע״ש על מנת שיהיו מתבערין מאליהן בשבת, אלא על כרחך דזמן הדלקה אחר קבלת יו״ט, עי״ש. ובמטה אפרים ס׳ תרכ״ה סעיף לג כתב שכבר נהגו נשים רבות שלא להדליק נרות של יו״ט עד אחר ביאתן מבית הכנסת לביתם, ועי״ש באלף למטה ס״ק נא שכתב טעם בזה, וכ״כ בשו״ת מנחת שמואל סי׳ ל ובהגהות הגרי״ש נתנזון סי׳ רס״ג.

29. פרישה ודרישה הנ״ל. וטעמא, משום דאסור להכין מיו״ט ראשון ליו״ט שני. והא״ר בסי׳ תפ״ח ס״ק ז כתב בשם השל״ה שאף ביו״ט אני מתיר להדליק סמוך לחשיכה משום דהוא יותר מצוה, ממה שנוהגין להדליק בבואם לביתם והמה יושבים בחושך, ולא כמ״ש בהקדמת הפרישה, וכ״כ המ״ב בסי׳ תקי״ד ס״ק לג. אכן נראה דבזמנינו דיש לנו את אור החשמל ובלא״ה אינם יושבים בחושך, א״כ אין שום צורך בהנרות בעו״י, כו״ע מודים דידליק בלילה, והסכים לי בזה הגאון ר׳ ח.פ. שיינבערג שליט״א.

וע׳ במ״ב סי׳ רצ״ט ס״ק מ בשם הא״ר וז״ל: ולהביא יין ביו״ט שני אחר שחשכה אף

B. When Shabbos Precedes Yom Tov

When Shabbos precedes Yom Tov, it is obviously prohibited to light the Yom Tov candles until after nightfall, when Shabbos has ended.

Furthermore, even after the proper time has arrived, i.e. after nightfall, the Yom Tov candles may not be lit, nor may any

---

שלא התפלל עדיין וגם לא קידש אפ״ה שרי, דהא אין בזה משום מלאכה רק משום הכנה מיו״ט לחבירו, וכיון שנתקדש היום שרי, עכ״ל. ולכאורה משמע מדבריו שלעשות מלאכה גמורה בליל יום טוב קודם שהתפלל מעריב וקודם שעשה קידוש אסור, ורק להביא יין שאיסורו אינו אלא משום הכנה מותר. וא״כ יקשה על מנהג נשותינו שנוהגות לבשל ולהבעיר, בליל יום טוב ב׳ קודם קידוש, דהא משמע מהא״ר שמלאכה גמורה אינה מותרת אלא לאחר קידוש או תפילת מעריב. וע״ז השיב הגאון רש״ז אויערבאך זצ״ל, הובא בספר הזכרון מבקשי תורה דף לח, וז״ל: חושבני דכוונת המ״ב לומר דהכנה זו קיל טפי, ומיד כשחשכה כלומר שנתקדש מספק דהיינו כשהתחיל ביה״ש, אע״ג דאיכא נמי ספק של היום שעבר ולאפות ולבשל אסור, מ״מ הכנה כזו מותרת, עכ״ל. ובהגה שם ביאר דבריו דר״ל דרק ביו״ט שחל להיות במוצ״ש אסור במלאכה קודם הבדלה, כמבואר במ״ב סי׳ רצ״ט ס״ק לו, משא״כ בליל יו״ט שני לאחר צאת הכוכבים בודאי מותר לעשות מלאכה לצורך החג גם קודם מעריב או קידוש, ורק בביהש״מ אסור במלאכה לצורך יום השני אבל להביא יין מותר, עכ״ל.

ולכאורה דברי הגרש״ז זצ״ל צריכין להבין דפירוש את דברי המ״ב דאיירי בעשיית מלאכה בדין השמשות דהא המ״ב כתב וז״ל: שאחר שחשכה מותר לו להביא יין, בפשטות הלא אחר חשיכה איירי בזמן שאחר בין השמשות. ובאמת הא״ר לא איירי כלל מלהביא יין אחר שחשיכה דהתיבות אחר חשיכה היא הוספה מהמ״ב דז״ל הא״ר בסי׳ רצ״ט סכ״ג וז״ל: ולהביא יין מיו״ט לחבירו כיון שאמרו הקהל ברכו מתיר פיסקי תוס׳ כיון שאין אסור אלא משום הכנה ואף שלא התפלל וגם אז ודאי לא אמר בא״י המבדיל, עכ״ל. היינו דהאליהו רבה מיירי להביא יין אחר שהקהל אמרו ברכו, והיינו קודם שחשיכה כגון שהתפללו מעריב מבעוד יום, מ״מ כיון שאמרו ברכו מותר להביא יין ליו״ט שני כיון שאין זה מלאכה גמורה, אמנם מלאכה גמורה אסורה מן התורה שהרי עדיין יום ראשון הוא. עכ״פ דברי הגרש״ז צ״ע.

ולכאורה מצינו מפורש במטה אפרים סי׳ תקצט ס״ב דלא כהמ״ב בשם הא״ר וז״ל: יש לאחר קצת בהתחלת ערבית לפי שצריכים להבעיר אש, הבערה לצורך בישול, ועיניהם נשואות אל התחלת תפלת ערבית בבית הכנסת וכו׳, עד שיצא מכל ספק וידע שהוא ודאי לילה, עכ״ל. הרי מבואר מדבריו דאחר התחלת ערבית כבר מותר לעשות מלאכה אף שעדין לא קידש, ודלא כהא״ר.

ועיין בספר יוסף אומץ ס׳ תתכ״ה־ו וז״ל: אין להדיח הקערות ביום טוב ראשון לצורך הלילה ואין להביא יין לצורך הלילה ולהציע המטות, ולכן אין מתפללין ערבית בליל יו״ט עד הלילה שהמשרתות נוהגות להבעיר אש ולבשל תיכף אחרי שיאמר החזן ברכו, עכ״ל. הרי מבואר להדיא דבלילה מותר לעשות מלאכה אפי׳ קודם תפלה או קידוש.

melachah be done for Yom Tov until one either *davens Maariv* (with וְתוֹדִיעֵנוּ[30]) or says בָּרוּךְ הַמַּבְדִּיל בֵּין קֹדֶשׁ לְקֹדֶשׁ.[31]

C. When the First Day of Yom Tov Is Shabbos

When the first day of Yom Tov occurs on Shabbos, one must light the Shabbos/Yom Tov candles at the time when the Shabbos candles are normally lit.

The following night, on Motzaei Shabbos, one may not light the Yom Tov candles until Shabbos is over.[32]

D. When the Second Day of Yom Tov Is Shabbos

When the first day of Yom Tov occurs on Friday, so that the second day is Shabbos, one must light the Shabbos/Yom Tov candles at the time when Shabbos candles are normally lit.

VII. Preparing the Candles on Yom Tov

If there is old melted wax in the candleholders, it may be removed with a knife on Yom Tov to facilitate placing new candles in the holders.[33]

One may cut the bottom of a candle on Yom Tov to make it fit in the candlestick. It is preferable that one do this by hand, but if that is impossible, one may cut it with a knife.[34]

When inserting a candle into the candlestick, one may not melt the bottom of the candle with a flame to help it stay in place in the candlestick (see p. 201).[35]

---

30. מטה אפרים סי׳ תקצ״ט ס״י.
31. שו״ע סי׳ רצ״ט ס״י ומ״ב שם ס״ק לו.
32. וע׳ שש״כ פכ״ח הערה קפח, וז״ל: ושמעתי מהגרש״ז אויערבך זצ״ל דצ״ע ביו״ט שחל בע״ש והחשמל כבר דלוק באמצעות שעון השבת והבית מלא אורה, איך מדליקין נרות, הרי לא שייך הטעם של הואיל, כיון דלגמרי לא שכיח שיתקלקל החשמל באותו הזמן המועט שלפני השבת, ולכן אפשר שטוב להדר ולהדליק הנרות לפני שנדלק החשמל, וצ״ע בזה, עכ״ל. וע״ע בציון 27.
33. חיי אדם כלל צד הלכה ב.
34. שו״ת באר משה ח״ח סי׳ קל.
35. פשוט דאסור משום ממרח.

VIII. Benefiting From the Lights

The Yom Tov lights are intended to provide benefit. Therefore, one must light them in a place where they will provide illumination, such as the dining table. On Yom Tov, it is permissible to read by the candles, or to light another candle or a gas flame with them. It is also permissible to carry them to another area where illumination is needed.[36]

When carrying a lit candle outdoors, one should be careful not to cause it to be extinguished by walking quickly or by exposing it to the wind.

IX. The Type of Light

All of the commonly available candles may be used, provided that they burn nicely. Likewise, clear-burning oil may be used.

◆§ Electric Lights

There is a dispute among the authorities as to whether one can fulfill his obligation of lighting candles with electric lights. Some authorities are of the opinion that one may indeed fulfill the mitzvah with electric lights and may even recite the customary *berachah* over them. However, HaGaon R' Moshe Feinstein *zt''l* dissents and rules that one cannot initially rely upon electric lights for the fulfillment of the mitzvah. He concedes that in circumstances where no other choice exists (see below) one should use them, but rules that in those cases one should not recite the *berachah*.[37]

---

36. וע׳ בספר הזכרון מבקשי תורה דף רכט שכתב בשם הגרי״ש אלישיב שליט״א דאין להכניס לבית הכסא נרות שהודלקו בהדלקת נרות דיו״ט.

37. כן שמעתי ממרן הגר״מ פיינשטיין זצ״ל, וכן פסקו בשו״ת פקודת אליעזר סי׳ כב, בשו״ת מהרש״ג ח״ב סי׳ קז, בשו״ת דבר הלכה (קלצקין) סי׳ לו, ובשו״ת לבושי מרדכי מהדו״ג או״ח סי׳ נט. ונזכיר כאן את שני הטעמים העקריים שהעלו בדבריהם: 1) משום דבנר חשמל אינו חשוב ״מדליק״, והרי מברכים על הנר ״להדליק״, 2) לפי שנר שבת צריך פתילה ובנר חשמל אין פתילה. אמנם כמה אחרונים סוברים שיוצאים י״ח בהדלקת חשמל, והם: בשו״ת בית יצחק חלק א סי׳ קכ וח״ב סי׳ לא, שו״ת מחזה אברהם סי׳ מא, הגאון ר׳ יוסף אליהו הענקין זצ״ל בעדות לישראל דף 122. ויש מחלקים בין נורת

Nowadays, most homes are brightly illuminated during the Yom Tov meal by electric lights. A number of contemporary authorities have raised the question of whether one can fulfill the mitzvah of lighting candles in such a room since they add little, if any, appreciable light. These authorities therefore suggest that before lighting the candles, one should light the electric lights for the sake of Yom Tov and recite the *berachah* over them as well as over the candles.

In accordance with this view, the procedure for lighting candles the first night of Yom Tov should be as follows: One should turn off the electric lights in the room where the Yom Tov candles will be lit and turn them back on for the sake of Yom Tov. One should then strike a match, recite the *berachos* and light the Yom Tov candles. Thus, the *berachos* will apply to both the electric lights and the candles.[38]

On the second night of Yom Tov, when the electric light may not be turned on or off, one should merely light the Yom Tov candles.

X. Some Practical Applications

A. Eating Out

If a couple is invited out for the Yom Tov night meal, but plan to return home to sleep, it is best that the candles be lit in their own home.[39] However, one must derive some benefit from

---

חשמל רגילה שהאור נאחז בחוטי מתכת, דמהני בזה, לבין נורת "ניאון" דלא מהני. וע׳ בזה בספר חשמל בהלכה ס״ג פרק ו.

38. כן שמעתי ממרן הגר״מ פיינשטיין זצ״ל. וע״ע בזה בשו״ת אג״מ או״ח ח״ה סי׳ כ ס״ק ל. ובספר פני שבת הביא תשובה מהאדמו״ר מקלויזענבורג זצ״ל דהגם שהיום יש אלעקטרי, מ״מ יש בהדלקת הנרות גופא משום כבוד שבת, כמו שמדליקין נרות בשביל אדם חשוב, עי״ש.

39. כן שמעתי ממרן הגר״מ פיינשטיין זצ״ל. וטעמו דכיון דישנים שם, חייבים להדליק כדי שלא יכשלו. אבל במקום שאוכלים הרי הבעה״ב מדליק שם, ואם הם ג״כ מדליקים אינם מברכין אלא מדין תוספת אורה. ולכן עדיף להם להדליק בביתם במקום שישנים, והוי קיום עיקר הדין משום שלום בית שלא יכשל. וכ״כ בחובת הדר דף צד, ובשו״ת משנה הלכות חלק ה סי׳ מא.

these candles to avoid having made the *berachah* in vain. Therefore, one should either delay leaving home until after deriving some benefit from the candlelight (e.g. *davening* next to the candles),[40] or use candles that will burn long enough to provide light when one returns home after the meal.

If for some reason one cannot light candles at home, one may light in the host's home.[41]

B. Yom Tov in a Hotel

When a family spends Yom Tov in a hotel, it is preferable that the candles be lit at their table in the dining room. If this is not possible, the woman should light the candles in her room and derive some benefit from their light (see above). If lighting in the private room is not feasible, she should light the candles anywhere in the dining room where they will provide some additional illumination for the diners. Regrettably, hotels often request that the candles be lit on a table too distant to provide illumination to any of the diners, or somewhere other than the main dining room. This practice is not in accordance with the *halachah* (since these candles do not illuminate the Yom Tov table or any other darkened area), and any blessing made there is, unfortunately, in vain.[42]

If the only place in which the hotel management allows candle lighting is in such a designated area, there are two solutions:

a) One can light the candles there and derive some benefit by reading by the candles or eating something there.

b) If it is not possible to benefit from the candles in the designated area, it is best that one not light candles at all, but

---

40. כן שמעתי ממרן הגר"מ פיינשטיין זצ"ל, וכן הוא בשו"ת משנה הלכות שם. וע' בשש"כ פ' מה הלכה ח וז"ל: או שישאר אחד מהם בבית עד סמוך כדי ליהנות מאור הנרות ורק אז ילך לבית ההורים, עכ"ל. ומה שכתב עד סמוך ללילה נראה דהוא לאו דווקא, דהא חזינן דאחר פלג המנחה מותר לאכול הסעודה, ומקרי שנהנין מאור הנרות.

41. כן שמעתי ממרן הגר"מ פיינשטיין זצ"ל.

42. כן שמעתי ממרן הגר"מ פיינשטיין זצ"ל, וכ"כ בשו"ת חמדת צבי ח"א סי' יט.

rather, turn on an electric light in one's room with the express intent that it be for the mitzvah of lighting candles for Yom Tov. As mentioned above, some authorities rule that one can recite the *berachah* over the lighting of an electric bulb, but HaGaon Rav Moshe Feinstein *zt"l* disagrees.

C. Yom Tov in a Hospital

If a woman spends Yom Tov in the hospital and her husband is at home, he must light the candles in the house. The woman has technically fulfilled her obligation to light through her husband's lighting at home. However, since it is customary for the woman to light candles, she may, if she wishes, light in the hospital. Since many hospitals forbid lighting candles, the woman may extinguish the electric light in her room and then turn it on again with the express intent that it be for the mitzvah of lighting candles for Yom Tov. However, since she has technically fulfilled her obligation with her husband's lighting, and moreover, HaGaon Rav Moshe Feinstein *zt"l* rules that a *berachah* can never be recited over an electric light, she should certainly not recite the *berachah* when she turns on the electric light.

If her husband is not home for Yom Tov, his lighting cannot exempt her from her own obligation. She should therefore light candles, if possible. If it is impossible, she should use electric lights, as previously explained. In this case, the issue of whether she should recite a *berachah* hinges on the previously mentioned dispute between HaGaon Rav Moshe Feinstein *zt"l* and the other authorities.[43]

---

43. ע' בכל זה בספרי הלכות כבוד ועונג שבת פ"ב.

34 / Laws Pertaining to the Yom Tov Meals, *Kiddush* and *Havdalah*

I. The Mitzvah of Rejoicing on Yom Tov

The Torah states (*Deut*. 16:14): . . . וְשָׂמַחְתָּ בְּחַגֶּךָ אַתָּה וּבִנְךָ וּבִתֶּךָ וְהַיָּתוֹם וְהָאַלְמָנָה אֲשֶׁר בִּשְׁעָרֶיךָ, *You shall be joyous during your festival, you, your son, your daughter . . . and the orphan and the widow who are in your cities.* The *Gemara* (*Pesachim* 109a) derives from this verse that when the *Beis Hamikdash* is standing, there is a mitzvah to rejoice on Yom Tov by eating meat of a sacrifice and drinking wine. Nowadays, one fulfills this mitzvah of rejoicing by eating ordinary meat and drinking wine at the Yom Tov day meal.[1] There is a dispute among the authorities whether one must eat meat of an animal or if fowl is sufficient.[2] It is also a matter of dispute whether one can drink grape juice instead of wine.[3]

There is a dispute among the authorities whether women are obligated in the mitzvah of rejoicing.[4] However, there is

---

1. רמב״ם פ״ו מהלכות יו״ט הלכה יח. והב״י בסי׳ תקכ״ט העיר דהא בגמרא פסחים קט: מבואר דבזמן הזה אין חיוב לאכול בשר וסגי ביין לקיים שמחת יו״ט, עי״ש.

2. הב״ח בסי׳ תקנ״א, מובא שם במג״א ס״ק כח, דאין שמחה אלא בבשר בהמה, וכ״כ בלקט יושר עמוד 51.

אמנם ע׳ ביד אפרים ביו״ד סימן א ס״א דכתב דשפיר יוצאין שמחת יו״ט בזמן הזה בבשר עוף, וע׳ בשו״ת שבט הלוי חלק א סי״ח שכתב דמנהג שלנו שאין מדקדקין לקיים מצות שמחת יו״ט דווקא בבשר בהמה ויוצאים בעופות או דגים. וע״ע בזה בשו״ת דברי משה ח״א סי׳ י״א.

3. ע׳ במקראי קודש לפסח סי׳ לה שכתב שיין צמוקים לא נחשב ליין המשמח, ולפ״ז ה״ה מיץ ענבים, עי״ש. וכן שמעתי ממרן הגר״מ פיינשטיין זצ״ל, וכן פסק בשו״ת באר משה ח״ז ס״ב, וכ״פ הגרי״ש אלישיב שליט״א, מובא בקובץ קול תורה חוברת מ עמוד רנח.

4. ונחלקו הפוסקים אם נשים חייבות בשמחת יו״ט או דילמא יש חיוב רק על בעלה לשמחה. ע׳ בשו״ת רע״א ח״א ס״א שתלה שאלה זו במחלוקת הרמב״ם והראב״ד בפ״א מהלכות חגיגה ה״א. וע׳ בשו״ת שאגת אריה סימן ס״ו שכתב דהעיקר לדינא דהם חייבות.

certainly an obligation on a husband to cause his wife and family to rejoice on Yom Tov. Thus, one should buy one's wife a new garment or a piece of jewelry in honor of Yom Tov. For small children, one should buy candy or something similar that gives them happiness.[5] One must also make sure that the poor have money in order that they should be able to rejoice on Yom Tov.[6]

☙ The Yom Tov Meals

One is required to eat two *seudos* (meals) on Yom Tov, one at night and one during the day.[7] A person who was unable to eat at night must eat two meals during the day.[8] Although a third meal is not compulsory, some authorities recommend that one eat some fruit or the like in the place of a third meal.[9]

As on Shabbos, one is obligated to begin each Yom Tov meal with two complete loaves (of challah, matzah or another form of bread). For a lengthy discussion of the related *halachos*, see *The Radiance of Shabbos*, Chapter 14.

II. Reciting *Kiddush*

The laws of *Kiddush* were presented in detail in *The*

---

5. ש״ע סי׳ תקכ״ט ס״ב. ולכאורה יש להסתפק האם האשה מחויבת ללבוש המלבוש ביו״ט, או דסגי בזה שהבעל קנה לה מלבוש חדש. ומלשון הש״ע שכתב והנשים קונה להם בגדים משמע דרק צריך לקנות אבל אין האשה צריכה ללובשם, וצ״ע.

6. ש״ע הנ״ל.

7. שו״ע סי׳ תקכ״ט סעיף א׳, ונחלקו הפוסקים אם נשים חייבות בסעודת יו״ט, בשו״ת הגרע״א סי׳ א׳ כ׳ דפטורות, ובפתחי תשובה סי׳ תקכ״ט סעיף ב׳ כ׳ דהן חייבות.

8. מג״א סי׳ תקכ״ט ס״ק ב׳, וני״ל דאם לא אכל בליל יו״ט יאכל ביום, שני פעמים כמ״ש סי׳ רצ״א ס״א. וכן פסק המ״ב ס״ק י״ג. אכן הגאון רבי יהונתן אייבשיץ זצ״ל בספר בינה לעתים פ״ו ביו״ט הט״ז כתב וז״ל, ועי׳ במג״א סי׳ תקכ״ט שכ׳ דאם לא אכל ביו״ט בערב דיאכל ב׳ סעודות ביום. ולא ידעתי מנין, דבשלמא שבת סמכו אקרא מנין סעודות שיהיה שלשה, ולכך אי לא אכיל בלילה יאכל ביום שלשה להשלים המנין הנרמז בקרא, משא״כ ביו״ט דלא מצינו רמז למנין הסעודות, רק מחויב לאכול ערב ובוקר, ואי עבר ערב ולא אכיל ה״ז מעוות שאינו יכולך לתקן, ומה יועיל שיאכל ביום ב׳ סעודות, כיון שלא נתנו מנין כלל לסעודות, וזה פשוט ודבריו בלתי מובנים, עכ״ל.

9. שו״ע סי׳ תקכ״ט סעיף א. ובמו״ז ח״ז סי׳ קנ״ג הביא דהחזו״א נהג לאכול סעודה שלישית ביו״ט, וכן מלוה מלכה.

Radiance of Shabbos, Chapters 8-13. Our purpose here is merely to discuss the matters that are unique to Yom Tov.

A. Yom Tov Eve

In contrast to Shabbos, when the requirement to recite *Kiddush* at night is of Biblical origin, the requirement to recite *Kiddush* on Yom Tov is a Rabbinic law.[10] Therefore, the laws governing the Yom Tov *Kiddush* are somewhat less stringent than those governing the Shabbos *Kiddush.* The following are some differences that apply:

a) Whereas the Shabbos *Kiddush* cup must hold a minimum of 4.42 fluid ounces, for Yom Tov one may rely on a less stringent opinion which considers 3.3 fluid ounces sufficient. [See *The Radiance of Shabbos,* p. 44.]

b) If one is in doubt as to whether or not he recited *Kiddush* on Yom Tov eve, he need not repeat it, even if he has not yet *davened Maariv.*[11] [See *The Radiance of Shabbos,* p. 35].

---

10. מג״א סי׳ רע״א ס״ק א בשם המ״מ, שו״ע הרב סי׳ רע״א ס״ד, חיי אדם כלל עט ס״ג, מ״ב סי׳ רע״א ס״ק ב, ערוך השלחן סי׳ רע״א סעיף ד, שו״ת יד אליהו סי׳ יח, חת״ס או״ח סי׳ קמס, ברכ״י במחזיק ברכה ס׳ רעא ותוספת שבת סי׳ רע״ג.

אמנם השטמ״ק במס׳ ביצה ד: כ׳ דהבדלה ביו״ט הוי מה״ת, וכתב הפמ״ג בא״א סי׳ רצ״ו ס״ק יא דלשיטת השיטמ״ק כ״ש דקידוש יו״ט הוא דאורייתא. וכ״כ בשו״ת מהרי״ל סי׳ לג דקידוש יו״ט הוא דאורייתא. ועיין ע׳ בהגהות אמרי ברוך או״ח סי׳ רצו שמדייק מדברי הרמב״ם בפכ״ט משבת הי״ח שכתב וז״ל: כשם שמקדשין בלילי שבת וכו׳ כך מקדשין בליל יו״ט שכולם שבתות ה׳ הן, ע״כ, דמשמע דיו״ט אקרי שבת, ונכלל בזכור את יום השבת לקדשו, והוי מדאורייתא. וכ״כ הסמ״ג להדיא במ״ע כט, וז״ל: ״זכור את יום השבת לקדשו״, מכאן שמ״ע מה״ת לקדש את יום השבת בדברים וכו׳, המועדות כולם נקראות שבתות ה׳, וצריך לזכרם בתפלה ועל הכוס כמו שבת, עב״ל. ומפרש הנצי״ב בהעמק שאלה (שאילתא נד אות כא) דכוונתם דיו״ט בכלל שבת לגבי קידוש, ונכלל בזכור את יום השבת לקדשו.

11. פשוט, דכיון דקיי״ל דקידוש יו״ט מדרבנן, הרי ספיקא דרבנן לקולא. ויש לחקור בקידוש של יו״ט אם יוצאין בתפלה, כמ״ש האחרונים בקידוש של שבת. ולכאורה נראה דאליבא דהשיטות שסוברים דקידוש יו״ט הוא רק מדרבנן, א״כ אינו יוצא בתפלה, דכיון דתקנת חז״ל היתה שיקדש על הכוס, אם לא יעשה כתקנת חז״ל אינו יוצא כלל, וכעי״ז כתב המ״ב סי׳ ק״י ס״ק ד לגבי נשים בתפלה, דאם חיוב תפלה הוא מה״ת נשים יוצאות בכל בקשה שהיא, אע״פ שתקנו חז״ל נוסח תפלה, משא״כ לשיטת הפוסקים שסוברים דתפלה מדרבנן אם לא התפללו כל נוסח התפלה כתקנת חז״ל לא יצאו יד״ח.

c) An adult may fulfill his obligation to hear *Kiddush* on Yom Tov eve by listening to the *Kiddush* of a twelve year old girl or thirteen-year-old boy whose status of physical maturity is uncertain. [See *The Radiance of Shabbos*, p. 70].

d) It is required that one eat something in the place where one makes *Kiddush* [קִדּוּשׁ בִּמְקוֹם סְעוּדָה]. On Yom Tov, one may fulfill this requirement by drinking a *revi'is* of wine or grape juice in the *Kiddush* location. [See *The Radiance of Shabbos*, p. 62.]

It is important to note, however, that when Yom Tov coincides with Shabbos, one must conduct oneself according to the laws of Shabbos and the above leniencies do not apply.

B. Errors in the *Kiddush* Recitation

On each Yom Tov night except for the last two nights of Pesach, *Kiddush* ends with the שֶׁהֶחֱיָנוּ *berachah*.[12] If one mistakenly said the שֶׁהֶחֱיָנוּ *berachah* on the last two nights of Pesach, it is not considered an interruption between the בּוֹרֵא פְּרִי הַגָּפֶן *berachah* and the drinking of the wine. Therefore, one need not repeat בּוֹרֵא פְּרִי הַגָּפֶן before drinking the wine.[13]

If one realizes immediately upon completing the Yom Tov *Kiddush berachah* that he concluded with מְקַדֵּשׁ הַשַּׁבָּת instead of מְקַדֵּשׁ יִשְׂרָאֵל וְהַזְּמַנִּים, he may correct it by merely adding the words מְקַדֵּשׁ יִשְׂרָאֵל וְהַזְּמַנִּים. However, this may be done only within two seconds after the completion of the incorrect *berachah*. If more than two seconds have elapsed, he must repeat the entire *berachah*.[14]

C. *Kiddush* When Yom Tov Occurs on Shabbos

When Yom Tov falls on Shabbos, we begin the evening *Kiddush* with וַיְכֻלּוּ just as we do every Friday night. However,

---

12. ש"ע סי' ת"צ ס"ב.

13. ע' בזה בספרנו כבוד ועונג שבת פרק כז ציון 7.

14. ש"ע סי' תפ"ז לגבי תפלה וה"ה לגבי קידוש. וכן שמעתי מהגרח"פ שיינבערג שליט"א.

in the *berachah* of אֲשֶׁר קִדְּשָׁנוּ, we mention both Shabbos and Yom Tov (i.e. אֶת יוֹם הַשַּׁבָּת הַזֶּה וְאֶת יוֹם חַג . . . הַזֶּה).

If one mistakenly recited the text of the regular Shabbos *Kiddush* instead of the Yom Tov text, he must repeat the entire *Kiddush*. This is true even if he concluded his erroneous *Kiddush* with the proper closing *berachah* of מְקַדֵּשׁ הַשַּׁבָּת וְיִשְׂרָאֵל וְהַזְּמַנִּים.

Similarly, if one said the Yom Tov text but omitted the reference to Shabbos (i.e. the words שַׁבָּתוֹת לִמְנוּחָה אֶת יוֹם הַשַּׁבָּת הַזֶּה), he must repeat the entire *Kiddush* even if he mentioned Shabbos in the concluding *berachah*.[15]

If the Yom Tov text was said properly and Shabbos was also mentioned (i.e. שַׁבָּתוֹת לִמְנוּחָה אֶת יוֹם הַשַּׁבָּת הַזֶּה), but in the concluding *berachah* either Shabbos or Yom Tov was omitted, the *Kiddush* need not be repeated.[16]

D. When Yom Tov Falls on Motzaei Shabbos

When Yom Tov falls on Motzaei Shabbos, a combination of

---

15. ערוך השלחן סי׳ תפ״ז סעיף ד בשם הגרע״א, לגבי תפלה, והה״ה לגבי קידוש. וכן שמעתי מהגרח״פ שייבערג שליט״א. ובספר ברכת הבית שער מו הלכה מג הכריע דאם חתם כראוי יצא אף שלא הזכיר שניהם באמצע הקידוש. וע״ע בזה בשו״ת בצל החכמה חלק ד סי׳ מג.

וזה פשוט דכשמקדש שנית צריך להזכיר שבת ויו״ט, כדחזינן בברהמ״ז כשר״ח חל בשבת והזכיר ר״ח אך שכח להזכיר שבת, שאם כבר התחיל הטוב והמטיב שדינו לחזור לראש ברהמ״ז, שוב צריך להזכיר בזה גם ר״ח, אע״פ שכבר הזכירו כשבירך פעם ראשונה, והה״ה לענין קידוש בנד״ד. וכ״כ בשו״ת אגרות משה או״ח ח״ד סי׳ ע אות יד לגבי ברכת המפטיר.

16. בבאור הלכה סי׳ תפ״ז ד״ה מקדש השבת וישראל והזמנים, הכריע דכשחל יו״ט בשבת וחתם מקדש השבת בלבד ולא הזכיר יו״ט יוצא בדיעבד וא״צ להתפלל שוב. ונראה שה״ה בקידוש שאם חתם רק של שבת ולא של יו״ט יצא, וכן שמעתי מהגרח״פ שיינבערג שליט״א. וע׳ בשו״ת בצל החכמה חלק ד סי׳ מג.

ובדין החותם רק בשל יו״ט ולא של שבת, הניח הבאור הלכה שם בצ״ע לדינא. אבל בשו״ע הרב סי׳ תפז סעיף ב כתב דיצא, וכ״כ בכף החיים בשם הרבה אחרונים. וע׳ בשו״ת בצל החכמה ח״ד סי׳ מג אות ה.

ופשיטא שכשמקדש שנית אם הזכיר רק מה ששכח לומר בראשונה, א״צ לומר הקידוש פעם שלישית כדי לומר שבת ויו״ט בקידוש אחד. וכ״כ בשו״ת אגרות משה או״ח ח״ד סי׳ ע אות יד לגבי מפטיר ביו״ט שחל להיות בשבת, עיי״ש. אך בשו״ת יד אליהו (מקאליש) סי׳ יח אות ג נסתפק בזה, עיי״ש. וע״ע במשנת יעב״ץ סי׳ לח.

Kiddush and *Havdalah* must be recited. This combination text is commonly known as יַקְנְהַ״ז, an acronym comprising the first letters of the words יַיִן, קִדּוּשׁ, נֵר, הַבְדָּלָה, זְמַן, which designate the five *berachos* of this *Kiddush/Havdalah* combination in their order of recitation:

a) Wine — יַיִן

b) *Kiddush* — קִדּוּשׁ

c) Fire — נֵר

d) *Havdalah* — הַבְדָּלָה

e) Time — זְמַן (i.e. שֶׁהֶחֱיָנוּ).[17]

If one mistakenly switched this order, he has nevertheless fulfilled his obligation to recite the *Kiddush/Havdalah.*[18]

If one mistakenly said the regular Motzaei Shabbos *Havdalah* instead of the special *Havdalah* text of the Yom Tov *Kiddush* בֵּין קְדוּשַּׁת שַׁבָּת לִקְדוּשַּׁת יוֹם טוֹב הִבְדַּלְתָּ etc., but at least concluded with the proper appropriate *berachah* of the Yom Tov text, בָּרוּךְ אַתָּה ה׳ הַמַּבְדִּיל בֵּין קֹדֶשׁ לְקֹדֶשׁ, he has fulfilled his obligation.[19] However, if he concluded with בָּרוּךְ אַתָּה ה׳ הַמַּבְדִּיל בֵּין קוֹדֶשׁ לְחוֹל and did not correct himself within two seconds, he must repeat the entire special *Havdalah berachah.*[20] Similarly, one who omitted the *Havdalah berachah* and recited the regular Yom Tov *Kiddush* must recite *Havdalah* over a cup of wine during the meal.

[One who ordinarily drinks wine during the meal does not repeat the בּוֹרֵא פְּרִי הַגָּפֶן *berachah* when he repeats *Havdalah* during the meal.]

◆§ The *Kiddush/Havdalah* Procedure

Whether one should sit or stand during this *Kiddush/Havdalah* recitation depends on the custom one generally follows

---

17. ש״ע סי׳ תע״ג ס״א.

18. ברכת הבית שער מו הלכה מד.

19. בירור הלכה ח״ג דף קמג.

20. הגאון ר׳ שלמה זלמן אויערבאך זצ״ל, הובא בריש ספר שיח הלכה (חלק או״ח סימנים מו־קכז).

when saying *Kiddush*. Thus, one who usually sits for *Kiddush* should sit, even if he normally stands for *Havdalah*, whereas one who usually stands for *Kiddush* should stand even if he normally sits for *Havdalah*.[21]

For the *Kiddush/Havdalah*, one should not use the customary *Havdalah* candle, since once it is lit it may not be extinguished on Yom Tov. Rather, upon reciting בּוֹרֵא מְאוֹרֵי הָאֵשׁ, one should hold the two Yom Tov candles together to create a two-wick flame.[22] Some authorities rule, however, that one should not hold two candles together, but should merely look at one's fingernails by the light of the candles as they stand separately.[23]

Although women generally do not drink the *Havdalah* wine, they do partake of this wine because *Kiddush* was also recited over it.[24]

---

21. ע׳ מ״ב סי׳ רצ״ו ס״ק כח, וכף החיים סי׳ תע״ג ס״ק כ. וע״ע בזה בספרי כבוד ועונג שבת פרק כז ציון 16.

22. אלף המגן סי׳ ת״ר ס״ק ג בשם יסוד ושורש העבודה, שו״ת אג״מ או״ח ח״ה סי׳ כ׳ ס״ק ל, שו״ת באר משה ח״ח סי׳ קפד, הגריי״ש אלישיב שליט״א הובא בספר הלכות המועדים עמוד רפא.

23. ויגד משה דיני פסח סי׳ טו ס״ק ט, יו״ט שני כהלכתו פ״א הערה נב בשם הגרש״ז אויערבאך זצ״ל.

והנה בשו״ת ציץ אליעזר חלק י״ד סי׳ מ״ג מצינו פסק מחודש, שמביא שם שיטת רבינו יונה, דאין מברכין ברכת הנר, כי אם על נר שנעשה להאיר בלבד, אבל אם נעשה גם לכבוד, אע״פ שנעשה גם להאיר, אין מברכין עליו. [והפמ״ג בא״א ס״ק ט״ז פסק כדרבנו יונה דאין לברך עליו, הובא בבה״ל סי׳ חצ״ר על השו״ע סעיף י״א.] והנה טעם חיוב הדלקת נרות בשבת ויו״ט, מבואר ברמב״ם פ״ה משבת ה״א דהוא בכלל עונג שבת, ובפרק ל׳ ה״ה כתב דהוה חיובא משום כבוד שבת, והיינו שבא לכבוד ולהאיר גם יחד, ולפי״ז יוצא דאין להשתמש בנרות יו״ט להבדלת מוצ״ש, שהרי להמתבאר, נרות יו״ט לא להאיר בלבד נדלקו אלא גם לכבוד, ונרות כאלו לא מועילים לדעת הר״י.

ונראה ליישב מנהג העולם, שהצגנו למעלה בפנים, דנר של יו״ט מקרי להאיר לחודא ולא להאיר ולכבוד, דמכיון שעיקר תקנת חז״ל בהדלקת נרות היא שיהי׳ בכל בית נר דלוק משום שלום ביתו שלא יכשל בעץ ואבן כמ״ש בסי׳ רס״ג, [יעוי״ש בשו״ע הרב סעיף א׳], א״כ כל דין כבוד הוא, זה גופא שהנר בא להאיר משום שלום ביתו, ושוב מקרי דבא להאיר, ועיקרו להאיר, וממילא אפשר לברך עליו בכרת הנר, ורק נרות שאינו משום מצות הדלקה, שבאו גם לכבוד, הוא דס״ל לר״י, דאין לברך עליהן, וכנ״ל.

24. שובע שמחות פד אות קצו.

⸎ Using a Substitute for Wine

One who has neither wine nor grape juice should use bread rather than another beverage for this *Kiddush/Havdalah.* Although *Havdalah* normally cannot be made over bread, in this case, *Kiddush* takes precedence over *Havdalah,* and bread may be used.[25]

E. Yom Tov Morning

One makes *Kiddush* Yom Tov morning just as on Shabbos. The *Kiddush* consists merely of the *berachah* בּוֹרֵא פְּרִי הַגָּפֶן. Some have the custom to preface the *berachah* with the following two verses:

1) (*Lev.* 23:3) אֵלֶּה מוֹעֲדֵי ה׳ מִקְרָאֵי קֹדֶשׁ אֲשֶׁר תִּקְרְאוּ אוֹתָם בְּמוֹעֲדָם.

2) (Ibid. 23:44) וַיְדַבֵּר מֹשֶׁה אֶת מוֹעֲדֵי ה׳ אֶל בְּנֵי יִשְׂרָאֵל.

Some say only the latter verse.

III. *Bircas HaMazon*

On Yom Tov, the יַעֲלֶה וְיָבֹא prayer is inserted in *Bircas HaMazon.*[26]

If one forgot to say יַעֲלֶה וְיָבֹא, but remembered before beginning the next *berachah* of *Bircas HaMazon* [הָאקל אָבִינוּ], he says the following *berachah*:

בָּרוּךְ אַתָּה ה׳ אֱלֹקֵינוּ מֶלֶךְ הָעוֹלָם אֲשֶׁר נָתַן יָמִים טוֹבִים לְעַמּוֹ יִשְׂרָאֵל לְשָׂשׂוֹן וּלְשִׂמְחָה אֶת יוֹם

On Shemini Atzeres	On Succos	On Shavuos	On Pesach
הַשְּׁמִינִי חַג הָעֲצֶרֶת	חַג הַסֻּכּוֹת	חַג הַשָּׁבוּעוֹת	חַג הַמַּצּוֹת

הַזֶּה, בָּרוּךְ אַתָּה ה׳ מְקַדֵּשׁ יִשְׂרָאֵל וְהַזְּמַנִּים.

---

25. רמ״א סי׳ רצ״ו ס״ב, ומ״ב ס״ק טו. וע״ע בזה בערוך השלחן סי״ד.
אמנם בקובץ תפארת ישראל (קובץ לה עמוד כו) כתב בזה״ל: העיד אדם נאמן שעלה לחג להגרש״ז אויערבאך זצ״ל ושאלוהו כיון דקשה ליה לשתות יין לשמחת יו״ט מה יעשה לקיום מצות שמחה, ואמר ליה שישתה מיץ ענבים. וחזר ושאלוהו דא״כ ישמח במשקה ״קוקה קולה״, וענה לו דזה יהיה שמחת ״קוקה קולה״ אבל במיץ ענבים יהיה לו שמחת יין. וכן העידו בני ביתו דכשאמרו לפניו דהגרי״ש אלישיב שליט״א סובר דאין יוצא, אמר דלדעתו גם מיץ ענבים בכלל שמחה וכן פסק הגאון מצעלהים זצ״ל.

26. ש״ע סי׳ קפ״ח ס״ה.

34: YOM TOV MEALS, KIDDUSH AND HAVDALAH 267

If one remembers after beginning הָקֵל אָבִינוּ, he must repeat the entire *Bircas HaMazon.*[27]

There is disagreement among the authorities whether a woman who omitted יַעֲלֶה וְיָבֹא is required to repeat *Bircas HaMazon.* The basis for this disagreement is the question of whether a woman is obligated to rejoice on Yom Tov by partaking of the meals. If she is not required to eat, then her obligation to say יַעֲלֶה וְיָבֹא was never inherent since it depended on her willingness to eat bread that day. Consequently, although she is supposed to say יַעֲלֶה וְיָבֹא when reciting *Bircas HaMazon,* if she forgot to do so she would not repeat *Bircas HaMazon.*[28]

Since the matter is in doubt, the rule is that if a woman forgot יַעֲלֶה וְיָבֹא, she does not repeat *Bircas HaMazon.* However, if she remembered her omission before beginning הָאֵל אָבִינוּ, she does recite the *berachah* of שֶׁנָּתַן יָמִים טוֹבִים, which was cited above.[29]

The exception to this rule is the *Bircas HaMazon* of the first two nights of Pesach. Since a woman is obligated to eat matzah on the two *seder* nights, her requirement regarding *Bircas HaMazon* is identical to that of a man, and she must therefore repeat *Bircas HaMazon* if she forgets יַעֲלֶה וְיָבֹא.[30]

---

27. ש״ע סי׳ קפ״ח ס״ו.

28. הגרעק״א זצ״ל בהגהות לש״ע סי׳ קפ״ח ס״ו, ובשו״ת ס״א ובהשמטות שם כתב דאשה פטורה מלחזור ולברך אם שכחה ילה ויבוא בברהמ״ז. וטעמו ונימוקו עמו, משום דהחיוב לאכול פת ביו״ט הוא ממצות עונג יו״ט, ואשה פטורה ממצות עונג, כשאר מ״ע שהז״ג וכן פסקו בשו״ת מילי דאבות ח״א סי׳ י״ז, ובשדי חמד אסיפת דינים ברכות סי׳ ד׳, ובברך ח׳ עמוד קכ״ט אות ו׳. אכן בפתחי תשובה לאו״ח סי׳ קפ״ח, ושו״ת לחם שערים סי׳ ט׳, ושו״ת הגר״ע הילדעסיימער בחידושיו לאו״ח סי׳ קפ׳, כתבו שנשים צריכות לחזור ולברך, ובשו״ת זצכר שמחה סי׳ כ״ז כתב שכיון שהאחרונים נחלקו בדבר, סוב לנהוג שהאשה לא תחזור לברך ברהמ״ז. וכן שמעתי מהגרח״פ שיינבערג, והוציף להציע עצה שאם יש אפשרות אז תטול ידיה עוד הפעם, תאכל כזית פת, ותברך ברהמ״ז.

29. כן נראה, דחזינן דגם בר״ח שאין מחזירין לומר ברהמ״ז אם לא אמר יעלה ויבוא, אפי״ה אומרים הברכה אשר נתן ראשי חדשים כדאיתא במחבר סי׳ קפ״ח סעיף ז׳ ומ״ב שם, וכן יש לה שאר העצות הנ״ל, והסכים לזה הגרח״פ שיינבערג שליט״א.

30. שו״ת הגרע״א הנ״ל, דכיון שיש בו אכילת מצה שהנשים חייבות בה מה״ת, לכן חייבות גם לחזור ולברך אם שכחו הזכרת היום בברהמ״ז. וכ״כ בשו״ת יד יצחק ח״ב סי׳ נ״ד, ובשו״ת יגל יעקב או״ח סי׳ כ״ב.

◆§ Yom Tov and Shabbos

When Yom Tov falls on Shabbos, the prayer of רְצֵה וְהַחֲלִיצֵנוּ precedes יַעֲלֶה וְיָבֹא. If one reversed the order, he has nevertheless fulfilled his obligation.[31]

If one omitted רְצֵה, but did not yet say הָקֵל אָבִינוּ, he should insert the following blessing:

בָּרוּךְ אַתָּה ה׳ אֱלֹקֵינוּ מֶלֶךְ הָעוֹלָם אֲשֶׁר נָתַן שַׁבָּתוֹת לִמְנוּחָה לְעַמּוֹ יִשְׂרָאֵל בְּאַהֲבָה לְאוֹת וְלִבְרִית, בָּרוּךְ אַתָּה ה׳ מְקַדֵּשׁ הַשַּׁבָּת.

If one already said הָקֵל אָבִינוּ, one must repeat *Bircas HaMazon*. This applies to both men and women, since women are obligated to partake of the Shabbos meals. However, it does not apply to *seudah shelishis* (the third Shabbos meal). One who omitted רְצֵה at the *seudah shelishis* and realized after saying הָקֵל אָבִינוּ need not repeat *Bircas HaMazon*.

If one forgot both רְצֵה and יַעֲלֶה וְיָבֹא, but remembered before saying הָקֵל אָבִינוּ, he should say the following:

בָּרוּךְ אַתָּה ה׳ אֱלֹקֵינוּ מֶלֶךְ הָעוֹלָם אֲשֶׁר נָתַן שַׁבָּתוֹת לִמְנוּחָה לְעַמּוֹ יִשְׂרָאֵל בְּאַהֲבָה לְאוֹת וְלִבְרִית וְיָמִים טוֹבִים לְשָׂשׂוֹן וּלְשִׂמְחָה אֶת יוֹם

On Shemini Atzeres	On Succos	On Shavuos	On Pesach
הַשְּׁמִינִי חַג הָעֲצֶרֶת	חַג הַסֻּכּוֹת	חַג הַשָּׁבוּעוֹת	חַג הַמַּצּוֹת

הַזֶּה, בָּרוּךְ אַתָּה ה׳ מְקַדֵּשׁ הַשַּׁבָּת וְיִשְׂרָאֵל וְהַזְּמַנִּים.

◆§ Cases of Doubt

If one is in doubt as to whether he recited either רְצֵה or יַעֲלֶה וְיָבֹא, it is presumed that he did not recite them.[32]

---

31. שו״ע סי׳ קפ״ח סעיף ה׳ ומ״ב שם ס״ק י״ג. וע׳ בשו״ת שאג״א או״ח סי׳ כ׳ דאם התחיל ביעלה ויבוא לפני רצה, פוסק באמצע ומקדים רצה.

32. מ״ב שם ס״ק ט״ז, ובשו״ת יד יצחק ח״ב סי׳ נ״ד, וע׳ בהגהות חכמת שלמה שנסתפק בדין זה. והנה משמעות הפוסקים אם בירכה ברהמ״ז אף בחול, הביא המ״ב בסי׳ קפ״ו ס״ק ג׳ שבזה יש מח׳ הפוסקים בזה, ולבסוף הכריע דהרוצה לסמוך על דעת האחרונים שסוברים שנשים צריכות לחזור ולברך מספק אין למחות בידו, וא״כ לכאורה גם כאן לענין אשה ששכחה לומר רצה בברהמ״ז, הי׳ צריך להביא שיטות הללו. אכן נראה דאן לכו״ע נשים חייבות לחזור ולברך, דהוי כודאי שלא הזכירה רצה, כמ״ש במ״ב סי׳ קפ״ח ס״ק ט״ז, וא״כ אשה דומה לאיש שחוזרת שחוזרת לברך ברהמ״ז.

IV. *Havdalah*

In contrast to the *Havdalah* requirement of Shabbos, which is Biblical, the *Havdalah* of Yom Tov is according to most authorities only a Rabbinic requirement.[33] Thus, the leniencies mentioned above regarding *Kiddush* apply to *Havdalah* as well.

Unlike Motzaei Shabbos, on Motzaei Yom Tov only the *berachah* בּוֹרֵא פְּרִי הַגָּפֶן and the *berachah* הַמַּבְדִּיל are said. The introductory verses beginning with ... הִנֵּה , and the *berachos* over spices and candles are omitted.[34]

The *Havdalah* of Motzaei Yom Tov is also recited between Yom Tov and *Chol HaMoed*.[35]

When Motzaei Yom Tov is followed immediately by Shabbos (i.e. Friday night), *Havdalah* is omitted until Shabbos night when the complete Motzaei Shabbos *Havdalah* is said.[36]

One who forgot to say *Havdalah* on Motzaei Yom Tov may recite it only until sundown of the following day.[37]

When Yom Tov Falls on Motzaei Shabbos

When Yom Tov occurs on Motzaei Shabbos, a combination

---

33. המ׳ מ פכ״ט משבת ה״א הדהבדלת יו״ט מדרבנן. ועוד מכיון דלרוב פוסקים קידוש דיו״ט מדרבנן, והבדלה תלי בקידוש כמ״ש הפמ״ג סי׳ רצ״ו בא״א ס״ק י״א, ע״כ הבדלה דיו״ט מדרבנן. אבל השיטמ״ק (ביצה ד: ד״ה רב אסי) כ׳ דהבדלת יו״ט דאורייתא, וכן הביא הקובץ שיעורים עמ״ס ביצה אות י״ב מהרשב״א דהבדלת יו״ט דאורייתא.

34. שו״ע סי׳ תצ״א סעיף א׳, ומטה אפרים סי׳ תרכ״ד סעיף ה׳.

35. שו״ע סי׳ תצ״א סעיף א׳ ובמ״ב שם.

36. שו״ע הנ״ל.

37. מ״ב סי׳ רצ״ט ס״ק ט״ז וז״ל, כתב בחידושי רע״א בשם ספר לשון חכמים דבמוצאי יו״ט אין להבדלה תשלומין, דבשבת שייך לומר דהג׳ ימים ראשונים שייכים עוד לשבת שעבר, משא״כ ביו״ט. ומ״מ הגרע״א מצדד שם דכל יום אחד שאחר היו״ט יכול להבדיל ע״ש עכ״ל. וכעי״ז כ׳ המאירי לפסחים (ק״ה.) ד״ה מי שלא קידש, שאף להני פוסקים שסוברים שאין להבדלה בשבת תשלומין, מ״מ ביום ראשון יכול להבדיל, דיום ראשון אינו מדין תשלומין, אלא כל יומא זמניה הוא יעו״ש. וע׳ בקובץ שיעורים ריש מס׳ ביצה שהביא מס׳ אגרות הרמ״ה בשם הרשב״א, שאם לא הבדיל במוצאי יו״ט יכול להבדיל רק כשאר לא עשה מלאכה, והק׳ הקו״ש דמ״ש ממוצ״ש שמבדיל למחרת אף שעשה מלאכה, וע׳ בס׳ ״באר יעקב״ מהגאון ר׳ יעקב אריאלי זצ״ל, סי׳ ט״ז אות ב׳, מש״כ בזה, וע׳ בשערי תשובה סימן תצ״א שהביא הברכ״י בשם בית יהודה.

of *Kiddush* and *Havdalah* is recited, as explained above (Sec II D).[38]

On Yom Tov that occurs Motzaei Shabbos, one is forbidden to do the *melachos* that are prohibited on Shabbos but permitted on Yom Tov until he has *davened Maariv* and said וַתּוֹדִיעֵנוּ in *Shemoneh Esrei*, or has recited the *Kiddush/Havdalah* which is said on this night, or until he says בָּרוּךְ הַמַּבְדִּיל בֵּין קֹדֶשׁ לְקֹדֶשׁ, "Blessed is He Who separates between the holy and the holy."[39]

---

38. שו"ע סי' תע"ג סעיף א'.
39. מ"ב סי' רצ"ט ס"ק ל"ו.

35 / *Eruv Tavshilin* — עֵרוּב תַּבְשִׁילִין

It was explained in Chapters One and Four that the law of *ocheil nefesh* permits the performance of certain *melachos* on Yom Tov only if they will provide benefit that day. It is prohibited to do any *melachah* for the sake of preparing something for another day, whether that day is the second day of Yom Tov, *Chol HaMoed* or a weekday. Furthermore, under the prohibition of הַכָנָה, *preparing*, it is forbidden to engage in any preparation for the next day even if no *melachah* is involved. Thus, when Yom Tov occurs on Friday, the question arises as to how one may cook or engage in any other food preparation for Shabbos.

The Rabbis instituted the rule that if one prepares an *eruv tavshilin* one is allowed to cook and otherwise prepare food for Shabbos on Yom Tov. Essentially, the *eruv tavshilin* is a food that has been prepared before Yom Tov and set aside for Shabbos. This serves to permit the completion of food preparation for Shabbos on Yom Tov. In this chapter, we will explain the rationale for the Rabbis' enactment, present the procedure and *halachos* related to preparing the *eruv tavshilin* and discuss situations in which one forgot to prepare an *eruv tavshilin*.

I. The Rationale for *Eruv Tavshilin*

A. The Biblical Basis for Preparing for Shabbos on Yom Tov

It is obvious that the Rabbinic enactment of *eruv tavshilin* could not override a Biblical prohibition against performing *melachah* on Yom Tov for Shabbos. Rather, the entire institution of *eruv tavshilin* presupposes that cooking or performing other *melachah* on Yom Tov for Shabbos involves no prohibition on the Biblical level. The *Gemara* records a difference of opinion between Rabbah and Rav Chisda as to why there is no Biblical prohibition involved in the preparation of food on Yom Tov for Shabbos use.

☙ Rabbah's Opinion

According to Rabbah, on a Biblical level [מִדְּאוֹרַיְיתָא] one may perform *melachah* on Yom Tov to prepare as much food as he wants, even if intended for post-Yom Tov use, as long as there is a *possibility* that the food will be eaten on Yom Tov. Thus, Rabbah teaches that one may cook excessive food on Yom Tov הוֹאִיל וְאִי מִקְלְעִי אוֹרְחִים חֲזֵי לֵיהּ, *since if guests come, it* [the prepared food] *is suitable for him* [to serve them].[1] The possibility that unexpected guests may arrive later that Yom Tov day suffices to qualify the food preparation as necessary for Yom Tov.[2] However, this is true only on the Biblical level. Rabbah agrees that there is a *Rabbinic* prohibition against cooking or doing any other *melachah* to prepare food not really intended for Yom Tov use.[3] But when the day following Yom Tov is Shabbos, the Rabbis instituted the laws of *eruv tavshilin* to remove this Rabbinic prohibition and thereby allow preparation of food for Shabbos use.

☙ Rav Chisda's Opinion

Rav Chisda does not accept the principle of הוֹאִיל (*since if guests come* etc.). In his opinion, doing a *melachah* such as cooking on Yom Tov with intent to prepare for the next day is

---

1. פסחים דף מח:

2. רש״י שם בד״ה דמיקלעי וז״ל: שיהיו צריכין לפת זה היום. ובשלחן ערוך הרב סי׳ תקפ״ז ס״ב פירש בזה״ל: הואיל אם היו מזדמנים לו אורחים שלא אכלו עדיין היום, היתה מלאכה זו צריכה להם, עכ״ל.

3. גמרא שם. ויש כמה טעמים שבגללם אסרו חכמים ולא סמכו על ההיתר של הואיל. א) הר״ת בספר הישר סי׳ שפ״ה כתב בזה״ל: אבל יונים שמוכנים הם לא אסרה תורה להכין בלא עירוב, ואתי רבנן וגדרו גדר ואסרו להכין אפילו לדבר שמוכנת ליו״ט דיש בידיהם לאסור אפי׳ דבר המותר לו משום דנראה כמתקן, אבל אם עירב בתבשיל מעיו״ט מותר, עכ״ל. ב) בשלחן ערוך הרב ס׳ תקכ״ז ס״א כתב בזה״ל: אלא שחכמים אסרו לטרוח ביו״ט לצורך החול כיון שאפשר לטרוח בחול עצמו וכו׳, עכ״ל.

a Biblical infraction, even if the extra food might possibly be used on Yom Tov for unexpected guests. However, Rav Chisda holds that there is a Biblical principle of צָרְכֵי שַׁבָּת נַעֲשִׂים בְּיוֹם טוֹב, *the needs of Shabbos may be performed on Yom Tov.* I.e. although it is forbidden to do *melachah* on Yom Tov for the sake of a weekday need, this is permitted for the sake of a Shabbos need. Thus, Biblically, it is permitted outright to cook for Shabbos on Yom Tov.[4] However, the Rabbis instituted that this permit not be utilized unless the person established an *eruv tavshilin.*

B. The Halachic Ramification of This Dispute

There is a practical difference between the views of Rabbah or Rav Chisda. According to Rabbah's view, one may not cook food late Friday afternoon just prior to Shabbos. Since even if guests were then to arrive the food would not yet be ready for serving them on Yom Tov, the Biblical principle of הוֹאִיל (*since if guests come* etc.) does not apply, and (as explained above) an *eruv tavshilin* cannot permit that which is Biblically prohibited.[5] On the other hand, according to Rav Chisda's view that it

---

4. גמרא שם. ובסברת ההיתר שצרכי שבת נעשים ביו״ט נחלקו הראשונים. רש״י בפסחים מו: ד״ה מה״ת כתב בזה״ל: דכתיב אך אשר יאכל לכל נפש, ושבת ויו״ט חדא קדושה היא דתרווייהו שבת איקרו, וכי היכי דמותר לבשל לבו ביום מותר לבשל למחר, עכ״ל. אמנם תוס׳ שם בדף מז. ד״ה ואי פליגי ע״ד רש״י, וז״ל: דלאו משום קדושה אחת היא כפרש״י, אלא משום שהוא לצורך מצות שבת, ואם לא יעשנה ביו״ט שוב לא יעשנה, נחשב כמו אוכל נפש דיו״ט עצמו. עכ״ל.

והטעם שאסרו חכמים אסרו בלא עירוב מפורש בגמרא, משום דחששו שמא יבואו לאפות גם מיו״ט לחול.

5. כן כתבו תוס׳ שם בפסחים שם ד״ה רבה, וכן העתיק להלכה דברי התוס׳ במג״א ריש סימן תקכ״ז, וכתב שם דמטעם זה נהגו כשחל יו״ט בערב שבת להתפלל מעריב מבעוד יום כ״י שיגמור האדם צרכיו בעוד היום. וכ״כ החמד משה ס״ק א והמ״ב ס״ק ג, וכ״כ הנודע ביהודה בדורש לציון דרוש לו.

וע׳ שם במ״ב וז״ל: וכן יש ליזהר בהמאכלים שמטמין לשבת שיטמינן בזמן שאפשר שיתבשלו שליש בישול מבעוד יום, עכ״ל. ובשה״צ כתב דהלכה זו הוא מהפמ״ג אמנם לכאורה דבריו צריכין עיון, דמן הסתם כוונתו לדברי הפמ״ג בסי׳ רנ״ט במ״ז ס״ק ג, ואך ז״ל: שם וכשחל יו״ט ערב שבת ראוי להקדים ולהטמין מבעוד יום השאלינ״ט, שיתבשל עכ״פ כמאכל בן דרוסאי חצי בישולו מבעוד יום, עכ״ל. והנה כתב הפמ״ג דבעינן חצי בישול ואולי המ״ב כתב דסגי בשליש בישולו.

is Biblically permitted to cook for Shabbos on Yom Tov, one may do so even at that late hour, provided an *eruv tavshilin* had been prepared to permit this even on the Rabbinic level.[6]

In practice, we initially follow the opinion of Rabbah that *melachah* is permitted for the sake of Shabbos only due to the principle of הוֹאִיל. Therefore, when Yom Tov falls on Friday, all food should be cooked early enough in the day so that it would be suitable for any guests who may arrive before Shabbos. However, in the event the food was not prepared at this early hour, one may rely on Rav Chisda's concept of *eruv tavshilin* to cook even until the onset of Shabbos.[7]

C. The Reason the Rabbis Required an *Eruv Tavshilin*

Having learned that Biblically it would certainly be permitted to do *melachah* on Yom Tov in preparation for Shabbos, according to both Rabbah and Rav Chisda, we need to understand the Rabbis' reasoning for requiring an *eruv tavshilin*. The *Gemara* provides two possible reasons.

One reason offered is that the Sages were concerned that a person might use all his choice food for Yom Tov without putting aside a proper amount for Shabbos. By beginning his Shabbos preparations before Yom Tov and establishing an *eruv tavshilin*, one will be reminded to leave a proper meal over for Shabbos. Thus, the *eruv* requirement was enacted to preserve the honor of Shabbos.[8]

Another reason offered for the institution of *eruv tavshilin* is

---

6. ביאור הלכה ריש סי׳ תקכ״ז ד״ה וע״י. ויש עוד נפקא מינה בין טעם רב אשי לטעם רבא בנוגע אם מותר להקדים ולערב כמה ימים קודם יו״ט, דלטעמא דרב אשי אפשר, ולטעמא דרבא אי אפשר לערב אלא דוקא בעיו״ט, ע׳ ברא״ש בריש פ״ב סימן א. (וע״ע בציון 32.)

7. מ״ב ס״ק ג. אמנם יש מגדולי הפוסקים שכתבו שהעולם אין נזהרים בזה, והם: ערוך השלחן ס״ג, שו״ת שואל ומשיב מהד״ב ח״ב ס״י, שו״ת ערוגת הבושם סי׳ קכ״ב.

8. בביצה דף יד ע״ב איתא: מנה״מ ר״ל על איזה אסמכתא אסמכו רבנן דבעינן עירוב תבשילין), אמר שמואל דאמר קרא זכור את יום השבת לקדשו זכרהו מאחר שבא להשכיחו. ושוב פריך מאי טעמא דבעינן עירוב תבשילין) ומשני אמר רבא כדי שיברור מנה יפה לשבת ומנה יפה ליו״ט, רב אשי אמר כדי שיאמרו אין אופין מיו״ט לשבת קל וחומר מיו״ט לחול, עכ״ד הגמרא.

that the Rabbis sought to ensure that a person would remember that *melachos* done in preparation for any day other than Shabbos are prohibited. According to this reason, the *eruv* requirement was enacted to preserve the sanctity of Yom Tov.[9]

ובביאור דברי רבא יש כמה פירושים שונים רש״י (בד״ה אמר רבא) כתב בזה״ל: מתוך שמערב, זוכר את השבת, ואינו מכלה את הכל ליו״ט, ובורר מנה יפה לזה ומנה יפה לזה, עכ״ל. והר״ן כתב שם בזה״ל: מתוך שמערב מעיו״ט זוכר את השבת, ובורר מנה לזה ומנה לזה, עכ״ל. ולא הזכיר הר״ן חששא דכילו כמו שכתב רש״י.

אמנם ע׳ במאירי (באד״ה מ״ט) וז״ל: דעיקר גזירתם לכבוד שבת היתה, שאילו היו צרכי שבת נעשין ביו״ט, ולא היה צריך להתחיל בהכנתם מערב יו״ט, מתוך שהם טרודים ביו״ט הקודם לא יהו משתדלין לצרכי שבת אלא על ידי גלגול יו״ט, ותהא שבת טפלא ליו״ט. אבל עכשיו שאנו אוסרים שלא לבשל מיו״ט לשבת אלא א״כ התחיל בהכנת דברים מבערב יו״ט, זוכר הוא את השבת קודם יו״ט, ובורר לכל אחד מנה יפה לפי כבודו, עכ״ל.

ולכאורה מבואר מדבריו שהטעם הוא משום שאין זה כבוד שהשבת שתהא טפילה ליו״ט, ולכן צריכין להתחיל להכין צרכי שבת לפני התחלת יו״ט. וזהו לכאורה פירוש שונה מפירוש רש״י.

ולכאורה יש נ״מ פשוטה בין טעמו של רבא לטעמו של רב אשי במי שאינו רוצה לבשל מיו״ט לשבת, אם חייב בעירוב תבשילין. דלרבא חייב כדי שלא יכלה את כל המאכלים ביו״ט, אמנם לטעם רב אשי שאינו אלא כדי שידעו שבלי עירוב אסור לבשל בשביל שבת טעם זה לא שייך כאן, כיון דאכן אינו מבשל בשביל שבת.

אמנם ע׳ במאירי שכתב דאין כאן נ״מ לדינא בין רבא לרב אשי. וע׳ בשו״ת אג״מ או״ח ח״ה סי׳ כ ס״ק י שכתב להלכה דאפי׳ אם אין עושים שום הכנה ביו״ט לשבת צריך לעשות עירוב תבשילין.

9. זהו טעמו של רב אשי שהבאנו בציון 8. וע׳ ברש״י (בד״ה כדי שיאמרו) שכתב וז״ל: כדי שיאמרו אין אופין מיו״ט לשבת אלא א״כ התחיל מבעוד יום, דאינו אלא כגומר והולך, אבל אתחולי לא, ק״ו דמיו״ט לחול לגמרי לא, עכ״ל. ולפי דברי רש״י בעשיית עירוב תבשילין בערב יו״ט נחשב שכבר התחיל לבשל לשבת מעיו״ט, וביו״ט אינו אלא גומר הבישול.

אמנם לכאורה מהרמב״ם לא משמע כן, דע׳ בפ״ו ה״א מהיו״ט שכתב וז״ל: יום טוב שחל להיות ע״ש אין אופין ומבשלין ביו״ט מה שהוא אוכל למחר בשבת, ואיסור זה מדברי סופרים כדי שלא יבא לבשל מיו״ט לחול, שקל וחומר הוא, לשבת אינו מבשל כל שכן לחול. לפיכך אם עשה תבשיל מערב יו״ט שיהיה סומך עליו ומבשל ואופה מיו״ט לשבת הרי זה מותר, ותבשיל זה שסומך עליו הוא הנקרא עירובי תבשילין. ובהלכה ג שם כתב וז״ל: ולמה נקרא שמו עירוב, שכשם שהעירוב שעושין בעירובי חצירות וכו׳ בע״ש משום הכר, כדי שלא יעלה על דעתם שמותר להוציא מרשות לרשות בשבת, כך זה התבשיל משום הכר וזכרון, כדי שלא ידמו ויחשבו שמותר לאפות ביו״ט מה שאינו נאכל בו ביום, עכ״ל.

ולכאורה מבואר מדברי הרמב״ם דטעם הנחת העירוב הוא רק משום היכר בעלמא, ולא הזכיר שבהנחת העירוב יחשב כהתחלת הבישול מערב יו״ט כפירוש רש״י.

II. What Is Permitted on the Basis of an *Eruv Tavshilin*

A. Food Preparation

All *melachos* that are needed for food preparation and are permitted for the sake of Yom Tov needs may be performed for the sake of Shabbos needs on the basis of an *eruv tavshilin*. This applies to Biblical *melachos* as well as Rabbinic prohibitions. For example, cooking, baking, frying, maintaining food on an open flame (שְׁהִיָּה), returning a pot to the blech (חֲזָרָה), insulating (הַטְמָנָה), selecting (בּוֹרֵר) and grinding (טוֹחֵן) are all permitted for the sake of Shabbos use.[10]

Likewise, it is permitted to carry food through a public domain or slaughter an animal on Yom Tov for the purpose of eating it on Shabbos. Washing dishes with hot water[11] and lighting candles[12] are also considered food-preparation needs and are permitted.

B. Needs Other Than Food Preparations

There is a dispute among the authorities whether *eruv tavshilin* permits the performance of *melachah* for Shabbos when the benefit is unrelated to the consumption of food.[13] For

---

10. ע׳ ציון 6.

11. שלחן ערוך הרב סי׳ תק״ג ס״ג. וע׳ בזה בשו״ת להורות נתן ח״ו סל״ד.

12. לבוש סי׳ תקכ״ח ס״ב וז״ל: והדלקה בכלל צורך סעודה היא, שאין אוכלים בלא נרא, עכ״ל. וע׳ בספר עירוב תבשילין הערוך ס״ג סעיף ו ס״ק טו שהביא דברי הפוסקים באם נכלל בזה הדלקת נרות אפי׳ שלא במקום סעודה, עי״ש.

13. מקור לדין זה הוא בש״ע סי׳ תקכ״ח ס״ב, וז״ל: יו״ט שחל להיות בע״ש אין מערבין לא עירובי חצרות ולא עירובי תחומין, עכ״ל. והרמ״א הוסיף ע״ז דהיינו אפי׳ אם הניח עירוב תבשילין והמ״ב בס״ק ב העתיק טעם הדבר בשם הר״ן, וז״ל: דלא שרי עירובי תבשילין אלא דבר שהוא דומה לתיקון סעודה, כגון אפייה ובשול, עכ״ל [ע׳ דרכי משה סי׳ תקכ״ח ס״א] ובפשטות מבואר דדעת הר״ן דעירוב תבשילין אינו מתיר אלא צורכי סעודה ממש. אמנם נראה שאין זה פשוט כ״כ בדעת הר״ן דעי׳ בשו״ת חלקת יעקב ח״ג סי׳ פד, ובספר בדי השלחן [הלכות נדה סי׳ קצ״ט ס״ו בביאורים ד״ה אפי׳] שהבינו בשיטת הר״ן שכוונתו להחמיר רק באותן מלאכות שלא הוזכרו בפירוש בנוסח העירוב,

example, is one permitted to carry a *machzor* or *siddur* to shul on Yom Tov for Shabbos?

Now, all are in agreement that the *melachah* is permitted if benefit is derived from it on Yom Tov itself. For example, one may certainly carry his *machzor* to shul Friday for use on Shabbos if he will use the *machzor* before sunset on Friday.[14] Therefore, to abide by the stricter opinion, it is preferable that one who needs to do *melachah* unrelated to food preparation should find a way to derive some benefit from the *melachah* on Yom Tov itself.

If it is not possible for one to derive benefit from the *melachah* on Yom Tov, one may rely on the authorities who rule that the *eruv tavshilin* permits even Shabbos preparation that is unrelated to food consumption.[15]

אבל אותן המלאכות הנזכרות בפירוש מותרות אפי׳ אם אינן לצרכי הסעודה. וע׳ בתשובת הגאון ר׳ שלמה זלמן זצ״ל שנדפסה בסוף ספר עירוב תבשילין הערוך ח״א, שדייק מלשון הר״ן שכתב דבר שהוא דומה לתיקון סעודה, דמשמע דלא בעינן שיהא ממש מצרכי סעודה, אלא דכל שהוא דומה לתיקון סעודה מהני. ולפ״ז הסביר למה מותר להדליק ביו״ט נרות אפי׳ כשאינו אוכל במקום שהדליק, עי״ש.

אמנם הגרע״א בגליון הש״ע סי׳ תרס״ז ס״א כתב טעם אחר למה אין מערבין עירובי חצרות בע״ש שחל ביו״ט אפי׳ אם עשה עירוב תבשילין, וז״ל: דעירוב תבשילין אינו מתיר אלא מה דמותר ביו״ט לעשות לצורך עצמו דמותר לעשות לצורך שבת, וגם אפשר דיהיה לצורך יו״ט אם יקלעו לו אורחים. אבל לענין עירוב דלא משכחת דבר זה לעשור לצורך יו״ט עצמו, דע״ח להתיר יו״ט צריך להיות קודם יו״ט. וגם המעשה דעירוב בודאי אינו לצורך היום דלא יהיה הטלטול ביומו כיון דלא היה מערב קודם, בכה״ג דודאי לצורך שבת הוא, ואין ע״ת מתיר וכו׳, עכ״ל.

וא״כ לפ״ז כתב הגרע״א דלטעמא דידיה יהא מותר לגלול ספר תורה מיו״ט לשבת ע״י עירוב תבשילין, דשייך ג״כ התירא דהואיל ומקלעי אורחים שרוצים ללמוד הפרשה שיקראו בשבת, ועל כן מותר לגלול.

אמנם לטעמא דהמג״א בשם הר״ן כתב הגרע״א דיהיה אסור לגלול הס״ת מיו״ט לשבת.

14. שו״ת קנין תורה ח״ג ס״ע.

15. והנה לכאורה יש ליישב מנהג העולם שנוהגים להביא טליתות ומחזורים לבית המדרש בע״ש שחל ביו״ט, דלכאורה זה כנגד פסק הרמ״א בסי׳ תקכ״ח ס״ב דעירוב תבשילין לא מהני אלא לדברים של צרכי סעודה וכביאור דברי המג״א. ונראה דיש לצרף ג׳ טעמים להתיר: א) שיטת הגהות אשר״י הובא בד״מ ס׳ תקכ״ח דעירוב תבשילין מועיל אף לדברים שאינם מצרכי סעודה. ב) ביאור בשיטת הר״ן כפי הסבירו של רע״א שהבאנו לעיל בציון 13. ג) שיטה ראשונה בש״ע סי׳ תקכ״ז סי״ט שמותר להדליק את

C. Preparation That Does Not Involve *Melachah*

The *eruv tavshilin* certainly permits one to do preparation that does not involve *melachah*, even when the benefit is unrelated to the consumption of food. For example, it is permitted to fold clothes on Yom Tov for use on Shabbos,[16] and to straighten up rooms that will no longer be used on Yom Tov but will be used on Shabbos.[17] Similarly, it is permitted to turn a *Sefer Torah* to the correct place for the Shabbos reading, when Shabbos falls immediately after Yom Tov.

D. Preparing for Shabbos on Thursday

The *eruv tavshilin* serves only to permit Shabbos preparation

---

הנר אפי׳ בלא עירוב תבשילין וכתב הרשב״א בעבודת הקדש שער ד׳ סוף דין ב׳ שמי שאינו מצריך ע״ת להדלקת הנר אינו מצריך גם להוצאה, עי״ש. ועי׳ בשו״ת חשב האפוד ח״ג סי׳ ס״ה שהאריך בזה. אמנם בפנים כתבנו דלכתחילה צריך ליהנות מהחפץ בע״ש, אך אם אי אפשר יש להקל.

16. המ״ב סי׳ ש״ב ס״ק יז וז״ל: ומ״מ ביו״ט שחל בע״ש מותר לקפל טליתו כשפושטו אם היא חדשה ולבנה ואף שאין דעתו ללובשו בו ביום, והיינו כשעשה עירובי תבשילין, דאלה״כ הרי אסור לו להכין לצורך מחר, כ״כ באליהו רבה. אבל בחידושי רע״א הוכיח דאף בלא ע״ת שרי אם היא סמוכה לשבת, עכ״ל. ועי׳ בשו״ת שבט הלוי ח״ג סי׳ ס״ח שהקשה דלכאורה דברי המ״ב סותרים את עצמם דבסי׳ תקכ״ח ס״ק העתיק שיטת הר״ן דע״ת לא מהני אלא לצרכי סעודה, וכאן בסי׳ ש״ב ס״ק יז העתיק דעת הא״ר דמהני ע״ת לקיפול טלית והני ב׳ דברים סיתרא אינון.

אמנם באמת לא רק שהמשנה ברורה סותר את עצמו, אלא עוד קשה, דהנה המקור לדברי הא״ר בסי׳ ש״ב הוא דברי המהרש״ל, דז״ל הא״ר: כתב רש״ל פסק מוהר״ש, נ״ל דטליתות חדשים שרי לקפל ביו״ט שחל ע״ש כשעשה ע״ת, עכ״ל. הרי פסק המהרש״ל דע״ת מהני לדבר שאינו שייך לצרכי סעודה, ואילו בספרו ים של שלמה פ״ב דביצה כתב המהרש״ל הר״ן, דע״ת מהני רק לצרכי סעודה.

ובאמת המהרש״ם תורה בס׳ ש״ב הקשה על הא״ר הנ״ל דאיך מהני ע״ת לקיפול טלית בדעת הלא מבואר בס׳ תקכ״ח דלא מהני ע״ת כי אם לצרכי סעודה. וכן בס׳ תקכ״ז ס״כ הקשה המהרש״ם סתירה זו, ותירץ המהרש״ם דשאני ערובי תחומין דא״א לעשותן בשבת ולכן אין ע״ת מתירו, משא״כ בקיפול בגדים דמותר לעשות לצורך שבת עצמו ועל כן לא חשיב כ״כ מכין לשבת שלאחריו, לכן בע״ת יש להתיר עי״ש.

וא״כ לפי מה שכתב בדעת תורה לחלק בין דבר שמותר לצורך שבת בעצמו דמהני ע״ת לדבר שליכא היתר לשבת עצמו דבזה אתי שפיר דברי המהרש״ל, פשוט דגם דברי הא״ר לא קשה אהדדי הנ״ל.

17. שער הציון ס׳ ש״ב ס״ק יז.

on Friday, whether Friday is the first day of Yom Tov or the second day. It is forbidden to prepare for Shabbos on Thursday, when Thursday is the first day of Yom Tov.[18]

III. Establishing the *Eruv Tavshilin*

A. The *Eruv* Procedure

The procedure for establishing an *eruv tavshilin* is as follows. One prepares a cooked food and a baked item (see below), holds them in his right hand and recites the *berachah:*[19]
בָּרוּךְ אַתָּה ה׳ אֱלֹקֵינוּ מֶלֶךְ הָעוֹלָם אֲשֶׁר קִדְּשָׁנוּ בְּמִצְוֹתָיו וְצִוָּנוּ עַל מִצְוַת עֵרוּב (*Blessed are You, Hashem, our God, King of the Universe, Who has sanctified us with His commandments and commanded us concerning the mitzvah of eruv*).

After reciting the *berachah*, one says the following text:
בַּהֲדֵין עֵרוּבָא יְהֵא שָׁרֵא לָנָא לַאֲפוּיֵי וּלְבַשּׁוּלֵי וּלְאַטְמוּנֵי וּלְאַדְלוּקֵי שְׁרָגָא וּלְתַקָּנָא וּלְמֶעְבַּד כָּל צָרְכָּנָא מִיּוֹמָא טָבָא לְשַׁבְּתָא (*With this eruv, let it be permitted for us to bake, cook, insulate, light candles, make preparations, and do all of our needs on Yom Tov for Shabbos*).[20]

---

18. ע׳ ש״ע סי׳ תקכ״ז ס׳ י״ג.

19. כן הדין בכל הברכות, כדאיתא בש״ע או״ח סי׳ ר״ו ס״ד, וז״ל: כל דבר שמברך עליו לאכול או להריח בו צריך לאוחזו בידו כשהוא מברך, עכ״ל. ועיי״ש במ״ב שכתב שטעם האחיזה כדי שיכוון לבו על מה שמברך. וכן לכאורה משמע מלשון הש״ע בסי״ב שכתב וז״ל: החוזר המערב ונוטל מדי הזוכה.

ועי׳ בשו״ת חיים שאל סי׳ כ״ט שסובר שלקיחת העירוב בידו מעכב אפי׳ בדיעבד. והביא ראיה לזה ממה דאיתא במג״א בס״ק א דאם אחד בא לבית הכנסת להתפלל מנחה ונזכר שלא עשה עירוב תבשילין, ואם יחזור לביתו יאחר זמן מנחה, יתפלל מנחה ולא יעשה עירוב. ולכאורה קשה למה לו לחזור לביתו, יאמר בבית הכנסת שהתבשיל שנמצא במקום פלוני בבית יהיה עירוב תבשילין אלא לכאורה, משמע מכאן דהנטילה מעכבת בדיעבד. (ועי׳ לקמן בציון שהבאנו שיטות שחולקים ע״ז וסוברים דאכן יכולים לעשות העירוב בבית הכנסת).

20. ולא כתבנו כדברי המחבר בס׳ תקכ״ז סי״ב שכתב שיכלול ובעירובו את כל בני העיר, שזה אינו מועיל אלא א״כ מזכה ע״י אחר לכולם, אבל אם אינו מזכה א״צ לומר את זה דאינו מועיל כלום, וכ״כ החיי אדם כלל ק״ב סי״א. ועי׳ בט״ז ס״ק יב, ובאליהו רבה ס״ק יז ובשלחן ערוך הרב ס״ק י שכתבו שאם חל יו״ט ראשון בע״ש טוב שיפרש היתר עשיית מלאכה מיו״ט א׳ ליו״ט ב׳, שיאמר ״למעבד כל צרכנא מיו״ט לשבת, ומיו״ט

One who does not understand the meaning of this text in Hebrew should recite it in a language he understands.[21]

If it is not feasible to hold the foods in one's right hand, one should hold the cooked food in his right hand and the baked food in his left hand.[22] In a situation where even this is unfeasible, one should placed them in front of him while he recites the *berachah* and the בַּהֲדֵין עֵרוּבָא formula.[23]

If one forgot to say the בַּהֲדֵין עֵרוּבָא formula and remembered before Yom Tov, he should take the *eruv* in his hand and say it then, but should not repeat the *berachah*.[24] If he did not remember until it was Yom Tov, he should follow the rules described below for someone who forgot to prepare an *eruv*. [Some exceptions to the procedure described here are set forth below, in Section V.]

B. Types of Food Needed

The primary component of the *eruv tavshilin* is the cooked item.[25] Initially, one is required to use a baked item as

---

לחבירו.״ וטעמם לפי שאדם מבשל תבשילין יתרים לכבוד י״ט שחל בשבת יותר ממה שמבשל לכבוד שבת בלבד. ואם לא יאמר רק מיו״ט לשבת בלבד לא יהא נכלל בזה היתר בישול התבשילין היתרים שמבשל לכבוד יום טוב ב׳. אמנם במחזיק ברכה בס״ק ה כתב בשם הרי״ף שאין צריך להוסיף מילים, הללו עי״ש. ובכף החיים ס״ק פג כתב דכן הוא המנהג ושאין לשנות, והטעם דחיישינן שמא יטעו ויסברו דמותר לבשל מיו״ט לחבירו ע״י עירוב.

21. רמ״א סי׳ תקכ״ז סי״ב.

22. ספר עירוב תבשילין הערוך ס״ט הלכה ז.

23. שו״ת חיים שאל או״ח סי׳ כ״ט, שו״ת מהרש״ם ח״ב סי׳ לו.

24. מ״ב סי׳ תקכ״ז ס״ק סג.

25. כתב המחבר בסי׳ תקכ״ז ס״ב בזה״ל: עירוב זה עושין אותו בפת ותבשיל, עכ״ל. והמ״ב בס״ק ה הסביר בדבריו וז״ל: דצריך לאפות ולבשל מיו״ט לשבת, ולכן עושין העירוב מפת ותבשיל מעיו״ט שעל סמך זה אופין ומבשלין אח״כ, עכ״ל. ומקור שיטה זו שבעינן תבשיל ופת הוא שיטת ר״ת, הובא בתוס׳ בביצה דף יז: ד״ה אמר רבא, וז״ל: ואומר ר״ת, דלאפיה צריך לערב גם בפת, ואינו יכול לאפות על ערוב תבשיל אחד דהא קיימא לן כרבי אליעזר דאמר אין אופין אלא על האפוי ואין מבשלין אלא על המבושל, עכ״ל. ונחלקו האחרונים בשיטת ר״ת אי פת מעכבת אפי׳ בדיעבד, דע׳ בפנ״י בביצה דף טז. ד״ה אמר אביי שכתב בשיטת ר״ת דהא דמצריך לערב בפת היינו דווקא לכתחילה, אבל בדיעבד גם ר״ת מודה דסגי בתבשיל, וכ״כ בחודשי רב זרח איידליץ בביצה דף טז.

well.[26] However, if only a cooked item was used, the *eruv* is nevertheless valid and all types of Shabbos preparation may be done.[27] On the other hand, if only a baked item was used, the *eruv* is not valid and one is not allowed to perform any *melachah* for Shabbos.[28] [However, the mechanisms outlined below (Sec. VI) for permitting a person who has no *eruv* to prepare food for Shabbos apply in this case as well. The person may rely on one of the methods described there to cook or do other *melachos.*]

If one remembers before Yom Tov that he used only either a cooked or a baked item for his *eruv*, he should add the other item before Yom Tov begins. In such an instance he should not repeat the *berachah*, but should repeat the בַּהֲדֵין עֵרוּבָא formula.

If one has no intention of baking for Shabbos, it is sufficient to initially use only a cooked item for the *eruv*.[29]

C. Description of the Food

1. The Cooked Item

The cooked item should be a food which normally accompa-

אמנם ע׳ בשו״ת עמודי אש ס״ה ס״ק לז שחולק על הפנ״י ומוכיח מדברי הראשונים והפוסקים דלשיטת ר״ת פת מעכבת אפי׳ בדיעבד.

וכל זה בשיטת ר״ת. אך הר״י בתוס׳ שם כתב להשיג על שיטת ר״ת, וז״ל: ולא נהירא. חדא, דמכל הני משמע דלא צריך אלא תבשיל לכל דבר, בין לאפות בין לבשל. ומה שהביא הש״ס לעיל דרבי אליעזר, לאו משום דהלכתא כותיה אלא אסמכתא בעלמא מייתי על עירוב תבשילין, אלא אדרבה קיימא לן כרב יהושע לגבי דרבי אליעזר, משום דרבי אליעזר שמותי הוא. ורבי יהושע פליג עליה בירושלמי ואמר אופין ומבשלין על המבושל וכו׳, עכ״ל. ורוב ראשונים סוברים כשיטת הר״י דהתבשיל הוא עיקר העירוב ואין צורך להוסיף פת והם: הרי״ף, רש״י, וכמו שכתבו בשיטתו הרשב״א והריטב״א, ועוד.

ויש עוד שיטת אחרונים שכתבו בשם הירושלמי דהפת היא עיקר העירוב והיא מתירה הכל והתבשיל בא רק לתוספת מצוה, והם: ספר בינה לעתים על הרמב״ם פ״ו הלכה ג, וחיי אדם בנ״א כלל קב.

26. ע׳ ציון 10.

27. מ״ב ס׳ תקכ״ז ס״ק ו׳.

28. מ״ב סי׳ תקכ״ז ס״ק ז. וע׳ במועדים וזמנים ח״ז סוף סי׳ קכג שכתב דהמנהג שלנו לערב גם בפת אפי׳ אם אין כוונת האדם לאפות ביו״ט לשבת עי״ש.

29. מ״ב סי׳ תקכ״ז ס״ק ז.

nies a bread meal, such as meat, poultry, fish or eggs.[30]* It is preferable to use a nice portion of food for the *eruv*.[31] In any event, the portion must be at least the size of an olive [כְּזַיִת].[32] A perishable food must be refrigerated so that it will not spoil before Shabbos.

It is preferable that the cooked portion of the *eruv tavshilin* be cooked specifically for use in the *eruv*, or at least prepared specifically for use on Shabbos. However, the *eruv* is valid even if the food was not cooked specifically for Shabbos use.[33]

2. The Baked Item

The baked item should be bread or matzah.[34] It is preferable to use a whole bread or matzah. In any event, the portion should be at least the size of an egg [כְּבֵיצָה].[35] If one has no bread or matzah available, one may use cake made from any of the five species of grain whose *berachah* is בּוֹרֵא מִינֵי מְזוֹנוֹת.[36]

The baked item need not be baked specifically for the *eruv tavshilin*.[37]

---

*Note: An egg should not be peeled, since there is danger in eating an egg that is left unpeeled overnight. In the event the egg was peeled, it should be mixed with another food such as mayonnaise, for that removes the danger.

---

30. מ״ב שם ס״ק ז.

31. ש״ע סי׳ תקכ״ז ס״ד.

32. מ״ב סי׳ תקכ״ז ס״ק ח.

33. ביאור הלכה ס׳ תקכז ס״ו ד״ה עדשים.

34. מ״ב סי׳ תקכ״ז ס״ק ח.

35. רמ״א סי׳ תקכ״ז ס״ג.

36. ערוך השלחן סי׳ שס״ו סט״ו בנוגע עירובי חצרות, ולכאורה ה״ה בעירובי תבשילין. וכן פסק הגאון בעל שבט הלוי, הובא בספר עירוב תבשילין הערוך ח״א דף שטז.

37. כן נראה מסתימת הפוסקים שכתבו דין זה רק לענין תבשיל, משמע שבפת אין צריך להדר שיאפו אותה לעירוב תבשילין ואולי הטעם משום דעיקר עירוב תבשילין הוא התבשיל, וכמ״ש למעלה, ולא הפת ולכן ההידור שיבשלו אותה לעירוב תבשילין לא נאמר אלא על התבשיל שהוא עיקר העירוב. וכ״כ הגר״י דבליצקי שליט״א [במחזור שבועות עמוד יב].

D. What to Do With the *Eruv Tavshilin*

The *eruv* must remain intact in order for it to permit Shabbos preparation. If one's *eruv* was eaten or lost before one prepared the Shabbos meal, one may not cook for Shabbos on the basis of the *eruv*.[38] [See below, Section VI, for the laws of one who has no *eruv*.] However, if an olive's volume [כְּזַיִת] of the *eruv* remained, once may still rely upon it to prepare for Shabbos.[39] To ensure that the *eruv* is not lost or inadvertently eaten, one should store it in a safe place until Shabbos.

◈ Using the *Eruv* on Shabbos

Since the food designated as the *eruv tavshilin* has been elevated for use in the performance of a mitzvah, it is worthwhile to use it for as many more mitzvos as possible. Thus, it is preferable to use the loaf or matzah as the extra *lechem mishneh* loaf at all the Shabbos meals, and to eat it during the third Shabbos meal.[40] The cooked food should also be eaten at one of the Shabbos meals.

IV. When to Establish the *Eruv Tavshilin*

The *eruv tavshilin* should be established on Erev Yom Tov. Thus, when Yom Tov begins on Wednesday evening, the *eruv tavshilin* should be established on Wednesday, and when Yom Tov begins Thursday evening, it should be established on Thursday.[41] If an *eruv tavshilin* was established before Erev

---

38. ש״ע ס׳ תקכ״ז סי״ז.

39. ש״ע סי׳ תקכ״ז סי׳ ט״ו. ועי״ש בסי״ז שכתב המחבר בזה״ל: שאם התחיל בעיסתו ונאכל העירוב גומר אותה עיסה, וה״ה אם התחיל לבשל שגומר אותו התבשיל שהתחיל ע״כ. ועי״ש בביאור הלכה שהביא יש מקילין שאם התחיל עושה כל צרכיו (ר״ל אם נאבד העירוב תבשילין). אמנם לבסוף מסיק הביאור הלכה שאין נכון לזוז מפסק השו״ע. וע׳ בשו״ת עטרת פז חלק ראשון כרך א דף קעד שהאריך בזה.

40. מ״ב סי׳ תקכ״ז ס״ק י״א, ומ״ח.

41. בתחילת הפרק ציון 8 כתבנו דיש מחלוקת בין רבא לרב אשי בטעם עירוב תבשילין. טעמו של רבא הוא כדי שיברור מנה יפה לשבת ומנה יפה ליו״ט, וטעמו של רב אשי כדי שיאמרו שאין אופין מיו״ט לשבת, עי״ש. והרא״ש בסוגיא שם כתב דחד מהנפק״מ בין

Yom Tov, one should re-establish it on Erev Yom Tov by taking it in the right hand and saying the בַּהֲדֵין עֵרוּבָא formula, but should not repeat the *berachah*. In the event this was not done, one may perform *melachah* for Shabbos by relying on the *eruv* made earlier.[42]

If someone remembered after sunset of Erev Yom Tov that he did not make an *eruv tavshilin*, he can make it during the period of *bein hashemashos* (twilight) and recite the *berachah*.[43]

If one remembered after leaving for shul that he did not make an *eruv*, he can telephone home and ask one of his household members to make the *eruv*. If this is not possible, he should return home and make the *eruv*, but only if he can do so without missing the opportunity to *daven Minchah* with the congregation [תְּפִלָּה בְּצִבּוּר].[44] If returning home will cause him

---

רבא לרב אשי הוא דלרבא צריך שיניח העירוב תבשילין בערב יו״ט דוקא כדי שיברור מנה יפה לשבת, שהרי אם יניח העירוב כמה ימים קודם יו״ט, עדיין כשיגיע ערב יו״ט לא יהא נזכר על צרכי שבת ולא יברור מנה יפה לכבודו.

אמנם לרב אשי יכול לעשותו אפי׳ קודם ערב יו״ט, משום דכיון דעכ״פ כבר התחיל להכין לשבת קודם יו״ט זה מספיק. והמ״ב בס״ק מד כתב דהמחבר לכתחילה החמיר כרבא, ובדיעבד התיר לסמוך על רב אשי.

42. מ״ב שם ס״ק מה. וע׳ בשו״ת שיח יצחק סי׳ רמב שדן אם מותר לעשות עירוב תבשילין ליל ערב יום טוב, ואחר מו״מ שם מסיק דאפשר להקל בזה רק בשעת הדחק. וכן פסק הגאון ר׳ שמואל ואזנר שליט״א, הובא בספר עירוב תבשילין הערוך ח״א דף שיז.

43. כן מבואר לענין עירובי חצרות, הובא במ״ב סי׳ רסא ס״ק יא, וה״ה לכאורה בעירובי תבשילין וכן פסק בשו״ת דברי מלכיאל ח״א ס״ז. וע׳ אריכות בזה בספר עירוב תבשילין הערוך ח״ב ס׳ טז הלכה ג.

44. מ״ב ס׳ תקכ״ז ס״ק ד. ועי״ש שכתב בזה״ל: וכתבו האחרונים דאם קיבל עליו יו״ט באמירת ברכו שוב אין יכול לערב, דקבלת יו״ט נחשב הזמן כיו״ט ודאי. ודוקא בקבלת ברכו שהוא קבלת הציבור, ואף אם הוא לא אמר ברכו נגרר אחר הציבור, אבל קבלת עצמו אף שקיבל בפירוש אפשר דלא מהני לענין זה ויכול עדיין לערב אם עוד לא חשכה, ובשעת הדחק אף אחר ברכו כ״ז שלא התפללו הציבור מעריב יוכל לערב אם לא חשכה עדיין, עכ״ל. אמנם לכאורה פשוט דהא דהיחיד נגרר אחר קבלת יו״ט של רוב הציבור היינו דווקא כשיש רק בית כנסת אחד בעירו, אבל אם יש שם עוד בתי כנסיות, ובהם לא קבלו עדיין יו״ט, אזי אין היחיד נגרר אחר הציבור של בית הכנסת שרגיל להתפלל שם, אפי׳ אם רוב אנשי העיר מתפללים בו, כיון דאפשר לו לקבל יו״ט בבית הכנסת אחר.

to miss the congregation's *Minchah,* he should go to the house of someone who lives near the shul and make an *eruv* there. This will enable him and his family to cook in his own home, even though the *eruv* is elsewhere.[45] [An *eruv* is valid only if it is in one's home or is accessible. Here, it is valid because it can be brought home on Yom Tov.]

If even this is not possible, one can establish the *eruv* while in shul by saying the following text:
פַּת וְתַבְשִׁיל שֶׁאֶקָּחֶנּוּ כְּשֶׁאָבֹא לְבֵיתִי יִהְיֶה מֵעַכְשָׁיו לְעֵרוּב תַּבְשִׁילִין,
"The bread and cooked food that I will take when I return home should from this moment be designated for an eruv tavshilin." In this instance, one does not recite either the *berachah* or the בַּהֲדֵין עֵרוּבָא formula.[46] Upon returning home, one sets aside a portion of cooked food and a loaf of bread as his *eruv.*

In some instances, an *eruv tavshilin* may be established on the first day of Yom Tov. This will be discussed below, in Sec. VI.

---

45. מנ״ה אפרים סי׳ תרכ״ה סל״ג ול״ז.

46. מקור לזה הוא בתפארת ישראל ביצה פ״ב מ״א, וז״ל: ולפענ״ד אם יש לו פת ותבשיל בביתו יכול גם בבית המדרש לומר פת ותבשיל שאקחנו כשאבוא לביתי יהיה מעכשיו לעירוב תבשילין ויברך, ואף שיש לו כמה לחמים והרבה תבשילין בביתו, הרי בדרבנן יש ברירה, וכשבא לביתו יפריש פת אחד ותבשיל ויניחנה לשבת. ואף שאין העירוב בידו בשעת ברכה לית לן בה וכו׳, עכ״ל.

אמנם כמה פוסקים חולקים על התפארת ישראל, והם: שו״ת מהרש״ם ח״ב ס׳ לו, שערים המצוינים בהלכה סי׳ ק״ב ס״ק ד, עיקרי דינים או״ח סי׳ כד אות ח. וחד מטעמיהם הוא משום שצריך שיהיה התבשיל בידו או לפניו בשעת הברכה.

אמנם יש כמה פוסקים שהסכימו כי אף שלכתחילה ודאי אין לסמוך על דברי התפארת ישראל ולברך ברכה רק יאמר הנוסח שכתבנו בפנים. אלף המגן ס׳ תרכ״ה ס״ק נא, שו״ת מנחת יצחק ח״ז ס׳ ל״ו.

ובספר מאור השבת חלק א׳ עמוד תצג אות ח כתב בשם הגרש״ז אויערבאכך זצ״ל, וז״ל: שאם שכח לעשות עירוב תבשילין ועדיין לא שקעה החמה, והוא נמצא כעת בביהמ״ד ואינו יכול לחזור לביתו יכול לעשות בביהמ״ד על ביצה ומצה המונחים בביתו שיהיו עירוב תבשילין, אבל אינו יכול לברך ע״ז. אבל אם ייחד בביתו את העירוב תבשילין ורק שכח לברך יכול גם בביהמ״ד לברך, עכ״ל.

אמנם ע׳ בספר מאור השבת ח״ב דף ט שהגאון ר׳ שלמה זלמן זצ״ל הוסיף בזה וז״ל: אך הואיל וראיתי שגם אחרים כבר דנו בזה אם אפשר לברך באופן זה ולא זכרו כלל חילוק זה, גם אני חוזר ממה שכתבתי, ויותר מסתבר ששני האופנים ובשניהם אפשר לברך. אך מי שחושש בזה מלברך גם הוא יתברך, עכ״ל.

V. Who Is Required to Make an *Eruv Tavshilin*

Any person intending to do Shabbos preparation on Yom Tov requires an *eruv tavshilin*. However, not every person in each household is required to make a personal *eruv*. The custom is that the head of the household makes one *eruv* upon which the remaining members of the household rely. Household members include one's wife, single or married children and other guests who are staying for Yom Tov.[47]

◈§ Cases Where Limited Shabbos Preparation Is Necessary

The authorities are in dispute as to whether an *eruv tavshilin* is needed by one who will merely light candles for Shabbos but will not do any other *melachah* (e.g., one who will sleep at home but eat all the Shabbos meals elsewhere). The *halachah* is that an *eruv* should be made and בַּהֲדֵין עֵרוּבָא recited, but the *berachah* should be omitted. Thus, if a couple will sleep at home and eat the Shabbos meals elsewhere, but will light candles at home, they should establish an *eruv* without reciting the *berachah*.

The authorities are similarly in dispute as to whether an *eruv* is necessary for a case where the only *melachah* that one needs to do for Shabbos is carrying something outdoors. In this case as well, one should prepare an *eruv* and recite בַּהֲדֵין עֵרוּבָא, but should omit the *berachah*.[48]

VI. Laws Pertaining to One Who Has No *Eruv Tavshilin*

In absence of an *eruv tavshilin*, one may not cook for

---

47. ע׳ בשלחן ערוך הרב סי״ח, וז״ל: בני ביתו האוכלים מעיסתו ומתבשילו א״צ לזכות להם, והם מותרים לעשות כל מלאכת אוכל נפש מיו״ט לשבת ע״י עירובו של בעל הבית, לפי שהם טפלים לבעה״ב ונגררים אחריו כיון שהן אוכלים מאכליו. ואעפ״י שאין אוכלין מתבשיל אחד מ״מ כיון שהתבשיל שהן אוכלין הוא שלו הרי הן טפלין אצלו ויוצאים בעירובו, עכ״ל. וע׳ בא״א מבוטשאטש שכתב דהמנהג פשוט שבעל הבית מערב ויוצאים ידי חובתם בזה כל ב״ב, עי״ש.

48. שו״ת מנחת יצחק ח״ז סי׳ ל״ו. חזון איש זצ״ל הובא בספר עירוב תבשילין הערוך עמוד פ. וע׳ בזה בשו״ת אג״מ או״ח ח״ה סי׳ כ ס״ק כו.

Shabbos and even others who made an *eruv tavshilin* may not cook his food for him. [However, they may cook their own food and then give it to him.] This pertains whether one forgot or neglected to prepare an *eruv tavshilin*, or he prepared one but it was eaten or lost before the Shabbos preparations were concluded. However, there are several mechanisms through which one who did not make an *eruv* before Yom Tov can be permitted to do *melachah* for Shabbos. These will now be described.

A. Making an *Eruv* on Yom Tov

It has been explained previously (see p. 23) that the custom of observing two days of Yom Tov outside Eretz Yisrael originated during the times of the Temple on account of the doubt that existed in distant areas as to when the new month had begun. Since observance of the two days began due to uncertainty as to which was the actual day of Yom Tov, each of the two days is treated as a separate period of holiness. Although *melachah* is fully forbidden on each day, when the two days are viewed together each one is accorded doubtful status in relation to the other one. This results in a leniency regarding *eruv tavshilin*.

When Yom Tov falls on Thursday and Friday, the *eruv tavshilin* must be established on Wednesday, which is Erev Yom Tov. However, if one forgot to do so, one can make the *eruv* on Thursday, the first day of Yom Tov, by employing a special procedure. The person designates the food for his *eruv* and stipulates: "If today is actually Yom Tov, tomorrow (Friday) is a weekday and no *eruv* is needed to permit Shabbos preparation; and if today is in reality a weekday, this *eruv* shall be effective — בַּהֲדֵין עֵרוּבָא etc." He may then cook on Friday for the upcoming Shabbos.[49]

The preceding suggestion cannot be employed on Rosh Hashanah, since the two days of Rosh Hashanah are considered one long period of holiness. Obviously, it also cannot be em-

---

49. ש"ע סי' תקכ"ז סכ"ב.

ployed when the first day of Yom Tov falls on Friday.

B. Relying on the Rav's *Eruv*

A person may establish an *eruv tavshilin* on behalf of other people, including those who are not members of his household, by following the procedure described below, in Paragraph D. It is in fact customary for the Rav of each community to include his entire community in his own *eruv tavshilin*. This practice was instituted to permit those who forgot or were unable to make their own *eruv* to cook and do other *melachos* for Shabbos. However, it does not exempt anyone from making his own *eruv*. One may rely on the Rav's *eruv* only if he inadvertently forgot to make an *eruv*, or was prevented from doing so by circumstances beyond his control, or prepared an *eruv* which was later lost. One who was simply lazy or forgot on account of his own negligence is not included in the Rav's *eruv*.[50]

If a person forgot to establish an *eruv tavshilin* on two consecutive occasions that called for one, he is deemed to have forgotten out of negligence and may not rely upon the Rav's *eruv*. However, if there was a Yom Tov in between for which he made an *eruv tavshilin*, he may rely on the Rav's *eruv* the next time he forgets.[51]

---

50. ש״ע סי׳ תקכ״ז ס״ז, וז״ל: מצוה גדולה על כל גדול העיר לערב וכו׳ כדי שיסמוך עליו וכו׳ או שהניח עירוב ואבד. ואמנם ראיתי פלע בשו״ת התעוררות תשובה סי׳ שכב וז״ל: נסתפקתי במי שהניח עירוב תבשילין ואח״כ נאבד עירובו, אם יוכל לסמוך על גדול העיר. דכיון שהניח בעצמו עירוב גלי דעתיה שאיננו סומך על גדול העיר, או י״ל כיון שהמצוה לכתחלה שיניח כל אחד ואחד עירובו ולא יסמוך לכתחלה על גדול העיר, רק באם שכח ולא פשע יכול לסמוך על עירובו של גדול העיר, אך זה כיון שהניח עירוב בעצמו א״כ היה רוצה לקיים המצוה כתיקונה, ולא לסמוך על גדול העיר. אבל י״ל שבזה שהניח עירוב בעצמו, לא הראה בזה שאיננו רוצה לסמוך עצמו על גדול העיר, והוי כמי שהניח שני עירובי תבשילין שאם יאבד הא׳ יסמוך על השני עכ״ל.

ולכאורה דבריו הם כנגד דברי השלחן ערוך ועי״ש בהגהות עקבי סופר מה שכתב בזה.

51. כף החיים סי׳ תקכ״ז ס״ק מ״ח, ובשו״ת בצל החכמה ח״ו סי׳ צ״א. וע׳ בערוך השלחן ס׳ י״ח שהוא סובר שבזמננו שהטרדה רבה אפי׳ מי ששכח ב׳ פעמים זה אחר זה אין דינו כפושע ויוצא בעירוב של גדול העיר.

אמנם ע׳ בחיי אדם כלל ק״ב ס״ז שכתב שאפי׳ אם לא שכח שני ימים טובים רצופים נקרא פושע.

C. Other Possibilities

In the event that one did not make an *eruv* Erev Yom Tov or the first day of Yom Tov, and one is unable to rely on the Rav's *eruv*, there is still a possibility for permitting some Shabbos preparation. One should consult a halachic authority for guidance as to the details of what might be permitted in each situation.

D. Procedure for Making an *Eruv* on Behalf of Other People

As stated, a person may establish an *eruv tavshilin* on behalf of others. In order for the *eruv* to be effective for another person, the *eruv* has to become the legal property of that person as well. One can accomplish this by having an adult who is not an immediate member of one's household lift the *eruv* to the height of one *tefach* (approximately four inches) and thereby acquire shares in it on behalf of those whom one wants to include in his *eruv*.[52] In the event that an adult from a different family is not available, an adult member of one's own family may do this.[53] After the necessary people have acquired shares, one takes back the *eruv* and recites the *berachah* and the בַּהֲדֵין עֵרוּבָא text, adding the following words at the end of that text: לָנוּ וּלְכָל יִשְׂרָאֵל הַדָּרִים בָּעִיר הַזֹּאת, *for ourselves and for all Jews who live in this city.*

E. Change of Location During Yom Tov

It was mentioned previously that the *eruv* must be accessible to a person in order for him to be permitted to rely on it. If someone was forced to relocate on Yom Tov — for example, one had to travel to a hospital in a different town — and he left the *eruv* at home, it is no longer valid for him. However, he may

---

52. ש״ע סי׳ תקכ״ז ס״י.

53. ע׳ מ״ב ס״ק לד וז״ל: ובהני דאיכא פלוגתא שם, כגון באשתו שמעלה לה מזונות או בבנו גדול שסמוך על שלחנו שמסקינן שם דבדיעבד סומכין לקולא, ה״ה הכא עכ״ל, ועי״ש.

rely upon the *eruv* prepared by the Rav of the community to which he relocated.[54]

VII. Summary of Laws

⊷§ The Basis for *Eruv Tavshilin*

- The *eruv tavshilin* is a food that has been prepared before Yom Tov and set aside for Shabbos.

- Biblically, it is permitted on Yom Tov to cook extra food for Shabbos either because of the possibility that guests will arrive and eat it, or because *melachah* for Shabbos needs is permitted outright on Yom Tov. However, it is prohibited Rabbinically to engage in Shabbos preparation unless one established an *eruv tavshilin*.

- Ideally, one who made an *eruv tavshilin* should complete all cooking for Shabbos early enough so that the food will be suitable for serving if guests should arrive. However, if this was not done, one may cook until the end of the day.

⊷§ What Is Permitted on the Basis of *Eruv Tavshilin*

- All *melachos* related to food preparation that are normally permitted for the sake of Yom Tov needs may be performed for the sake of Shabbos needs on the basis of an *eruv tavshilin*.

- When the benefit of the *melachah* is unrelated to the consumption of food (e.g. carring a *machzor*), it is preferable that one find a way to derive some benefit from the *melachah* on Yom Tov itself. If this is not possible, one may do it for the sake of Shabbos.

- Preparation that does not involve *melachah* (e.g. neatening a room) is permitted even when the benefit is unrelated to the consumption of food.

- It is prohibited to prepare for Shabbos on Thursday, when that is the first day of Yom Tov.

---

54. שו״ת שבט הלוי ח״ח סי׳ קכב.

◆§ Establishing the *Eruv Tavshilin*

- One holds a cooked item and a baked item in one's right hand (where feasible), and recites the *berachah* and בַּהֲדֵין עֵרוּבָא text.
- One who omitted בַּהֲדֵין עֵרוּבָא may say it while holding the *eruv* any time before Yom Tov.
- If one used only a cooked item, the *eruv* is valid, but if one used only a baked item, it is not valid.
- One who used only either a cooked or a baked item should add the other item before Yom Tov begins and repeat בַּהֲדֵין עֵרוּבָא.
- One who does not intend to bake for Shabbos may initially use only a cooked item.
- The cooked item should be a food which normally accompanies a bread meal (e.g. meat, eggs). It must be at least the size of an olive [כְּזַיִת]. Preferably, it should be a nice portion and should be cooked specifically for the purpose of *eruv*. A perishable food must be refrigerated so that it will not spoil before Shabbos.
- The baked item should be bread or matzah — preferably a whole one, but at least a piece the size of an egg [כְּבֵיצָה]. If no bread or matzah is available, one may use cake made from any of the five species of grain whose *berachah* is בּוֹרֵא מִינֵי מְזוֹנוֹת.
- The *eruv* should be stored in a safe place, since it must remain intact until the Shabbos preparations have been concluded.
- One should preferably use the *eruv* loaf for *lechem mishneh* on Shabbos, and eat it at the third meal. The cooked food should also be eaten on Shabbos.

◆§ When to Establish the *Eruv Tavshilin*

- The *eruv tavshilin* should be established on Erev Yom Tov. If it was established earlier, one should preferably repeat בַּהֲדֵין עֵרוּבָא on Erev Yom Tov.

- The *eruv* can, if necessary, be established during *bein hashemashos* (twilight).
- One who left for shul without preparing an *eruv*, and cannot telephone home or return without missing the congregational *Minchah*, may make an *eruv* in a house near the shul.
- When necessary, one can establish the *eruv* in shul by reciting a special text (see above).

⇨§ Who Is Required to Make an *Eruv Tavshilin*

- The head of each household makes an *eruv* for his entire household.
- One who does not intend to do actual *melachah* for Shabbos should make an *eruv* but omit the *berachah*.
- The same applies to one whose only Shabbos preparation will be lighting the candles or carrying something through a public domain.

⇨§ Laws Pertaining to One Who Has No *Eruv Tavshilin*

- One who has no *eruv tavshilin* may not cook or do *melachah* for Shabbos. [In cases of necessity, a halachic authority should be consulted.]
- Others who made an *eruv tavshilin* may not cook his food for him, but they may cook their own food and then give it to him.
- If the first day of Yom Tov is Thursday, one may establish the *eruv* on Thursday by means of a special stipulation (see above). However, this does not apply on Rosh Hashanah.
- One who forgot to make an *eruv* or whose *eruv* was lost may rely upon his Rav's *eruv*. However, one who is negligent or who forgets twice consecutively may not rely on the Rav's *eruv*.
- One who was forced to relocate on Yom Tov may rely upon the *eruv* prepared by the Rav of the community to which he relocated.

Index

Index

Accepting Yom Tov with candle lighting, 249
Adding an extra measure to the pot, 26
Adhesive notes, fastening, 182
Adhesive tapes
  on band-aids, 180
  on disposable diapers, 181
Admitting to hospital, writing, 154
Air Conditioner, turning off, 238
Amount of candles to light, 245
Animals
  adding extra to a pot, 41
  carrying for, 41
  doing *melachah* for, 6,41
  feeding, 6, 42
  grinding, 41
  trapping, 139
Apples
  peeling, 60
  removing core with corer, 66
  removing rotten portion, 59
  squeezing, 47
Appliance, moving, 220
Applying
  cream, 202, 240-241
  Desitin, 202, 240-241
  Vaseline, 202, 240-241
  Vitamin E, 201
Aspirin, taking, 228, 233, 236
Baby carriage, 21, 130
Baby
  carrying items for, 130
  cereal mixing, 84
  diapering, 181
  giving medicine, 235, 238

Baby lotion, 209
Baby, measuring food, 161
Baby oil, applying, 209
Babysitter, earning money, 172
Baby washing, 209
Baby wipes, using, 209
Bags
  opening, 189
  opening, tied with string, 195
  sealed with twist-tie, 197
  tying with double knot, 197
Baked goods
  crumble into tiny pieces, 75
  decorating cakes, 150
Banana, mashing, 75, 79
Bandages, fastening, 197
Band-aids
  fastening, 180
  opening, 192
  removing, 147, 181, 192
  removing tabs, 181
Bar soap, 201, 208
Bathing
  bar soap, 201, 208
  cases of necessity, 206, 207
  child, 206
  discomfort, 205, 207
  extremely dirty, 207
  infant, 206
  limb by limb, 206
  liquid soap, 201, 208
  part of the body, 205
  person who is sick, 207
  shower, 205
  the entire body, 203
  turn on hot water, 203, 207
  water heated before Yom

Tov, 204
water heated for permitted use, 207
with cold water, 205
with sponge, 208
with washcloth, 208
Beard brushing, 145
Bee bite, applying Calamine lotion
Bees
 killing, 140, 144
 trapping, 139
bee's wax, smoothing, 200
Bein hashemashos
 doing *melachah* for benefit after nightfall, 24
 doing *melachah* for benefit during *bein hashemashos*, 24
Benefiting from candles, 255
Bircas HaMazon
 if a man forgot *Yaaleh Veyavo*, 266
 if a woman forgot *Yaaleh Veyavo*, 267
 on Yom Tov, 266-268
Birds, trapping, 139
Biting
 nails, 138
 skin, 148
Blintzes, making extra, 88-89, 92
Blood drawing, 141
Blood pressure, measuring, 161
Bones
 chicken, 67
 edible, 223
 fish, 67
 how to remove, 67
 meat, 67
 moving, 222-223
 with edible marrow, 223
 with gravy, 223
Bookmark, putting in *sefer*, 155
Books
 putting together torn page, 155

with letters on the side, 155
Borrowing
 for long term, 158
 returning item, 158
Bottle caps
 opening, 187
 removing, 187
Bows, tying, 194
Boxes, opening, 189
Bread for *Havdalah*, 266
Breaking
 bottle cap, 187
 designs on food, 151
 lettering, 151
Bris Milah, lighting a candle, 97
Berachah for candle lighting
 for Yom Tov, 245
 said wrong *berachah*, 246
 when to recite the *berachah*, 250
 when Yom Tov occurs on Shabbos, 246
Brooch, pinning on, 180
Brushing
 beard, 145
 hair, 145
 wig, 147
Bug, removing from liquid, 68
Burns, treating, 233
Business transactions
 borrowing, 157-158
 buying, 157
 earning money, 166
 giving gifts, 159
 measuring, 160, 162
 renting, 169
 selling, 157
 weighing, 160
Butter
 frying with, 201
 smearing on pan, 201
 smoothing on bread, 201
Button, pulling thread to secure, 182

Buying
  for *mitzvah*, 157
  if needed on Yom Tov, 158
  mentioning, 158
  mentioning weights, 158
  paying, 158
  taking foods from store, 158
  taking goods from store, 158
Cake
  carving, 150
  crumble into pieces, 75
  cutting letters, 151
  cutting with decorations, 151
  cutting with figures, 151
  cutting with letters, 150-151
  decorating, 150
  spraying whipped cream, 147, 151
Candle lighting
  accepting Yom Tov with, 249
  berachah before or after lighting, 250
  by husband, 249
  doing *melachah* after, 249-250
  for Rosh Hashanah, 248
  for Yom Kippur, 257
  for Yom Tov, 244-260
  in hospital, 258
  in hotel, 257
  man who lights, 249
  procedure for, 250
  time for lighting, 251-254
  when eating out, 256
  when Yom Tov falls on a weekday, 251
  when Yom Tov falls on Shabbos, 254
Candles
  bris milah, 97
  cutting, 254
  forgot to light, 245
  Havdalah, 265
  lighting one from another, 96
  melt bottom, 254
  number needed, 245

number needed when away from home, 245
  type, 255
  wax in holder, 254
  yahrzeit, lighting, 99
Candlesticks
  moving, 220, 255
  muktzah, 220
Candy bars, opening, 191
Can, opening, 190
Cantaloupe seeds, removing, 67
Cantor, earning money, 170
Can with peel-off seal, opening, 191
Caps of bottle, opening, 189
Capsule, puncturing, 236
Cardboard boxes, opening, 189
Care of infection, 231
Carrying
  after sunset, 24-25, 116
  baby bag, 130
  baby carriage, 130
  bein hashmashos, 25, 35
  blanket, 130
  car key, 124
  child, 130
  cigarettes, 112
  clothes, 114
  during twilight, 25
  esrog, 117, 127
  extra items, 112, 133
  food, 113
  food for non-Jew, 39
  for an animal, 6
  for a non-Jew, 36, 39
  for another day, 116
  for a possible need, 116
  for a weekday use, 116
  for a Yom Tov need, 113-116
  for enjoyment, 114, 130
  for *mitzvah*, 114, 117, 127-130
  for no purpose, 116
  haggadah, 116, 130

house key, 120-122
inadvertently, 123
items that already fulfilled their purpose, 116
items that could have been carried before Yom Tov, 115
jewelry, 120
key ring, 124
kittel, 116, 127
lulav, 117-118
lulav for a woman, 118
machzor, 127-129
machazor for *tashlich*, 129
medicine, 22, 234
more items than necessary, 123
pacifier, 130
pampers, 130
raincoat, 115
sefarim, 127, 130
tallis, 127
tissues, 114
to prevent a loss, 119-122
to relieve anxiety, 119
trash, 122
watch, 126

Carton, opening, 191

Carving
cake, 150
egg salad, 150
fruit, 150
letters, 150
melon, 150
pictures, 150
shapes, 150
vegetables, 150

Cash payment, earning money, 167

Caterer, earning money, 173

Cereal box, opening, 189

Challah
crumble to pieces, 76
if dipped in wine, squeezing, 47
if dipped in wine, sucking, 60

Chametz, selling, 157

Cheese
chopping into pieces, 73
grinding, 80
slicer, 77

Chicken
cooking, 85
plucking feathers, 145
removing bones, 67
sewing, 176

Child
bathing, 206
diapering, 181-182
giving medicine, 238
measuring food for, 161

Children
taking temperature, 161

Children sick, treating, 238

Children's shoelaces, tying

Chocolate letters
breaking, 151
writing, 150

Choleh she'ein bo sakanah
taking medicine, 23
what gentile is permitted to do, 234

Choleh sheyeish bo sakanah
definition, 230
laws pertaining, 231

Cigarette
burning of imprinted words, 110
carrying outdoors, 110
extinguishing, 109
lighting, 109, 96
lighting through an intermediary, 96
opening, 110
smoking, 104-108
tapping, 109

Cold
turning off air conditioner, 238
turning on heat, 238

Cold water
  bathing, 204
  vaporizer, 239
Cold weather, 205
Coloring, 150
Combing
  hair, 145-146
  wig, 147
Comb, using, 146
Compensation
  for performance of a *mitzvah*, 170
  voluntary, 170
  without material benefit, 170
Compress, 240
Cooked chicken, plucking feathers, 145
Cooking
  blintzes, 85, 89, 92
  breading chicken, 89
  definition, 85
  extra chicken, 86
  extra portions, 86
  extra quantity to enhance the food, 90
  for after Yom Tov use, 85
  for gentile, 36-41
  for maids, 37, 40
  for non-Jews, 36-40
  for non-observant Jew, 36, 43
  for sick person, 228, 234
  from one day to another, 85
  fruit, 86
  frying extra food, 88, 92
  if tastier if cooked before Yom Tov, 86
  jello, 86
  kreplach, 92
  larger kugel, 92
  latkes, 92
  lowering flame, 100-102
  more than needed, 87, 91
  permitted even if possible before Yom Tov, 85
  stuffed cabbage, 92
  that could have been done before Yom Tov, 85
  that should be done before Yom Tov, 86
  with a *shinui*, 86
Cream
  applying on wound, 240-241
  removing from container, 240-241
  smearing, 240-241
Creating a new entity
  canned whipped cream, 137
  causing new entity, 137
  crush ice, 135
  definition, 135
  defrosting, 137
  directly, 135
  dissolving liquid, 137
  freezing, 138
  frozen concentrate, 137
  frozen ices, 137
  hot water on greasy dishes, 136
  indirectly, 137
  making frozen ices, 137
  making ice cubes, 137
  pouring hot water on congealed gravy, 136
  using bar of soap, 92, 110
Creating new fire, 60, 66
Creating new flame, 93
Croup condition, 239
Cucumber salad, making, 61, 132
Cucumbers
  peeling, 61, 131
  pickling, 51, 132
  salting, 56, 63, 69-70
Cutlery, selecting, 69, 217
Cutting
  between letters, 151
  cake with decorations, 151
  cake with letters, 151
  food into letters or numbers, 153
  food into shapes, 150

food wrappers, 153
fruit, 75
fruits before meal, 60
fruits with letters, 153
hair, 145
letters or pictures, 150
nails, 148
scabs, 148
shapes, 151-152
shoelace, 195
skin, 147
sticker, 152
string, 195
vegetables, 73-75
watermelon ball, 149
word on fruit, 152
Dangerously ill, 230-231
Davening Minchah after lighting candles, 250
Dead skin
  biting, 149
  peeling, 149
  removing, 149
Defrosting
  chicken, 136
  near oven, 136
  solid dry items, 136
Designs, on food, 149-152
Diaper rash, 240-241
Diapers
  carrying, 130
  disposing of, 181
  fastening tapes, 181
  opening, 181
  removing tabs, 181
  taping, 181
  tearing if folded, 182
Dirty pot, filling with water, 32
Dishes
  arranging in dishwasher, 217
  have more of that set, 215
  if needed for that day, 213
  rinsing, 215
  selecting from pile, 57, 69-70
  soaking, 215
  sorting, 217, 269
  storing in dishwasher, 217
  washing amount required, 214
  washing to alleviate discomfort, 216
Dishwasher
  if dishes improperly positioned, 217
  sorting cutlery, 57, 69-70
  storing dishes, 57, 69-70
Dissolving ice, 136
Dissolving liquids
  frozen concentrate in liquid, 136
  ice cubes, 136
  near oven, 136
Doctor, earning money, 174
Dominoes, playing, 154
Double knot, tying, 193, 195
Doubt, if needed carrying, 113
Dough, making 83
Drawing blood, 141
Drink, removing object, 68
Drinking wine, 259
Ear drops, 233
Earning money
  babysitter, 172
  cantor, 170
  cash payment, 167
  caterer, 173
  chazzan, 170
  doctors, 174
  forgiving a debt, 167
  for performance of a *mitzvah*, 170
  interest, 174
  mikveh, 173
  reading from Torah, 170
  rental income, 169
  restaurant, 173
  service for gentile, 167
  service for Jew, 167

shofar blowing, 170
tutor, 172
vending machines, 174
voluntary compensation, 170

Eating
  afternoon of first day, 243
  eating on Erev Yom Tov, 242
  meat, 259

Egg for *eruv tavshilin*

Egg salad, making, 84

Eggs
  chopping into pieces, 71
  grinding, 71
  peeling, 60
  salting, 133
  shells, moving, 222
  slicer, 75
  smoothing on bread, 261

Electric burners
  lower heat, 226
  raise heat, 226
  turn off, 226
  turn on, 94

Electric coil, lighting a flame, 95

Electric cooktop, 226

Electric lights,
  for Yom Tov candle, 255
  turning on, 94

Electric ovens
  lower temperature, 227
  open door, 227
  raise temperature, 227
  turn off, 226-227
  turn on, 226-227
  lowering, 226-227
  opening, 226-227

Employees, non-Jew inviting, 40

Enlarging an existing flame, 95

Erasing
  illegible marks, 150
  letters, 150
  letters on books, 155
  numbers, 150

  numbers on fruit, 153
  pictures, 150
  when tearing, 153, 185

Errors
  in candle-lighting *berachah*, 246
  in recital of *Havdalah*, 269
  in recital of *Kiddush*, 262

Eruv tavshilin
  already left house, 284
  amount of food needed, 281-282
  baked item, 282
  berachah, 279
  carrying, 285
  change of location on Yom Tov, 289
  cooked item, 281
  eruv eaten, 288
  fish
  food preparation, 276
  forgot baked item, 281
  forgot to say *behadein*, 280
  forgot to say *berachah*, 280
  light candles, 286
  lost, 288
  making an *eruv* on Yom Tov, 287
  making for someone else, 288-289
  making it in shul, 284
  matzah, 281
  meat, 281
  non-food preparation, 276
  one who has no *eruv*, 286-287
  prepared specifically for, 282
  preparing for Shabbos on Thursday, 278
  procedure, 279
  rationale for, 271-273
  Rav's *eruv tavshilin*, 288
  reasons for, 274
  relying on the Rav's *eruv*, 288
  saying in English, 280
  text, 279
  types of food needed, 280
  using the *eruv* on Shabbos, 283

what to do with it, 283
when to make, 283
who is included, 286
who is required to make, 286
Esrog, carrying home, 117, 127
Etch-a-Sketch, 155
Extinguishing, 101-105
Extinguishing a flame
  asking non-Jew, 103
  definition, 101
  electric stove, 104, 226-227
  for nonfood purposes, 101
  indirectly, 103
  lowering a gas flame for cooking, 101
  room too hot, 103
  walking outdoors with a fire, 104
Extra blintzes, baking, 89, 92
Extra chicken
  cooking, 88
  frying, 88
Extra effort, when doing *melachah*, 26-31
Extra items, carrying, 28, 123-125
Extra quantity, cooking, 87-89
Extracting liquids, see Squeezing
False teeth, paste, 84
Family members, non-Jewish inviting, 41
Fastening
  adhesive notes, 182
  a wound, 197
  band-aids, 180
  diapers, 181
  loose button, 182
  sanitary napkin, 182
  with safety pin, 179
  with straight pin, 179
Fat
  removing from meat, 68
  removing from soup, 68
Feeding

kosher animals, 6, 142
nonkosher animals, 142
Fire
  asking non-Jew to light, 96
  creating, 12
  extinguishing, 102, 109
  transferring through an intermediary, 96
  walking outdoors with, 103
Fish
  grinding, 73
  marinating, 133
  mashing, 73
  raw, moving, 221
  removing bones, 67
  squeeze lemon on, 53
  trapping, 139
Flame
  extinguishing directly, 101-103
  extinguishing indirectly, 102
  lighting, 94-97
  lowering, 101
  see *Lighting a fire*, 95, 96, 100
  walking outside, 104
Flies
  killing, 140, 144
  trapping, 139
Flour, sifting, 81
Fly in liquid, removing, 68
Food
  burning, lowering flame, 99
  carrying, 113
  carving, 150
  erasing letters, 151
  measuring, 160, 162
  measuring for ill person, 161
  measuring for infant, 161
  molding, 150
  packages, opening, 183
  removing stickers, 191
  removing wrappers, 191
  storage bags, tying, 197
  writing with, 150
Forbidden *melachos*, 7-12

Forgot to do *melachah* before
    Yom Tov, 14
Freezer
    broke down, 221
    removing food, 32
Freezing food
    creating new entity, 138
    dry food items, 138
    for after Yom Tov, 138
    liquid items, 138
    liquids, to prevent spoilage, 138
Fruit, carving, 150
Frying, extra food, 88, 92
Games
    dominoes, 154
    Etch-a-Sketch, 155
    Magna Doodle, 155
    puzzles, 155
    Scrabble, 154
Garbage
    carrying outdoors, 122
    moving, 222-223
    tying knot on bag, 197
Gas flame, lowering, 101
Gas igniters, 226
Gas ovens
    electric ignition, 96, 225
    lowering temperature, 226-227
    opening door, 226
    raising temperature, 225-226
    turning off, 101
    turning on, 225
Gas stoves
    with pilot, 225
    without pilot, 225
Gas valve, 226
Gifts
    raw meat, 159
    toys, 159
Glued packages, tearing, 176, 189
Grapefruit
    eating, 54
    juice that oozes out, 54

squeezing, 47
Grapes, crushed, selecting, 62
Grater, using, 73, 75, 77, 79
Grating horseradish on the
    first day for second day, 77
Gravy
    defrosting, 137
    freezing, 138
    on bones, 222
    pouring hot water on, 136
Grinding
    apples, 75, 79
    avocado, 75, 79
    baked products, 75
    bananas, 75
    bread, 75
    cake, 75
    cheese, 73
    cookies, 75
    definition, 71
    eggs, 73
    fish, 73
    flour, 72
    foods that don't grow
        from ground, 73
    foods that grows from
        ground, 71
    foods that lose a little flavor, 77
    foods that lose a lot of taste, 73
    fruit, 75
    horseradish, 77
    matzah, 76
    meat, 73
    nonfoods, 72
    nuts with grater, 80
    onions, 75
    pepper, 80
    potatoes, 75
    previously ground food, 76
    special utensils, 75, 77
    spices, 80
    that must be done in an unusual
        manner, 72
    that should be done prior to

Yom Tov, 76
vegetables, 75
which is forbidden, 72
with a household grinder, 77
with a masher, 75
with a *shinui*, 77
with egg slicer, 73
with mill, 77
Guest list, reading, 162
Hachanah, 31-35
Hair
 brushing, 144-145
 combing, 144
 plucking, 144
 ribbons, tying, 196
Hands, washing with hot water, 205
Havdalah
 errors in recital, 264
 forgot to make, 269
 mitzvah, 269
 one who does not have wine, 266
Headaches
 average, 235
 migraine, 231
 severe, 231
Heat, turning on, 238
Hems, loose, 182
Hiring for work to be done on Yom Tov, 169
Horseradish
 grating, 77
 grinding, 77
Hospital
 admission, writing, 154
 lighting candles, 258
Hotel
 buying soda, 159
 cooking for staff members, 37
 renting rooms, 173
 where to light candles, 257
Hot water

on greasy dishes, 216
opening, 212, 214-215
using to create steam, 239
vaporizer, 239
washing, 203-207
washing dishes, 213-215
House key, carrying, 120-122
Husband lighting candles,
Ice
 crushing, 134
 making, 137
 melting, 137
 placing on bump, 239
Ice-cream pops, opening, 191
Ice pops, opening, 191
Icing, smoothing on cake, 151
Illness, categories, 229
Illness that is not life threating, treating, 231-235
Illnesses that are life threatening, 230-231
Illnesses that are not life threatening, 233
Illumination, lighting fire for, 98
Income, see Earning money, 206
Increasing the amount for a non-Jew, 38, 41
Increasing the amount [of the product with which one does *melachah*], see also *Marbeh B'shiurim*, 26-31
Indirectly, extinguishing flame, 102
Infant
 bathing, 206
 diapering, 181-182
 giving medicine, 161, 238
 measuring food, 161
Infection, prevention, 236
Ingredients, measuring, 162
Insects
 killing, 140, 144

removing from liquid, 68
which cause severe pain, 144
Interest accrual, earning
  money, 174
Intermediary fire,
  after use, 76, 110
  for no purpose, 96
Inviting
  irreligious relatives, 41
  non-Jew for Yom Tov meal, 38
Irritation, skin, 240
Jello, preparing before Yom
  Tov, 86
Jewelry, buying for Yom Tov, 259
Jigsaw puzzle, playing with, 155
Juice cartons, opening, 186
Kerchiefs, tying, 198
Key
  carrying, 120-122
  ring, 124
Kiddush
  doubtful if made, 261
  has no wine, 266
  hearing from boy age 13 or girl
    age 12, 262
  minimum amount of wine
    in cup, 261
  text of Kiddush, 262
  when Yom Tov falls on Motzaei
    Shabbos, 263
  when Yom Tov falls on
    Shabbos, 262
  Yom Tov morning, 266
Kiddush b'makam seudah, 262
Killing
  animals, 140
  bees, 140, 144
  flies, 144
  insects, 140, 144
  mice, 139
  mosquitoes, 140, 144
Kitel, 116, 127
Kneading

baby cereal, 84
definition, 83
dough, 83
egg salad, 84
instant potatoes, 83
items which do not lose flavor,
  83
paste for false teeth, 84
permitted on Yom Tov, 83
tuna salad, 84
Knots
  bags, 196
  bows, 194
  children's shoelaces, 195
  double, 193, 195, 198
  end of *tzitzis*, 195
  food-storage bags, 196-197
  garbage bags, 196-197
  loose double knot, 195, 198
  ribbon, 196
  shoelaces, 195
  single, 194
  single with bow, 194
  slipknots, 194
  tightening, 195
Kosher, animals feeding, 142
Kreplach, 92
Kugel
  larger, 92
  squeezing out oil, 54
Label, removing, 153
Leasing, 167
Lechem Mishneh, 260
Lemonade, making, 53
Lemon
  slices in liquid, 53
  squeezing into liquid, 49
  squeezing into solids, 49
  squeezing into tea, 52
  squeezing onto fish, 53
  squeezing with cloth on, 53, 67
  sucking out juice, 50
Letters
  chocolate, 150

engraving, 150
from crumbs, 150
on cake, 151
on food, 150-153
on food, forming, 150
on seal, 153
tearing, 183, 191

Lighting a fire
by non-Jew, 97
creating a new flame, 96, 100
for a *bris milah*, 99
for a *yahrzeit* candle, 97
for illumination, 99
for warmth, 99
from an electric coil, 96
from an existing flame, 95
from the heat of a flame, 95

Lighting candles, time for, 251-254

Liquid soap, 201, 208, 216

Localized ailment, laws pertaining to, 234

Loose cream, 200, 240

Loose double knot, tying, 194, 198

Loose skin, 148

Lowering a gas flame for food purposes, 99

Lowering flame to cook, 101

Lulav
carrying from shul, 117
tying, 198

Machzor
carrying home, 127-128
carrying to *tashlich*, 129

Magna Doodle, 155

Magnetic writing board, 155

Maid, cooking for, 38

Man, lighting candles, 249

Marbeh B'shiurim (Increasing the amount)
blintzes, 88-89, 92
carrying extra items, 29
cooking, 26-28

cutting vegetables, 75
definition, 26
doing all at once, 26-31, 33
extra effort, 26
key ring, 30

Mashing, 71

Match, lighting from a fire, 95

Matzah,
crumbling, 76
measuring, 161

Meals on Yom Tov, 260

Measuring,
blood pressure, 161
cup for wine, 161
for cooking, 162
for ill person, 161
for infant, 161
nonfood items, 160-161
permitted, 160-162
temperature, 153, 161
with measuring cup, 162

Meat
raw, moving, 221
removing fat from, 68

Medication
carrying, 22, 234
measuring, 161

Medicine
forbidden to take, 228, 235
for preventive reasons, 236
measuring or weighing, 161
permitted to take, 233, 236

Melacha
before *Havdalah*, 270
carrying, 113-131
cooking, 85-93
doing *bein hashemashos* for benefit during *bein hashemashos*, 24
doing for pleasure, 4-16
doing if common to most people, 5
doing in an unusual manner, 14, 63, 76-77, 83, 86

doing on first day of Yom
  Tov for benefit on second
  day, 23
doing on the first day for the
  second day, 22-24
doing that will not benefit a
  Jew, 36
done in large amounts,
  10, 63, 72, 81
done on a large scale,
  10, 63, 72, 81
erasing, 150
extinguishing a fire, 101-105
extracting liquids, 44-54
food preparation, 3
for animal, 6, 41
for a non-Jew, 6, 36-41
for human pleasure, 4, 94, 114
for weekday, 23, 31, 116, 119
forbidden *melachos*, 7-13
kindling a fire, 94-100
kneading, 83
of grinding, 71-80
of sifting, 81
permitted *melachos*, 7-13
permitted without physical
  need, 4
permitted with physical
  need, 4
reaping, 7, 10
shearing, 145-149
sifting, 81
slaughtering, 140
sorting, 55-70
trapping, 7, 10, 139
unnecessary strain, 1, 31
with equal results if done before
  Yom Tov, 8, 86, 115
writing, 150
Melachos
  done in large amounts for weekday, 26-31, 87-89, 123-124
  done on a large scale, 9-11, 14
  which are permitted for *ocheil nefesh*, 7-16

Melon, carving, 150
Melting candles in candle-
  holders, 201
Mentioning weight, 158
Menus, reading, 162
Metal can opening, 190
Mice, trapping, 139
Mikveh
  charging money, 173
  cutting nails, 148
Milk cartons, opening, 186
Mill, utensil, 79
Minchah, after candle
  lighting, 250
Minor ailment, 235
Mitoch
  carrying, 21, 114
  cooking, 21
  definition, 17
  kindling, 21, 92
  restrictions, 21
  slaughtering, 21
  to which *melachos* it
    applies, 20
  Yom Tov need, 21-22
Mitzvah
  carrying for, 114, 117, 127-130
  earning money for, 170
  measuring for, 161
Mitzvah of
  Havdalah, 269
  Kiddush, 260
  rejoicing, 259
  three meals, 260
Molding, food, 150
Molid, see *Creating a new entity*
Money earning, see *Income*
Mosquitoes
  killing, 140-144
  trapping, 140-144
Motzaei Shabbos
  when Yom Tov falls on,

Sunday, 263
Muktzah
  bones, 223
  candles, 220, 221
  candlestick, 220
  cigarettes, 221
  clearing table, 223
  cooking utensils, 220
  egg shells, 221
  inherently *muktzah*, 220
  kneading bowls, 220
  matches, 221
  moving for food preparation, 223
  nolad, 221-222
  nut shells, 222
  pots, 220
  raw meat, 220
  raw potatoes, 220
  rolling pins, 220
  utensils of prohibited usage, 219
  Yom Tov falls on Shabbos, 222
Nails
  biting, 148
  cutting, 148
  going to *mikveh*, 148
Napkins, opening, 191
Nebulizer, use of, 239
Necktie, tying, 196
Nits, removing, 146
Nolad, 137
Nonfoods
  grinding, 72
  kneading, 83-84
  separating, 57, 69-70
  smoothing, 200-202, 240-241
Non-Jew
  asking to light a fire, 96
  care of sick by, 234
  cooking for, 36
  extinguishing a flame, 103
  giving medical treatment, 234
  invites himself, 39
  inviting, 36
  lighting a fire, 97
  lowering a flame, 103
  maids, 37, 40
  melachah for, 36
  sending food, 39
  serving coffee to, 41
Nonkosher animals, feeding, 142
Non-observant Jew, inviting for meal, 36
Numbers
  erasing, 150
  erasing from food, 151
  writing, 150
Nuts
  grinding, 76, 80
  moving shells, 222-223
Ocheil Nefesh, doing *melachah* for, 1
Oil, cleaning baby with, 209
Ointment, smearing, 202, 240
Omitted
  parts of *Kiddush*, 262
  Retzei, 266
  Yaaleh Veyavo, 266
Opening
  ark curtain, 156
  bags, 189
  band-aids, 180, 192
  book with stamped letters on edge, 155
  bottle cap, 187
  boxes, 189
  can, 190
  candy bars, 191
  can with peel-off seal, 191
  cardboard boxes, 189
  cartons, 191
  coffee packet, 191
  diapers, 181
  door, oven, 226-227
  door, refrigerator, 227
  ice-cream pops, 191
  ice pops, 191

juice carton, 186
metal can, 190
milk carton, 186, 191
napkins, 191
necktie, 196
paper bag, 189
paper seal over top, 191
paper towel, 191
plastic bag, 189
plastic carton, 191
potato chip bag, 189
sugar bag, 189
tissues, 191
tuna can, 190
wrappers, 191

Oranges
cutting letters, 153
squeezing, 46-147

Ovens
with pilot, 225
without pilot, 225

Pacifier, carrying, 129

Pain
severe, 231
slight, 235

Pampers, carrying, 130

Paper bag, tearing, 189

Paper towel, opening, 191

Peeler, use of, 75, 79

Peeling
apple, 60, 66
cucumber, 60, 66
eggs, 60, 66
fruits, 60, 66
vegetables, 60, 66
with peeler, 62, 66

Peel-off seal, opening, 191

Peels, moving, 222-223

Pepper and spices, grinding, 80

Perforated spoon, 66

Permitted *melachos*, 7-15

Pictures,
drawing, 150

erasing, 150
forming, 150
on puzzles, 155
playing games, 155

Pidyon HaBen, 157

Pineapples, squeezing, 47

Pits
from cantaloupe, 67
from watermelon, 67
moving after removed, 222-223
sorting, 56

Plastic
bags, opening, 189
carton, opening, 191
wrappers, opening, 191

Playing
Etch-a-Sketch, 155
Magna Doodle, 155
magnetic drawing board, 154
Scrabble, 154
with dominoes, 154
with letters, 155
with puzzles, 155

Pleasure, doing *melachah* for, 4

Pops, opening, 191

Potato-chip bag, opening, 139

Potatoes
grating, 75
mashing, 75
peeling, 60
raw, 220

Potato masher, 79

Pots, *muktzah*, 220

Preparing,
a *Sefer Torah*, 34
candles of Yom Tov, 254

Preparing, carrying items to
another location, 25, 32, 35
carrying items to another
location, 35
definition, 31
defrosting food, 32
during twilight for benefit after

twilight, 23-24
  during twilight for benefit
    during twilight, 23-24
  freezing food, 138
  from one day Yom Tov
    to another, 31
  moving items, 32
  preventive measures, 31
  removing items from
    freezer, 32
  salt water, 134
  setting table, 34
  that does not involve
    melachah, 31
  to prevent loss, 31
  to prevent spoilage, 31
  washing dishes, 212-213
Presents, giving, 159
Prevent loss, carrying, 119-120
Procedure for,
  Havdalah, 264
  Kiddush, 264
  lighting candles, 250
Prohibition of doing *melachah*
  for, 1-3
Pulling hair, 145-147
Pulse, measuring, 161
Puzzles, 155
Puzzles, playing with, 155
Rash
   applying Desitin, 240
   treating, 240
Reading
   periodicals, 163
   secular books, 163
Reaping, forbidden on Yom
   Tov, 10
Refrigerator, opening door, 227
Rejoicing on Yom Tov, 259
Removing
   adhesive, 181-182
   band-aids, 147, 181, 192
   dead skin, 149

food from freezer, 32, 137
gum from hair, 147
loose skin, 149
nails, 148
nits, 146
scabs, 149
sticker on fruit, 153
tabs on diapers, 181
warts, 149
Renting hotel rooms, 173
Restaurant, reading menu, 162
Returning items, 158
Ribbon, tying, 196
Rinsing dishes, 215
Room too hot, extinguishing
   flame, 103
Safety pin
   fastening items, 177
   in case of necessity, 180
   removing, 180
   straight pin, 179
   temporarily, 179
Salting
   cooked meat, 133
   eggs, 133
   fish, 132
   foods that can be altered by
      salt, 132
   making salt water, 134
   single pieces, 133
   vegetables, 133
   where salt doesn't have an
      affect, 132
Salt water, preparing, 134
Sanitary napkin, fastening, 182
Scabs, removing, 149
Scale, weighing, 161
Scooper, 156
Scooper, use of, 156
Scrabble, 144
Seals on container, peeling off, 191
Seam, if loose, 182

THE LAWS OF YOM TOV

Seating chart, reading, 163
Second day of Yom Tov, taking medication, 236
Seeds
  cantaloupe, 67
  cantaloupe, removing, 67
  honeydew, 67
  removing, 67
  watermelon, 67
Sefer, carrying, 126, 129
Sefer Torah
  carrying, 19
  preparing, 34
  preparing, 34
Selling
  chametz, 157
  for use on Yom Tov, 158-159
  pidyon haben, 157
Setting table
  for next day, 34
  Yom Tov night, 8
Seudah Shlishis, 260
Sewing
  definition of, 176
  hem, 182
  loose hem, 182
  loose seam, 182
  tightening loose thread, 182
  with safety pin, 179
  with straight pin, 179
Sew up chicken, 176
Sheitel, comb, 147
Shoelaces
  children's, 195
  tying, 195
Shower, see *Bathing*
Shul, lighting candle, 99
Sickness,
  attending to with aid of non-Jew, 234
  breathing difficulties, 239
  categories, 229-235

high fever, 231
Sick or injured children, 235
Sifting
  coffee beans, 81
  flour, 81
Silverware
  selecting for setting table, 69-70
  sorting in dishwasher, 69
  washing, 215, 217
Single, knot, tying, 194
Single knot with bow, tying, 194
Skin
  biting, 148
  removing, 148
  tearing, 148
Slaughtering
  animal, 140
  chicken, 140
Slipknot, tying, 194
Smearing
  cream, 202, 240
  Desitin, 202, 240
  Vaseline, 202, 240
Smoking
  burning of imprinted words, 190
  cigarette lighter, 109
  considered benefit to most people, 104-105
  extinguishing, 109
  lighting a cigarette, 108
  opening package, 109
  reason for being forbidden, 104
  reason for being permitted, 109
  tapping a cigarette, 109
Smoothing
  baby lotion, 209
  bee's wax, 200
  cream, 202, 240
  definition, 200
  extremely thick oil, 200

icing on cake, 201
potato salad, 201
soap bar, 201
soap liquid, 201
surface of tuna/egg salad, 201
thick lotion, 200

Soap
bar, 201, 208, 216
liquid, 201, 208, 216

Sorting instruments
apple corer, 66
colander, 66
dripping tea bag, 67
lemon being squeezed on cloth, 67
perforated spoon, 66
sieve, 66
strainer, 66
vegetable peeler, 66, 75, 79

Sorting/Separating
bones, 67
cutlery, 56, 69
definition, 55
dishes in dishwasher, 69-70
for later use, 61-62
from two different types of food, 56
has permissible option, 62
large amounts, 63
least amount of bother, 62
liquid from tuna, 54
melon seeds, 67
nonfoods, 57, 69
one item from mixture, 55
peel from fruit, 60, 66
peel from vegetable, 60, 66
peeling food. 60, 66
perforated spoon, 66
pits from food, 56
platter of mixed cold cuts, 63
possible before Yom Tov, 63
removing dirt from a drink, 68
removing fat from meat, 68
seforim, 69
situations in which is permitted, 59
situations in which is permitted with a *shinui*, 63
situations in which is prohibited, 63
specialized utensils, 62, 66
straining soup, 66
tea bags, 67
washing soiled food, 68
watermelon, 67

Soup, removing fat from, 68

Specialized utensil
grinding, 75, 77
sifter, 82
sorting, 63-67,

Splinter, taking out, 239

Sponge, washing dishes, 217

Squeezing
apples, 47
fruits, 45-47
grapefruits, 47
grapes, 45, 48
lemon into tea, 52
lemon onto fish, 49, 53
melons, 47
oil from kugel, 48
oil from tuna can, 48
olives, 45, 48
oranges, 47
to enhance food, 48
vegetables, 47
wine absorbed in *challah*, 50

Steel wool, 217

Stickers, removing, 153

Storage bags, tying, 196-197

Storing
cutlery in dishwasher, 217
dishes in dishwasher, 217
food in freezer, 138
leftovers, 138

Stove top, needs fire, 94-97, 226

Straight pins, fastening, 177

Striking a match, 94, 110

THE LAWS OF YOM TOV

Stuffed Cabbage, 92
Sucking
  grapes, 50
  juice from fruit, 50
  olives, 50
  wine from *challah*, 50
Sugar, opening, 189, 191
Sunset
  doing *melacha* for benefit after sunrise, 24
  benefiting from *melachah*, during sunset, 23-24
  doing *melachah* for benefit after sunrise, 24
  doing *melachah* for benefit after sunset, 24
  melacha for after sunset, 23-24
Symbols
  erasing, 150
  when tearing, 185
  writing, 150
Table setting, 34
Tallis, carrying home, 127
Taping
  adhesive notes, 182
  band-aids, 180
  diapers, 181
  gauze bandages, 181
  sanitary napkins, 182
Tea bag, dripping, 67
Teacher, paying for Yom Tov, 172
Tearing
  band-aids, packages, 192
  bottle cap, 187
  boxed tissues, 191
  box of food, 189
  candy bars, 191
  cardboard boxes, 189
  carton, 191
  cellophane wrapper, 191
  cereal bag, 189
  cereal box, 189
  definition, 183

diapers, folded, 182
diapers, tabs, 181
ice-cream pop, 191
ice pop, 191
in constructive fashion, 183
in destructive fashion, 183
items attached inadvertently, 182
juice carton, 186
letters, 183, 191
metal can, 190
milk carton, 186
nails, 190
package of food, 189
package of napkins, 191
package of paper towel, 191
package of tissues, 191
package tied with string, 195
paper bag, 189
paper towel, 191
peel-off seals, 191
plastic bag, 189
plastic carton, 191
potato-chip bag, 189
sugar bag, 189, 191
Tea, squeezing lemons, 52
Tefillin, carrying, 159
Temperature, taking, 153, 161,
Temporary knot, tying, 193
Thermometer strip, using, 153
Thermostat, 226, 227
Thread
  if loose, 182
  if loose button, 182
  left in garment
  sewing, 176
  tying knot, 195
Time for lighting candles, 251-254
Tissues, opening, 191
Tomatoes, squeezing, 47
Tosafos Yom Tov, 243
Transacting business

borrowing, 158
Transacting business,
    buying, 157-158
    earning money, 157, 166
    giving gifts, 159
    leasing, 167
    measuring, 160, 162
    renting, 169
    selling, 157
    weighing, 160
Transferring a fire through an intermediary, 97
Trapping
    animals, 7
    bees, 144
    fish, 139
    flies, 144
    insects, 144
    insects which inflict severe pain, 144
    methods, 139
    mice, 139
    mosquitoes, 144
Tuna
    making, 84
    molding, 151
    opening can, 190
    removing liquid, 54
    removing oil from can, 54
Tutor, earning money, 172
Tying
    bags, 196
    bow, 194
    children's shoelaces, 195
    double knot, 193, 195
    end of *tzitzis*, 195
    food storage bags, 197
    garbage bags, 197
    loose double knots, 198
    ribbon, 196
    shoelaces, 195
    single knot with bow, 194
    slipknots, 194
Type of candles, 255

Tzitzis, tying end of, 195
Unfastening
    band-aids, 181
    diapers, 181
Utensil
    apple corer, 66
    cloth on lemon, 67
    colander, 66
    dripping tea bag, 67
    grater, 73, 75, 77, 79
    grinder, 75, 77
    mill, 77
    perforated serving spoon, 66
    potato masher, 79
    scooper, 156
    sieve, 63-64
    strainer, 66
    vegetable peeler, 66, 75, 79
Vaporizer, using, 239
Vaseline, applying, 202, 240-241
Vegetable peeler, 66, 75, 79
Vegetables
    carving, 151, 156
    cutting into small pieces, 73-75
Vending machines, earning money, 174
Waiter, earning money, 173
Washing
    baby, 206
    dishes for following Shabbos, 212
    dishes if have more of set, 215
    dishes if needed for that day, 213
    dishes only if rinsing, 215
    dishes only if soaking, 215
    dishes to alleviate discomfort, 216
    dishes with hot water, 212, 214-215
    dishes with hot water on grease, 216
    dishes with nylon brush, 217
    dishes with rubber scraper, 217

THE LAWS OF YOM TOV

dishes with soap, 216
dishes with sponge, 217
dishes with steel wool, 217
dishes with synthetic pad, 217
fruits and vegetables, 68
in cold water, 205
in warm water, 203, 207
See also *bathing*
with cold water, 205
with hot water, 203, 207
with soap, 208
with sponge, 208
Watch, carrying, 126
Watermelon
balls, 150, 156
removing pits, 67
seeds, removing, 67
Wax, removing from candleholder, 254
Weekday activity
measuring, 160
weighing, 160
Weighing
food, 162
person, 162
Whipped cream
using, 136
writing, 150
Wig, combing, 146
Wine
fulfilled with grape juice, 259
obligation, 259

women's obligation, 259
Women
buy new clothing for, 259
obligation to drink wine, 259
obligation to eat meat, 259
omitted *Yaaleh Veyavo*, 267
who recites kiddush, 249
Words
erasing, 151, 183
forming, 150-151
in games, 154
on combination locks, 156
on wrappers, 153, 185
writing, 150-151
Writing
chocolate letters, 150
Etch-a-Sketch, 155
for games, 154
for hospital admission, 154
in unusual manner, 154
Magna Doodle, 155
magnetic board, 154
Scrabble, 154
thermometer strip, 153
with food, 150
with pictures, 150
with whipped cream, 151
Yaaleh Veyavo, omitted, 265
Yahrzeit candle, lighting, 97
Yogurt, tearing container top, 191
Yom Tov morning *Kiddush*, 262

לזכר נשמת

אבי מורי

ר' אשר אנשיל בן ר' ישראל יעקב זצ"ל

טעסער

נפטר ד' ניסן תשנ"ד

תנצב"ה

From the Tesser family

This volume is part of
THE ARTSCROLLSERIES®
an ongoing project of
translations, commentaries and expositions
on Scripture, Mishnah, Talmud, Halachah,
liturgy, history, the classic Rabbinic writings,
biographies, and thought.

For a brochure of current publications
visit your local Hebrew bookseller
or contact the publisher:

Mesorah Publications, ltd

4401 Second Avenue
Brooklyn, New York 11232
(718) 921-9000